Liebe Leserin, lieber Leser,

vielen Dank, dass Sie sich für ein SAP PRESS-Buch entschieden haben.

SAP PRESS ist eine gemeinschaftliche Initiative von SAP und Galileo Press. Ziel ist es, qualifiziertes SAP-Wissen Anwendern zur Verfügung zu stellen. SAP PRESS bietet Expertenliteratur zu technischen wie auch zu betriebswirtschaftlichen SAP-Themen

Die Bücher der Reihe SAP Business Roadmap bieten Berater-Know-how für eine businessorientierte Implementierung der mySAP-Komponenten und -Branchenlösungen. Sie vermitteln Ihnen spezifisches Prozess- und Branchenwissen und zeigen Ihnen die Wege, wie Sie mit SAP-Software Ihre betrieblichen Abläufe effektiv gestalten können.

Jedes unserer Bücher will Sie überzeugen. Damit uns das immer wieder neu gelingt, sind wir auf Ihre Rückmeldung angewiesen. Bitte teilen Sie uns Ihre Meinung zu diesem Buch mit. Ihre kritischen und freundlichen Anregungen, Ihre Wünsche und Ideen werden uns weiterhelfen.

Wir freuen uns auf den Dialog mit Ihnen.

Ihre Wiebke Hübner
Lektorat SAP PRESS

www.sap-press.de
wiebke.huebner@galileo-press.de

Galileo Press
Gartenstraße 24
53229 Bonn

 PRESS

SAP Business Roadmap

Herausgegeben von Bernhard Hochlehnert, SAP AG

Heinz Forsthuber
SAP-Finanzwesen für Anwender
Praktische Einführung in SAP-FI 4.6
ca. 2. Quartal 2002, ca. 450 S., geb.
ISBN 3-89842-179-1

Michael Hölzer, Michael Schramm
Qualitätsmanagement mit mySAP.com
Prozessmodellierung, Customizing, Anwendung von mySAP QM 4.6
2., aktualisierte und erweiterte Auflage 2001, 541 S., geb., CD
ISBN 3-89842-138-4

Helmut Bartsch, Peter Bickenbach
Supply Chain Management mit SAP APO
Supply-Chain-Modelle mit dem Advanced Planner & Optimizer 3.1
2., aktualisierte und erweiterte Auflage 2002, 456 S., geb.
ISBN 3-89842-111-2

Jochen Scheibler
Vertrieb mit SAP
Prozesse, Funktionen, Szenarien
ca. 2. Quartal 2002, ca. 450 S., geb.
ISBN 3-89842-169-4

Aktuelle Angaben zum gesamten SAP PRESS-Programm finden Sie unter www.sap-press.de.

Britta Stengl
Reinhard Ematinger

Instandhaltung mit SAP

Handbuch für eine rollenbasierte
Geschäftsprozessoptimierung

Galileo Press

Die Deutsche Bibliothek – CIP-Einheitsaufnahme
Ein Titeldatensatz für diese Publikation ist bei
der Deutschen Bibliothek erhältlich

ISBN 3-89842-289-5

© Galileo Press GmbH, Bonn 2000
1. Nachdruck 2002

Der Name Galileo Press geht auf den italieni-
schen Mathematiker und Philosophen Galileo
Galilei (1564–1642) zurück. Er gilt als Grün-
dungsfigur der neuzeitlichen Wissenschaft
und wurde berühmt als Verfechter des modernen, heliozentrischen Weltbilds. Legendär ist
sein Ausspruch **Eppur se muove** (Und sie bewegt sich doch). Das Emblem von Galileo
Press ist der Jupiter, umkreist von den vier
Galileischen Monden. Galilei entdeckte die
nach ihm benannten Monde 1610.

Lektorat Tomas Wehren, Oliver Knapp
Korrektorat Lisa Alexin, Bonn **Einband-
gestaltung** department, Köln **Herstellung**
Claudia Lucht, Bonn **Satz** reemers publishing
services gmbh, Krefeld **Druck und Bindung**
Bercker Graphischer Betrieb, Kevelaer

Inhalt

Vorwort

von Ringo Kairies

Consulting Director

Process Industry

SAP AG

Walldorf, im Januar 2000

Durch die weltweite Diskussion über die Veränderung der Märkte, die einhergehende Globalisierung der Geschäftsprozesse und die sich abzeichnende Revolution in der Kommunikation zwischen Firmen via Internet gerät leicht in Vergessenheit, daß die Grundlagen für die Erreichung eines höheren Unternehmens-IQ optimierte und harmonisierte Produktionsabläufe bilden. An dieser Stelle setzt das SAP-System R/3 mit der Applikation PM für die Instandhaltung an.

Dieses Buch wurde als Kompendium für die Mitarbeiter der Fachteams erstellt. Es ist ein klarer Einführungsleitfaden für die interdisziplinären Arbeitsgruppen, um ein neues Verständnis für die softwareunterstützten Vorgänge in der vorbeugenden und störungsbedingten Instandhaltung innerhalb eines Standortes aufzubauen. Darüber hinaus wird im Detail die technische Umsetzung vorgestellt, um nicht nur den Mitarbeitern der wInformatikabteilungen, sondern auch den Nutzern die Möglichkeit zu geben, ihre Ablaufbedürfnisse real in dem System umzusetzen. Durch dieses Wissen wird der Fachabteilung endlich die Möglichkeit gegeben, auf veränderte Anforderungen selbständig und kurzfristig zu reagieren und die Arbeitsabläufe anzupassen.

Die Autoren verstehen es, die Abläufe der täglichen Praxis in klaren und eindeutigen Beschreibungen für den Praktiker darzustellen und mit erläuternden Beispielen zu beschreiben. Der Aufbau des Buches gibt alle relevanten Themen zur Instandhaltungsplanung, Durchführung und kaufmännischen Abwicklung von Maßnahmen, Beschaffung und Aufarbeitung von Ersatzteilen, sowie von Fremdleistungen wieder. Besonderes Augenmerk wurde auf die Einbindung der Instandhaltung in den organischen Ablauf einer Firma gelegt. Die Einbindung in das Umfeld der Materialwirtschaft, des Einkaufs, der Produktion und der Personalabrechnung wird ausführlich beschrieben. Zusammen mit der Anbindung von Drittsystemen für die Leitebene kann man nach erfolgreicher Umsetzung auch noch auf den Gedanken an eine Internetanbindung für die Angebotsbearbeitung verfallen. Der Optimierung des Informationsflusses in einem Unternehmen sind nach erfolgreicher Synchronisation der internen Abläufe kaum Grenzen gesetzt.

Vorwort

von Jürgen Wolfbauer
Universitätsprofessor für Unternehmensführung
und Industriebetriebslehre an der
Montanuniversität Leoben, Österreich

Leoben, im Jänner 2000

Mit der R/3-Komponente PM (Plant Maintenance) hat sich SAP dem im Vergleich zum betriebswirtschaftlichen Lenken der Absatz- und Produktionsbereiche weniger spektakulären Instandhaltungsbereich zugewandt. Daß damit nicht nur ein weiterer besonderer betriebswirtschaftlicher Kostengestaltungsbereich, sondern auch ein strategisches Erfolgsfeld mit neuen spezifischen Funktionen in R/3 behandelbar gemacht wird, soll kurz beleuchtet werden.

Die Instandhaltung der Produktionsanlagen, der öffentlichen Infrastrukturen und der Anlagen im Bereich privater Nutzung erfordert in westeuropäischen Volkswirtschaften Aufwendungen von mehr als 10% des Bruttosozialprodukts [Warnecke1992]. Auch bei fallweise unscharfen Abgrenzungsmöglichkeiten zu Investitionsaufwendungen (nicht zuletzt, weil in einer gewissen Bandbreite Substitutionen mit diesen technisch möglich sind), liegt ein überwältigend großes Wertvolumen im Dispositionsbereich der Instandhaltung und ist wirtschaftlich zu gestalten. Diese wirtschaftliche Gestaltung verlangt höchste Aufmerksamkeit, da die Instandhaltungsaufwendungen tendenziell zusammen mit der wachsenden Komplexität von Produktionssystemen durch fortschreitend größere Funktionsintegration und Automatisierung zunehmen. Diese ebenfalls steigende Investitionsmittel verlangenden Produktionsanlagen sind wichtige Träger des im Marktwettbewerb nötigen Produktivitätszuwachses. Sie konfrontieren weiterhin mit einer strukturellen Zunahme des Instandhaltungsaufwands, obwohl dieser auch infolge der immer kürzeren Produkt- und Anlagenlebensdauerzyklen bei einer anlagenwirtschaftlichen Optimierung von Lebensdauer-Nutzungskosten [Biedermann1990] in fallweise wachsenden Anteilen durch Investitionsaufwand ersetzt wird.

Aus diesen Gründen wird die Instandhaltung nach wie vor ein äußerst wichtiges Einsatzfeld betriebswirtschaftlicher Methodik bleiben – vor allem in den Bereichen von Ablaufsteuerung und Kostenmanagement. Darüber hinaus besteht in jenem bedeutenden Anteil der Unternehmen, die ihre spezialisierte Fertigungskompetenz als einen strategischen Wettbewerbsfaktor einsetzen können, für die Instandhaltung die erfolgträchtige Chance, im Rahmen des Management der Produktionseffektivität zu einem Schlüsselfaktor der Wettbewerbskompetenz innovativ ausgebaut zu werden.

Für das Kostenmanagement im Instandhaltungsbereich steht vor allem das Optimieren der gesamten Anlageneffektivität im Vordergrund. Dazu können einerseits durch konsequenten Einsatz moderner Organisations-Methoden und Instandhaltungsstrategien wie Zustandsbedingte Instandhaltung (CBM), kontinuierliche Verbesserungsprogramme (KVP) und Gruppenarbeitsorganisation höchstmögliche Instandhaltungseffizienz sichergestellt werden; zum anderen werden aus branchenübergreifenden Benchmarking zusätzlich Ansatzpunkte für die Steigerung der Instandhaltungseffektivität nach den Prinzipien des Business Process Reengineering (BPR) mit innovativen Leistungssprüngen zur Best Practice Prozeßgestaltung genutzt werden. Pragmatisch wird dabei zu hinterfragen sein, ob nach BPR und Outsourcing die notwendige Vielfalt und Tiefe im Spezialistenwissen für eine selbsttragende Weiterentwicklung der Handlungskompetenz in der Produktionstechnologie – so diese eine Kernkompetenz bildet – gesichert bleiben kann. Ein letzter, nicht zu unterschätzender Bereich betriebswirtschaftlicher Aktivitäten der Instandhaltungsfachleute hat sich durch die zunehmende Ausrichtung von Unternehmen an monetären Markt- und Kundenwünschen gebildet; hier wirkt das Instandhaltungsmanagement im Prozess des Zielkostenmanagement (target costing) mit, besonders in der Entwicklungsphase beim »Design to cost«.

Mit der Komponente PM wird eine leistungsfähige Abbildung der Besonderheiten der betrieblichen Instandhaltung im Datenverarbeitungssystem zweckmäßig vorstrukturiert und unterstützt. Die weitreichende Integration in ein vernetztes Dispositions- und Rechenwerk über das gesamte Unternehmensgeschehen stellt zudem die Verfügbarkeit der für die Lenkung der Instandhaltung gesamthaft notwendigen Informationen über das anlagenbezogene Produktionsgeschehen wirkungsvoll sicher. Zudem werden die bekannt leistungsfähigen Werkzeuge zur gezielten Informationsverdichtung, zu kontrastreichen, gut überschaubaren und beurteilbaren Abbildungen der betrieblichen Aktivitäten den Instandhaltungsverantwortlichen helfen, den Kopf von Details frei zu halten und sich in weit größerem Maße betriebswirtschaftlich-technischen Verbesserungsüberlegungen zu widmen.

SAP R/3 und die Komponente PM werden diese wünschenswerte Entwicklungsdynamik gezielt unterstützen können.

Vorwort

von Peter Ustupsky
Informationssysteme Produktion
VOEST-ALPINE Stahl Linz GmbH

Linz, im Jänner 2000

Wie Kesselwaggons immer dicht bleiben. Oder wieder werden ...

Vor vielen Jahren hat man bei den Verkehrsbetrieben der VOEST-ALPINE Stahl Linz erkannt, daß das Reparieren von eigenen und fremden Schienenfahrzeugen ohne EDV-Unterstützung wirtschaftlich nicht mehr machbar ist. Man hat damals das in den Anfängen befindliche SAP RM-INST begutachtet und als nicht brauchbar befunden, da in unserer Instandhaltung, wie kann es anders sein, ja alles anders ist. Flugs, hast Du's nicht gesehen, wurden zwei Studenten mit der Entwicklung eines maßgeschneiderten Systems zur Angebotslegung und für die Erstellung der Arbeitspläne engagiert. Die Zeit ging ins Land, die technologische Entwicklung schritt unaufhaltsam fort, rundherum wurden neue moderne Systeme installiert und die Abläufe gestrafft. Rundherum wurden SAP-Anwendungen installiert und immer mehr Schnittstellen mußten entwickelt und gewartet werden, bis .... ja, bis nichts mehr ging. Die damaligen Entwickler waren verschollen und es spießte sich an allen Ecken und Enden. Nichts paßte mehr zusammen, man mußte in der kaufmännischen Auftragsabwicklung bereits in mehreren Systemen arbeiten und die Schwierigkeiten nahmen Überhand.

SAP R/3 in aller Munde. Ist das auch eine Lösung für uns?

Natürlich! Schon bald hatten wir die Leute aus den Verkehrsbetrieben von den Vorteilen der SAP-R/3-Module Service-Management und Instandhaltung für ihre tägliche Arbeit überzeugt. Es wurde die Frage aufgeworfen: Wenn andere damit zufrieden sind, ja warum geht denn das nicht bei uns auch? Eigentlich hätten wir das System ja im Haus, wir bräuchten es »nur« einzuführen, oder?

Schnell wurde ein Team gegründet, das sich der Herausforderung stellte und emsig an der Umsetzung der Ideen und vorstellbaren Verbesserungen werkte. Unter dem Regiment der Projektleiterin, die für ein gutes Klima sorgte, zogen alle an einem Strick. Nicht einmal eine vom Markt geforderte funktionale Änderung, die eine fundamentale Richtungsänderung im Projekt verursacht hatte, konnte das Team in seinem Tatendrang aufhalten. Die Instandhalter erkannten, daß eigentlich alles, was sie zur Unterstützung ihrer Arbeit brauchten, im Instandhaltungsmodul vorhanden war und daß doch nicht alles ganz anders ist. Mit SAP-Unterstützung und einem wirklich motivierten Team haben wir es gemeinsam geschafft. Die Anwender sind zufrieden, sie arbeiten in **einem** integrierten System, das überaus stabil ist und keiner kann sich mehr eine andere Arbeitsweise vorstellen.

Abschließend kann man guten Gewissens sagen, daß unsere Entscheidung richtig war. Wir haben in die Zukunft investiert. Um mit der raschen Entwicklung der Informationstechnologie Schritt halten zu können, brauchen wir laufend neues Expertenwissen. Durch den Einsatz von R/3 haben wir nicht nur ein System auf dem neuesten Stand der Technik, sondern auch die Sicherheit der Weiterentwicklung durch SAP.

1   Einleitung

Mit diesem Buch soll eine kleine, aber fortschrittliche Komponente des R/3-Systems vorgestellt werden: die Komponente R/3-PM (Plant Maintenance, Instandhaltung). Instandhaltung mit SAP ist nicht nur möglich, sondern empfehlenswert, und so soll dieses Buch nicht nur einen Einblick in den Funktionsumfang der Komponente geben, sondern vor allem ein praktischer Leitfaden für eine PM-Einführung sein.

Mit dem Release 4.6, das unter dem Motto »Enjoy« ausgeliefert wird, wurden viele Funktionen im R/3-System vereinfacht. Die gesamte Benutzungsoberfläche des Systems wurde einem Redesign unterzogen und erscheint nun wesentlich moderner, schlanker und intuitiver. In der Komponente PM wurde schon mit dem Release 4.0 damit begonnen, lange Folgen von Bildschirmbildern auf die sogenannten Registerkarten umzustellen. Mit dem Release 4.6 ist dieser Vereinfachungsprozeß konsolidiert, sowohl von der Funktionalität als auch vom Erscheinungsbild her präsentiert sich PM als ausgewachsene Logistikkomponente mit voller Integration und interessanten Schnittstellen.

1.1 Geschäftsprozesse und Rollen

Um die Funktionen in PM möglichst praxisnah vorzustellen, werden in diesem Buch hauptsächlich drei Geschäftsprozesse beschrieben:

▶ störungsbedingte Instandhaltung (Instandsetzung)

▶ planbare Instandhaltung (Planung und Steuerung von Instandhaltungsmaßnahmen)

▶ geplante Instandhaltung (Wartungsplanung)

Hinzu kommen weitere Geschäftsprozesse als Sonderfälle:

▶ Aufarbeitung von Reserveteilen

▶ Abwicklung von Fremdleistungen (Outsourcing von Instandhaltungsmaßnahmen)

An diesen Geschäftsprozessen sind im Unternehmen verschiedene Personen mit unterschiedlichen Aufgaben beteiligt. Unabhängig davon, wie die Berufsbezeichnungen in einem Unternehmen lauten, lassen sich für jeden Geschäftsprozeß drei Hauptaufgaben herausarbeiten:

▶ planen

▶ ausführen

▶ kaufmännisch prüfen

Diese drei Aufgaben können in kleinen Unternehmen von einer einzigen Person wahrgenommen werden. In großen Unternehmen kann für jede Aufgabe eine eigene Organisationsform mit zahlreichen Mitarbeitern existieren, so daß die Aufgaben nochmals unterteilt werden müssen. Es ist auch möglich, daß alle drei Aufgaben in einem Team wechselseitig wahrgenommen werden. Entsprechend dieser drei Aufgaben sind die Geschäftsprozesse unterteilt in drei Rollen:

► Instandhaltungsplaner (IH-Planer)
► Instandhaltungstechniker (IH-Techniker)
► Controller

Die Unterteilung der PM-Funktionen nach Geschäftsprozessen und Rollen vereinfacht die Arbeit eines Projektteams bei der PM-Einführung. Zunächst einmal wählt das Projektteam nur diejenigen Geschäftsprozesse aus, die im Unternehmen wirklich benötigt werden. Die Unterteilung in drei Rollen hilft dabei, die nötigen Customizing-Einstellungen jeweils für einen konkreten Arbeitsplatz vorzunehmen, der einer der Rollen entspricht. Arbeitsplätze für die einzelnen Rollen können somit Schritt für Schritt eingerichtet werden und stehen nicht erst spät im Projektverlauf zur Verfügung. Das rollenbezogene Customizing hilft auch bei der Schulung der Power-User oder der Endanwender. Ein Controller im Unternehmen muß sich in einer Schulung nicht mit Funktionen befassen, die er niemals ausführen wird, wie z.B. dem Eröffnen einer Störmeldung oder einer Zeitrückmeldung. Ein Techniker im Unternehmen wird dagegen in seiner Schulung lernen, wie er Störungen meldet, Ersatzteile anfordert und Rückmeldungen vornimmt, nicht aber, wie er Plan-/Ist-Berichte aufruft oder Kapazitätsplanung betreibt. Customizing soll immer mit Blick auf den einzelnen Anwender vorgenommen werden, niemals nur abstrakt aufgrund bestimmter Regeln im Einführungsleitfaden. Auch Anwenderschulungen sind nur dann effizient, wenn sie dem einzelnen Anwender genau das vermitteln, was er zur Erledigung seiner Kernaufgaben benötigt.

1.2 Aufbau

Generell lassen sich alle Kapitel dieses Buches in folgende drei Bereiche einteilen:

► Betriebswirtschaftliche und inhaltliche Einführung (Kapitel 1–4)
► Geschäftsprozesse (Kapitel 5–7)
► Integration und Schnittstellen (Kapitel 8 und 9)

Zuerst erfolgt im 2. Kapitel eine Einordnung der Instandhaltung aus betriebswirtschaftlicher Sicht. Dieses Kapitel kann als Argumentationshilfe für ein Projektteam bei der PM-Einführung dienen. Studierenden kann es bei der Einordnung der Instandhaltungsaufgaben in die Modelle der Betriebswirtschaftslehre helfen. Die

Geschäftsprozesse, die später im R/3-PM beschrieben werden, werden hier betriebswirtschaftlich untermauert. Neben einem Überblick über die klassischen Organisationsformen einer Instandhaltungsabteilung finden Sie hier auch einen Überblick über moderne Konzepte des Instandhaltungsmanagements und über weitere Entwicklungstendenzen. Im 3. Kapitel werden generelle Neuerungen im Release 4.6 erläutert, die nicht nur R/3-PM betreffen, die aber für die Arbeit mit R/3-PM sinnvoll genutzt werden können, wie z.B. das Definieren eines eigenen Menüs, das Verwenden einer neuen Schnittstelle zum OSS oder das Nachlesen in der neugestalteten HTML-Dokumentation. Im 4. Kapitel werden die Stammdaten und die wichtigsten Objekte in R/3-PM vorgestellt und definiert. Die Kapitel 5 bis 7 beinhalten die Funktionsbeschreibungen von R/3-PM anhand von Geschäftsprozessen und Rollen. Kapitel 8 befaßt sich mit der Integration der Komponente PM in die anderen Komponenten des R/3-Systems. Kapitel 9 zeigt die Schnittstellen zu Fremdsystemen am Beispiel von Prozeß- bzw. Gebäudeleitsystemen, CBR-Systemen und CAD-Systemen. Bei jeder Schnittstelle wird der betriebswirtschaftliche Nutzeffekt für die Instandhaltung berücksichtigt. Bei CBR- und CAD-Systemen werden existierende Lösungen von zwei Partnerunternehmen der SAP AG vorgestellt.

1.3 Zielgruppen

Die beiden Autoren dieses Buches sind zertifizierte Berater für PM und CS (Kundenservice, früher SM, Service-Management) und arbeiten bei der SAP AG in Walldorf, daher richtet sich dieses Buch in erster Linie an Projektteams bzw. an Berater, die die Komponente PM einführen. Ein Schwerpunkt dieses Buches sind deswegen praxisorientierte Funktionsbeschreibungen mit den nötigen Customizing-Einstellungen. Gerade die erweiterten Customizing-Kenntnisse helfen in der Praxis oft dabei, Modifikationen zu vermeiden.

Eine weitere Zielgruppe sind Studierende, die mit den Logistikkomponenten des R/3-Systems arbeiten und die sich mit diesem Buch einen Überblick über die Komponente PM verschaffen wollen. Besonders an Fachhochschulen, die sich bereits intensiv mit den Komponenten MM und PP beschäftigen, ist die Kenntnis von R/3-PM kaum verbreitet.

Dieses Buch setzt grundlegende Kenntnisse in der Bedienung des R/3-Systems voraus. Es wendet sich an Leser, die R/3-PM noch nicht kennen, aber auch an erfahrene Berater, die bereits mit R/3-PM auf älteren Releaseständen gearbeitet haben und die neuen Funktionen auf Release 4.6 kennenlernen wollen.

1.4 Anwendungsmöglichkeiten

Aufgrund der praxisnahen Beschreibung sind alle Funktionen in einem R/3-System direkt umsetzbar. Die Beispieldaten beziehen sich fast immer auf ein IDES-System. Als zusätzliche Anwendungsmöglichkeit bietet dieses Buch verschiedene Customizing-Mindmaps mit einer praktischen Anleitung zur Erstellung und Verwendung von Mindmaps mit dem MindManager. Im Anhang befinden sich weiter eine praktische Anleitung für einen PM-Einführungsworkshop und eine Fallstudie auf IDES-Basis.

Beachten Sie bei der praktischen Umsetzung, daß sich die Menüpfade für das R/3-System und den Einführungsleitfaden (IMG) auf das Release 4.6B beziehen. Die in diesem Buch beschriebenen Funktionen umfassen Release 4.6A, 4.6B und 4.6C. Dennoch kommt es im Bereich der Menüpfade von 4.6B zu 4.6C zu geringfügigen Umstellungen, wie z.B. im Meldungscustomizing. In den meisten Fällen sind daher in diesem Buch keine Menüpfade mehr angegeben, sondern Transaktionskürzel.

2 Betriebswirtschaftliche Einordnung der Instandhaltung[1]

2.1 Definitionen

In der klassischen Betriebswirtschaftslehre ist die Instandhaltung der Produktionswirtschaft zugeordnet [Nolden1996] [Hartmann1995]. Die folgenden Definitionen sollen zeigen, wie unterschiedlich Instandhaltung bewertet werden kann und welche Ziele sie jeweils hat.

2.1.1 Instandhaltung nach DIN 31051

Nach DIN 31051 umfaßt die Instandhaltung »alle Maßnahmen zur Bewahrung und Wiederherstellung des Sollzustandes sowie zur Feststellung und Beurteilung des Istzustandes von technischen Mitteln eines Systems«. Die Maßnahmen werden untergliedert in

▶ Wartung

▶ Inspektion

▶ Instandsetzung

Die Wartung umfaßt alle Maßnahmen zur Bewahrung des Sollzustands von technischen Mitteln eines Systems. Dazu gehört neben der reinen Wartungsmaßnahme auch das Erstellen von Wartungsplänen, aufgrund derer die IH-Maßnahmen in regelmäßigen Abständen durchgeführt werden.

Die Inspektion umfaßt Maßnahmen zur Beurteilung des Istzustandes von technischen Mitteln eines Systems. Dazu gehört auch das Erstellen eines Planes zur Feststellung des Istzustandes mit Angaben über Termin, Methode und Maßnahmen der Inspektion sowie über den Einsatz von technischen Hilfsmitteln. Aufgrund des Planes wird die Inspektion durchgeführt, d.h., es werden bestimmte Zustandsgrößen quantitativ ermittelt. Das Ergebnis der Istzustandsfeststellung wird ausgewertet, eventuelle IH-Maßnahmen werden daraus abgeleitet.

Die Instandsetzung umfaßt Maßnahmen zur Wiederherstellung des Sollzustandes von technischen Mitteln eines Systems. Dazu gehören der eigentliche Auftrag, die Auftragsdokumentation und die Analyse des Auftragsinhalts. Während der Auftragsplanung sollen alternative Lösungen aufgezeigt und bewertet werden, damit die beste Lösung gefunden werden kann. Die Vorbereitung der Durchführung beinhaltet Kalkulation, Terminplanung, Bereitstellung von Personal, Mitteln und

---

[1] Für die betriebswirtschaftliche Beratung in diesem Kapitel danken wir Frau Renate Sommer von der Fachhochschule Coburg, Fachbereich Betriebswirtschaft, die in zahlreichen Diskussionen den Transfer zwischen klassischer BWL und angewandter Instandhaltung geleistet hat.

Material sowie die Erstellung von Arbeitsplänen. Nach der Durchführung erfolgen die Funktionsprüfung, die Abnahme, die Fertigmeldung und die Auswertung (mit Dokumentation, Kostenverfolgung, Aufzeigen von Verbesserungsvorschlägen oder Präventivmaßnahmen).

2.1.2 Anlagenorientierte Instandhaltung

Während die DIN 31051 sich auf die Teile einer Anlage und deren Behandlung bezieht, sieht die anlagenorientierte Instandhaltung die Aufgabe der Instandhaltung in der Sicherung der Gesamtfunktion eines Fertigungssystems. Die Instandhaltung ist hier Teil der Anlagenlogistik, deren oberste Ziele wiederum die Planung, Herstellung und Erhaltung der Betriebsbereitschaft sind. Die geplante Anlagenverfügbarkeit soll unter Berücksichtigung des Maximumprinzips und des Minimumprinzips erfolgen.

Das Maximumprinzip will mit einem gegebenen Aufwand an Wirtschaftsgütern einen möglichst hohen Ertrag erzielen (Ertragsmaximierung). Zum ökonomischen Prinzip siehe [Schierenbeck1995]. Beispielsweise ist das IH-Budget vorgegeben, und es soll damit eine möglichst hohe Anlagenverfügbarkeit gewährleistet werden. Das Minimumprinzip will dagegen den nötigen Aufwand, mit dem ein bestimmter Ertrag erzielt werden soll, möglichst gering halten (Aufwands- bzw. Kostenminimierung). Beispielsweise soll eine bestimmte Anlage zweimal jährlich mit möglichst wenig Kosten gewartet werden. Um ein optimales Verhältnis von IH-Kosten und Anlagenverfügbarkeit zu gewährleisten, wird das generelle Extremumprinzip angewandt, das ein möglichst günstiges Verhältnis zwischen Aufwand und Ertrag anstrebt. Eine Ertrags- und Aufwandsoptimierung ist dann erreicht, wenn sowohl die IH-Kosten als auch die Produktionsausfallkosten minimiert sind.

Kosten im Bereich der Anlagenlogistik sind:

▶ Beschaffungskosten der Anlage

▶ Wartungskosten

▶ Ersatzteillagerhaltungskosten

▶ Beschaffungskosten von Ersatzgeräten

▶ Kosten aus Produktionsausfällen

▶ Kosten für Stillegung und Verschrottung der Anlage

Die Ziele der Instandhaltung sind denen der Anlagenlogistik untergeordnet. Demnach soll die Instandhaltung durch planbare IH-Maßnahmen Produktionsausfälle vermeiden und eine möglichst lange Lebensdauer der Anlage gewährleisten. Zu den Aufgaben der Instandhaltung gehört es auch, auf die Ersatzteilbevorratung Einfluß zu nehmen, damit benötigte Ersatzteile zur rechten Zeit und am rechten

Ort zur Verfügung stehen. Auf der Seite der Instandhaltung gilt es, die zeitliche Durchführung der IH-Maßnahmen günstigerweise mit normalen Betriebspausen oder Anlagenstillstandszeiten zu koordinieren. Dazu muß innerhalb der Produktionswirtschaft die IH-Planung allerdings eng mit der Fertigungsplanung verbunden werden. Der Grundkonflikt der Instandhaltung ist, daß planmäßige Wartung zunächst die IH-Kosten erhöht, dafür aber noch höhere Kosten durch Produktionsausfälle vermeiden kann. In jedem Unternehmen gilt es daher, eine Strategie für die Instandhaltung zu bestimmen, die sich zwischen den folgenden beiden Positionen bewegt:

▶ risikobasierte Instandhaltung mit geringen Wartungskosten, aber mit einem hohen Risiko eines Anlagenausfalls mit hohen Instandsetzungs- oder Wiederbeschaffungskosten

▶ planmäßige Wartung mit hohen regelmäßigen IH-Kosten, aber mit einem geringen Risiko eines Anlagenausfalls

2.1.3 Erweiterte Instandhaltung

In jüngster Zeit wurde die Instandhaltung aus dem rein produktionswirtschaftlichen Zusammenhang gelöst. Neben die Sicherung der Anlagenverfügbarkeit als traditionelle Aufgabe der Instandhaltung ist die Entsorgung von Werkstoffen nach ökologischen und umweltrechtlichen Gesichtspunkten getreten. Ein weiterer neuer Aspekt ist das Facility Management, welches im Rahmen der Instandhaltung die Wartung, Inspektion und Instandsetzung von Versorgungseinrichtungen beinhaltet (z.B. Energieversorgung, Wasserversorgung, Klimatisierung). Nicht mehr nur in Produktionsbetrieben, sondern auch in der Gebäudeverwaltung ist Instandhaltung zu einem wichtigen Thema geworden, man denke hierbei z.B. an die Kosten, die eine defekte Klimaanlage in einem Rechenzentrum verursachen kann. Die folgende Definition trägt diesen neuen Tendenzen Rechnung, ohne dabei die DIN 31051 zu umgehen:

Die Instandhaltung umfaßt die Wartung, Inspektion und Instandsetzung der betrieblichen Einrichtungen. Dazu kommt vielfach der Betrieb von Versorgungseinrichtungen oder die Entsorgung von Werkstoffen. Instandhaltung soll Funktionsfähigkeit der betrieblichen Einrichtungen mit minimalen Kosten gewährleisten. (Stichwort »Instandhaltung« in [Sokianos1998])

2.1.4 Störung und Ausfall

Während Inspektion und Wartung an einem funktionierenden System durchgeführt werden, setzt die Instandsetzung eine Störung oder einen Ausfall voraus.

Eine Störung ist die unerwünschte Unterbrechung oder Beeinträchtigung der Funktionserfüllung einer Einheit; hierbei ist nichts über die Ursache der Störung ausgesagt. Eine Störung kann auch eine vorübergehende Unterbrechung sein. Vielfach werden die Begriffe »Störung« und »Ausfall« dergestalt abgegrenzt, daß ein Ausfall durch Ursachen hervorgerufen wird, die in der Betrachtungseinheit selbst liegen. Eine Einheit kann, obwohl eine Störung vorliegt, die geforderte Funktion erfüllen; z.B. bei einem Lüfter, der mit Staub oder Laub gefüllt ist, liegt eine Störung vor, jedoch kein Ausfall. Ein Ausfall impliziert stets eine Störung, umgekehrt gilt dies nicht.

(Hubert Becker: Grundbegriffe.http://home.t-online.de/home/becker2/log3_1_1. htm)

Ausfälle lassen sich nach verschiedenen Ordnungskriterien gliedern, z.B. nach

▶ dem Lebenszyklus der Anlage

▶ der Erscheinungsform

▶ der logischen Abfolge

Im Lebenszyklus einer Anlage gibt es folgende drei Ausfallphasen:

▶ Frühausfallphase, z.B. bedingt durch Bedienungsfehler oder Materialschwächen

▶ Zufallsausfallphase während der Konsolidierung, z.B. bedingt durch Erschütterungen oder durch Schwankungen von Druck, Temperatur, Belastung oder Spannung

▶ Spätausfallphase, z.B. bedingt durch Alterung, Abnutzung, Materialermüdung

Nach der Erscheinungsform gliedern sich Ausfälle in Voll- und Teilausfälle. Ein Teilausfall ist z.B. der Ausfall eines Motors von insgesamt drei Motoren einer Anlage.

Aufgrund der logischen Abfolge lassen sich Primär- und Sekundärausfälle sowie Ausfälle mit gemeinsamer Ursache unterscheiden. Bei einem Primärausfall handelt es sich um den Ausfall einer Einheit aufgrund eigenen Versagens. Bei einem Sekundärausfall fällt die Einheit aufgrund des Versagens einer vorausgehenden Einheit aus, oder sie muß aus Sicherheitsgründen abgeschaltet werden. Bei einem Ausfall mit gemeinsamer Ursache handelt es sich um den gleichzeitigen Ausfall in mehreren Einheiten.

Die Dokumentation und die Analyse von Ausfällen ist eine wichtige Aufgabe der Instandhaltung. In diesem Zusammenhang ist die sogenannte technische Ausfallrate aus der VDI-Richtlinie 2893 von Bedeutung.

$$\text{Technische Ausfallrate} = \frac{\text{Technische Ausfallzeit}}{\text{Sollbelegungszeit}}$$

Zur technischen Ausfallzeit gehören alle Ausfallzeiten, die auf technische Störungen zurückzuführen sind. Die Sollbelegungszeit ist laut VDI-Richtlinie 3423 die Belegungszeit einer Maschine, z. B. laut Investitionsplanung. Aus dem Verlauf der technischen Ausfallrate läßt sich die Alterung einer Einheit ableiten, d. h., wenn die technische Ausfallrate zunimmt, könnte die Verschrottung einer Einheit unter Umständen weniger Kosten verursachen als deren Instandhaltung.

2.2 Klassische Organisationsformen der Instandhaltung

2.2.1 Instandhaltung in der Linien-Organisation

Die Linien-Organisation ist die älteste und einfachste Organisationsform [Steinbuch1997, S. 172f.]. Ihre kennzeichnenden Merkmale sind:

▶ Verrichtungszentralisation

▶ Einfachunterstellung

▶ ausschließlich Vollkompetenz

Im Rahmen der Linien-Organisation hat jede Stelle einen einzigen Vorgesetzten, jeder Vorgesetzte hat mehrere unterstellte Mitarbeiter. Es handelt sich hierbei um eine Organisationsform mit autoritärer Stellung der Vorgesetzten. Jeder Mitarbeiter ist nur einer einzigen Instanz unterstellt, das heißt, jeder IH-Techniker untersteht dem IH-Leiter. Die Linien-Organisation ist die häufigste Form bei kleinen und mittleren Unternehmen, in denen alle Entscheidungen in einer Hand liegen.

Zu den Vorteilen dieser Organisationsform gehören eindeutige Über- bzw. Unterstellungsverhältnisse, einheitliche Kommunikations- und Berichtswege sowie klare Aufgaben-, Befugnis- und Verantwortungsabgrenzung. Der am Vorgesetzten ausgerichtete Entscheidungsprozeß gewährleistet die Übersichtlichkeit aller Prozeßschritte sowie die einfache Steuer- und Betreubarkeit der Mitarbeiter.

Zu den Nachteilen der Linien-Organisation gehört die Überlastung der Führungskräfte. Die Betonung des hierarchischen Denkens erschwert die Zusammenarbeit der Mitarbeiter und birgt die Gefahr der Bürokratisierung. Bei der Linien-Organisation führen wenige Zwischeninstanzen zu einer breiten Aufbauorganisation und damit zu großen Leitungsspannen. Viele Zwischeninstanzen führen im Rahmen der Linien-Organisation wiederum zu langen Kommunikations- und Berichtswegen.

Abbildung 2.1 zeigt die Instandhaltung innerhalb der Linien-Organisation als Teilbereich der Fertigung. Hier ist der IH-Leiter dem Fertigungsleiter untergeordnet. Abbildung 2.2 zeigt die Instandhaltung als eigenen Bereich, der gleichberechtigt neben der Fertigung steht. Hier ist der IH-Leiter dem Fertigungsleiter gleichgestellt, und beide sind der Unternehmensleitung untergeordnet.

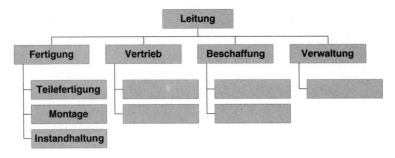

Abbildung 2.1 Instandhaltung in der Linien-Organisation als Teil der Fertigung

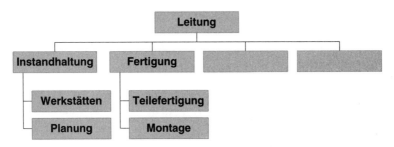

Abbildung 2.2 Instandhaltung in der Linien-Organisation als eigener Bereich

2.2.2 Instandhaltung in der Stab-Linien-Organisation

Um den Nachteil der Überlastung der Führungskräfte bei der Linien-Organisation zu überwinden, werden den Instanzen bei der Stab-Linien-Organisation Stabstellen zugeordnet [Steinbuch1997, S. 173ff.]. Diese Stabstellen haben meist keine Weisungsbefugnis, sondern sie dienen der Entscheidungsvorbereitung, der Planung und Beratung sowie der Überwachung. Charakteristisch für die Stab-Linien-Organisation ist die Trennung zwischen den Entscheidungsbefugnissen (z.B. des Fertigungsleiters) und dem Expertenwissen der Stabsmitarbeiter (z.B. dem IH-Leiter und seinen Mitarbeitern). Kennzeichnende Merkmale dieser Organisationsform sind weiter:

▶ Verrichtungszentralisation

▶ Einfachunterstellung

▶ Voll- und Teilkompetenz

Zu den Vorteilen der Stab-Linien-Organisation gehören neben der Entlastung der Führungskräfte auch die bessere Entscheidungsqualität durch Einbeziehung von Spezialisten, der einheitliche Instanzen- und Kommunikationsweg sowie die klare Zuständigkeitsabgrenzung.

Zu den Nachteilen zählen die Konfliktmöglichkeiten zwischen der Linienstelle und der ihr zugeordneten Stabstelle (z. B. zwischen dem Fertigungsleiter und dem IH-Leiter), die Gefahr der Überdimensionierung der Stabstelle im Vergleich zur Linienstelle sowie die Manipulationsmöglichkeiten der Stabstelle durch ihr Spezialistenwissen.

Die Stabstellen der Instandhaltung sind in der Regel mit langfristigen Planungsaufgaben betraut, wie z. B. Aufstellen von Instandhaltungsstrategien für einzelne Fertigungsanlagen, Budgeterstellung, Ermittlung von Personalkapazität, Ausarbeitung von Arbeitsplänen und Verwaltung und Pflege der Instandhaltungsdaten. [Grobholz1988, S. 84f.]

Die tatsächliche Ausführung der geplanten IH-Maßnahmen kann bei den Spezialisten der Stabstelle Instandhaltung liegen oder bei den Mitarbeitern der Fertigung. Weiter ist auch Fremdbearbeitung (Outsourcing) unter der Leitung der Stabstelle denkbar. Abbildung 2.3 zeigt die Instandhaltung als Stabstelle zur Linienstelle Fertigung.

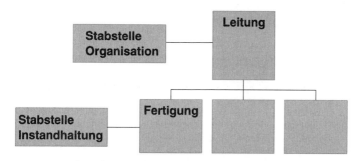

Abbildung 2.3 Instandhaltung in der Stab-Linien-Organisation

2.2.3 Instandhaltung in der Matrix-Organisation

Bei der Matrix-Organisation werden bestimmte Funktionen nicht den Geschäftsbereichen überlassen, sondern zentral für das gesamte Unternehmen ausgeübt [Steinbuch1997, S. 185ff.]. Dafür werden Zentralabteilungen eingerichtet, die ihre Aufgabe für alle Geschäftsbereiche ausführen. In einer zweiten Ebene wird dann für bestimmte Funktionen eine horizontale Funktionalorganisation mit dieser vertikalen Geschäftsbereichorganisation kombiniert. Somit entsteht eine Matrix. Kennzeichnende Merkmale der Matrix-Organisation sind:

▶ Objektzentralisation

▶ Mehrfachunterstellung

▶ Vollkompetenz oder Teil- und Vollkompetenz

Diese Organisationsform wird vorwiegend von Großunternehmen angewandt, die sich durch unterschiedliche Produktgruppen, Marketingorientierung und großes Führungskräftepotential auszeichnen.

Zu den Vorteilen gehören die Sicherung der Unternehmenseinheitlichkeit, die Nutzung von Spezialisierungsvorteilen allgemein, die Entlastung der Geschäftsleitung sowie die Vielzahl der Reaktionsmöglichkeiten.

Zu den Nachteilen der Matrix-Organisation gehören allerdings die Konfliktgefahr aufgrund von Mehrfachunterstellung, die Gefahr des Eingehens unbefriedigender Kompromisse, die Tendenz zur Bürokratisierung und die hohe Kostenintensität durch den Bedarf an vielen Führungskräften.

Innerhalb der Matrix-Organisation »ist die ausführende Instandhaltungsstelle sowohl dem (horizontalen) Zentralbereich Instandhaltung als auch dem Vertikalbereich der jeweiligen Produktgruppe zugeordnet« [Grobholz1988, S. 35f.]. Im allgemeinen liegt die strategische IH-Planung im Zentralbereich, während die Vertikalbereiche die IH-Planung für ihre Produktsparte übernehmen und die IH-Maßnahmen dann auch durchführen. Abbildung 2.4 zeigt als Beispiel die Zentralbereiche Fertigung und Instandhaltung für drei Produktsparten.

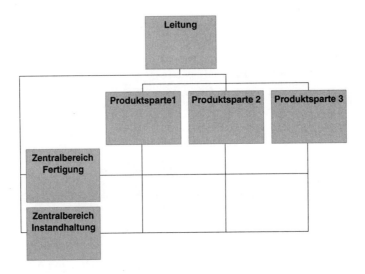

Abbildung 2.4 Instandhaltung in der Matrix-Organisation

2.2.4 Einordnung der Fremdinstandhaltung

Generell ist es in allen drei klassischen Organisationsformen möglich, Eigeninstandhaltung mit Fremdinstandhaltung (Outsourcing) zu kombinieren. In diesem Fall wäre die Instandhaltungsabteilung für die Planung und Überwachung der IH-Maßnahmen zuständig, nicht aber für deren Durchführung. Darüber hinaus ist es natürlich auch möglich, dem Fremdinstandhalter die gesamte Planung, Steuerung und Durchführung zu übergeben. Fremdinstandhaltung kann in allen drei Organisationsformen zu schlankeren Strukturen führen. Abbildung 2.5 zeigt das Schema der integrierten Anlagenwirtschaft und die Einbindung von Eigen- und Fremdinstandhaltung.

> *Stellt man die Instandhaltung in den Kernbereich einer solchen integrierten Anlagenwirtschaft, so ist zu erkennen, daß die Wahl zwischen Eigen- und Fremdinstandhaltung nicht nur Konsequenzen für den Instandhaltungsbereich allein, sondern prinzipiell auch für alle übrigen anlagenwirtschaftlichen Aktivitäten aufweist. Diese Konsequenzen können sich entsprechend den Aufgaben der Anlagenwirtschaft auf die Planung, Durchführung und Kontrolle der verschiedenen anlagenwirtschaftlichen Aktivitäten auswirken.*
> *[Grobholz1988, S. 54]*

Abbildung 2.5 Integrierte Anlagenwirtschaft (aus [Grobholz1988, S. 55])

Als Grundlage für die Entscheidung für oder gegen Fremdinstandhaltung kann die den Entscheidungstechniken zugehörige Bewertungstechnik angewandt werden. Kern dieser Technik ist das Erstellen eines Werteprofils. Dieses Profil setzt sich aus den Größen Kriterium, Gewichtung, Erfüllungsgrad und Bewertung zusammen. Es werden bestimmte Kriterien mit einer Gewichtung von beispielsweise 1–10 versehen. Außerdem wird der Grad der Erfüllung festgelegt, d.h. welcher Instandhalter erfüllt welches Kriterium in welcher Intensität. Aufgrund Kriterien, Gewichtung und Erfüllungsgrad findet eine Bewertung des Fremdinstandhalters statt. Durch Multiplikation der Werte in den Spalten »Gewichtung« und »Erfüllungsgrad« entstehen Werte pro Zeile, deren Summe den Endwert ergibt. Aufgrund eines Vergleichs der Endwerte der verschiedenen Fremdinstandhalter mit dem Endwert der Eigeninstandhaltung kann entschieden werden, ob Fremdinstandhaltung überhaupt in Frage kommt und wenn ja, welcher Fremdinstandhalter beauftragt werden soll.

Folgende Kriterien zur Entscheidungsfindung sind möglich [Grobholz1988, S. 66ff.]:

1. **Qualität**

   Einsatz von gut ausgebildeten Fachkräften; Verwendung von Präzisionswerkzeugen; Erfahrung mit ähnlichen Fällen; anforderungsgerechte Auswahl von Reparaturmaterial, Ersatzteilen, Reserveteilen und Hilfsstoffen; Verfahren nach neuestem Stand der Technik

2. **Zeit**

   Zeitersparnis bei der Maßnahmendurchführung durch parallelen Einsatz von Spezialisten; Nutzung vorgesehener Stillstandszeiten in der Produktion

3. **Kapazität**

   bessere Auslastung der eigenen IH-Kapazitäten; Entlastung der eigenen IH-Kapazitäten von Routinearbeiten; kurzfristige und kostengünstige Befriedigung des Spitzenbedarfs an IH-Leistungen

4. **Elastizität**

   Anpassung des Fremdinstandhalters an Bedarfsschwankungen und an Veränderungen der Art des IH-Bedarfs

5. **Planung**

   Planung aufgrund von Daten des Anlagenverwenders (Verschleißverläufe, Lebensdauerstatistiken, Wirtschaftlichkeitsrechnungen); Bestimmung der für den Anlagenverwender optimalen IH-Strategie

6. **Informationsverarbeitung**

   Entwicklung und/oder Pflege spezieller Software für DV-gestützte Instandhaltung; Erfassung vorhandener IH-Daten

7. **Bereitstellung und Bevorratung**

   Bereitstellung von Ersatzteilen, Reparaturmaterialien, Reserveteilen und Reparaturhilfsstoffen; Kenntnis des Beschaffungsmarktes für Ersatzteile etc.

8. **Finanzwirtschaft**

   gleichmäßiger Finanzmittelbedarf durch Abschluß längerfristiger Serviceverträge

9. **Sicherheit, Umweltschutz und Arbeitsschutz**

   Wegfall personalwirtschaftlicher Risiken, wie z.B. das Risiko des Ausfalls eigener Spezialisten durch Krankheit oder Unfall; Gewährleistungszusagen und Kulanzleistungen; Verbesserung von Arbeitsschutz und Unfallverhütung bei Übernahme ausgereifter Konzepte; Verlagerung der Entsorgungsproblematik

10. **Personalwirtschaft**

    Reduzierung des Personalbedarfs; Reduzierung eigener Aus- und Weiterbildungsmaßnahmen

11. Organisation

Verbesserung der Ablauforganisation im IH-Wesen; Zentralisation der Entscheidungskompetenz

12. Kosten

Vermeidung von Überstunden; Wegfall von Nachbearbeitungskosten durch Gewährleistungsansprüche; sinkende Fixkostenbelastung; kostengünstige Ausführung durch Betriebsgrößen- und Mengendegressionen

Beispiel Ihr Unternehmen betreibt eine Eiscreme-Produktionsanlage. Für die Kühlanlagen innerhalb dieser Anlage planen Sie Fremdinstandhaltung, da für die Kühlanlagen ein hoher Grad an Spezialisierung und die Verwendung modernster Präzisionswerkzeuge notwendig ist. Ihre Aufgabe ist es nun, ein Werteprofil für die Auswahl des geeigneten Fremdinstandhalters zu erstellen.

Als Kriterien mit hoher Gewichtung wählen Sie Qualität, Zeit, Elastizität, Planung, Finanzwirtschaft, Sicherheit/Umweltschutz/Arbeitsschutz, Personalwirtschaft und Kosten. Da Ihnen die Beratung bei der IH-Planung und die Einsparung von Schulungskosten weniger wichtig sind, gewichten Sie diese Kriterien mit 5 auf einer Skala von 1–10. Umweltschutz ist Ihnen bei der Kühlanlage sehr wichtig, da Sie dem Fremdinstandhalter auch die Entsorgung des Kühlmittels übertragen wollen. Ebenso wichtig ist Ihnen der Abschluß eines Servicevertrags mit günstigen Konditionen und einer langen Laufzeit, daher gewichten Sie diese Kriterien mit einer 10. Alle übrigen Kriterien gewichten Sie mit einer 8. Tabelle 2.1 zeigt nun dieses Werteprofil mit beispielhaften Einträgen für einen Fremdinstandhalter Firma X. Sie führen die Wertung für alle infrage kommenden Fremdinstandhalter so durch und entscheiden sich schließlich für das Unternehmen mit dem höchsten Endwert.

Kriterium	Gewichtung	Erfüllungsgrad (von –2 bis +2)	Bewertung der Firma X
Qualität	8	+1	+8
Zeit	8	–1	–8
Elastizität	8	–1	–8
Planung	5	+1	+5
Finanzwirtschaft	10	+2	+20
Umweltschutz	10	+1	+10
Personalwirtschaft	5	–1	–5
Kosten	8	+1	+8
			Endwert: +30

Tabelle 2.1 Werteprofil Fremdinstandhalter

2.3 Planung in der Instandhaltung

2.3.1 Planung und Steuerung

Zur Planung in der Instandhaltung gehören grundsätzlich »alle Tätigkeiten, Maßnahmen und Aktionen, Abläufe, technische Daten, wirtschaftliche Größen und Kosten, die einen Einfluß auf die Arbeitsergebnisse der Instandhaltungsabteilung und die benachbarten Unternehmensbereiche bzw. das Unternehmen als Ganzes haben« [Grobholz1988, S. 38].

Zur Steuerung in der Instandhaltung gehören die auftragsbezogene Terminierung und Kapazitätsbestimmung sowie die Überwachung der Durchführung. Während Planung mittel- oder langfristig angelegt ist, ist Steuerung immer kurzfristig. Abbildung 2.6 zeigt, wie Planung und Steuerung im Zyklus einer Auftragsabwicklung ineinandergreifen.

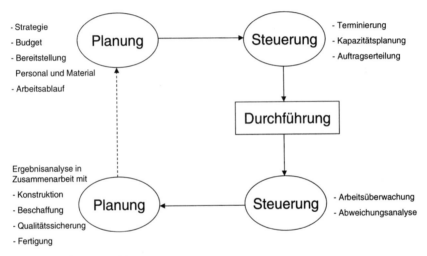

Abbildung 2.6 Planung und Steuerung

2.3.2 Strategiepläne und Arbeitspläne

Aufgrund der Empfehlung Nr. 10 des Deutschen Komitees für Instandhaltung (DKIN) werden Strategieplanung und Arbeitsplanung in der Instandhaltung unterschieden. Strategiepläne sind immer mittel- oder langfristig angelegt und beziehen sich auf einen Zyklus oder einen Zeitraum. Arbeitspläne dagegen sind kurzfristig angelegt und beziehen sich auf einen konkreten Termin.

Zur strategischen Planung gehört die Erstellung der operativen Pläne (Tätigkeiten: Wartung, Inspektion, Instandsetzung), der Mengenpläne (Personalplan sowie Materialplan einschließlich Maschinen- und Geräteplan), der Kosten-/Leistungspläne und des strategischen Gesamtplanes.
[Grobholz1988, S. 40]

Abbildung 2.7 zeigt die Strategiepläne im Zusammenhang.

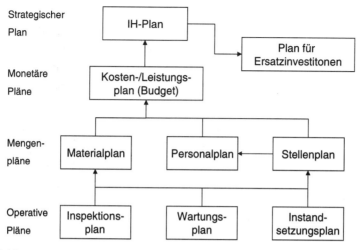

Abbildung 2.7 Strategiepläne (aus [Grobholz1988, S. 40])

Der Arbeitsplan ist das Instrument zur Steuerung der IH-Maßnahmen und baut auf den operativen Plänen auf. Beispielsweise enthält ein Arbeitsplan, der auf einem Instandsetzungsplan aufbaut, detaillierte Anweisungen zur Instandsetzung und Angaben zum Durchführungstermin. Nach der Durchführung geht der Arbeitsplan an die Arbeitsvorbereitung zurück, damit im Rahmen der Planung eine Analyse stattfinden kann. Abbildung 2.8 zeigt den Zyklus der Arbeitsplanung in der Instandhaltung.

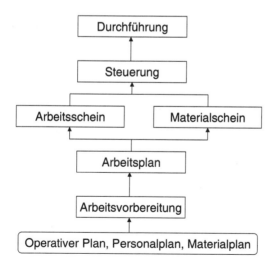

Abbildung 2.8 Arbeitsplanung (aus [Grobholz1988, S. 41])

2.4 Methoden der Instandhaltung

2.4.1 Schadensabhängige Instandhaltung

Die schadensabhängige Instandhaltung, im Extremfall auch Ausfallmethode oder »Fahren auf Bruch« genannt, zeichnet sich als Methode dadurch aus, daß keinerlei Wartung erfolgt. Die Anlagenteile werden ohne jeden IH-Aufwand eingebaut, abgenutzt und bei Störung vollständig ersetzt.

> **Beispiel** Bei einer Dichtung wird der Abnutzungsvorrat vollständig aufgebraucht, bis eine Störung auftritt. Im Rahmen einer störungsbedingten Instandsetzungsmaßnahme wird dann eine neue Dichtung eingebaut. In diesem Fall lohnt sich die Methode der schadensabhängigen Instandhaltung, da die regelmäßige Inspektion und Wartung einer Dichtung mehr Kosten verursachen würde, als die Dichtung selbst wert ist. Anders verhält es sich allerdings, wenn die Dichtung als produktions- oder sicherheitsgefährdendes Anlagenteil gilt. Dann wäre diese Methode nicht nur leichtsinnig, sondern würde auch hohe Stillstands- und Folgekosten verursachen.

Rentabel ist die Methode der schadensabhängigen Instandhaltung also nur in folgenden Fällen:

▶ Es handelt sich um Anlagenteile, bei denen die Anschaffungskosten wesentlich niedriger sind als die Wartungskosten.

▶ Es handelt sich um Anlagenteile, deren Ausfall weder produktions- noch sicherheitsgefährdend ist und die ohne großen Aufwand (z.B. ohne Anlagenabschaltung) wieder instandgesetzt werden können.

▶ Es handelt sich um Anlagenteile, deren Lebensdauer terminiert ist und nicht verlängert werden kann oder soll (keine Aufarbeitung).

Der Geschäftsprozeß zu dieser Methode beginnt mit der Meldung, daß eine Störung aufgetreten ist. Zweiter Schritt ist dann die Spezifikation der Störung. Der zuständige IH-Planer kann den Meldenden genauer befragen oder die Störung selbst untersuchen. Wenn es sich beim Meldenden um einen IH-Techniker handelt, kann dieser die Störung im zweiten Schritt auch selbst spezifizieren. Sobald die Details feststehen, kann die Planung und Steuerung der Instandsetzungsmaßnahme erfolgen. Je nach Schweregrad der Störung und je nach Auswirkung auf die Produktion, steht für Planung und Steuerung mehr oder weniger Zeit zur Verfügung. Steht viel Zeit zur Verfügung, kann der IH-Planer Vorgaben für Reserveteile, Arbeitsabläufe oder zu verwendende Werkzeuge machen. Steht wenig Zeit zur Verfügung, erteilt der IH-Planer einem IH-Techniker einen grob spezifizierten Arbeitsauftrag.

Bei gravierenden Störungen kann sich die Reihenfolge auch umkehren, dann erfolgt nämlich zuerst die Instandsetzung und erst danach die offizielle Meldung und die Spezifikation der Störung.

Nach der Störungsbehebung (Instandsetzung) durch einen internen oder externen IH-Techniker nimmt der IH-Planer als Auftraggeber die erbrachte Leistung ab. Zum Schluß erfolgt die Abrechnung des Auftrags durch das Rechnungswesen. Abbildung 2.9 zeigt diesen Geschäftsprozeß im Überblick.

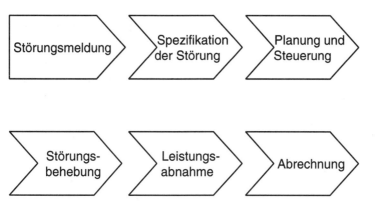

Abbildung 2.9 Geschäftsprozeß der schadensabhängigen Instandhaltung

2.4.2 Zeitabhängige Instandhaltung

Bei der zeitabhängigen oder periodischen Instandhaltung erfolgt die Wartung eines Anlagenteils regelmäßig nach einer bestimmten Nutzungsdauer. Zu den Vorteilen dieser Methode gehört, daß durch die regelmäßige Wartung die Lebensdauer eines Anlagenteils verlängert wird. In einigen Fällen muß aufgrund rechtlicher oder sicherheitstechnischer Vorschriften auch der Erweis einer regelmäßigen Wartung erbracht werden (z. B. Feuerlöscher-Inspektion alle zwei Jahre, TÜV bei Kraftfahrzeugen alle vier Jahre). Ein Nachteil zeitabhängiger Instandhaltung ist, daß der Abnutzungsvorrat eines Anlagenteils immer auch von dessen Nutzungsintensität abhängt.

Beispiel Eine Pumpe in einer Eiscreme-Produktionsanlage muß spätestens alle 10 000 Liter Durchflußleistung ausgetauscht werden. Statistisch gesehen wird diese Durchflußleistung alle zwei Monate erreicht, daher setzt man im Rahmen der zeitabhängigen Instandhaltung ein Wartungsintervall von zwei Monaten fest. Im März wird diese Pumpe bei einer Durchflußleistung von 9 000 Litern gewechselt, im Mai bei 4 000 Litern, im Juli bei 9 200 Litern. Im Mai war die Nutzungsintensität wesentlich geringer, so daß die Pumpe eigentlich erst wieder im Juni hätte gewechselt werden müssen. Bei zeitabhängiger Instandhaltung wird aber nicht der Abnutzungsvorrat berücksichtigt, sondern allein das Wartungsintervall von zwei Monaten. Indem eine noch funktionstüchtige Pumpe im Mai ausgetauscht wurde, entstanden dem Unternehmen zusätzliche Kosten.

Der Geschäftsprozeß zur zeitabhängigen Instandhaltung beginnt mit der meist von einem DV-System ausgegebenen Meldung, daß der festgesetzte Termin erreicht ist. Der festgesetzte Termin ist jeweils der Endtermin eines Wartungsintervalls. Danach erfolgt die Planung und Steuerung der Wartungsmaßnahme aufgrund eines Wartungsplans. Da die Wartungsmaßnahmen im Vorfeld bekannt sind, kann dieser Wartungsplan auch von einem DV-System ausgegeben werden. Ein interner oder externer IH-Techniker führt zum Termin die Wartung durch, und der IH-Planer nimmt die erbrachte Leistung ab. Auch hier erfolgt danach die Abrechnung. Abbildung 2.10 zeigt diesen Geschäftsprozeß im Überblick.

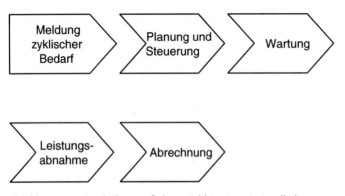

Abbildung 2.10 Geschäftsprozeß der zeitabhängigen Instandhaltung

2.4.3 Zustandsabhängige Instandhaltung

Von den drei klassischen Methoden der Instandhaltung ist die zustandsabhängige Instandhaltung diejenige, bei der der Abnutzungsvorrat optimal und wirtschaftlich genutzt werden kann. Eine Wartungsmaßnahme wird bei der zustandsabhängigen Instandhaltung nur dann fällig, wenn ein bestimmter Abnutzungsvorrat erreicht ist, z. B. immer nur dann, wenn die Pumpe tatsächlich eine Durchflußleistung von 9 900 Litern erreicht hat.

Voraussetzung für zustandsabhängige Instandhaltung ist eine präzise Messung des Istzustandes durch regelmäßige Inspektion des Anlagenteils. Beispielsweise kann an der Pumpe ein Zähler angebracht sein, der die Durchflußleistung in Litern mißt und der regelmäßig abgelesen wird.

Der Geschäftsprozeß für diese Methode beginnt mit einer regelmäßigen Zustandsmessung. Aufgrund einer Zustandsmessung wird bei Erreichen eines bestimmten Wertes der Wartungsbedarf angemeldet. Der IH-Planer plant und steuert die Wartungsmaßnahmen aufgrund eines Wartungsplans. Danach wird wie bei den anderen Geschäftsprozessen die Wartung durchgeführt, abgenommen und abgerechnet. Abbildung 2.11 zeigt diesen Geschäftsprozeß im Überblick.

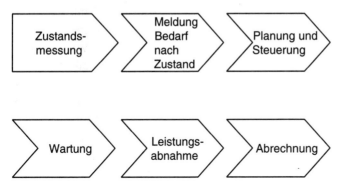

Abbildung 2.11 2.11: Geschäftsprozeß der zustandsabhängigen Instandhaltung

Ein Unternehmen kann alle drei Methoden parallel einsetzen oder nach Bedarf kombinieren. Der Einsatz der Methoden ist oft von der Materialart und dem Materialwert abhängig. Schadensabhängige Instandhaltung kann als Methode für Verschleißteile verwendet werden, während für Anlagenteile mit langer Lebensdauer zeit- bzw. zustandsabhängige Instandhaltung verwendet werden kann. Auch eine Kombination von zeit- und zustandsabhängiger Instandhaltung ist sinnvoll.

> **Beispiel** Die Pumpe soll generell alle 10 000 Liter gewechselt werden, mindestens aber nach einer Einsatzzeit von zwei Monaten. Oder die Pumpe soll von einer externen Firma alle zwei Monate gewechselt werden, bei einer vorzeitig erreichten Durchflußleistung von 9 900 Litern aber auch innerhalb des Zweimonatsintervalls.

2.5 Kennzahlengestütztes Benchmarking in der Instandhaltung

Im Rahmen eines Benchmarkings werden verschiedene Teilbereiche der Instandhaltung aufgrund bestimmter Kriterien definiert und innerhalb des eigenen Unternehmens oder mit anderen Unternehmen verglichen. Zu den Kriterien werden jeweils die Anforderungen festgelegt, die erfüllt sein müssen, damit das Instandhaltungsmanagement verbessert werden kann. Zwei dieser Teilbereiche sind beispielsweise das Unternehmensmanagement und das Anlagenmanagement.

Die folgenden Kriterien sind im Teilbereich Unternehmensmanagement hinsichtlich ihres Reifestadiums und der Ergebniserzielung im Vergleich zum Benchmarking-Partner zu bewerten [Biedermann1998, S. 34]:

1. Schriftliche Fassung der Instandhaltungsphilosophie

2. Zielorientierte Formulierung kontinuierlicher Verbesserung

3. Fachbereichsübergreifende Teams mit Zielerreichungskontrolle

4. Fachübergreifendes Controlling mit IH-Beitrag betreffend

   ▶ Qualität (Kennzahlen)

   ▶ Produktivität (Kennzahlen)

   ▶ Anlagenkapazitätsnutzung (Kennzahlen)

   ▶ Sicherheit (Innenbereich) und Umwelt (Außenbereich)

5. Standardisierung (Normen, Richtlinien, Anweisungen)

6. Mitarbeiterengagement und Delegation

7. Risikoprofil zur Arbeitsorganisation (-teilung) zwischen Anlagenbediener und Instandhalter

8. Kriterienkatalog zur Aufgabenübertragung an Produktion

9. Analytische Bewertung des optimalen Dezentralisierungsgrades

10. Strategische Orientierung der Fremdleistungsvergabe

11. Controllingfunktionen

Die folgenden Kriterien sind im Teilbereich Anlagenmanagement hinsichtlich ihres Reifestadiums und der Ergebniserzielung im Vergleich zum Benchmarking-Partner zu bewerten [Biedermann1998, S. 35]:

1. Dokumentation kritischer Anlagen/Bauteile und Beschreibung der jeweiligen Instandhaltungsstrategie

2. Systematischer Prozeß der Schwachstellenbeseitigung

   ▶ Technische Beurteilungen

   ▶ Betriebswirtschaftliche Beurteilungen

3. Beurteilungen hinsichtlich der Arbeits- und Betriebssicherheit sowie des Umweltschutzes mit dazugehörigen Dokumentationen

4. Klassifikation der Anlagen hinsichtlich der Bedeutung und Stellung im Produktionsprozeß mit entsprechender Dokumentation (Kennzahlen)

5. Definition der Zielsetzung in den Bereichen Zuverlässigkeit und Verfügbarkeit

6. Einsatz von Methoden und Instrumenten bzw. Techniken zur Erhöhung der effektiven Produktionszeit

7. Routinemäßige Bewertung für das Zuverlässigkeits-Engineering

8. Einsatz von Informationstechnologien zur Unterstützung des Zuverlässigkeitsmanagements

9. Visualisierung mittels Berichten, Grafiken und Diagrammen als bedarfsgerechte Informationsaufbereitung

10. Einbeziehung von Instandhaltungskonzepten bei Entwurf und Konstruktion neuer Anlagen

11. Einsatz von Methoden zum Vergleich der Wirtschaftlichkeit der Anlageninvestition hinsichtlich Instandhaltung oder Ersatzbeschaffung

In diesem Zusammenhang sind einige der IH-Kennzahlen aus der VDI-Richtlinie 2893 von Bedeutung. IH-Kosten betrachten Sie beispielsweise anhand der Kennzahlen 1–4. Kennzahl Nr. 1 ist die IH-Kostenrate, d.h., die Zusammenfassung aller Kosten (Personal-, Lohn-, Material-, Fremdleistungskosten) für IH-Maßnahmen entsprechend DIN 31051 geteilt durch den sogenannten indizierten Anschaffungswert, den Anlagenwert im Anschaffungsjahr multipliziert mit dem Index für Kostensteigerung (Indexzahlen des Statistischen Bundesamtes) für das betreffende Jahr.

$$\text{IH-Kostenrate} = \frac{\text{IH-Kosten(gesamt)}}{\text{indizierter Anschaffungswert(AWi)}}$$

Die Kennzahlen 2–4 schlüsseln die Gesamtkosten weiter auf. Kennzahl Nr. 2 ist der IH-Personalkostenanteil, d.h., die Lohn- und Gehaltskosten des IH-Personals einschließlich der Gesamtkosten geteilt durch die gesamten IH-Kosten laut Kennzahl Nr. 1.

$$\text{IH-Personalkostenanteil} = \frac{\text{IH-Personalkosten}}{\text{IH-Kosten(gesamt)}}$$

Kennzahl Nr. 3 ist der IH-Materialkostenanteil, d.h., die Kosten für das zur Instandhaltung aufgewendete Material (Ersatzteile, Hilfs- und Betriebsstoffe) geteilt durch die gesamten IH-Kosten laut Kennzahl Nr. 1.

$$\text{IH-Materialkostenanteil} = \frac{\text{IH-Materialkosten}}{\text{IH-Kosten(gesamt)}}$$

Kennzahl Nr. 4 ist der IH-Fremdleistungsanteil, d.h., die Kosten für IH-Maßnahmen, die von Fremdfirmen ausgeführt werden, geteilt durch die gesamten IH-Kosten laut Kennzahl Nr. 1. Hier ist es zu empfehlen, Lohn- und Materialkosten nach den Kennzahlen Nr. 2 und Nr. 3 für die Fremdleistung getrennt auszuweisen.

$$\text{IH-Fremdleistungsanteil} = \frac{\text{Fremdleistungen}}{\text{IH-Kosten(gesamt)}}$$

Entsprechend der Kennzahl Nr. 1 läßt sich auch die IH-Personalkostenrate (Kennzahl Nr. 17) und die IH-Materialkostenrate (Kennzahl Nr. 18) berechnen. Bei der IH-Personalkostenrate werden die Personalkosten laut Kennzahl Nr. 2 durch den indizierten Anschaffungswert laut Kennzahl Nr. 1 geteilt. Bei der IH-Materialkostenrate werden die Materialkosten laut Kennzahl Nr. 3 durch den indizierten Anschaffungswert laut Kennzahl Nr. 1 geteilt. (Weitere IH-Kennzahlen entnehmen Sie der VDI-Richtlinie 2893. Zu den IH-Kennzahlen: [Gamweger1998, S. 101–112].)

$$\text{IH-Personalkostenrate} = \frac{\text{IH-Personalkosten}}{\text{indizierter Anschaffungswert(AWi)}}$$

$$\text{IH-Materialkostenrate} = \frac{\text{IH-Materialkosten}}{\text{indizierter Anschaffungswert(AWi)}}$$

2.6 Modernes Instandhaltungsmanagement

2.6.1 Total Productive Maintenance (TPM)

TPM wurde in den 70er Jahren in Japan entwickelt. Außerhalb Japans verbreitete sich das Konzept erst in den 90er Jahren. Das Hauptmerkmal von TPM ist, daß die bisher von zentralen IH-Abteilungen geplanten und durchgeführten Maßnahmen schrittweise auf die Maschinenführer übertragen werden.

> *Im Gegensatz zur klassischen Instandhaltung, die als Hilfsbetrieb oder als Service-funktion der Produktion verstanden wird, verfolgt TPM eine viel weitergehende Zielsetzung, da alle Mitarbeiter in den Verbesserungsprozeß miteinbezogen werden.* [Matyas1999, S. 31]

Wesentliche Voraussetzung ist die Schulung des Bedienungspersonals, so daß die herkömmliche organisatorische Trennung von Maschinenbedienung und Maschinen-Instandhaltung aufgehoben werden kann. Ziel von TPM ist nach Matyas die sogenannte »autonome Bediener-Instandhaltung«. Entsprechend lautet z. B. auch das Mission Statement für TPM bei der Japan Technology Group im Original:

> *Total-Productive Maintenance means that operators are empowered to maintain continuous production on totally efficient lines.*
> *(Japan Technology Group, Nippon Lever B.V., Japan. http://www.bekkoame.or.jp/~axeichi/n_lever)*

Die eigentliche IH-Abteilung analysiert im Rahmen von TPM dann die IH-Maßnahmen, die das Bedienungspersonal durchführt. In der IH-Abteilung findet die strategische Planung statt, die Verwaltung von Arbeitsplänen und Wartungsplänen sowie die Kostenkontrolle.

2.6.2 Reliability Centered Maintenance (RCM)

RCM oder auch Reliability Based Maintenance (RBM) beschäftigt sich besonders mit dem Anlagenausfall, mit dessen Folgekosten und mit dessen Vermeidung. Auf Basis einer Risokoanalyse und Risikobewertung (als eigene Methode: Risk Based Maintenance) soll entschieden werden, ob vorbeugende IH-Maßnahmen eventuell höhere Kosten verursachen als ein Anlagenausfall und dessen Folgen.

Insbesondere wenn redundante (bypass) oder mehrfach redundante Systeme vorhanden sind, stellt sich die Frage, ob vorbeugende Maßnahmen sinnvoll sind. Denn der bypass soll ja wirken, wenn die Komponente ausfällt. Wozu also noch vorbeugen, wenn eine Sicherung eingebaut ist? Bei Anlagen mit hoher Redundanz, bestimmt durch die Technologie oder durch gesetzliche Auflagen, wie z.B. bei kerntechnischen Anlagen, ist dies besonders zu berücksichtigen.
[Stender1999, S. 43]

Entscheidende Voraussetzung für RCM ist die Kalkulation eines Anlagenausfalls und deren Bewertung.

2.6.3 Life Cycle Costing

Life Cycle Costing oder Lebenszyklusrechnung ist ein Instrument des Kostenmanagements für ein Produkt oder eine Anlage.

Life Cycle Costing ist keine eigenständige Methode, sondern es beruht auf einer Vielzahl von Methoden, die vor allem aus der Investitionsrechnung bekannt sind (z.B. Methoden der Systembewertung, Verfahren der Kostenprognose, Methoden zur Berücksichtigung des Risikos und der Inflation).
[Günther1997, S. 900]

Life Cycle Costing erleichtert z.B. bei der Beschaffung einer Anlage die Entscheidung zwischen alternativen Produkten konkurrierender Anbieter. Dabei werden nicht nur die Beschaffungs- und Anfangskosten, sondern vor allem die Betriebs- und Folgekosten im Lebenszyklus einer Anlage verglichen. Zu den Betriebs- und Folgekosten gehören wesentlich die Wartungs- und Instandhaltungskosten, die Betriebs- und die Entsorgungskosten. Auch nach der Beschaffung einer Anlage trägt Life Cycle Costing dazu bei, die Kosten und die Leistung über die Lebensdauer der Anlage zu optimieren:

Im Gegensatz zur Investitionsrechnung ist Life Cycle Costing nach Abschluß der Analyse von Lebenszykluserlösen und -kosten noch nicht beendet. Im Rahmen des im Life Cycle Costing verfolgten Gestaltungsziels wird in einem unaufhörlichen Prozeß versucht, über den gesamten Lebenszyklus hinweg die Produkt- bzw. Systemgestaltung zu optimieren (...).
[Günther1997, S. 912]

Life Cycle Costing lohnt sich besonders bei Anlagen mit hohem Kapitaleinsatz, langer Lebensdauer und wenn die Anlage hohe Folgekosten im Vergleich zu den Anfangskosten verursacht. Life Cycle Costing ist daher eine wichtige Methode, um das Ausmaß der Instandhaltung strategisch einzuordnen und zu planen.

2.6.4 Dezentrale Anlagen- und Prozeßverantwortung (DAPV)

DAPV wurde vom Fraunhofer Institut für Produktionstechnik und Automatisierung entwickelt. Im Vordergrund steht dabei die Aufbauorganisation der IH-Abteilung, d.h., die Bildung dezentraler Strukturen und die Übertragung von Verantwortung auf Arbeitsgruppen und Teams.

> *Bei einer zentralen Organisationsform sind die vier Elemente Planung, Steuerung, Durchführung und Kontrolle personell und organisatorisch voneinander getrennt. Man kann sogar sagen, je ausgeprägter die Trennung dieser Elemente auf Personen und Abteilungen ist, desto höher ist der Grad zur Zentralisation. Umgekehrt zeichnet sich eine dezentrale Organisation dadurch aus, daß diese vier Elemente bzw. diese vier Aufgaben von einer Gruppe oder einem Team (eventuell sogar von einer einzigen Person) wahrgenommen werden.*
> *[Stender1999, S. 51]*

In den Produktionsteams, die Instandhaltungsaufgaben übernehmen, können ehemalige Mitglieder der IH-Abteilung integriert sein. Nur bei großen und komplexen IH-Maßnahmen zieht das Team externe Instandhalter hinzu. Diese stammen dann entweder vom unternehmenseigenen »Servicecenter Instandhaltung« oder von einer Fremdfirma.

> *Somit ist es naheliegend, durch eine Aufhebung von funktionsorientierten Abteilungen wie beispielsweise Produktion (Menge), Instandhaltung (Anlage), Logistik (Zeit) und Qualität hin zu prozeßorientierten Abteilungen (Fraktalen) zu gelangen, in denen neben der Produktion Teilaufgaben der ursprünglichen Funktionen Logistik, Instandhaltung und Qualität geleistet werden. Die bisherigen Abteilungen Logistik, Instandhaltung und Qualität bleiben in den Fällen bestehen, wenn spezielle Aufgaben mit hohem funktionsspezifischen Know-how durchzuführen sind. Sie geben jedoch Personal ab, wenn sie bestehen bleiben, da ihr Gesamtaufgabenumfang reduziert wird. Zudem werden Verantwortlichkeiten verändert, indem sie nur noch als Dienstleister von den Produktionsfraktalen beauftragt werden, in einem klar definierten Kunden-Lieferanten-Verhältnis.*
> *[Stender1999, S. 56]*

Ähnlich wie bei TPM ändert sich somit der organisatorische Stellenwert der IH-Abteilung im Unternehmen, während die eigentlichen IH-Aufgaben nun als Rolle in einem Produktionsteam wahrgenommen werden.

2.6.5 Weitere Tendenzen

Anlagenbauer als Dienstleister

Neben den genannten IH-Managementkonzepten entwickeln sich derzeit weitere Tendenzen zur Modernisierung der klassischen Instandhaltung. Einige Herstellerfirmen übernehmen inzwischen neben dem traditionellen Anlagenbau auch die Produktionsoptimierung und Instandhaltung der Anlage.

> *Damit wird der einstige Produzent immer mehr zum Anbieter einer ganzheitlichen Produktlösung, die von der Anlagenplanung und -konstruktion bis hin zur Betreuung der Anlage im Einsatz geht. Damit wird ein Regelkreis geschlossen, der auch im Sinne der Instandhaltung wichtige Akzente setzt. Die gesamten Lebenslaufkosten einer Maschine oder Anlage werden von der Konstruktion bis hin zum Betreiben der Anlage für den Anlagenbauer relevant. Das bedeutet für ihn, nicht nur die Kosten der ersten Phasen des Produktlebenszyklus zu berücksichtigen, sondern auch die späteren Kosten zur Sicherstellung der Verfügbarkeit seiner Anlage miteinzuplanen. Dabei müssen insbesondere Einflüsse auf das Anlagenverhalten, die durch die Konstruktion von Bauteilen und Wirkmechanismen, die Verwendung von Werkstoffen und die Qualität eigengefertigter und fremdbezogener Zukaufteile gegeben sind, maßgeblich berücksichtigt werden.*
> *[Proksch1999, S. 14]*

Ferndiagnose und virtueller Serviceverbund

Virtuelle Serviceverbünde sind Spezialistenteams für die sogenannte »High Intelligence Maintenance« (HIM), die in Projekten zusammenarbeiten und sich über virtuelle Börsen organisieren.

> *Es werden virtuelle Serviceverbünde entstehen, in denen miteinander kooperierende Unternehmen, insbesondere IH-Dienstleister und Komponentenzulieferer aber auch Anlagenhersteller, Dienstleistungen anbieten. Durch die globale Zugriffsmöglichkeit auf Anlagendaten können insbesondere bei besonders komplexen Störungsbildern, bei Anlagenoptimierungen, -umbauten, oder anderen Großmaßnahmen fachlich hochqualifizierte Instandhalterteams weltweit beliebig zusammengestellt werden.*
> *[Proksch1999, S. 14]*

Folgende Ferndiagnosemöglichkeiten sind in diesem Szenario denkbar:

▶ Prozeßüberwachung und Schwachstellendiagnose
▶ Prozeßführung und -steuerung
▶ Business Reengineering, Prozeßoptimierung
▶ Fernprogrammierung und -bedienung von Maschinen

▶ Fernsteuerung und Fehlerbehebung für Steuerungssoftware

▶ Teleservice mit Sensoren, Video-/Audioüberwachung (zu Teleservice siehe [Stoll1999])

Mit Hilfe von Internettechnologien kann ein virtueller Marktplatz, ein sogenanntes Portal, entstehen, der beispielsweise von Software-Anbietern für IH-Planungs- und Steuerungssystemen betrieben wird. Dort können Anbieter von IH-Dienstleistungen, Ersatzteillieferanten und Anlagenbauer unter »Angeboten« inserieren und Unternehmen, die kurz- oder mittelfristig IH-Dienstleistungen einkaufen wollen, unter »Gesuchen«. Über diesen Marktplatz könnten aber nicht nur Angebot und Nachfrage ausgeglichen werden, sondern auch Informationen ausgetauscht werden, wie z. B. über Benchmarking-Resultate, Kennzahlen, IH-Strategien, Erfahrungen mit modernen IH-Managementkonzepten oder technische Neuerungen. Auch einige der oben genannten Ferndiagnosemöglichkeiten könnten direkt über diesen Marktplatz ablaufen.

Facility Management

Instandhaltung von Gebäuden ist ein Teilbereich des Facility oder Gebäude-Managements. Je höher der Grad an Automatisierung durch Gebäudeleitsysteme, desto wichtiger wird die reibungslose Integration in die IH-Prozesse. Wenn Instandhaltung mit DV-Unterstützung betrieben wird, muß eine Schnittstelle zwischen dem Instandhaltungsplanungs- und Steuerungssystem (IPS) und dem Gebäudeleitsystem vorhanden sein, damit im IPS automatisch eine Störungsmeldung erzeugt wird, sobald im Gebäudeleitsystem eine Störung erkannt wird.

Visuelle Benutzungsoberflächen für IPS

Die Bedienung klassischer IPS-Systeme kann für den IH-Planer oder den IH-Techniker erleichtert werden, indem sie eine Benutzungsoberfläche haben, die beide ohne große Vorkenntnisse bedienen können. Störungen an einer Anlage können leichter lokalisiert werden, wenn das IPS-System CAD-Zeichnungen, dreidimensionale Abbildungen, Konstruktionspläne oder Rohrleitungs- und Instrumentenfließbilder als Benutzungsoberfläche zur Verfügung stellt. Über Internet/Intranet können solche Zeichnungen oder Abbildungen unternehmensweit als Browser-Anzeige zur Verfügung gestellt werden. Somit ist es möglich, in einem IPS-System Eingaben zu machen und Ereignisse auszulösen (wie z. B. eine Störmeldung aufzugeben), ohne irgendeinen technischen Schlüssel für das betroffene Anlagenteil kennen zu müssen.

Lösungsdatenbanken

Analyseverfahren, wie z.B. »Sicherheit durch Organisationales Lernen« (SOL), stellen das Lernen aus Erfahrung in den Mittelpunkt. (Zu SOL siehe [Geipel-Kern1999].) Ausfälle, Störungen, Unfälle und Beinahe-Unfälle werden systematisch ausgewertet, damit Prozesse verbessert werden können und ähnliche Störungen schneller behoben werden. Bewährte Lösungen können in Lösungs- oder Maßnahmendatenbanken festgehalten werden. Durch Case-Based-Reasoning-Systeme (CBR) können Problembeschreibungen vom System automatisch mit ähnlichen Problembeschreibungen verknüpft werden. An den ähnlichen Problembeschreibungen hängt wiederum eine bewährte Lösung, die bereits zum Erfolg geführt hat und z.B. im Rahmen von SOL mit den Problembeschreibungen verknüpft wurde. Somit kann das Wissen über Instandhaltungsprozesse innerhalb eines Unternehmens in einer Wissensdatenbank (Knowledge Base) festgehalten werden. Manche Anlagenbauer oder Ersatzteilproduzenten stellen solche produktbezogenen Wissensdatenbanken zusammen mit dem Produkt zur Verfügung. Ein IH-Techniker als Kunde kann dann bei Problemen mit dem Produkt direkt oder über Internet auf die Wissensdatenbank des Herstellers zugreifen.

Simulationsprogramme

Mit Hilfe von Simulationsprogrammen kann beispielsweise gezeigt werden, wie sich der Ausfall eines Teilsystems auf die gesamte Anlage auswirkt.

> *Im Simulationssystem selbst wird das Anlagenverhalten dann durch Ereignisse nachgebildet, die aufgrund der ermittelten Charakteristika zu den entsprechenden Zeitpunkten ausgelöst werden, wodurch der Systemzustand verändert wird und weitere Ereignisse ausgelöst werden (ereignisdiskrete Simulation). Hiermit läßt sich das Verhalten von realen Anlagen(-teilen) nicht nur beschreiben, sondern es lassen sich parallel zu den tatsächlichen Abläufen auch ergänzende Betrachtungsebenen in das Simulationsmodell integrieren.*
> *[Feldmann1999, S. 54]*

So können im Rahmen einer wirtschaftlichen Vorabbewertung bei der simulierten Störung z.B. die Kosten für das IH-Personal über die Störungsdauer und den Stundensatz direkt errechnet werden.

3 Getting started mit Release 4.6

Auch wenn Sie bereits mit älteren Releaseständen gearbeitet haben, werden Sie einige der neuen allgemeinen R/3-Funktionen nicht kennen. Dieses Kapitel informiert Sie über praktische Neuerungen aus den Bereichen Navigation, Kommunikation, Fehlerhandling und Dokumentation, die Sie bei Ihrer täglichen Arbeit in der Instandhaltung unterstützen können.

3.1 Das PM-Menü mit Easy Access

3.1.1 Wie Sie nach der Anmeldung in R/3 das Menü für die Instandhaltungsabwicklung sehen

Wenn Sie sich hauptsächlich mit Instandhaltungsabwicklung beschäftigen, kann es sinnvoll sein, alle anderen Menüs im R/3-System auszublenden, so daß Sie nach der Anmeldung direkt im Abwicklungsmenü arbeiten können. Dies stellen Sie einmalig über die Benutzervorgaben ein (▲Abbildung 3.1).

1. Wählen Sie nach der Anmeldung **System · Benutzervorgaben · Eigene Daten**.

2. Geben Sie auf der Registerkarte **Festwerte** als Startmenü IW00 ein und sichern Sie die Daten.

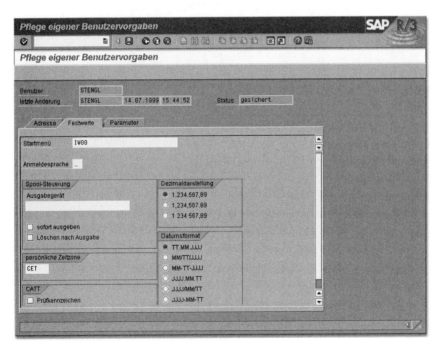

Abbildung 3.1 Startmenü als Benutzervorgabe

Wenn Sie sich nun erneut anmelden, startet das R/3-System mit dem ausgewählten Navigationsmenü für die Instandhaltungsabwicklung in der neuen Easy-
Access-Darstellung. Alle anderen R/3-Komponenten sind nicht mehr im Menü
sichtbar (▲ Abbildung 3.2).

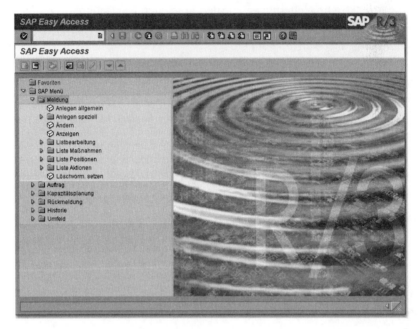

Abbildung 3.2 Menü Instandhaltungsabwicklung

Mit einem Doppelklick öffnen Sie die einzelnen Ordner. Mit einem Doppelklick
auf die würfelförmige Transaktions-Ikone starten Sie die jeweilige Transaktion.

3.1.2 Wie Sie nach der Anmeldung in R/3 ein rollenspezifisches PM-Menü sehen

Wie Sie in den späteren Kapiteln sehen, empfehlen wir in der Instandhaltungsabwicklung die Verwendung von drei Rollen:

▶ Instandhaltungstechniker (IH-Techniker)

▶ Instandhaltungsplaner (IH-Planer)

▶ Controller

Für jede Rolle können Sie die häufig benutzte Transaktionen in einem eigenen
Ordner als sogenannte »Favoriten« zusammenfassen. So kann z. B. der IH-Techni-
ker nach der Anmeldung im R/3-System die häufig von ihm benutzte Transaktion
Störmeldung anlegen neben beliebigen anderen Transaktionen in einem Ordner
»IH-Techniker« als Favoriten speichern. Dazu gehen Sie vor wie folgt:

1. Nach der Anmeldung im R/3-System sehen Sie das allgemeine Navigations-menü (▲Abbildung 3.3). Wählen Sie dort **Favoriten · Ordner einfügen**.

2. Geben Sie als Name des Ordners »IH-Techniker« ein und bestätigen Sie.

3. Öffnen Sie nun das Logistik-Menü durch Doppelklick auf die Ordner, bis Sie die Meldungstransaktionen sehen.

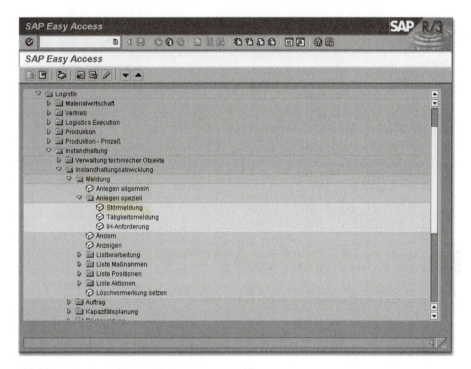

Abbildung 3.3 Transaktionen als Favoriten auswählen

Stellen Sie nun den Cursor auf die Transaktion **Meldung · Anlegen speziell · Stör-meldung**, halten Sie die linke Maustaste gedrückt und ziehen Sie die Transaktion mit der Maus in den Ordner »IH-Techniker«.

Auf diese Weise können Sie sich beliebige Ordner anlegen und sie mit Transaktio-nen füllen. Sie starten die Transaktionen jeweils durch Doppelklick.

3.1.3 Wie Sie Internetseiten und Dateien in Ihr Menü einbinden

Neben den Transaktionen können Sie auch Links auf häufig benötigte Internetsei-ten oder Dateien in die Ordner einfügen. Wählen Sie **Favoriten · Web-Adresse oder Datei einfügen**. Geben Sie im Feld Text einen beliebigen Text für den Link ein. Im zweiten Feld können Sie entweder die WWW-Adresse oder den Datei-ablagepfad angeben, oder Sie drücken F4 und durchsuchen Ihre Festplatte nach dem gewünschten Dokument (▲Abbildungen 3.4 und 3.5).

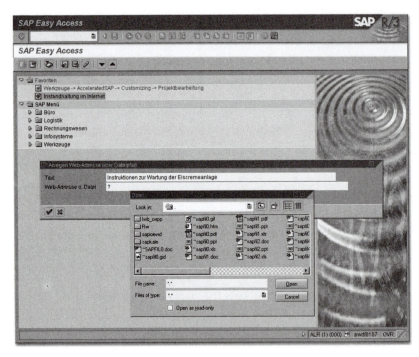

Abbildung 3.4 Festplatte durchsuchen und Dokument als Favorit speichern

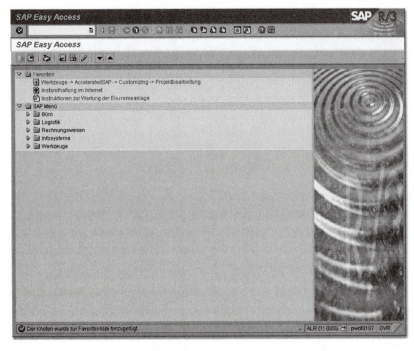

Abbildung 3.5 Transaktion, WWW-Adresse und Dokument als Favoriten

3.2 Der Business Workplace

Der Business Workplace bietet eine einheitliche Arbeitsumgebung, in der Sie Ihren Anteil an den Geschäfts- und Kommunikationsprozessen im Unternehmen erledigen können. Beispielsweise kann der IH-Techniker in seiner Eingangsbox sehen, welche zu erledigenden Aufträge ihm der IH-Planer geschickt hat. Weiter wäre denkbar, daß mehrere IH-Planer aus unterschiedlichen Abteilungen über Business Workflow zusammenarbeiten und sich zu planende Aufträge untereinander zusenden oder daß der Controller den IH-Planer über den Business Workplace benachrichtigt, wenn die Plankosten für einen Auftrag zu hoch sind.

Im Workplace erhalten Sie alle Workitems, die Ihnen im Rahmen eines Workflows zugeordnet sind. Der Business Workplace ist Voraussetzung für alle Benutzer, die in Ihrem Unternehmen am SAP Business Workflow teilnehmen. Auch das Senden in und aus den R/3-Anwendungen wird über den Business Workplace abgewickelt. Deshalb wird in vielen Anwendungen ein direkter Link zum Business Workplace angeboten.

Zusätzlich kann diese Komponente für das gesamte interne und externe Mailing eines Unternehmens eingesetzt werden. Hier bearbeiten Sie alle Maildokumente, die von Personen oder von R/3-Anwendungen an Sie gesendet wurden. Sie können Ihre Ablage organisieren, in der Sie die Dokumente und Arbeitsvorgänge verwalten. Informationen, die innerhalb einer Arbeitsgruppe oder unternehmensweit publiziert wurden, können Sie lesen oder selbst zur Verfügung stellen. Sie können den Business Workplace auch über die Oberfläche MAPI-fähiger Clients (wie z.B. Microsoft Outlook) benutzen. Außerdem steht der Business Workplace als Internet-Anwendungskomponente zur Verfügung.

3.2.1 Wie Sie mit dem Business Workplace arbeiten

Um den Business Workplace zu starten, wählen Sie **Büro · Business Workplace**. Der Business Workplace besteht aus folgenden drei Bildschirmteilen (▲ Abbildung 3.6):

▶ Struktur
  Hier werden Ihnen die Mappen Ihres Business Workplace in einem Strukturbaum angezeigt. Mit einem Einfachklick auf eine Mappe rufen Sie deren Inhalt auf.

▶ Liste Mappeninhalt
  Hier erhalten Sie eine Liste mit den Workitems, Dokumenten, Verteilerlisten, Mappen und Objekten in der Mappe, die Sie im Mappenbaum markiert haben. Mit einem Einfachklick rufen Sie die Vorschau eines Listeneintrags auf, mit einem Doppelklick verzweigen Sie in dessen Vollbildanzeige.

▶ Vorschau

Hier wird Ihnen der Listeneintrag, der in der Mappeninhaltsliste markiert ist, angezeigt – sofern der Eintrag die Vorschau unterstützt. In der Workitem-Vorschau stehen Ihnen weitere Funktionen zur Verfügung. Die Vorschau können Sie bei Bedarf ausblenden.

Es ist voreingestellt, daß der Arbeitsplatz so angezeigt wird, wie er das letzte Mal verlassen wurde. Dies bezieht sich nicht auf die Sortierung der Mappeninhaltsliste. Wenn Sie eingestellt haben, daß die Workplace-Anzeige nicht gesichert wird, wird der Arbeitsplatz nach dem Aufrufen stets so angezeigt, wie er beim Aufrufen dieser Funktion aussah.

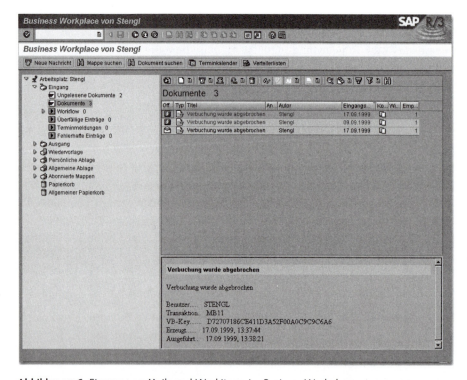

Abbildung 3.6 Eingang von Mails und Workitems im Business Workplace

3.3 Support Line Feedback als Schnittstelle zu SAP

Wenn Sie bei der Arbeit mit dem R/3-System auf einen Programmfehler stießen, mußten Sie bisher das OSS-System (neuer Name: SAPNet R/3 Frontend) aufrufen und eine Meldung für SAP erfassen. Zu Release 4.6 gibt es im Standardsystem die Möglichkeit, direkt aus der laufenden Anwendung im R/3-System heraus eine Meldung an SAP zu senden (Support Line Feedback). Dazu wurde ein neuer Meldungstyp geschaffen, die sogenannte »R/3-Meldung«. Diese R/3-Meldung enthält automatisch Ihre wichtigsten System- und Benutzerdaten, so daß Sie nur noch das Problem eingeben und einer Komponente zuordnen müssen. Von SAP wird eine R/3-Meldung genauso behandelt, wie eine OSS-Meldung.

Das Ziel dieser Schnittstelle zu SAP ist die Unterstützung des R/3-Benutzers bei Anfragen oder Problemen durch:

▶ Meldungserfassung im lokalen R/3-Kundensystem

▶ Automatische Ergänzung der Meldung durch R/3-Systemdaten

▶ Integration des Inhouse Supports (Customer Competence Center, CCC) in den Meldungsfluß

Weitere Vorteile der Schnittstelle zu SAP sind:

▶ Übermittlung verläßlicher und detaillierter Daten an den kundeninternen Support/CCC bzw. an SAP

▶ Direkte, toolunterstütze Anbindung an den kundeninternen Support/CCC durch »Link to CCC« bzw. an SAP durch »Link to SAP«

3.3.1 Wie Sie eine R/3-Meldung anlegen

Über die Feedback-Funktionalität der SAP Support Line können Sie als normaler R/3-Benutzer direkt aus dem R/3-System heraus Kontakt zu Ihrer zuständigen Supporteinheit aufnehmen (Inhouse Support/CCC oder SAP). Die Support Line bietet allen Benutzergruppen Vorteile:

1. R/3-Benutzer können ihre Meldung über eine einfache Meldungsmaske erfassen und an ihre zuständige Supporteinheit senden. Ein Systemwechsel zur Meldungserfassung ist somit nicht notwendig.

2. Während der R/3-Benutzer die Meldung erfaßt, ergänzt das R/3-System die Meldung automatisch um wichtige R/3-Systemdaten, die Grundlage für einen effektiven Bearbeitungsprozeß darstellen.

3. Der R/3-Benutzer kann jederzeit eine Meldung erfassen und seine Anmerkungen oder Fragen stellen. Somit ist er vollständig in den R/3-Feedbackprozeß integriert.

4. Inhouse Support/CCC-Mitarbeiter können Meldungen aus ihrem R/3-System direkt an SAP weiterleiten. Eine Anmeldung im OSS-System (SAPNet R/3 Frontend) zur Meldungserfassung und -weiterleitung ist nicht notwendig.

Die Feedback-Meldungen können als »Link to CCC« oder direkt als »Link to SAP« eingesetzt werden, abhängig davon, ob in Ihrem Unternehmen der R/3-Benutzer direkt an SAP senden darf oder nicht. Ziel des »Link to CCC« ist es insbesondere, den kundeninternen Support beim Aufbau einer Supportstruktur zu unterstützen.

Um eine R/3-Meldung anzulegen, wählen Sie aus einer beliebigen Transaktion heraus **Hilfe · Feedback**. Alternativ dazu können Sie auch auf dem SAP-Logo (im Bildschirm rechts oben, ▲ Abbildung 3.7) doppelklicken. Es öffnet sich die Erfassungsmaske für Ihre R/3-Meldung, in der Sie einen Kurztext und einen Langtext eingeben können. Die Komponente ermittelt das System automatisch aus der Transaktion, mit der Sie gerade arbeiten. In Abbildung 3.8 hat der IH-Planer die R/3-Meldung aus der Auftragsbearbeitung heraus aufgerufen, also erscheint als Komponente automatisch PM-WOC.

Abbildung 3.7 SAP-Logo zum Aufruf der R/3-Meldung

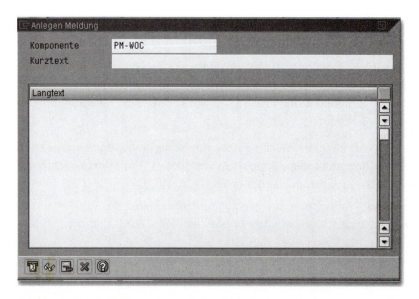

Abbildung 3.8 R/3-Meldung mit Kurztext und Langtext

Alle weiteren für die Meldungsbearbeitung wichtigen Daten werden vom R/3-System selbst bereitgestellt und der Meldung hinzugefügt, z.B. R/3-Installationsnummer, R/3-Release, aktuelle Transaktion, Support Package (▲ Abbildung 3.9). Diese Daten helfen SAP, die Meldung schnell und effektiv beantworten zu können. Bei den Daten handelt es sich um benutzerunabhängige Daten, die Sie während der Meldungserfassung jederzeit einsehen können. Wählen Sie dazu in der R/3-Meldung die Anzeigen-Ikone.

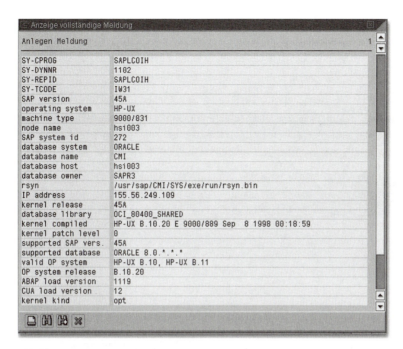

Abbildung 3.9 Ausschnitt Systemdaten zur R/3-Meldung

Wenn Sie den Kurztext und den Langtext eingegeben haben, können Sie die R/3-Meldung verschicken. Wählen Sie dazu die Senden-Ikone. In Abbildung 3.10 schickt der IH-Planer seine Meldung nicht direkt an SAP, sondern zunächst an seinen zuständigen Inhouse-Support.

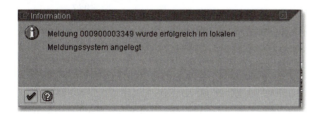

Abbildung 3.10 Anlegen R/3-Meldung im lokalen Supportsystem

3.3.2 Wie Ihr Support mit der R/3-Meldung arbeitet

Zum erfolgreichen Versenden der Meldung geben Sie sich durch Benutzer-ID und Paßwort zu erkennen. Danach wird im R/3-System des Supports automatisch eine komplette R/3-Meldung angelegt (▲Abbildung 3.11). Diese R/3-Meldung enthält nicht nur den Kurztext und den Langtext, den Sie eingegeben haben, sondern auch Ihre Adreßdaten und alle Systemdaten, die Sie übermittelt haben. Die Supportmitarbeiter können dann die Meldung in ihrem R/3-System bearbeiten und Sie über die Lösung informieren.

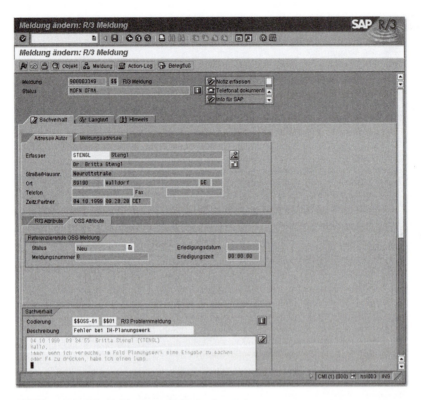

Abbildung 3.11 R/3-Meldung aus Sicht des Supports

Die Funktionen zur Meldungsbearbeitung entsprechen denen einer IH-Meldung, da die R/3-Meldung gewissermaßen nur eine weitere Meldungsart im PM ist. Neu bei der R/3-Meldung ist die Möglichkeit, direkt aus der Meldung heraus im SAP-Net nach verwandten Hinweisen zu suchen. Die Supportmitarbeiter wählen dazu die Registerkarte **Hinweis** und dann die Drucktaste **Hinweis**. Im linken Bildschirmbereich der Suchmaske werden die Selektionskriterien eingegeben. Danach erscheint dort die Trefferliste. Im rechten Bildschirmbereich erscheint der jeweilige Hinweis (▲ Abbildung 3.12).

Falls der Supportmitarbeiter die Meldung nicht hinreichend beantworten kann, leitet er diese über eine zweiseitige Schnittstelle direkt an SAP weiter. Dazu wählt er in der Action Box der R/3-Meldung **Senden an SAP** (▲ Abbildung 3.13). Eine Anmeldung im OSS-System (SAPNet R/3 Frontend) zur Meldungserfassung, Statusverfolgung und R/3-Hinweissuche entfällt für den Supportmitarbeiter. Diese Aktionen können direkt in seinem R/3-System durchgeführt werden. Vom technischen Standpunkt aus betrachtet können mehrere R/3-Systeme auf ein zentrales R/3-System des Inhouse-Supports/CCC melden (per Remote Function Control). Der Supportmitarbeiter kann die R/3-Meldung wie jede andere PM-Meldung bearbeiten oder weiterleiten.

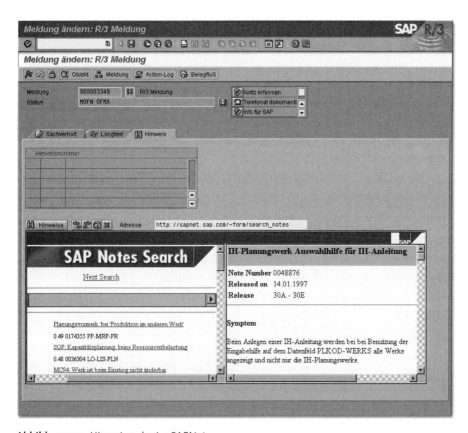

Abbildung 3.12 Hinweissuche im SAPNet

Meldung	900003349	$$	R/3 Meldung		Info für SAP	
Status	MOFN OFMA VSUB				Senden an SAP	
					Hinweis erfassen	

Abbildung 3.13 R/3-Meldung aus dem Support an SAP senden

3.3.3 Wie Sie das Support Line Feedback aktivieren

Ab dem Release 4.6A wird das Support Line Feedback im Standard ausgeliefert. Die Auslieferung beinhaltet sowohl die technischen Schnittstellen als auch das komplette Customizing, so daß sich die Feedback-Funktionalität in kürzester Zeit aktivieren läßt.

Weitere Hinweise zur Installation finden Sie im SAPNet unter http://sapnet.sap.com/support_line. Wählen Sie dort dann »Feedback Messages«. Sie finden im SAPNet die gesamte Dokumentation zur Funktionalität sowie den SAP-Hinweis Nummer 153743 zur sofortigen Installation.

3.4 PM-Dokumentation in der SAP-Bibliothek

SAP liefert zu jedem Release in deutscher und englischer Sprache eine CD-ROM mit der aktuellen Dokumentation aus. Ihre Systemverwaltung sollte die Dokumentation in der gewünschten Hilfetyp-Anzeige auf einem Server installieren. In den hier aufgeführten Beispielen wird die Dokumentation als Plain-HTML in einem Internet-Browser angezeigt und stammt aus der Datenbank SAP Knowledge Warehouse.

3.5 Wie Sie PM-Dokumentation in der SAP Bibliothek aufrufen

Wählen Sie aus der aktuellen PM-Transaktion heraus **Hilfe · Hilfe zur Anwendung**. Sie erhalten dann sofort den Abschnitt der PM-Dokumentation zur entsprechenden Transaktion. Mit **Hilfe · SAP-Bibliothek** springen Sie aus jeder beliebigen Transaktion in die Dokumentation zum gesamten R/3-System (▲ Abbildung 3.14). Wählen Sie dort den Bereich »Logistik« aus (▲ Abbildung 3.15). Danach rufen Sie mit einem Doppelklick den Bereich »PM-Instandhaltung« auf (▲ Abbildung 3.16). Dort finden Sie die einzelnen Kapitel unterhalb der folgenden vier Knoten:

1. Technische Objekte

2. Vorbeugende Instandhaltung

3. Instandhaltungsabwicklung

4. Instandhaltungsinformationssystem

Öffnen Sie das gewünschte Kapitel. Nun können Sie im linken Bildschirmbereich mit Hilfe des Strukturbaumes navigieren und sich im rechten Bildschirmbereich jeweils die einzelnen Info-Objekte anzeigen lassen. Ein Info-Objekt entspricht dabei jeweils einem Link in der Struktur. Abbildung 3.17 zeigt als Beipiel ein Info-Objekt zu den IH-Meldungen.

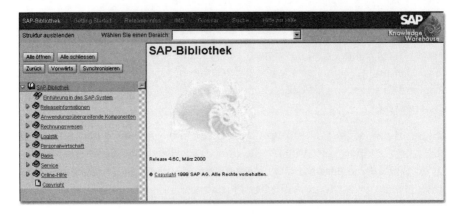

Abbildung 3.14 Einstiegsbild SAP-Bibliothek als Plain-HTML im Browser

Abbildung 3.15 Komponenten der Logistik

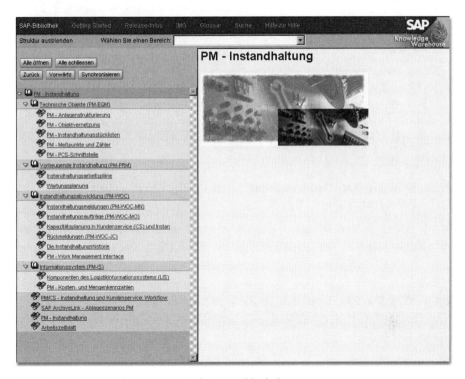

Abbildung 3.16 PM-Dokumentation in der SAP-Bibliothek

3.5.1 Wie Sie Release-Informationen zu PM aufrufen

Wählen Sie aus der aktuellen PM-Transaktion heraus **Hilfe · SAP-Bibliothek**. Wählen Sie dann in der blauen Navigationsleiste **Release-Infos**. Suchen Sie sich das Release aus, zu dem Sie Release-Informationen benötigen, und wählen Sie im Strukturbaum »PM-Instandhaltung« (▲ Abbildung 3.18).

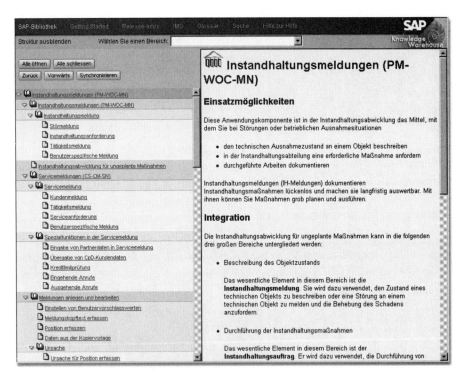

Abbildung 3.17 Info-Objekt zu den IH-Meldungen

3.5.2 Wie Sie PM-Dokumentation zum Einführungsleitfaden (IMG) aufrufen

Wählen Sie aus der aktuellen PM-Transaktion heraus **Hilfe · SAP-Bibliothek.** Wählen Sie dann in der blauen Navigationsleiste **IMG**. Danach wählen Sie im Strukturbaum »Instandhaltung und Kundenservice« (▲ Abbildung 3.19).

3.5.3 Wie Sie PM-Begriffe im Glossar aufrufen

Wählen Sie aus der aktuellen PM-Transaktion heraus **Hilfe · SAP-Bibliothek.** Wählen Sie dann in der blauen Navigationsleiste **Glossar**. Danach klicken Sie auf den Anfangsbuchstaben des gewünschten Begriffs (▲ Abbildung 3.20).

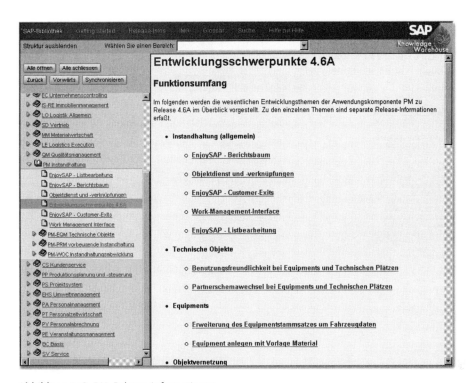

Abbildung 3.18 PM-Release-Informationen

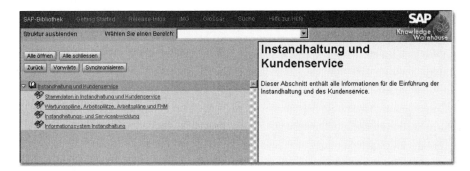

Abbildung 3.19 PM-Dokumentation zum IMG

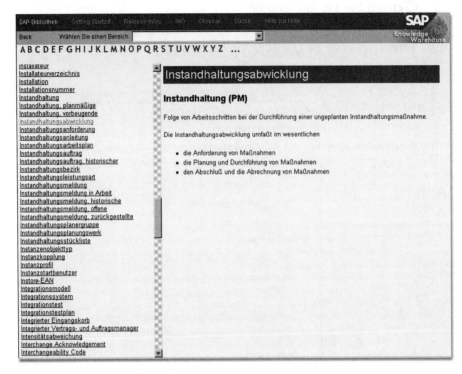

Abbildung 3.20 PM-Begriffe im Glossar

4 Objekte in R/3-PM

4.1 Verwaltung technischer Objekte

Soll eine EDV-gestützte Instandhaltung in einem Unternehmen sinnvoll eingesetzt werden, ist es notwendig, die vorhandenen technischen Anlagen zu strukturieren, d.h. in technische Objekte (IH-Stammdaten) zu gliedern und hierarchisch aufzubauen. Damit Sie R/3-PM sinnvoll einsetzen können, ist es nötig, die instandzuhaltenden Objekte als Stammdaten im R/3-System abzubilden. Das instandzuhaltende Objekt dient für die eigentliche IH-Abwicklung als Bezugsobjekt. Zahlreiche Daten aus dem Bezugsobjekt können in den Instandhaltungsauftrag übernommen werden.

Vorteile einer Strukturierung:

▶ Der Aufwand für die Verwaltung der technischen Objekte wird reduziert.

▶ Die Instandhaltungsabwicklung wird vereinfacht.

▶ Der Erfassungsaufwand der Daten bei der Instandhaltungsabwicklung reduziert sich erheblich.

▶ Die Instandhaltungsdaten werden gezielter, umfassender und schneller ausgewertet.

Bevor Sie damit beginnen, technische Objekte im System abzubilden, sollten Sie sich Klarheit über die Organisation der Instandhaltungsplanung in Ihrem Betrieb verschaffen. Hierbei müssen Sie sich in erster Linie nach der Struktur des Gesamtunternehmens richten. Dazu gehört die richtige Definition der Standortwerke und der Instandhaltungsplanungswerke (IH-Planungswerke) in Ihrem System.

Tip Bemessen Sie die Planungsphase für die Strukturierung nicht zu kurz. Wägen Sie für alle Strukturierungsansätze die Vor- und Nachteile, die sich daraus für Ihren Betrieb ergeben, sehr genau gegeneinander ab. Bedenken Sie, daß Sie mehr Zeit brauchen, Objekte umzustrukturieren, als sie neu zu strukturieren. Technische Objekte lassen sich bei fehlerhafter Eingabe im R/3-System nicht einfach löschen, sondern müssen mit dem Archivierungsprogramm reorganisiert werden.

4.1.1 Werksbegriff im R/3-System

Das Werk ist im R/3-System eine Betriebsstätte oder eine Niederlassung innerhalb einer Firma. Das Werk ist in der Organisationsstruktur wie folgt eingebettet (▲ Abbildung 4.1):

- Das Werk wird genau einem Buchungskreis zugeordnet. Ein Buchungskreis kann mehrere Werke haben.
- Zu einem Werk können mehrere Lagerorte gehören, in denen Materialbestände geführt werden.
- Einem Werk und einer Sparte ist genau ein Geschäftsbereich zugeordnet.
- Ein Werk kann mehreren Verkaufsorganisationen/Vertriebsweg-Kombinationen zugeordnet werden.
- Ein Werk kann mehrere Versandstellen haben. Eine Versandstelle kann mehreren Werken zugeordnet werden.
- Ein Werk kann als IH-Planungswerk definiert werden.

Ein Werk hat folgende Eigenschaften:

- Ein Werk hat eine Adresse.
- Ein Werk hat eine Sprache.
- Ein Werk gehört zu einem Land.
- Ein Werk hat eigene Materialstammdaten. Insbesondere können für folgende Sichten des Materialstammsatzes Daten auf Werksebene gepflegt werden: Disposition, Einkauf, Lagerung, Arbeitsvorbereitung, Fertigungshilfsmittel, Prognose, Qualitätsmanagement, Vertrieb, Kalkulation.

Das Werk spielt eine wichtige Rolle in folgenden Bereichen:

- **Materialbewertung**
  Wenn die Bewertungsebene das Werk ist, werden die Materialbestände auf Werksebene bewertet. Wenn die Bewertungsebene das Werk ist, können die Materialpreise pro Werk definiert werden. Jedes Werk kann eine eigene Kontenfindung haben.
- **Bestandsführung**
  Die Materialbestände werden innerhalb eines Werks geführt.
- **Disposition**
  Die Disposition findet pro Werk statt. Jedes Werk hat eigene Dispositionsdaten. Auswertungen für die Disposition können werksübergreifend durchgeführt werden.
- **Fertigung**
- **Kalkulation**
  Bei der Kalkulation erfolgt die Festlegung der Bewertungspreise immer nur innerhalb eines Werks.

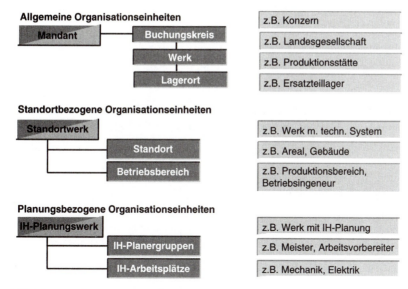

Allgemeine Organisationseinheiten

Mandant	Buchungskreis	z.B. Konzern
		z.B. Landesgesellschaft
	Werk	z.B. Produktionsstätte
	Lagerort	z.B. Ersatzteillager

Standortbezogene Organisationseinheiten

Standortwerk		z.B. Werk m. techn. System
	Standort	z.B. Areal, Gebäude
	Betriebsbereich	z.B. Produktionsbereich, Betriebsingeneur

Planungsbezogene Organisationseinheiten

IH-Planungswerk		z.B. Werk mit IH-Planung
	IH-Planergruppen	z.B. Meister, Arbeitsvorbereiter
	IH-Arbeitsplätze	z.B. Mechanik, Elektrik

Abbildung 4.1 Organisationseinheiten im R/3-System

4.1.2 Standortwerk und IH-Planungswerk

Das Standortwerk eines technischen Objekts ist das Werk, in dem es installiert ist. Das IH-Planungswerk eines technischen Objekts ist das Werk, in dem die Instandhaltungsmaßnahmen für das Objekt geplant und vorbereitet werden. Im IH-Planungswerk arbeiten IH-Planergruppen, die die Instandhaltungsmaßnahmen für die Werke planen und vorbereiten, die dem IH-Planungswerk zugeordnet wurden. Bei Instandhaltungsplanungswerken handelt es sich um normale Werke, die mit Hilfe der Customizing-Funktion als IH-Planungswerke gekennzeichnet wurden.

Im IH-Planungswerk werden folgende Aktionen durchgeführt:

- ▶ Definition von Arbeitsplänen
- ▶ Materialplanung auf der Basis von Stücklisten in Arbeitsplänen und Aufträgen
- ▶ Verwaltung und Terminierung von Wartungsplänen
- ▶ Erfassung von IH-Meldungen
- ▶ Durchführung von IH-Aufträgen
- ▶ Pflege der Stammdaten (Verwaltung technischer Objekte)

In den meisten Fällen findet die IH-Planung in demselben Werk statt, in dem das Objekt steht. Es gibt jedoch auch Szenarien, in denen die IH-Planung werksübergreifend für verschiedene Standorte erfolgt oder in denen ein Standort logisch in mehrere Werke aufgeteilt ist, die IH-Planung aber zentral für den Standort erfolgt.

Der verantwortliche Arbeitsplatz, der die IH-Tätigkeiten am Objekt ausführt oder zumindest koordiniert, liegt normalerweise im IH-Planungswerk. Er kann jedoch auch im Standortwerk oder einem dritten Werk liegen. Wichtig ist nur, daß das Werk des IH-Arbeitsplatzes in demselben Kostenrechnungskreis liegt, wie das Standortwerk des Objektes, weil sonst keine innerbetriebliche Leistungsverrechnung möglich ist.

Wie Sie die Organisation der IH-Planung in Ihrem Betrieb abbilden, ist abhängig von der Struktur des Gesamtunternehmens. Sie haben drei Möglichkeiten:

▶ Zentralisierte IH-Planung

▶ Dezentralisierte IH-Planung

▶ Teilzentralisierte IH-Planung

Bei der zentralisierten IH-Planung kann es sich um folgende Werkskonstellationen handeln:

1. Der Betrieb besteht nur aus einem einzigen Werk, das gleichzeitig Standortwerk und IH-Planungswerk für alle technischen Objekte ist.

2. Der Betrieb hat mehrere Standortwerke, jedoch nur ein einziges Werk, in dem IH-Planung betrieben wird. Das Werk, in dem die IH-Planung vorgenommen wird, wird im System als das IH-Planungswerk gekennzeichnet. Alle anderen Werke werden diesem Werk als Standortwerke zugeordnet, für die Instandhaltungsmaßnahmen im IH-Planungswerk geplant werden müssen.

Bei der dezentralisierten IH-Planung besteht der Betrieb aus mehreren Standortwerken. Jedes Werk nimmt seine eigene IH-Planung vor. In diesem Fall werden alle Werke im System als IH-Planungswerke gekennzeichnet.

Bei der teilzentralisierten IH-Planung hat der Betrieb mehrere Standortwerke. Einige der Standortwerke haben ihre eigene IH-Planung, andere nicht. Die Werke ohne eigene IH-Planung sind IH-Planungswerken zugeordnet, in denen die Planung für sie vorgenommen wird, während die Werke, in denen IH-Planung vorgenommen wird, im System als IH-Planungswerke gekennzeichnet werden.

Beispiel Das IH-Planungswerk 1000 ist für ein Standortwerk 1200 oder gegebenenfalls noch für weitere Standortwerke zuständig. Werk 1000 und Werk 1200 können dabei auch zu zwei verschiedenen Buchungskreisen innerhalb eines Kostenrechnungskreises gehören. Die Arbeitsplätze, d. h. die IH-Techniker, werden in Werk 1000 verwaltet. Das Ersatzteillager befindet sich in Werk 1000 (▲ Abbildung 4.2).

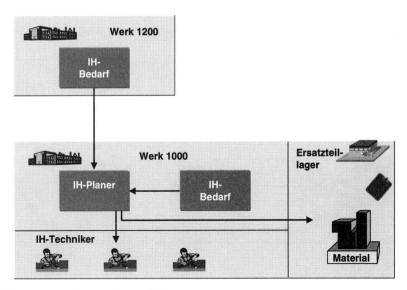

Abbildung 4.2 Werk 1000 plant und führt aus

Beispiel Das IH-Planungswerk 1000 ist für ein Standortwerk 1300 oder gegebenenfalls noch für weitere Standortwerke zuständig. Werk 1000 und Werk 1300 können dabei auch zu zwei verschiedenen Buchungskreisen innerhalb eines Kostenrechnungskreises gehören. Die Arbeitsplätze, d.h. die IH-Techniker, werden in Werk 1000 und in Werk 1300 verwaltet. Werk 1300 versucht, seine eigenen Techniker einzusetzen, solange man keine Spezialisten aus Werk 1000 benötigt. Das Ersatzteillager befindet sich in Werk 1000 (▲ Abbildung 4.3).

Tip Das R/3-System geht davon aus, daß sich das Ersatzteillager im IH-Planungswerk befindet. Deshalb schlägt es bei der Materialplanung im IH-Auftrag immer die Entnahme im IH-Planungswerk vor. Diesen Vorschlag können Sie jedoch ggf. mit einem anderen Werk aus demselben Kostenrechnungskreis überschreiben.

4.1.3 Wie Sie ein Werk als IH-Planungswerk definieren

Sie definieren ein normales Werk als IH-Planungswerk, indem Sie im Customizing **Unternehmensstruktur · Definition · Instandhaltung · Instandhaltungsplanungswerk pflegen** wählen. Tragen Sie dort das gewünschte Werk als IH-Planungswerk ein.

Wenn Sie einem Standortwerk ein festes IH-Planungswerk zuordnen wollen, wählen Sie im Customizing **Unternehmensstruktur · Zuordnung · Instandhaltung · Standortwerk · Instandhaltungsplanungswerk zuordnen**. Beachten Sie dabei, daß ein Standortwerk, dem ein abweichendes Instandhaltungsplanungswerk zugeordnet ist, nicht selbst Instandhaltungsplanungswerk sein sollte.

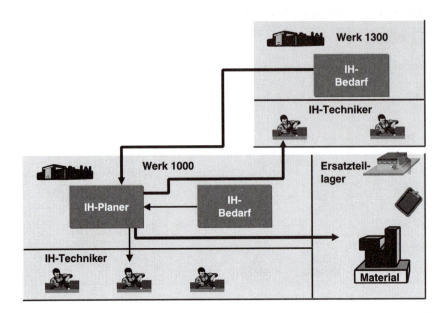

Abbildung 4.3 Werk 1000 plant, Werk 1300 führt teilweise selbst aus

4.2 Technischer Platz und Equipment

Als technische Objekte werden im R/3-System zwei instandhaltungsspezifische Stammdaten bezeichnet, der Technische Platz und das Equipment. Sobald Sie die Organisationsstruktur Ihres Unternehmens abgebildet haben, können Sie zwischen drei Möglichkeiten wählen, technische Objekte abzubilden:

▶ Funktionale Strukturierung (nur Technische Plätze)

▶ Objektbezogene Strukturierung (nur Equipments)

▶ Kombination (Equipments auf Technischen Plätzen)

Darüber hinaus können Sie technische Objekte nach technischen oder buchhalterischen Kriterien strukturieren.

Bei der Strukturierung nach technischen Gesichtspunkten ordnen Sie die technischen Objekte der Anlage bestimmten Objektklassen zu (Equipment-, Technische-Platz- und Baugruppenklassen). Diese Art der Strukturierung können Sie ergänzend zur funktionalen und/oder objektbezogenen Strukturierung verwenden.

Bei der Strukturierung nach buchhalterischen Gesichtspunkten ordnen Sie die Anlage und ihre technischen Objekte bestimmten Kostenstellen oder Sachanlagen zu. Instandzuhaltende Equipments in einer technischen Anlage können somit nach buchhalterischen Gesichtspunkten zu Anlageneinheiten zusammengefaßt werden. In diesem Fall ist die übergeordnete technische Anlage als Sachanlage im betriebswirtschaftlichen Sinn zu verstehen. Durch Zusammenfassung von Equipments zu Sachanlagen können Sie umfassende Auswertungen auf einer höheren Ebene als der des Einzelequipments durchführen. Auch diese Art der Strukturierung können Sie ergänzend zur funktionalen und/oder objektbezogenen Strukturierung verwenden. Voraussetzung dafür ist der Einsatz der R/3-Komponente FI-AA (Anlagenbuchhaltung).

4.2.1 Technischer Platz

Technische Plätze sind Elemente einer technischen Struktur (z. B. Funktionseinheiten in einer Gesamtanlage). Sie legen Technische Plätze hierarchisch an und können sie nach folgenden Kriterien gliedern:

▶ funktional (z. B. Pumpstation, Antriebseinheit)

▶ prozeßorientiert (z. B. Polymerisierung, Kondensation)

▶ räumlich (z. B. Halle, Standort)

Technische Plätze haben ein Strukturkennzeichen, d. h. einen Schlüssel für eine Editionsmaske. Mit Hilfe des Strukturkennzeichens legen Sie den generischen Aufbau der Kennzeichnung (Platznummer) fest und machen die Hierarchieebenen innerhalb der Platzstruktur in der Platznummer sichtbar. Abbildung 4.4 zeigt beispielsweise das Strukturkennzeichen für Technische Plätze in einer Eiscreme-Produktionsanlage. Das Strukturkennzeichen AAA-AX-XX-XX steuert, daß ein Platz auf der ersten Hierarchiestufe drei alphanumerische Stellen hat (z. B. ICE). Ein Platz auf der zweiten Hierarchiestufe hat zusätzlich noch zwei Stellen (z. B. ICE-M1), ein Platz auf der dritten Hierarchiestufe hat zwei weitere Stellen (z. B. ICE-M1-01). Die Kennzeichnung eines Platzes zeigt also automatisch, wie die hierarchisch übergeordneten Plätze heißen (z. B. befindet sich ICE-M1-01 in der Hierarchie direkt unterhalb von ICE-M1). Der Stammsatz eines Technischen Platzes enthält folgende Datengruppen (▲ Abbildung 4.5):

▶ Allgemeine Daten

  ▶ technische Daten

  ▶ Anschaffungswert

  ▶ Herstellerangaben

▶ Standortdaten

  ▶ Standortwerk

  ▶ Standort- und Raumangaben

  ▶ Adresse

▶ Organisationsdaten

  ▶ Kontierungsdaten

  ▶ IH-Planungswerk

  ▶ IH-Planergruppe

▶ Strukturdaten

  ▶ übergeordneter Technischer Platz

  ▶ eingebaute Equipments

Weitere Registerkarten, wie z.B. die Vertriebsdaten, können Sie im Customizing ein- oder ausblenden. Zusätzliche Funktionen sind über Drucktaste oder Menü erreichbar, wie z.B. Klassifizierung, Dokumentenverwaltung, Genehmigungen, Meßpunkte.

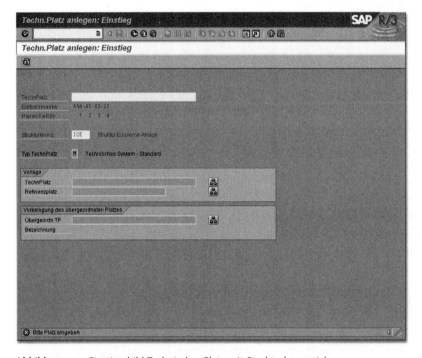

Abbildung 4.4 Einstiegsbild Technischer Platz mit Strukturkennzeichen

Sie setzen Technische Plätze ein, wenn

▶ Sie in ihrem Unternehmen Anlagen- oder Betriebsstrukturen nach funktionalen Gesichtspunkten abbilden wollen

▶ für die einzelnen Bereiche Ihrer Betriebs- oder Anlagenstruktur Instandhaltungsmaßnahmen (im weitesten Sinne) durchzuführen sind

- für die durchgeführten Instandhaltungsmaßnahmen in den einzelnen Bereichen Ihrer Betriebs- oder Anlagenstruktur Nachweise geführt werden sollen oder müssen

- für die einzelnen Bereiche Ihrer Betriebs- oder Anlagenstruktur technische Daten über längere Zeiträume hinweg gesammelt und ausgewertet werden sollen

- für die einzelnen Bereiche Ihrer Betriebs- oder Anlagenstruktur die Kosten von Instandhaltungsmaßnahmen verfolgt werden sollen

- Sie Analysen darüber durchführen wollen, welchen Einfluß die Einsatzbedingungen auf die Schadensanfälligkeit der eingebauten Equipments haben

- Sie verschiedene Sichten auf eine Platzstruktur benötigen (z. B. Sicht der Verfahrenstechnik und Sicht der Meß-/Regeltechnik)

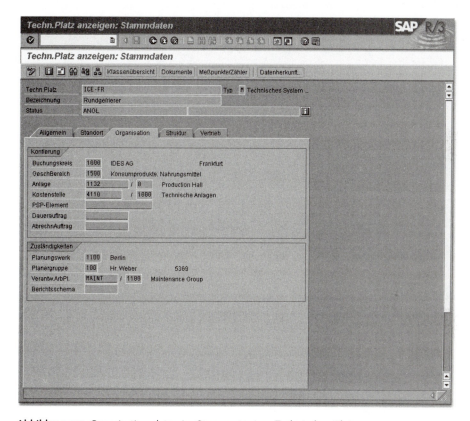

Abbildung 4.5 Organisationsdaten im Stammsatz eines Technischen Platzes

Beispiel Sie bilden Ihre Eiscreme-Produktionsanlage prozeßorientiert mit Hilfe von Technischen Plätzen ab (▲ Abbildung 4.6). Oberster Technischer Platz ist die Anlage selbst (ICE). Auf der zweiten Hierarchieebene bilden Sie der Reihe nach die Stufen des Produktionsprozesses ab. Zuerst den Mischer (ICE-

M1), dann die Tanks für Halbfertigmaterial (ICE-TA), dann den zweiten Mischer (ICE-M2), den Rundgefrierer (ICE-FR), die Verpackungsanlage (ICE-PK) und schließlich den Gefriertunnel (ICE-BF). Auf der dritten Hierarchieebene bilden Sie Zu- und Abläufe der Anlage sowie die eigentlichen Tanks, Mischer und Funktionseinheiten ab. Abbildung 4.7 zeigt die Struktur der Anlage im Überblick.

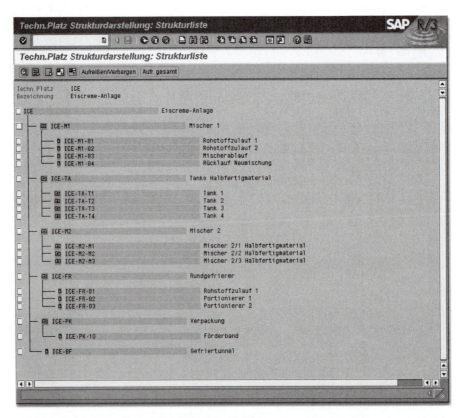

Abbildung 4.6 Strukturdarstellung Technischer Plätze in einer Eiscremeanlage

Was kann der Technische Platz im Unterschied zum Equipment?

▶ Die Kennzeichnung des Technischen Platzes ist nach dem Anlegen änderbar; wenn Sie sich vertippt haben, können Sie die Kennzeichnung jederzeit ändern.

▶ Aufgrund des Strukturkennzeichens finden Technische Plätze beim Anlegen (nach dem Top-down-Prinzip von oben nach unten) automatisch ihren Platz in der Struktur. Dies erleichtert den Erfassungsaufwand beim Aufbau von Strukturen Technischer Plätze.

▶ Durch die streng hierarchische Struktur Technischer Plätze ist die Verdichtung von Daten (z.B. Kosten) auf jeder Hierarchieebene möglich.

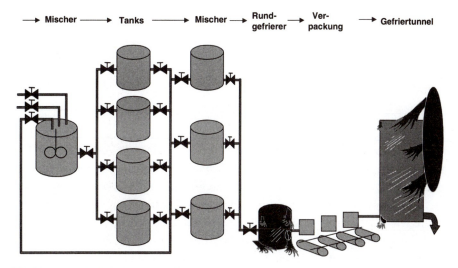

Mischer ➝ Tanks ➝ Mischer ➝ Rund-gefrierer ➝ Ver-packung ➝ Gefriertunnel

Abbildung 4.7 Struktur Eiscremeanlage

▶ Ein Technischer Platz kann eine Immobilie im Rahmen der Branchenkomponente Immobilienverwaltung IS-RE sein.

Worauf sollten Sie bei Technischen Plätzen achten?

▶ Sie müssen im Customizing pro Struktur ein Strukturkennzeichen anlegen.

▶ Technische Plätze können nur in Technische Plätze eingebaut werden oder als individuelle Objekte existieren.

▶ Ein Technischer Platz, der in einem anderen Technischen Platz eingebaut ist, kann die Historie seiner Einbauorte nicht speichern, er zeigt nur den aktuellen Einbauort.

▶ Beim Umbau von Strukturen Technischer Plätze, die verschiedene Strukturkennzeichen haben, funktioniert die automatische Zuordnung nicht mehr. Wie beim Equipment müssen Sie dann den übergeordneten Technischen Platz manuell zuordnen.

4.2.2 Equipment

Das Equipment ist ein individueller, körperlicher Gegenstand, der eigenständig instandzuhalten ist. Es kann in eine technische Anlage oder einen Anlagenteil eingebaut sein. Sie können alle möglichen Arten von Gegenständen als Equipments verwalten, z.B. Produktionsmittel, Transportmittel, Prüf- und Meßmittel, Fertigungshilfsmittel, Gebäude, PCs. Da viele dieser körperlichen Gegenstände in der Anlagenbuchhaltung als »Anlage« geführt werden, wurde – um Verwechslungen mit diesen aktivierten Sachanlagen zu vermeiden – für die unter technischen Aspekten definierten Objekte der Begriff »Equipment« gewählt.

Jedes Equipment wird individuell im System verwaltet, so daß Sie für das Objekt

▶ aus Instandhaltungssicht individuelle Daten verwalten können

▶ individuelle Instandhaltungsmaßnahmen durchführen können

▶ Nachweise der durchgeführten Instandhaltungsmaßnahmen führen können

▶ technische Daten über längere Zeiträume hinweg sammeln und auswerten können

Equipments können auf Technischen Plätzen ein- und ausgebaut werden. Die Einsatzzeiten eines Equipments auf einem Technischen Platz werden im Zeitablauf dokumentiert. Der Stammsatz des Equipments enthält dieselben Datengruppen wie der Stammsatz des Technischen Platzes (▲ Abbildung 4.8). Weitere Registerkarten, wie z.B. Fertigungshilfsmitteldaten, Serialdaten, Konfigurationsdaten und Vertriebsdaten, können Sie im Customizing oder über Menü ein- oder ausblenden. Zusätzliche Funktionen sind über Drucktaste oder Menü erreichbar.

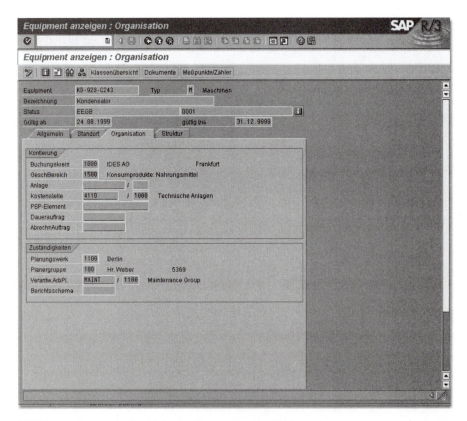

Abbildung 4.8 Organisationsdaten im Stammsatz eines Equipments

Sie setzen Equipments ein, wenn

▶ individuelle Daten für das Objekt zu verwalten sind (z. B. Baujahr, Garantiefristen, Einsatzorte)

▶ an dem Objekt schadensbedingte, vorbereitete oder planmäßige Instandhaltungsmaßnahmen durchzuführen sind

▶ für dieses Objekt ein Nachweis der durchgeführten Instandhaltungsmaßnahmen geführt werden muß (z. B. für den TÜV oder Versicherungen)

▶ für dieses Objekt technische Daten über längere Zeiträume hinweg gesammelt und ausgewertet werden sollen

▶ für dieses Objekt die Kosten von Instandhaltungsmaßnahmen verfolgt werden sollen

▶ für dieses Objekt Einsatzzeitennachweise auf Technischen Plätzen benötigt werden

Beispiel In Ihrer Eiscremeanlage bauen Sie Equipments in die vorhandenen Technischen Plätze ein. Sie bilden den Motor des Rundgefrierers als Equipment ab und nicht als Technischen Platz, weil Sie den Motor gegebenenfalls auch in den Gefriertunnel einbauen wollen und dazu eine Einbauhistorie brauchen. Sie bilden den Kompressor des Rundgefrierers als Equipment ab, weil es sich dabei um einen serialisierten Materialstammsatz handelt. Sie bilden den Behälter für Halbfertigmaterial im Rundgefrierer als Equipment ab, weil Sie dazu das Baujahr und die Garantiefristen verwalten wollen. Abbildung 4.9 zeigt die eingebauten Equipments im Überblick.

Was kann das Equipment im Unterschied zum Technischen Platz?

▶ Ein Equipment kann serialisiert werden, indem Sie ihm ein Material und eine Serialnummer zuordnen. Dadurch wird die Bestandsführung für das Equipment möglich.

▶ Sie können ein Equipment mit einem Material als Vorlage anlegen und dabei Materialdaten übernehmen. Seit Release 4.6 gehört dazu auch die Klassifizierung des Materials.

▶ Ein Equipment kann konfiguriert werden (über Maximalstückliste/Variantenkonfiguration).

▶ Equipments können in Technische Plätze oder in andere Equipments eingebaut werden oder als individuelle Objekte existieren.

▶ Ein Equipment kann ein Fahrzeug im Rahmen der Fahrzeugverwaltung sein.

▶ Ein Equipment kann ein Gerät im Rahmen der Branchenkomponente Utilities (IS-U) sein.

▶ Ein Equipment, das in einem technischen Objekt eingebaut ist, kann die Historie seiner Einbauorte speichern. Zu jedem Einbauort schreibt das System ein Zeitsegment, so daß Sie die gesamte Einbauhistorie verfolgen können.

▶ Zusätzlich zu den Standardregisterkarten des Equipmentstammsatzes können Sie bei Bedarf jederzeit über das Menü weitere Registerkarten (Vertriebsdaten, Fertigungshilfsmittel-Daten, Konfigurationsdaten) aufrufen, ohne daß dies im Customizing eingestellt werden muß.

▶ In Verbindung mit der Komponente Kundenservice CS können Sie Garantien im System abbilden.

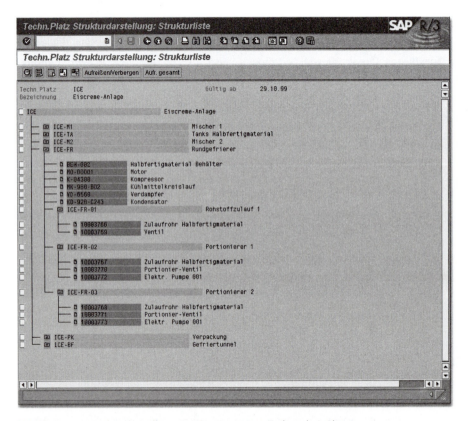

Abbildung 4.9 Strukturdarstellung von Equipments in Technischen Plätzen

Sie können Equipments z. B. auch in den folgenden Bereichen einsetzen:

▶ Produktionsplanung und -steuerung (PP): Fertigungshilfsmittel

▶ Qualitätsmanagement (QM): Prüf- und Meßmittel

▶ Materialwirtschaft (MM): serialisierte Materialien

▶ Vertrieb (SD): Kundengeräte

Worauf sollten Sie bei Equipments achten?

▶ Beim Anlegen von Strukturen finden Equipments ihren Platz in der Struktur nicht automatisch, sondern müssen je Stammsatz manuell zugeordnet werden.

▶ Die Equipmentnummer ist nach dem Anlegen nicht mehr änderbar. Wenn Sie sich bei externer Nummerneingabe vertippt haben, müssen Sie das Equipment archivieren.

▶ Wenn Sie sehr viele Equipments als individuelle Objekte oder als Equipment-hierarchie verwenden, ohne auch Technische Plätze einzusetzen, sollten Sie die Equipments klassifizieren. So erleichtern Sie sich die Suche.

4.3 Die wichtigsten Transaktionen für Technische Plätze und Equipments

Die Tabelle 4.1 soll Ihnen einen Überblick über die wichtigsten Stammdatentransaktionen bieten.

Transaktion	Technischer Name	Bemerkungen
Technischer Platz Anlegen	IL01	Einzelerfassung
Technischer Platz Ändern	IL02	Einzelbearbeitung
Technischer Platz Strukturdarstellung	IH01	Anzeige Platzhierarchie mit eingebauten Equipments
Technischer Platz Listbearbeitung Anlegen	IL04	Listerfassung
Technischer Platz Listbearbeitung Ändern	IL05	Ändern aus Liste
Technischer Platz Listbearbeitung Anzeigen mehrstufig	IL07	Mehrstufige Liste mit Bewegungsdaten zum Stammsatz
Referenzplatz Anlegen	IL11	Referenzieren von Technischen Plätzen auf Referenzplatz zur Datenweitergabe
Referenzplatz Ändern	IL12	Änderungen werden an referenzierte Technische Plätze weitergegeben
Equipment Anlegen	IE01	Einzelerfassung
Equipment Ändern	IE02	Einzelbearbeitung
Equipment Strukturdarstellung	IH03	Anzeige Equipmenthierarchie
Equipment Listbearbeitung Anlegen	IE10	Listerfassung

Tabelle 4.1 Transaktionen Technische Plätze und Equipments

Transaktion	Technischer Name	Bemerkungen
Equipment Listbearbeitung Ändern	IE05	Ändern aus Liste
Equipment Listbearbeitung Anzeigen mehrstufig	IE07	Mehrstufige Liste mit Bewegungsdaten zum Stammsatz
Equipment Anlegen speziell Fertigungshilfsmittel	IE25	Stammsatz für Hilfs- und Betriebsmittel
Equipment Anlegen speziell Fahrzeug	IE31	Stammsatz für Fahrzeuge, Schiffe, Container etc.

Tabelle 4.1 Transaktionen Technische Plätze und Equipments

4.4 Verwendung weiterer Logistikstammdaten in PM

Neben den instandhaltungsspezifischen Stammdaten, den technischen Objekten, werden in PM auch noch Stammdaten anderer R/3-Komponenten verwendet. Die Verwaltung dieser Stammdaten erfolgt hauptsächlich in der R/3-Komponente MM (Materialwirtschaft).

4.4.1 Material

Sie sollten ein Objekt als technisches Objekt abbilden, wenn es im Schadensfall nicht ausgetauscht, sondern repariert wird. In diesem Fall bilden Sie das Objekt als individuelles Objekt (Technischer Platz, Equipment) ab, dessen Instandhaltungshistorie Sie nachvollziehen können.

Sie sollten ein Objekt nicht als technisches Objekt abbilden, wenn es im Schadensfall ausgetauscht wird, weil sich die Reparatur aufgrund des geringen Werts nicht lohnt. In diesem Fall bilden Sie das Objekt als Material oder als Baugruppe ab.

Im Materialstamm befinden sich Beschreibungen sämtlicher Artikel und Teile, die ein Unternehmen beschafft, fertigt und lagert. Für das Unternehmen stellt der Materialstamm die zentrale Quelle zum Abruf materialspezifischer Informationen dar (z.B. Materialbestände). Durch die Integration der gesamten Materialdaten in einem einzigen Stamm entfällt das Problem der Datenredundanz, und es besteht die Möglichkeit, daß die gespeicherten Daten sowohl vom Einkauf als auch von den anderen Bereichen (z.B. Bestandsführung, Disposition, Rechnungsprüfung) gemeinsam genutzt werden. Beschreibungen der einzelnen Materialien, die in einem Unternehmen eingesetzt werden, sind in Materialstammsätzen abgelegt. Die Gesamtheit der Materialstammsätze bildet den Materialstamm.

Im folgenden werden die verschiedenen Arten von Informationen eines Materialstammsatzes aufgeführt und jeweils durch ein Beispiel veranschaulicht:

▶ **Buchhaltung**

Bewertungs- und kalkulationsspezifische Informationen (z.B. Standardpreis, vorheriger und zukünftiger Preis sowie derzeitige Bewertung)

▶ **Disposition**

Informationen zur Materialbedarfsplanung (z.B. Sicherheitsbestand, geplante Lieferzeit und Meldebestand für ein Material)

▶ **Einkauf**

Durch den Einkauf bereitgestellte Daten für ein Material (z.B. die für ein Material zuständige Einkäufergruppe, zulässige Über- und Unterlieferungen sowie Bestellmengeneinheit)

▶ **Konstruktion**

Technische Angaben zur Konstruktion eines Materials (z.B. CAD-Zeichnungen, Basis-Abmessungen und Konstruktionsdaten)

▶ **Lagerung**

Informationen zur Lagerabwicklung und Lagerung des Materials (z.B. Ausgabemengeneinheit, Lagerbedingungen und Verpackungsmaße)

▶ **Prognose**

Informationen zur Vorhersage des Materialbedarfs (z.B. Art und Weise der Materialbeschaffung, Prognosezeitraum und bisherige Verwendung)

▶ **Vertrieb**

Informationen zu Kundenaufträgen und zur Preisfindung (z.B. Verkaufspreis, Mindestbestellmenge und Name der für ein bestimmtes Material zuständigen Vertriebsabteilung)

Aus Sicht der Instandhaltung sind alle technischen Objekte zunächst einmal Materialien, die eingekauft, gelagert und in technische Anlagen eingebaut werden müssen, d.h., jedem Technischen Platz und jedem Equipment liegt ein Materialstammsatz zugrunde. Allerdings müssen Sie nicht alle Materialstammsätze aus Sicht der Instandhaltung zu technischen Objekten machen, sondern nur diejenigen Materialstammsätze, an deren Instandhaltungshistorie Sie interessiert sind. Auch eine Kombination aus Materialstammsatz und Serialnummer oder eine Baugruppe kann Bezugsobjekt für Instandhaltungsmaßnahmen sein.

In der Instandhaltungsabwicklung verwenden Sie Materialien, wenn Sie Ersatzteile bestellen oder im Lager reservieren. Über den Stammsatz der lagerhaltigen Materialien haben Sie bei entsprechender Berechtigung Zugriff auf alle oben genannten Sichten dieses Materials. Idealerweise haben Sie für Ihre technischen Objekte Platzstücklisten, Equipmentstücklisten oder Materialstücklisten angelegt, in denen die Ersatzteile zum technischen Objekt als Materialien oder Baugruppen abgebildet sind.

Abbildung 4.10 zeigt als Beispiel die Grunddaten des Materials P-1000, einer Pumpe, die in der Eiscremeanlage eingebaut ist.

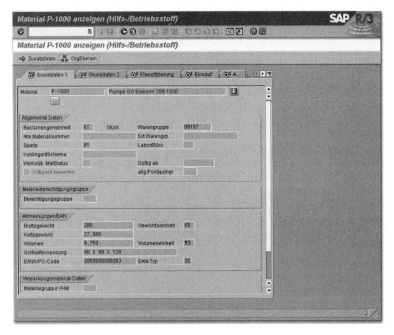

Abbildung 4.10 Materialstamm Grunddaten

4.4.2 Baugruppe

Aus Sicht der Produktion ist eine Baugruppe eine Gruppe von Halbfabrikaten oder Teilen, die in einer Montagegruppe zusammengebaut werden und zusammen eine Komponente eines Fertigprodukts oder das Fertigprodukt selber darstellen, wird als Baugruppe einer Stückliste bezeichnet. Eine Baugruppe wird durch eine Materialnummer identifiziert. In der Regel stellt sie eine Montagegruppe mit einer einheitlichen Funktion dar.

Aus Sicht der Instandhaltung gibt es die sogenannten IH-Baugruppen. IH-Baugruppen sind Materialien der Materialart IBAU, deren Materialstammsatz nur Grunddaten und Klassifizierungsdaten beinhaltet, d.h., eine Bestandsführung ist für IH-Baugruppen nicht möglich.

Sie verwenden IH-Baugruppen als Strukturelemente in einer Stückliste,

▶ wenn Sie gleichartige Materialien unter einem Knoten zusammenfassen wollen

▶ wenn Sie keine Bestandsführung benötigen, sondern z.B. die Kosten im PM-Informationssystem verfolgen wollen

Das Kennzeichen IH-Baugruppe kann nur für instandhaltungsrelevante Positionen gepflegt werden. Positionen, die als IH-Baugruppe gekennzeichnet sind, werden bei der Bearbeitung von Instandhaltungsmaßnahmen als Strukturelemente eines technischen Systems angezeigt. Sie können zur detaillierteren Beschreibung einer Position in einem technischen System verwendet werden (z. B. potentieller Schadensort).

Abbildung 4.11 zeigt die Materialstückliste zum Material P-1000. Alle Materialien in der Stückliste, die das Kennzeichen BGr tragen, sind Baugruppen. Abbildung 4.12 zeigt dieselbe Materialstückliste in der Strukturdarstellung.

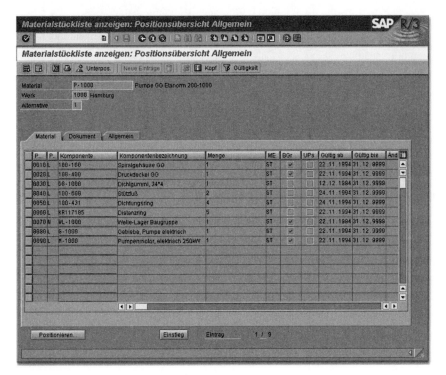

Abbildung 4.11 Materialstückliste mit Baugruppen

4.4.3 Serialnummer

Die Serialnummer wird einem Materialeinzelstück zusätzlich zur Materialnummer gegeben, um das Einzelstück von allen anderen Stücken dieses Materials unterscheiden zu können. Die Kombination aus Materialnummer und Serialnummer ist eindeutig. Aus Instandhaltungssicht kann dieser Kombination ein Equipment entsprechen. Doch Sie müssen deswegen keinen separaten Equipmentstammsatz anlegen, sondern können für die Kombination von Material und Serialnummer eine Equipmentnummer vergeben (serialisiertes Equipment).

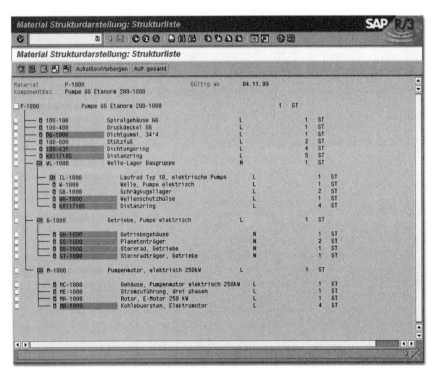

Abbildung 4.12 Strukturdarstellung Materialstückliste

Abbildung 4.13 zeigt, wie zum Material P-2002 eine Serialnummer angelegt wird. Diese Zuordnung von Material P-2002 und Serialnummer 307 ist eindeutig und ermöglicht es, das Materialstück zu identifizieren. Abbildung 4.14 zeigt die Kombination von Material P-2002 und Serialnummer 11. Aus Instandhaltungssicht ist diese Kombination das Equipment 10003429.

Das Serialnummernprofil ist eine unter einem vierstelligen Kürzel zusammengefaßte Gruppe von Daten, die die Bedingungen und die betriebswirtschaftlichen Vorgänge für eine Vergabe von Serialnummern bei Materialeinzelstücken festlegt. Ein solcher betriebswirtschaftlicher Vorgang ist beispielsweise die Vergabe von Serialnummern bei Wareneingängen, Warenausgängen, Umlagerungen, Umlagerbestellungen oder bei der Inventur.

Das Serialnummernprofil tragen Sie im Stammsatz auf Werksebene des Materials ein, dessen Einzelstücke mit Serialnummern verwaltet werden sollen. Dies bedeutet, daß einem Material pro Werk ein eigenes Serialnummernprofil zugewiesen werden kann. Ein Material kann somit in einem Werk serialnummernpflichtig sein, in anderen Werken nicht. Wenn Sie unterschiedliche Profile für ein Material verwenden, müssen die Werke logistisch voneinander unabhängig sein; denn eine Umlagerung ist nur möglich, wenn die Profile in beiden Werken gleich sind. Serialnummernprofile werden im Customizing der Instandhaltung definiert.

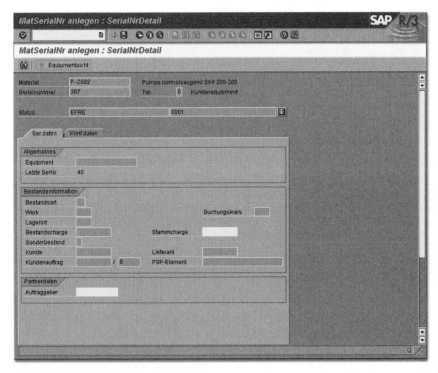

Abbildung 4.13 Material und Serialnummer

Das Serialnummernprofil enthält hauptsächlich folgende Informationen:

▶ Die betriebswirtschaftlichen Vorgänge, bei denen eine Serialisierung

  ▶ vorgenommen werden kann

  ▶ vorgenommen werden muß

  ▶ automatisch vorgenommen wird

  ▶ nicht vorgenommen wird

▶ Informationen darüber, ob bei einem betriebswirtschaftlichen Vorgang

  ▶ Serialnummern vergeben werden können, für die noch kein Stammsatz im System existiert

  ▶ Serialnummern angegeben werden müssen, die bereits im System als Stammsatz existieren

▶ Informationen darüber, ob bei bestandswirksamen Vorgängen eine Bestandsverprobung stattfindet und wie das System bei Inkonsistenzen reagieren soll

▶ Die betriebswirtschaftlichen Vorgänge, bei denen zu jeder Serialnummer zusätzlich ein Equipmentstammsatz angelegt werden muß oder nicht

Mehr über Serialnummern erfahren Sie in Kapitel 7, »Sonderfälle«.

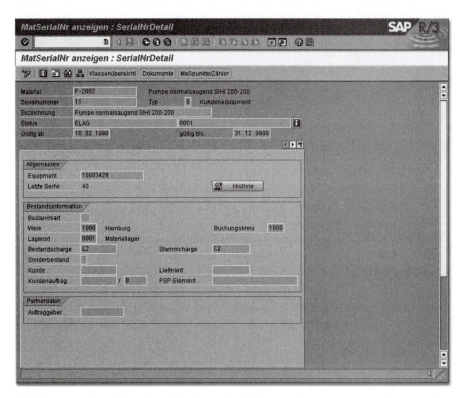

Abbildung 4.14 Material und Serialnummer mit Equipment

4.4.4 IH-Stückliste

Stücklisten werden im Unternehmen für unterschiedliche Zwecke verwendet. Je nach Unternehmensbereich werden verschiedene Verwendungen unterschieden:

▶ Die Konstruktionsstückliste erfaßt nach konstruktiven Gesichtspunkten alle Bestandteile des Erzeugnisses und enthält deren technischen Daten. Sie ist i.d.R. auftragsneutral.

▶ Die Fertigungsstückliste erfaßt die Positionen nach Fertigungsgesichtspunkten und Montagezuständen. Für die Montage werden beispielsweise nur fertigungsrelevante Positionen mit ablauforientierten Daten benötigt.

▶ Die Kalkulationsstückliste bildet die Erzeugnisstruktur ab und ist Grundlage für die maschinelle Ermittlung der Materialeinsatzkosten eines Erzeugnisses. Positionen, die nicht kalkulationsrelevant sind, werden in dieser Stückliste nicht erfaßt.

▶ Die Instandhaltungs-Stückliste (IH-Stückliste) unterscheidet sich von anderen Verwendungen dadurch, daß in ihr nur instandhaltungsrelevante Positionen erscheinen.

Die IH-Stückliste hat zwei wesentliche Funktionen:

1. **Strukturierung des Objekts**

   Die Struktur eines Objekts soll aus IH-Sicht möglichst übersichtlich dargestellt werden

2. **Ersatzteilplanung im Auftrag**

   Verfügt ein IH-Objekt über eine Stückliste, so kann diese bei der Planung eines IH-Auftrags auf einfache Weise für die Planung von Ersatzteilen eingesetzt werden

Damit Sie für eine Platzstückliste und eine Equipmentstückliste IH-Strukturelemente bzw. instandhaltungsrelevante Positionen pflegen können, müssen Sie eine Stücklistenverwendung wählen, die instandhaltungsrelevante Positionen vorsieht. Die Stücklistenpflege für die verschiedenen Bereiche (z. B. Konstruktion, Fertigung) erfolgt separat für jede Verwendung. Legen Sie zu einem Material mehrere Stücklisten für unterschiedliche Verwendungen an, speichert das System die Stücklisten pro Verwendung unter einer eigenen internen Nummer.

Generell werden unter den IH-Stücklisten zwei Arten unterschieden:

1. **Stücklisten zum technischen Objekt**
   (Platzstücklisten, Equipmentstücklisten)

   Die Stückliste zum Equipment bzw. zum Technischen Platz wird dazu verwendet, die Struktur eines Equipments oder eines Technischen Platzes zu beschreiben und ihm Ersatzteile für die Instandhaltung zuzuordnen. Dies geschieht mittels direkter Zuordnung. Bei direkter Zuordnung wird direkt zum Objekt (Technischer Platz oder Equipment) eine Stückliste angelegt. Ein Materialstamm kommt hier nicht zum Einsatz.

2. **Materialstücklistena**

   Die Materialstückliste wird mit einer Verbindung zu einem Materialstammsatz angelegt. Der Materialstammsatz enthält u. a. beschreibende Daten (z. B. Abmessungen und Gewicht) und Steuerdaten (z. B. Materialtyp und Branche). Die Materialstückliste enthält die Einzelteile des Objekts (Materialien oder Baugruppen). Die Zuordnung von technischen Objekten zu einer Materialstückliste geschieht über indirekte Zuordnung. Bei indirekter Zuordnung können Sie Stammsätzen technischer Objekte eine Stückliste über einen Materialstammsatz zuordnen. Die Zuordnung erfolgt im Stammsatz des technischen Objekts durch Eintrag der Materialnummer in das Feld **Bautyp** (▲ Abbildung 4.15). Die Stückliste ist dabei mit dem Material und nicht direkt mit dem technischen Objekt verbunden. Dies ist dann sinnvoll, wenn ein Unternehmen mehrere identische technische Objekte unter einer Materialnummer zusammengefaßt hat.

Die Materialstückliste können Sie direkt vom Stammsatz des technischen Objektes aus aufrufen, indem Sie **Strukturdarstellung** wählen (▲Abbildung 4.16).

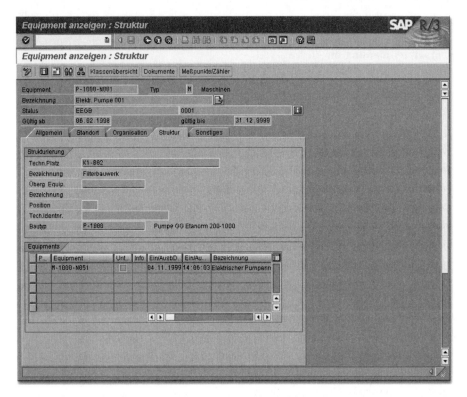

Abbildung 4.15 Anbindung einer Materialstückliste über Feld »Bautyp«

Eine Stückliste kann Daten verwalten, die unmittelbar für die Produktion verbindlich sind. Daraus ergibt sich das Werk als Ort der räumlichen Gültigkeit. In diesem Fall legen Sie eine werksbezogene Stückliste an. Es finden dann vielfältige Prüfungen auf Werksebene statt, z.B. muß bei einer Materialstückliste für das Material des Stücklistenkopfes ein Materialstammsatz mit Werksdaten zu dem gewählten Werk existieren. Bei der Positionserfassung prüft das System, ob auch für die Materialkomponenten Werksdaten vorhanden sind. Sind die Prüfungen in Ordnung, übernimmt das System das Material in die Materialstückliste.

Sie können aber auch eine Stückliste ohne Bezug zu einem Werk anlegen, eine sogenannte Konzernstückliste. Dies ist beispielsweise zweckmäßig, wenn der Konstrukteur in der Konstruktionsphase eine Stückliste pflegt, die später für die Fertigung einem bzw. mehreren Werken zugeordnet wird. Im System wird lediglich geprüft, ob Materialstammsätze vorhanden sind. Die werksbezogenen Materialprüfungen entfallen.

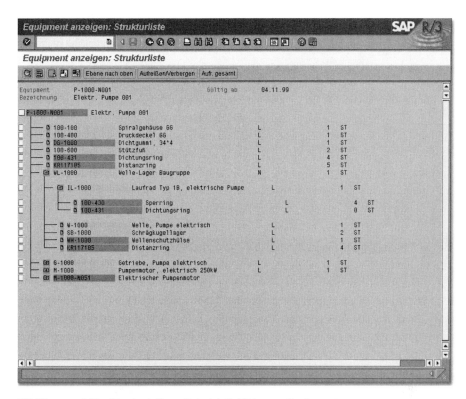

Abbildung 4.16 Strukturdarstellung Materialstückliste zum Equipment

4.4.5 Die wichtigsten Transaktionen für weitere Logistikstammdaten

Die Tabelle 4.2 soll Ihnen einen Überblick über die wichtigsten Transaktionen zur Verwendung von Materialien, Baugruppen, Serialnummern und Stücklisten bieten.

Transaktion	Technischer Name	Bemerkungen
Material Anlegen	MM01	Einzelerfassung
Material Ändern	MM02	Einzelbearbeitung
Material Anlegen speziell IH-Baugruppe	MMP1	IH-Baugruppe mit Materialart IBAU als Strukturelement
Serialnummer Anlegen	IQ01	Einzelerfassung
Serialnummer Ändern	IQ02	Einzelbearbeitung

Tabelle 4.2 Transaktionen für weitere Logistikstammdaten

Transaktion	Technischer Name	Bemerkungen
Technische Platzstückliste Anlegen	IB11	Direkte Zuordnung zum Technischen Platz
Technische Platzstückliste Ändern	IB12	Einzelbearbeitung
Equipmentstückliste Anlegen	IB01	Direkte Zuordnung zum Equipment
Equipmentstückliste Ändern	IB02	Einzelbearbeitung
Materialstückliste Anlegen	CS01	Indirekte Zuordnung zum technischen Objekt
Materialstückliste Ändern	CS02	Einzelbearbeitung

Tabelle 4.2 Transaktionen für weitere Logistikstammdaten

4.5 Meßpunkte und Zähler

Als Meßpunkte werden im R/3-System die physischen und/oder logischen Orte bezeichnet, an denen ein Zustand beschrieben wird, z.B. die Kühlmitteltemperatur im Rundgefrierer der Eiscremeanlage oder der Druck im Druckbehälter. In der Instandhaltung befinden sich Meßpunkte an Equipments oder Technischen Plätzen.

An Meßpunkten werden in bestimmten Abständen Meßwerte in bestimmten Maßeinheiten abgelesen, z.B. wird an der Kühlmittelleitung die Temperatur in Grad Celsius gemessen. Meßwerte beschreiben einen Zustand an einem Meßpunkt zu einem bestimmten Zeitpunkt und stellen im R/3-System die Bewegungsdaten zu Meßpunkten dar. Dokumentiert werden sie in Form von Meßbelegen.

Als Zähler werden im R/3-System Hilfsgrößen bezeichnet, mit denen Sie die Abnutzung eines Objekts, einen Verbrauch oder den Abbau eines Nutzungsvorrats darstellen können, z.B. ein Betriebsstundenzähler an einer Pumpe oder ein Stromverbrauchszähler für eine elektrisch betriebene Anlage. In der Instandhaltung befinden sich Zähler an Equipments oder Technischen Plätzen. Abbildung 4.17 zeigt den Stammsatz eines Zählers für Betriebsstunden. Abbildung 4.18 zeigt die Verbindung eines Zählers mit einem Equipment, bei der der Zähler die Betriebsstunden der Pumpe mißt.

Auch an Zählern werden in bestimmten Abständen Zählerstände in bestimmten Maßeinheiten abgelesen, z.B. in Betriebsstunden. Zählerstände beschreiben einen Zustand an einem Zähler zu einem bestimmten Zeitpunkt und stellen im R/3-System die Bewegungsdaten zu Zählern dar. Dokumentiert werden auch sie in Form von Meßbelegen (▲Abbildung 4.19).

Zähler sind eine Sonderform von Meßpunkten, weil Zählerstände im zeitlichen Verlauf entweder nur kontinuierlich steigen oder nur kontinuierlich fallen. Bei den meisten Zählern kann außerdem ein Zählerüberlauf stattfinden. Beispielsweise kann ein Kilometerzähler einen Höchstwert von 99.999 anzeigen. Danach findet ein Zählerüberlauf statt und der Zähler beginnt wieder ab 00.000 zu zählen. Zählerstände können in zwei Formen im System eingegeben werden. Bei beiden Formen handelt es sich um eine quantitative Bewertung:

▶ Der absolute Zählerstand wird ins System eingegeben, d.h. der Zählerstand, den der Zähler im Moment anzeigt, z.B. 01.02.2000, 14.00 Uhr, 42 Betriebsstunden.

▶ Die Zählerstandsdifferenz zwischen der letzten Ablesung und der jetzigen Ablesung wird im System eingegeben, z.B. 01.02.2000, 14.00 Uhr, 2 weitere Betriebsstunden.

Meßpunkte und Zähler verwenden Sie aus folgenden Gründen:

▶ **Sie wollen den Zustand eines technischen Objekts zu einem bestimmten Zeitpunkt dokumentieren.**
Die Dokumentation eines bestimmten Objektzustandes ist überall dort wichtig, wo für den Gesetzgeber detaillierte Nachweise über den korrekten Zustand geführt werden müssen. Dies kann kritische Werte im Umweltschutz betreffen, gefährdete Arbeitsbereiche im Arbeitsschutz, Geräte in Kliniken (auf Intensivstationen) sowie Emissions- und Imissionsmessungen an Objekten aller Art.

▶ **Sie wollen zählerstandsabhängige Wartung betreiben.**
Zustands- und zählerstandsabhängige Wartung sind Maßnahmen einer vorbeugenden Instandhaltung. Diese Maßnahmen sollen grundsätzlich Ausfälle Ihrer Objekte reduzieren. Bei zählerstandsabhängiger Wartung werden Wartungstätigkeiten immer dann ausgeführt, wenn der Zähler an einem technischen Objekt einen bestimmten Stand erreicht hat, z.B. alle 100 Betriebsstunden.

▶ **Sie wollen zustandsabhängige Wartung betreiben.**
Bei zustandsabhängiger Wartung werden Wartungstätigkeiten immer dann ausgeführt, wenn der Meßpunkt an einem technischen Objekt einen bestimmten Zustand erreicht hat, z.B. immer wenn ein Bremsbelag bis auf die Mindestreserve abgenutzt ist.

Mehr über Meßpunkte und Zähler erfahren Sie in den Kapiteln 6, »Geschäftsprozeß: Geplante Instandhaltung« und 9, »Schnittstellen zu Fremdsystemen«.

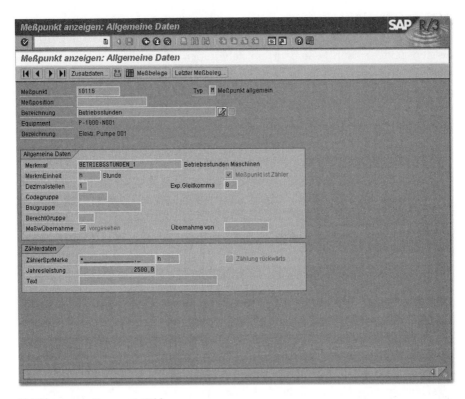

Abbildung 4.17 Stammsatz Zähler

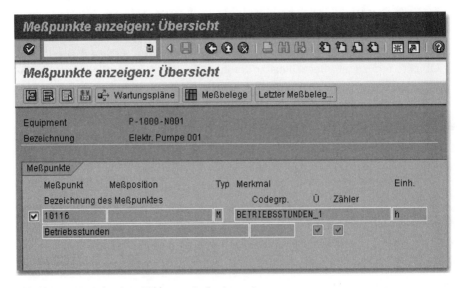

Abbildung 4.18 Anbindung Zähler an ein Equipment

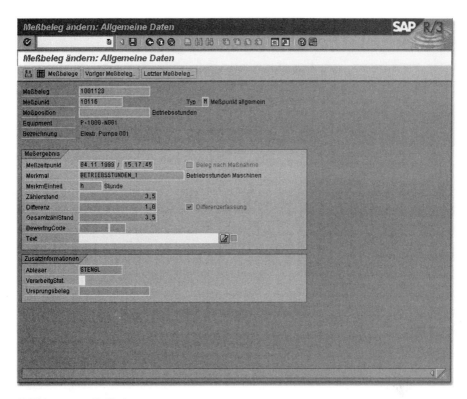

Abbildung 4.19 Meßbeleg

4.5.1 Die wichtigsten Transaktionen für Meßpunkte und Zähler

Die Tabelle 4.3 soll Ihnen einen Überblick über die wichtigsten Transaktionen zur Verwendung von Meßpunkten und Zählern bieten.

Transaktion	Technischer Name	Bemerkungen
Technischer Platz Meßbelege Anlegen	IK11	Meßbeleg zu einem Meßpunkt/Zähler am Technischen Platz erfassen
Technischer Platz Meßbelege Ändern	IK12	Einzelbearbeitung
Equipment Meßbelege Anlegen	IK11	Meßbeleg zu einem Meßpunkt/Zähler am Equipment erfassen
Equipment Meßbelege Ändern	IK12	Einzelbearbeitung
Meßpunkt/Zähler Anlegen	IK01	Einzelerfassung
Meßpunkt/Zähler Ändern	IK02	Einzelbearbeitung

Tabelle 4.3 Transaktionen für Meßpunkte und Zähler

4.6 IH-Arbeitsplatz

Der Arbeitsplatz innerhalb der Logistik ist eine Organisationseinheit, die festlegt, wo und von wem ein Vorgang ausgeführt werden soll. Jeder Arbeitsplatz hat ein bestimmtes Kapazitätsangebot. Die am oder vom Arbeitsplatz durchgeführten Arbeiten werden mit Verrechnungssätzen bewertet, die durch die Kostenstellen und Leistungsarten bestimmt werden. Als Arbeitsplätze können folgende Einheiten definiert werden:

▶ Maschinen

▶ Personen

▶ Fertigungslinien

▶ Gewerke

Mit der Arbeitsplatzart werden die Arbeitsplätze im R/3-System unterschieden (z.B. Fertigungsarbeitsplatz, IH-Arbeitsplatz). Von der Arbeitsplatzart ist es abhängig, welche Daten im Stammsatz des Arbeitsplatzes gepflegt werden können. Abbildung 4.20 zeigt die Grunddaten eines Arbeitsplatzstammsatzes in der Instandhaltung. Abbildung 4.21 zeigt die mit diesem Arbeitsplatz verknüpften Personen.

In der Instandhaltung werden zwei verschiedene Arbeitsplätze verwendet:

▶ der verantwortliche Arbeitsplatz

▶ der ausführende Arbeitsplatz

Mit dem verantwortlichen Arbeitsplatz wird in der Regel eine Person oder eine Abteilung abgebildet, die dafür verantwortlich ist, daß die Instandhaltungsarbeiten eines Auftrags von den ausführenden Arbeitsplätzen der einzelnen Vorgänge durchgeführt werden. Der verantwortliche Arbeitsplatz muß im Kopf des Auftrags eingegeben werden, wodurch seine Stammsatzdaten als Vorschlag in den Auftrag übernommen werden. In der Eigenbearbeitung dient der verantwortliche Arbeitsplatz außerdem als Vorschlag für den ausführenden Arbeitsplatz. Neben dem verantwortlichen Arbeitsplatz können Sie einen konkreten Mitarbeiter, der in der Komponente Personalwirtschaft (HR) mit einem eigenen Stammsatz abgebildet ist, als Verantwortlichen anlegen.

Mit dem ausführenden Arbeitsplatz wird in der Regel eine Person oder eine Personengruppe abgebildet, die die Instandhaltungsarbeiten der Vorgänge eines Auftrags ausführt. Dem ausführenden Arbeitsplatz kann ein konkreter Mitarbeiter, der in der Komponente Personalwirtschaft (HR) mit einem eigenen Stammsatz angelegt ist, über seine Personalnummer zugeordnet werden. Daneben können Sie auch weitere Mitarbeiter in der Bedarfszuordnung einem Vorgang zuordnen. Der ausführende Arbeitsplatz wird in den Vorgangsdaten eines Auftrags geführt.

Er wird als ausführender Arbeitsplatz für die Vorgänge des Auftrags vorgeschlagen. Da dem ausführenden Arbeitsplatz Kapazitäten und über die Leistungsart Kosten zugeordnet sind, ist er vor allem für die Kapazitätsplanung, für die Terminierung und für die Kostenermittlung nötig.

Es ist auch möglich, Vorgänge ohne die Angabe eines ausführenden Arbeitsplatzes anzulegen. Ein Steuerschlüssel, der weder mit einer Kostenstelle noch mit einer Leistungsart verknüpft ist, muß diesen Vorgängen dann zugeordnet werden. Dabei kann es sich um Vorgänge handeln, die lediglich als Dokumentationsmittel verwendet werden, also z.B. um Vorgänge, die lediglich Sicherheitsinstruktionen enthalten oder Angaben zu den zu verwendenden Fertigungshilfsmitteln. Vorgänge ohne die Angabe eines ausführenden Arbeitsplatzes werden außerdem in der Fremdbearbeitung verwendet.

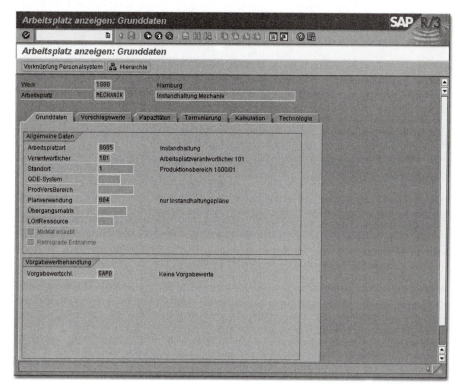

Abbildung 4.20 Grunddaten Arbeitsplatz-Stammsatz

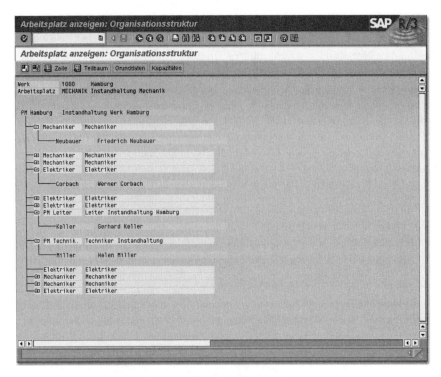

Abbildung 4.21 HR-Verknüpfung im Arbeitsplatz-Stammsatz

4.7 Arbeitsplan und Wartungsplan

IH-Arbeitspläne beschreiben eine Folge von einzelnen Instandhaltungstätigkeiten, die in einem Betrieb immer wieder ausgeführt werden müssen. Arbeitspläne werden verwendet, um diese wiederkehrenden Arbeitsabläufe zu standardisieren und um sie noch effektiver zu planen. Viele Hersteller liefern ihre technischen Objekte gleich mit IH-Arbeitsplänen aus; häufig werden die Arbeitspläne jedoch innerhalb der eigenen Firma erstellt. Durch Arbeitspläne verringert sich der Pflegeaufwand, wenn sich standardisierte Arbeitsabläufe ändern, z.B. aufgrund neuer gesetzlicher Bestimmungen. Sie müssen die Änderungen nur an genau einer Stelle im entsprechenden IH-Arbeitsplan vornehmen. Alle IH-Aufträge und Wartungspositionen, die sich auf den IH-Arbeitsplan beziehen, erhalten automatisch den aktualisierten Stand der Arbeitsabläufe.

Es gibt drei Typen von IH-Arbeitsplänen, die durch ein Kennzeichen voneinander unterschieden werden:

► Equipmentplan
► Plan für Technischen Platz
► IH-Anleitung (ohne Objektbezug)

Alle drei Plantypen können für laufende und für planmäßige Instandhaltung verwendet werden. Wenn Sie die IH-Arbeitspläne für planmäßige Instandhaltung verwenden möchten, dann ordnen Sie den Arbeitsplan einem Wartungsplan oder einer/mehreren Wartungspositionen zu. Die Vorgänge, die im IH-Arbeitsplan beschrieben sind, werden an allen technischen Objekten ausgeführt, die Sie der Wartungsposition zugeordnet haben. Die Vorgänge werden zu den Zeitpunkten fällig, die das System bei der Terminierung des Wartungsplans errechnet.

Ein Wartungsplan beschreibt durchzuführende Wartungs- und Inspektionsmaßnahmen an Instandhaltungsobjekten. Mit Hilfe des Wartungsplans können Sie die Termine und den Umfang der planbaren Wartungs- und Inspektionstätigkeiten an technischen Objekten beschreiben. Sie können sicherstellen, daß Ihre technischen Objekte immer rechtzeitig gewartet werden und somit optimal funktionieren. In der Wartungsplanung unterscheidet man verschiedene Wartungsplanarten. Sie können einen Wartungsplan – und damit auch die Wartungsabrufobjekte – z. B. auf folgenden Ebenen erstellen:

▶ auf Equipmentebene

▶ auf der Ebene der Technischen Plätze

▶ auf der Materialebene

▶ auf der Ebene von Material- und Serialnummer

▶ auf Baugruppenebene

Für die Abbildung einfacher Wartungszyklen verwenden Sie Einzelzykluspläne. Ein Einzelzyklusplan ist die einfachste Form eines Wartungsplans. Sie erstellen einen Einzelzyklusplan und definieren genau einen zeit- oder leistungsabhängigen Wartungszyklus, in dem Sie das Intervall angeben, in dem der Wartungsplan ausgeführt werden soll, z. B. die jährliche Wartung eines Anlagenteils oder die Instandsetzung eines Motors alle 100 Betriebsstunden.

Sobald Sie mehr als einen Zyklus benötigen (z. B. Wartung alle 100 Betriebsstunden und/oder alle zwei Monate), können Sie keinen Einzelzyklusplan mehr verwenden. Sie benötigen dann einen Strategieplan. Strategiepläne mit Wartungsstrategien verwenden Sie für die Abbildung komplexer Wartungszyklen. Sie erstellen einen Strategieplan und ordnen ihm eine Wartungsstrategie zu, in der die Wartungszyklen (in der Strategie Wartungspakete genannt) festgelegt sind. Eine Wartungsstrategie beinhaltet allgemeine Terminierungsinformationen und kann so vielen Wartungsplänen und IH-Arbeitsplänen wie nötig zugeordnet werden. Sinnvoll wäre die Verwendung eines Strategieplans, wenn z. B. unterschiedliche Wartungsmaßnahmen für ein Auto in unterschiedlichen Zyklen anfallen: alle 2 000 km Ölkontrolle, alle 10 000 km Ölwechsel.

Mehr über Arbeitspläne und Wartungspläne erfahren Sie in Kapitel 6, »Geschäftsprozeß: Geplante Instandhaltung«.

4.8 Instandhaltungsmeldungen

IH-Meldungen sind in der Instandhaltungsabwicklung das Mittel, mit dem Sie bei Störungen oder betrieblichen Ausnahmesituationen

▶ den technischen Ausnahmezustand an einem Objekt beschreiben

▶ in der Instandhaltungsabteilung eine erforderliche Maßnahme anfordern

▶ durchgeführte Arbeiten dokumentieren

IH-Meldungen dokumentieren Instandhaltungsmaßnahmen lückenlos und machen sie langfristig auswertbar. Mit ihnen können Sie Maßnahmen grob planen und ausführen. Meldungen werden im R/3-System durch den Meldungstyp unterschieden in Instandhaltungsmeldungen, Servicemeldungen und Qualitätsmeldungen. Innerhalb der IH-Meldungen wird wiederum nach der Meldungsart unterschieden. Die Meldungsart ist ein Schlüssel, der bei IH-, Service- oder Qualitätsmeldungen deren Herkunft, Informationsgehalt sowie weitere Eigenschaften festlegt. Im Standardsystem gibt es z. B. folgende drei Arten von IH-Meldungen (▲ Abbildung 4.22):

▶ Störmeldung

▶ Tätigkeitsmeldung

▶ Instandhaltungsanforderung

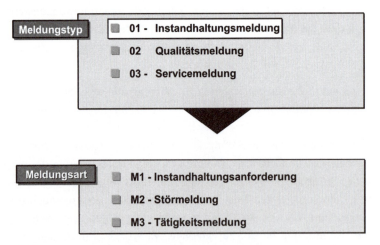

Abbildung 4.22 Meldungstyp und Meldungsart

Mehr über IH-Meldungen erfahren Sie in Kapitel 5, »Geschäftsprozeß: Störungsbedingte und planbare Instandhaltung«.

4.9 Instandhaltungsaufträge

IH-Aufträge dienen der Durchführung von Instandhaltungsmaßnahmen. Sie beinhalten folgende Informationen:

▶ Termine

▶ Ressourcen (Material, Arbeitszeiten für die durchzuführenden Maßnahmen, Daten zu Vorgängen, die von Fremdfirmen geleistet werden)

▶ Abrechnungsregeln für die durch den Auftrag entstehenden Kosten

IH-Aufträge können in bezug auf die Planbarkeit unterschieden werden.

▶ **Planmäßige IH-Aufträge**
Über die Wartungspläne und deren Terminierungsfunktionen werden zu bestimmten Terminen Aufträge erzeugt, deren durchzuführende Maßnahmen aus den Wartungsplänen abgeleitet werden.

▶ **Geplante IH-Aufträge**
Neben Wartungsplänen können geplante IH-Aufträge auch aus IH-Meldungen erzeugt werden (beispielsweise als Ergebnis von Inspektionen, deren Befunde in IH-Meldungen einfließen, die wiederum der verantwortlichen IH-Planergruppe als Arbeitsvorrat für zukünftige Maßnahmen dienen).

▶ **Ungeplante IH-Aufträge**
Sie resultieren in der Regel aus unvorhergesehenen Schäden oder Unfällen, die einen sofortigen Handlungsbedarf für die Durchführung einer IH-Maßnahme bedeuten.

Der IH-Auftrag ist dasjenige Datenobjekt im PM mit den meisten Schnittstellen zu anderen Komponenten im R/3-System.

Integrative Aspekte der Instandhaltungsaufträge:

▶ **MM – Materialwirtschaft**
Abbildung der für die Verwaltung von Materialien benötigten Prozesse; Verwaltung der aufzuarbeitenden Reserveteile; externe Beschaffung von Material und Dienstleistungen; Bestandsführung

▶ **PP – Produktionsplanung und -steuerung**
Bereitstellung von Daten über Wartungs- bzw. Instandhaltungstätigkeiten an PP-Arbeitsplätzen mit Hilfe der graphischen Plantafel

▶ **QM – Qualitätsmanagement**
automatische Prüfloserzeugung bei der Kalibrierprüfung; Dokumentation der Ergebnisse bei Inspektionen mit anschließendem Verwendungsnachweis; Verwaltung der Prüf- und Meßmittel

▶ **PS – Projektsystem**

Abbildung komplexer Maßnahmen, die mehrere Aufträge umfassen und bei denen zwischen den Aufträgen bestimmte Abhängigkeiten bestehen

▶ **FI – Finanzwesen**

Verwaltung von Kunden- und Lieferantendaten; Erstellung und Prüfung von Rechnungen

▶ **FI-AA – Anlagenbuchhaltung**

Abrechnung von aktivierungspflichtigen Instandhaltungsleistungen direkt auf die betroffene Anlage; Darstellung der Verbindung zwischen instandhaltungsspezifischer und kaufmännischer Sicht auf die Anlagen

▶ **IM – Investitionsmanagement**

detaillierte buchhalterische Überwachung von komplexen IH-Maßnahmen; maßnahmenübergreifende Verwaltung von Budgets; Verwendung von Investitionsaufträgen

▶ **CO – Controlling**

Überwachung, Verteilung und Auswertung der innerbetrieblichen Kosten, die aufgrund von Instandhaltungsleistungen entstehen

▶ **PA – Personalmanagement**

Bereitstellung von Daten zur Qualifikation von Mitarbeitern in der Instandhaltung

▶ **WFM – Workflow-Management**

Steuerung und Bearbeitung von stellenübergreifenden Abläufen während der Planung und Durchführung von Instandhaltungsmaßnahmen

Mehr über IH-Aufträge erfahren Sie in Kapitel 5, »Geschäftsprozeß: Störungsbedingte und planbare Instandhaltung«.

5 Geschäftsprozeß: Störungsbedingte und planbare Instandhaltung

5.1 Aufgaben des IH-Technikers

Die Hauptaufgabe des IH-Technikers ist es, die von der IH-Planung empfangenen Instandhaltungs-Aufträge umzusetzen und seine Tätigkeit und die Menge benötigter Ersatzteile und verbrauchter Hilfs- und Betriebsstoffe zurückzumelden. Das Verfassen von Stör- und Tätigkeitsmeldungen gehört ebenso wie die Dokumentation von Meßwerten und Zählerständen zu seinen Aufgaben.

5.1.1 Grundsätzliches zu Instandhaltungsmeldungen

Meldungen sind in der Instandhaltungsabwicklung das Mittel, mit dem bei Störungen oder betrieblichen Ausnahmesituationen der Zustand eines Objektes beschrieben wird, erforderliche Maßnahmen angefordert und durchgeführte Arbeiten dokumentiert werden können.

Im R/3-Standard sind folgende Meldungsarten voreingestellt:

▶ Tätigkeitsmeldung – Dokumentation durchgeführter Aktionen

▶ Störmeldung – Mitteilung über aufgetretene Störungen und Probleme

▶ Instandhaltungsanforderung – Anforderung durchzuführender Maßnahmen

Meldungen können für IH-Objekte wie Technische Plätze, Equipments und Instandhaltungsbaugruppen erfaßt werden. Wird beispielsweise für eine Baugruppe eines Equipments eine Instandhaltungsmeldung erfaßt und das Equipment einem Technischen Platz zugeordnet, übernimmt das System alle relevanten Daten des übergeordneten Equipments und Technischen Platzes.

Es ist genauso möglich, Instandhaltungsmeldungen ohne die Angabe eines technischen Objektes zu erfassen. Das ist beispielsweise der Fall:

▶ Wenn sich eine Störmeldung auf ein Objekt bezieht, das nicht unter einer Nummer im System geführt wird

▶ Wenn das schadhafte Objekt noch nicht präzise lokalisiert werden kann

▶ Wenn sich eine IH-Anforderung auf ein neu bereitzustellendes Objekt im Rahmen einer Investitionsmaßnahme bezieht

Die Daten der IH-Meldung gehen in die Instandhaltungshistorie ein und stehen dort für Auswertungen und die Planung künftiger IH-Maßnahmen zur Verfügung.

Tip Integrative Aspekte der Instandhaltungsmeldungen

Die Instandhaltungsabwicklung für ungeplante Maßnahmen wird in folgende Bereiche untergliedert:

▶ **Beschreibung des Objektzustands**

Hier ist das zentrale Element die Instandhaltungsmeldung. Ihr Zweck ist, den Zustand eines technischen Objekts zu beschreiben oder eine Fehlfunktion an einem technischen Objekt zu melden und die Behebung des Schadens anzufordern.

▶ **Durchführung der Instandhaltungsmaßnahmen**

Der Instandhaltungsauftrag ist hier die wesentliche Komponente. Er wird dazu verwendet, die Durchführung von Instandhaltungsmaßnahmen zu planen, Arbeitsfortschritte zu verfolgen und nach Abschluß der Instandhaltungstätigkeiten die Kosten umzulegen – beispielsweise auf verursachende Kostenstellen.

▶ **Abschluß der Instandhaltungsmaßnahmen**

Mit Hilfe der Instandhaltungshistorie werden wichtige Instandhaltungsdaten langfristig gespeichert und für Auswertungen abrufbar gehalten.

Mit diesem Instrumentarium können alle Maßnahmen, die in der Instandhaltung ausgeführt werden müssen, bearbeitet werden, aber auch Vorgänge, die nicht direkt zur Instandhaltung gehören, wie beispielsweise Investitionen oder Umbauten.

Abbildung 5.1 Registerkarten in der Meldung

Grundsätzlich gliedert sich eine Instandhaltungsmeldung in folgende Bereiche:

Kopfdaten: Jede Instandhaltungsmeldung führt einen Meldungskopf, der die Kopfdaten – Informationen, die zur Identifizierung und Verwaltung der IH-Meldung dienen – enthält. Ihr Gültigkeitsbereich ist die gesamte Meldung.

Standort und Kontierung: Diese werden vom System aus dem Stammsatz des Bezugsobjekts übernommen und gelten für die gesamte Meldung. Die Standortdaten informieren über den tatsächlichen physischen Platz innerhalb des Unternehmens, an dem der Technische Platz oder das Equipment zu lokalisieren ist, während die Kontierungsdaten angeben, wem die Instandhaltungskosten üblicherweise zu belasten sind.

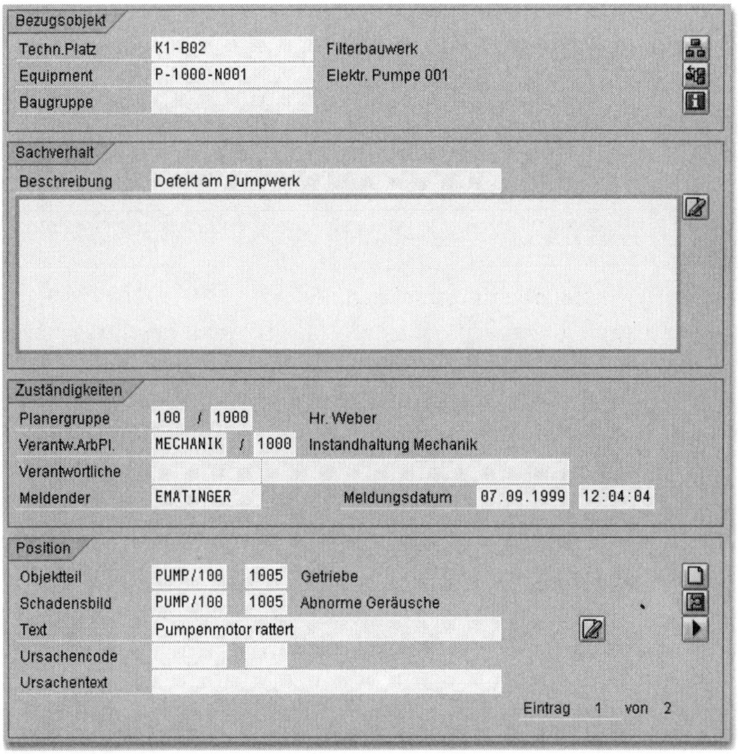

Abbildung 5.2 Kopfdaten in der Meldung

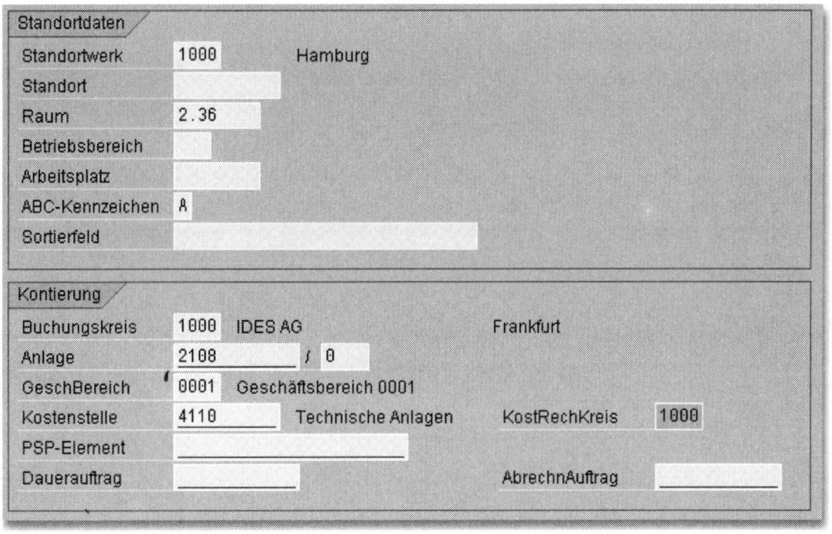

Abbildung 5.3 Standort- und Kontierungsdaten in der Meldung

Terminübersicht: Hier werden alle Termine aufgelistet, die bisher für die IH-Meldung gespeichert sind.

Meldender			
Meldender	EMATINGER	Meldungsdatum	17.10.1999 18:20:00

Ecktermine			
Störungsbeginn	17.10.1999 18:20:00	Gew.Beginn	00:00:00
Störungsende	17.10.1999 18:20:00	Gew.Ende	00:00:00

Abschlussdaten			
Abschlußdatum	00:00:00	Tech.kontr.von	
Bezugsdatum	23.10.1999 20:25:21	Tech.kontr.am	

Abbildung 5.4 Terminübersicht in der Meldung

Positionen: Eine Meldung enthält eine oder mehrere Positionen. Diese Positionen beschreiben die aufgetretenen Symptome, die Ursache des Problems, den betroffenen Objektteil sowie die getroffenen Maßnahmen und durchgeführten Aktionen.

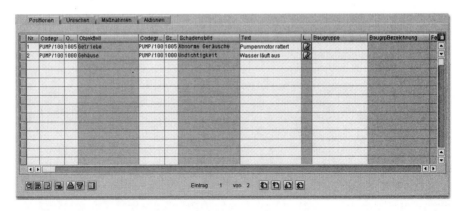

Abbildung 5.5 Positionsdaten in der Meldung

Maßnahmen: Sie beschreiben Maßnahmen, die durchgeführt werden sollen. Dabei steht der planerische und organisatorische Aspekt im Vordergrund.

Nr.	Codegruppe	Maßnahmencode	Text MaßnCd	Maßnahmentext	Langtext ..	Status	Anwenderstatus	Rolle.	Verantwortlich	Listnam
1	PM01	1001	Schaden fotographieren			MAOF		ZM		
2	PM01	2000	Garantiebearbeitung einleiten			MAOF		ZM		
								ZM		
								ZM		
								ZM		
								ZM		
								ZM		
								ZM		
								ZM		
								ZM		
								ZM		
								ZM		
								ZM		
								ZM		
								ZM		
								ZM		

Abbildung 5.6 Maßnahmendaten in der Meldung

Aktionen: Hier werden die für eine Meldung durchgeführten Arbeiten dokumentiert. Sie sind vor allem bei Inspektionen von Bedeutung, da damit der Nachweis erbracht wird, daß bestimmte Arbeiten durchgeführt wurden.

Nr.	Codegruppe	Aktionscode	Text Aktionscode	Aktionstext	Langtext Aktion	Mengenfaktor	Starttermin	Uhrzeit	Endtermin	Uhrzeit
1	PUMP/101	2003	Schmiermittel nachfüllen				09.09.1999	15:30:00	09.09.1999	15:45:00
2	PUMP/101	2004	Reinigen				09.09.1999	16:20:00	09.09.1999	16:30:00
3	PUMP/101	2007	Dichtungen auswechseln				09.09.1999	16:30:00	09.09.1999	16:50:00
4	PUMP/101	2008	Farbeanstrich ausbessern				09.09.1999	16:50:00	09.09.1999	17:30:00
							00:00:00		00:00:00	
							00:00:00		00:00:00	
							00:00:00		00:00:00	
							00:00:00		00:00:00	
							00:00:00		00:00:00	
							00:00:00		00:00:00	
							00:00:00		00:00:00	
							00:00:00		00:00:00	
							00:00:00		00:00:00	
							00:00:00		00:00:00	

Abbildung 5.7 Aktionsdaten in der Meldung

Berichtsschema: Dieses Schema besteht aus einer Kombination von Codegruppen, die – nach funktionalen Gesichtspunkten – festlegt, welche Codegruppen für ein technisches Objekt verwendet werden können. Damit stellt es sicher, daß für ein bestimmtes Objekt nur Codes verwendet werden können, die dafür geeignet und sinnvoll sind.

Der in Abbildung 5.9 dargestellte Customizing-Pfad **Instandhaltung und Kundenservice · Instandhaltungs- und Serviceabwicklung · Meldungen · Katalogpflege und Einstellungen für das Berichtswesen** führt Sie zu den für das Berichtswesen relevanten Einstellungen der Instandhaltungsmeldungen. Dafür wird ein hierarchisch aufgebautes anwendungsübergreifendes Katalogsystem, das eine Strukturierung nach funktionalen Gesichtspunkten erlaubt, genutzt. Customizing-Mindmaps zu diesen und anderen Customizing-Einstellungen im Meldungswesen finden Sie im Anhang im Kapitel »Customizing-Mindmaps lesen und erstellen«.

Meldungsart	M2	Störmeldung
Meldungstyp	01	Instandhaltung

Berichtsschema

Berichtsschema	1000	Befundschema allg.

Kataloge für

KatArt. Probleme	C	Schadensbilder
Ursachen	5	Ursachen
Maßnahmen	2	Maßnahmen
Aktionen	A	Tätigkeiten
Objektteile	B	Objektteile
Codierung		

☑ Klasse aktiv

Abbildung 5.8 Einstellungen von Berichtsschema und Katalogen am Beispiel Störmeldungen

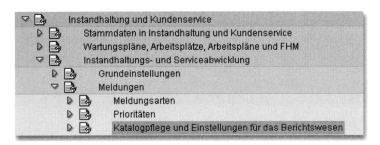

Abbildung 5.9 Customizing-Pfad zur Pflege der Kataloge und Einstellungen für das Berichtswesen

Die erste Stufe dieses Katalogsystems sind Katalogarten. Jede dieser Katalogarten der Instandhaltung repräsentiert ein bestimmtes Verzeichnis, zum Beispiel Verzeichnisse möglicher Tätigkeiten, möglicher Schadensbilder oder betroffener Objektteile. Jede Katalogart kann über Codegruppen, innerhalb derer es möglich ist, einzelne Codes zu definieren, weiter aufgeschlüsselt werden.

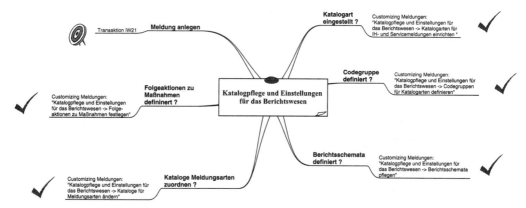

Abbildung 5.10 Customizing der Katalogpflege und der Einstellungen für das Berichtswesen

Anlagenverfügbarkeit: Diese Daten beschreiben den Anlagenausfall und die Anlagenverfügbarkeit, die vor, während und nach dem Auftreten der Störung festgestellt wird.

Auswirkung auf die Anlage			
Betr.Techn.Platz	K1-B02		Filterbauwerk
Betroff. Equipment	P-1000-N001	Elektr. Pumpe 001	
Auswirkung	2 Produktionseinschränkung		

Anlageverfügbarkeit			
Verf. vor Störung	100	AnlZ. vor Störung	1 betriebsbereit
Verf. nach Störung		AnlZ. nach Störung	3 nicht betriebsbereit
Verf. nach Maßnahme	50	AnlZ. nach Maßnahme	2 eingeschränkt betriebsb ...

Abbildung 5.11 Anzeige der Anlagenverfügbarkeit in der Meldung

5.1.2 Tätigkeitsmeldungen

Eine Tätigkeitsmeldung beschreibt eine bereits durchgeführte Instandhaltungsaktivität, die nicht aufgrund einer Störung oder eines Schadens erforderlich wurde. Sie ist eine technische Dokumentation und dient zum Nachweis, welche Tätigkeiten zu welchem Zeitpunkt mit welcher Begründung und mit welchem Ergebnis durchgeführt wurden. Typische Tätigkeitsmeldungen sind Inspektions- und Wartungsbefunde. Hier werden Ergebnisse einer Inspektion oder technische Werte des Objekts, die während oder nach regelmäßigen Wartungsarbeiten festgestellt werden, dokumentiert. Inspektionsmaßnahmen werden nicht explizit durch eine Störmeldung angefordert – meist liegen Inspektionsaufträge zugrunde. Wartungsarbeiten werden zur Bewahrung des Sollzustands des Objekts durchgeführt und resultieren aus Wartungsplänen.

Um Tätigkeitsmeldungen im System zu erfassen, wählen Sie vom Pfad **Logistik ·
Instandhaltung · IH-Abwicklung** ausgehend den Menüpfad **Meldung · Anlegen
speziell · Tätigkeitsmeldung** oder **Anlegen Allgemein** und wählen im Feld Meldung die Meldungsart M3-Tätigkeitsmeldung.

Abbildung 5.12 Auswahl der Meldungsart beim Anlegen einer Instandhaltungsmeldung

Wie Sie Maßnahmen dokumentieren

Als Maßnahme werden Tätigkeiten, die im Rahmen einer Meldung geplant sind,
definiert. Der planerische und organisatorische Aspekt einer Meldung steht im
Vordergrund. Die Zusammenarbeit verschiedener Personen bei der Abwicklung
der Meldung kann hier geplant und die Erledigung der Aktivitäten in einem bestimmten Zeitrahmen verfolgt werden. Eine Maßnahme kann sich auf den Kopf
und die einzelnen Positionen einer Meldung beziehen. Sie kann sich in verschiedenen Status befinden.

Die folgenden Angaben sind für jede einzelne Maßnahme möglich:

▶ geplanter Beginn- und Endzeitpunkt

▶ Schlüssel der durchzuführenden Maßnahme

▶ Arbeitsanweisung

▶ Status der Maßnahme

Einzelne Bearbeitungsphasen, die eine Maßnahme durchläuft, lassen sich mit
Hilfe von drei verschiedenen Status festhalten:

▶ Freigegeben: Die Maßnahme kann durchgeführt werden

▶ Erledigt: Die Maßnahme wurde durchgeführt

▶ Erfolgreich: Das aufgetretene Problem ist gelöst, der Schaden wurde behoben

Um die einzelnen Maßnahmen im System zu erfassen, rufen Sie die Instandhaltungsmeldung im Anlege- oder Änderungsmodus auf. Wollen Sie Maßnahmen erfassen, die sich auf die gesamte Meldung beziehen, wählen Sie die Registerkarte **Maßnahmen**.

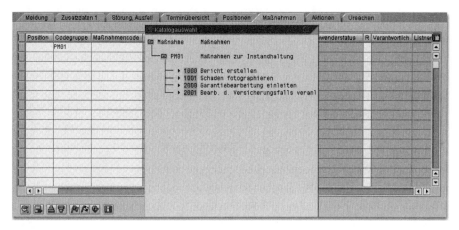

Abbildung 5.13 Auswahl von Maßnahmen am Beispiel Codegruppe »Maßnahmen zur Instandhaltung«

Um Maßnahmen, die sich auf eine einzige Meldungsposition beziehen, zu dokumentieren, wählen Sie die Registerkarte **Positionen**. Hier finden Sie die Bildgruppe **Maßnahmen**, wo Sie die geplanten Start- und Endezeitpunkte der Maßnahme angeben können. Um das Maßnahmendetailbild aufzurufen, wählen Sie **Maßnahmendetailbild**. Abbildung 5.14 zeigt dieses Detailbild mit den Bildgruppen **Maßnahme** und **Maßnahmenplanung**.

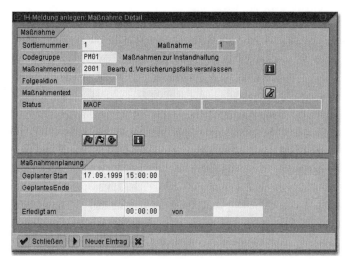

Abbildung 5.14 Detailbild einer Maßnahme zu einer Instandhaltungsmeldung

Wollen Sie vom Detailbild ausgehend eine neue Maßnahme anlegen, wählen Sie **Neuer Eintrag.**

Beispielsweise können mögliche Maßnahmen im Rahmen einer Störmeldung die Weitergabe von Informationen an die Betriebsabteilung, den zentralen Einkauf oder die Konstruktion sein. Maßnahmen wie »Kunden schnellstmöglich kontaktieren« sind in Servicemeldungen häufig zu finden.

Die Pflege der entsprechenden Daten im Customizing vorausgesetzt, kann das System aufgrund des Maßnahmencodes definierte Folgeaktionen, wie den Druck bestimmter Papiere oder den Aufruf von SAP-Funktionen, auslösen. Diese Folgeaktionen werden vom Kunden individuell festgelegt. Der Status einer Maßnahme dient lediglich zur Information des mit der Instandhaltungsplanung beschäftigten Personals. Die einzelnen Status sind programmtechnisch weitestgehend voneinander unabhängig.

Eine Meldung kann beispielsweise in Arbeit gegeben werden, obwohl sie noch nicht freigegebene Maßnahmen enthält. Eine Meldung kann jedoch so lange nicht abgeschlossen werden, wie offene Maßnahmen enthalten sind. Das System unterscheidet hier nicht zwischen Maßnahmen, die im Kopf einer Meldung eingetragen sind, und Maßnahmen in den Meldungspositionen. Wird im Status einer Meldung auf offene Maßnahmen hingewiesen, kann es sich um Maßnahmen im Meldungskopf und in den einzelnen Positionen einer Meldung handeln.

Tip Eine Meldung führt so lange den Status »offene Maßnahmen«, wie eine oder mehrere Maßnahmen nicht erledigt sind – auch wenn die Maßnahmen vorher freigegeben wurden.

Automatische Ermittlung von Maßnahmen

Die voreingestellten Parameter »Reaktionsschema«, »Bereitschaftsschema« und »Priorität« bilden die Voraussetzung, um vom System automatisch Maßnahmen zu einer Meldung ermitteln zu lassen. Mit diesen Parametern wird z.B. festgelegt, innerhalb welchen Zeitraumes auf eine Meldung reagiert werden muß.

Beispiel Eine Meldung wird mittags im System erfaßt, im Reaktionsschema ist ein Zeitabstand von einer Stunde für den Maßnahmencode »Rückruf beim Ansprechpartner« und ein Zeitabstand von 5 Stunden für den Maßnahmencode »Prüfen, ob Techniker beim Kunden eingetroffen ist« vorgegeben. Die Bereitschaftszeiten sind von 6.00 bis 21.00 Uhr. Bis 13.00 Uhr muß der Partner angerufen werden, um das Problem zu besprechen, bis 17.00 Uhr muß ein Techniker beim Partner eintreffen.

Besondere Bedeutung kommt der automatischen Maßnahmenermittlung im Umfeld von Service- und Wartungsverträgen zu, wenn zwischen Dienstleistern und Kunden definierte Reaktionen in bestimmten Zeitabständen vereinbart wurden.

Voraussetzung für die automatische Maßnahmenermittlung ist die Pflege folgender Einstellungen im Customizing:

▶ Definition der Reaktions- und Bereitschaftsschemata

▶ Zuordnung von Reaktions- und Bereitschaftsschemata zu Meldungsarten

▶ Definition der Prioritätsarten

▶ Festlegung von Prioritäten pro Prioritätsart

▶ Zuordnung von Prioritätsarten zu Meldungsarten

Die Prioritäten pflegen Sie unter dem Customizing-Menüpfad **Neuer Eintrag · Meldungen · Prioritäten**. Hier können Sie Prioritätsarten definieren, die Prioritäten pro Prioritätsart definieren und die Zuordnung der Prioritäts- zu den Meldungsarten vornehmen. Abbildung 5.15 zeigt die Customizing-Aktivität **Prioritäten pro Prioritätsart definieren**. Hier legen Sie u. a. die relativen Start- und Endetermine von Maßnahmen und die Texte der Prioritäten fest.

PrArt	Prior.	Prioritätsart	Rel.Start	Rel.Ende	Text Priorität	Ehtst	Ehten
$1	1	R/3 Meldung		3	1: Sehr hoch	H	H
$1	2	R/3 Meldung		7	2: Hoch	T	T
$1	3	R/3 Meldung		14	3: Mittel	T	T
$1	4	R/3 Meldung		28	4: Niedrig	T	T
PM	1	IH-Auftr.Prioritäten		1	sehr hoch		TAG
PM	2	IH-Auftr.Prioritäten		4	hoch		TAG
PM	3	IH-Auftr.Prioritäten		14	mittel	TAG	TAG
PM	4	IH-Auftr.Prioritäten		30	niedrig	TAG	TAG
QM	1	QM-Prioritäten		1	sehr hoch		TAG
QM	2	QM-Prioritäten		4	hoch		TAG
QM	3	QM-Prioritäten	1	3	mittel	TAG	TAG
QM	4	QM-Prioritäten	2	5	niedrig	TAG	TAG
SM	1	Service-Prioritäten		1	sehr hoch		TAG
SM	2	Service-Prioritäten		4	hoch		TAG
SM	3	Service-Prioritäten	1	3	mittel	TAG	TAG
SM	4	Service-Prioritäten	2	5	niedrig	TAG	TAG

Abbildung 5.15 Customizing-Aktivität »**Prioritäten pro Prioritätsart definieren**«

Reaktions- und Bereitschaftsschemata sind unter dem Pfad **Instandhaltung und Kundenservice · Instandhaltungs- und Serviceabwicklung · Meldungen · Reaktionsüberwachung** im Customizing einzustellen. Hier können Sie zu Reaktions- und Bereitschaftsschemata definieren und die Zuordnung der Meldungsarten zu den vorher generierten Reaktions- und Bereitschaftsschemata vornehmen.

Soll das System für eine Meldung eine Maßnahme ermitteln, lautet der zu wählende Menüpfad, von der Meldung ausgehend, **Bearbeiten · Maßnahmen · Ermitteln**. Sollte zuvor eine oder mehrere Maßnahmen simuliert werden, wählen Sie **Bearbeiten · Maßnahmen · Simulation(Erm.)**. Abbildung 5.16 zeigt das Ergebnis einer solchen Simulation.

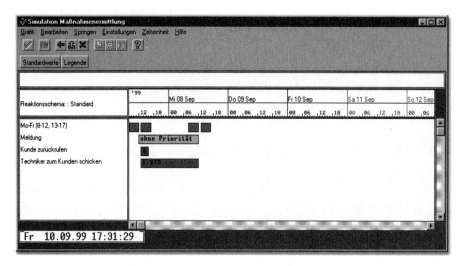

Abbildung 5.16 Ergebnis der Simulation einer Maßnahmenermittlung

Der Customizing-Pfad **Instandhaltung und Kundenservice · Instandhaltungs- und Serviceabwicklung · Meldungen · Katalogpflege und einstellungen für das berichtswesen · Folgeaktionen zu Maßnahmen festlegen** führt, wie Abbildung 5.17 zeigt, zur Einstellung der Folgeaktionen.

Wie Sie Aktionen dokumentieren.

Aktionen sind Tätigkeiten, die im Rahmen einer Instandhaltungsmeldung ausgeführt wurden. Sie beschreiben – und hier grenzen sich Aktionen von Maßnahmen ab –, welche Schritte bereits im Rahmen der Problemlösung unternommen wurden.

Folgende Angaben sind für einzelne Aktionen möglich:

▶ Schlüssel für die durchgeführte Aktion

▶ kurze Beschreibung

▶ Beginn- und Endezeitpunkt der Aktion

▶ Mengenfaktor für die Aktion

Eine Aktion kann sich auf den Kopf einer Meldung und die einzelnen Meldungspositionen beziehen.

Abbildung 5.17 Einstellungen der Folgeaktionen zu Maßnahmen

Wenn eine Tätigkeitsmeldung angelegt wird, haben Sie bereits eine Aktion ausgeführt, die Sie damit dokumentieren. Angaben darüber, welche Aktion ausgeführt wurde, sollten ebenso enthalten sein wie eine Dokumentation, welchen Umfang und welche Auswirkungen sie hatte. Im Gegensatz zu einer Störmeldung werden keine Störungen oder Probleme, sondern die durchgeführten Aktionen beschrieben.

Die Aktionsdaten stehen in der Meldung an zwei Stellen, auf der Aktionsübersicht und auf dem Aktionsdetailbild, in unterschiedlichem Detaillierungsgrad. Die Aktionsübersicht und das Aktionsdetailbild sind für alle Meldungsarten gleich. Abbildung 5.7 zeigt die Aktionsübersicht in einer Instandhaltungsmeldung.

5.1.3 Störmeldungen

Eine Störmeldung beschreibt eine Störung an einem Objekt, die dessen Leistung in irgendeiner Weise einschränkt. Mit Hilfe der Störmeldung informiert beispielsweise ein Mitarbeiter aus der Produktion die Instandhaltungsabteilung, daß eine Anlage nicht korrekt funktioniert, weniger oder keine Leistung erbringt oder schlechte Ergebnisse liefert. Die Instandhaltungsabteilung soll durch eine Störmeldung zu einer Instandsetzungsmaßnahme veranlaßt werden, die zur Wiederherstellung des Sollzustands des Objekts (nach DIN 31051) führt.

Wie Sie eine Störmeldung verfassen

In der Mehrzahl der Unternehmen wird im ersten Schritt lediglich ein Problem, eine Störung oder Fehlfunktion oder ein Schaden gemeldet – in der Meldung werden nur Daten der Störung dokumentiert. Daten, die sich auf technische Befunde oder die Behebung der Störung beziehen, werden erst in einem zweiten Schritt im System festgehalten. Sie gehen als Änderungen in die Meldung ein.

Ein Sonderfall der Störmeldung liegt vor, wenn ein Mitarbeiter eine Störung feststellt, sie sofort selbst behebt und anschließend in der Störmeldung dokumentiert, welche Störung vorlag, was sie verursacht hat und wie sie behoben wurde. In diesem Fall wird die Instandhaltungsmeldung erst nach Abschluß der Instandhaltungsmaßnahme als Rückmeldung erfaßt.

Um eine Störmeldung zu erfassen, wählen Sie vom Pfad **Logistik · Instandhaltung · IH-Abwicklung** ausgehend den Menüpfad **Meldung · Anlegen speziell · Störmeldung.**

> **Tip** Wird eine Störmeldung erfaßt, sollten der Instandhaltungsplanung so viele Informationen wie nur möglich über die Fehlfunktion oder Störung mitgeteilt werden.

Durch die folgenden Angaben wird eine rasche und reibungslose Weiterbearbeitung sichergestellt:

▶ Welche Störung, welches Problem ist aufgetreten?

▶ Welches Technische Objekt ist von der Störung betroffen?

▶ Welche Auswirkungen hat diese Fehlfunktion?

▶ Wer meldet die Störung, das Problem?

▶ Welche weiteren Schadensbilder und Probleme gibt es?

Wie Sie Ursachen erfassen

Wenn Sie eine Ursache zu einer Meldung erfassen wollen, wählen Sie die Registerkarte **Meldung** und die Bildgruppe **Position**. Abbildung 5.18 zeigt die Katalogauswahl für den Ursachencode.

Wollen Sie eine Ursache zu einer Meldungsposition erfassen, wählen Sie, wie in Abbildung 5.19 dargestellt, innerhalb der Registerkarte **Positionen** und die Registerkarte **Ursachen.**

Wie Sie Ausfall und Ausfalldauer angeben

Ist aufgrund eines Problems oder der Durchführung einer Aktion ein Funktionsausfall eines betroffenen Bauteiles aufgetreten, können Sie diesen Ausfall an zwei Stellen im System dokumentieren: im Meldungskopf oder im Ausfalldatenbild.

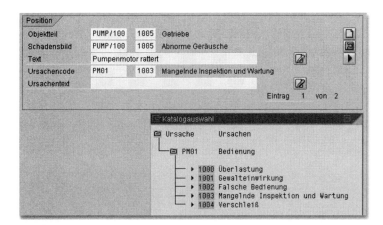

Abbildung 5.18 Auswahl der Codegruppe am Beispiel Ursachencode PM01-Bedienung

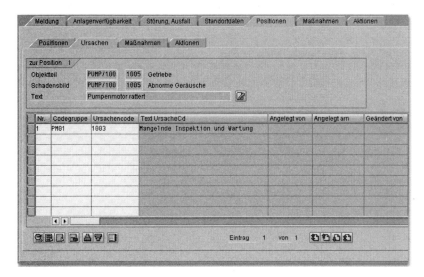

Abbildung 5.19 Registerkarte **Ursachen** innerhalb der Meldungspositionen

Wählen Sie die Registerkarte **Störung, Ausfall**, wenn Sie sich im Anlege- oder Änderungsmodus der Meldung befinden. Hier können Sie Beginn und Ende der Störung eintragen. Wollen Sie vermerken, daß die Störung zu einem Funktionsausfall führte, markieren Sie das Feld **Ausfall**. Das System berechnet die Ausfalldauer automatisch und zeigt sie in der Einheit **Stunden** an.

Wie Sie Partnerinformation aufrufen

Ein Partner ist eine Person innerhalb oder außerhalb Ihres Unternehmens, mit der Sie im Rahmen der Geschäftstätigkeit in Verbindung treten können oder müssen. Angaben zu einem Partner stehen auf einem separaten Bild der Meldung. Wählen

Sie, wenn Sie sich im Anlege- oder Änderungsmodus der Meldung befinden, **Springen · Partner** oder die Ikone **Partner**. Das System zeigt Ihnen, wie in Abbildung 5.21 dargestellt, Partnerrolle, -nummer und -name bzw. -bezeichnung an, wenn bereits Partnerdaten für diese Meldung erfaßt wurden.

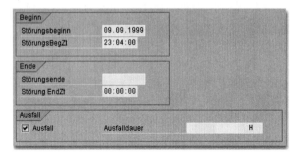

Abbildung 5.20 Inhalt der Registerkarte **Störung, Ausfall**: Beginn und Ende der Störung und Ausfall-Kennzeichen

Rolle	Bezeichnung	Partner	Name	AdrKnz
ST	Zust. Stelle	50011826	Arbeitsvorbereitung	☐
WE	Warenempfänger	1000000016	Eva Eisenmann	☐
				☐
				☐
				☐
				☐
				☐
				☐
				☐
				☐
				☐
				☐
				☐
				☐
				☐
				☐

Abbildung 5.21 Partnerdaten in der Instandhaltungsmeldung

5.1.4 Instandhaltungsanforderungen

Eine IH-Anforderung ist eine Anweisung an die Instandhaltung, eine Tätigkeit auszuführen. Das entscheidende Kriterium einer IH-Anforderung ist im Gegensatz zu einer Störmeldung, daß keine Störung oder Fehlfunktion eines Bauteiles vorliegt. Typische Einsatzgebiete sind Investitionen, Umbauten oder Umrüstungen, beispielsweise von Anlagen oder Gebäuden. Im ersten Schritt bei der Generierung einer IH-Anforderung ist es wichtig, die geforderten Instandhaltungsaktivitäten aufzulisten. Die Daten, die sich auf die Durchführung der Anforderungen beziehen, wie z.B. Datum und Uhrzeit, werden erst in einem zweiten Schritt ins System eingegeben, sie gehen als Änderungen in die IH-Anforderung ein.

Tip Wenn Sie eine IH-Anforderung erfassen, sollten Sie der Instandhaltungsplanung soviel Information wie möglich darüber geben, wie die Instandhaltungsabteilung für Sie tätig werden soll. Machen Sie deshalb nach Möglichkeit die folgenden Angaben:

▶ welche Tätigkeit angefordert wird
▶ auf welches Objekt sich die Anforderung bezieht
▶ wer die Aktivität anfordert

Um eine Instandhaltungsanforderung zu erfassen, wählen Sie vom Pfad **Logistik · Instandhaltung · IH-Abwicklung** ausgehend den Menüpfad **Meldung · Anlegen speziell · IH-anforderung**.

5.1.5 Benutzerspezifische Meldungen

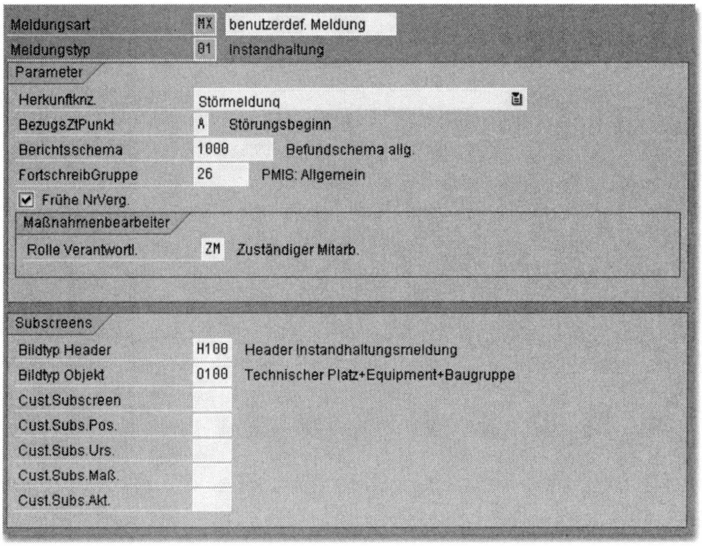

Abbildung 5.22 Customizing-Aktivität »Meldungsarten ändern«

Eine benutzerspezifische Meldung ist eine Meldung, die zu einer anderen als den voreingestellten Standardmeldungsarten gehört. Ihr liegt eine Standardmeldungsart zugrunde, die Bildschirmbilder sind wie in Abbildung 5.22 dargestellt im Customizing unter dem Pfad **Instandhaltung und Kundenservice · Instandhaltungs- und Serviceabwicklung · Meldungen · Meldungsarten Definieren** einstellbar.

Um benutzerspezifische Instandhaltungsmeldungen zu erfassen, wählen Sie vom Pfad **Logistik · Instandhaltung · IH-Abwicklung** ausgehend den Menüpfad **Meldung · Anlegen allgemein**.

5.1.6 Rückmeldungen

Rückmeldungen dokumentieren den Bearbeitungsstand von Vorgängen und Untervorgängen von Instandhaltungs- oder Serviceaufträgen. Sie sind damit ein Teil der Auftragsüberwachung im System.

Die Verwendung von Rückmeldungen liegt u. a. darin, zu dokumentieren und im System fortzuschreiben, welcher Arbeitsplatz einen oder mehrere Vorgänge eines Auftrages durchgeführt hat, ob Vorgänge angearbeitet oder vollständig ausgeführt wurden, zu welchen Zeitpunkten mit den Arbeiten begonnen wurde und wann sie abgeschlossen wurden, ob und wo Equipments von Technischen Plätzen ausgebaut oder eingebaut wurden und welche Materialien verbraucht wurden.

Grundsätzliches zum Ablauf von Rückmeldungen

Eine Rückmeldung beinhaltet in maximaler Ausprägung die folgenden Prozeßschritte:

1. **Auswahl der gewünschten Erfassungstransaktion**
   Je nach Menge und Art der Rückmeldung können verschiedene Erfassungstransaktionen für die Rückmeldung gewählt werden:
   ▶ Einzelzeitrückmeldung mit Auftrags-/Vorgangsnummer
   ▶ Einzelzeitrückmeldung mit Rückmeldenummer
   ▶ Gesamtrückmeldung
   ▶ Sammelzeitrückmeldung mit/ohne Selektion
   ▶ Arbeitszeitblatt (CATS)

2. **Rückmeldung von Zeitdaten**
   Je nach Art der zur erfassenden Daten gibt es unterschiedliche Möglichkeiten für die Erfassung. Zeitrückmeldungen für Vorgänge und Untervorgänge von Instandhaltungs- und Serviceaufträgen werden erfaßt, um den Stand der Bearbeitung für die Vorgänge dieser Aufträge im System zu dokumentieren.

   Folgende Zeitdaten können rückgemeldet werden:
   ▶ Welche Person bzw. welcher Arbeitsplatz hat den Vorgang/Untervorgang des Auftrages bearbeitet?
   ▶ Wie lange hat die Bearbeitung gedauert und in welchem Zeitraum wurde welche Leistung erbracht?
   ▶ Wie lange muß noch gearbeitet werden?

- Wieviel Zeit wurde vom Vorgang in Anspruch genommen?
- Wann wird der Vorgang voraussichtlich beendet sein?
- Sind die Arbeiten für diesen Vorgang/Untervorgang beendet, und sollen die offenen Reservierungen des Vorganges oder Untervorganges ausgebucht werden?

3. **Rückmeldung von verbrauchtem Material**

Auch bei der Rückmeldung von Material stehen verschiedene Erfassungswege zur Verfügung. Das System erlaubt die Rückmeldung, welche und wie viele Materialien bei der Ausführung eines Vorgangs verbraucht wurden ebenso wie die Dokumentation der Rückgabe von nicht verbrauchtem Material an das Lager.

Die folgenden Materialien werden dabei berücksichtigt:

- Ungeplante Materialien, d.h. Materialien, die bei der Planung des Auftrags für diesen Vorgang nicht berücksichtigt wurden, die jedoch bei der Ausführung verbraucht wurden.
- Geplante Materialien, d.h. Materialien, die im Auftrag für diesen Vorgang eingeplant wurden und die bei der Ausführung des Vorgangs aus dem Lager entnommen und verbraucht wurden.
- Retrograde Materialien, das sind Materialien, die geringwertige Kleinteile sind, aber bestandsmäßig im System geführt werden. Um zu vermeiden, daß für jedes dieser Materialien bei der Entnahme eine separate Buchung durchgeführt werden muß, wird dem Instandhaltungsplaner im Auftrag die Möglichkeit geboten, solche Materialien als retrograd zu kennzeichnen.

4. **Rückmeldung von Meßwerten und Zählerständen**

Meßwerte und Zählerstände zu bestimmten Auftragsvorgängen in Form von Meßbelegen mit Daten zum Meßpunkt und Meßergebnis sowie Zusatzinformationen als Kurz- oder Langtext können im Rahmen der Rückmeldung ebenfalls erfaßt werden.

5. **Rückmeldung von Ein- und Ausbauinformation**

Im Rahmen der Rückmeldung können auch Informationen zum Ein- und Ausbau von technischen Objekten erfaßt werden, vorausgesetzt, der dazugehörige Auftrag ist zur Ausführung freigegeben.

6. **Rückmeldung von Wareneingängen für aufgearbeitetes Material**

Der Wareneingang für Materialien, die aufgearbeitet wurden, kann ebenfalls im System gebucht werden. Die instandgesetzten bzw. aufgearbeiteten Reserveteile werden entsprechend der Planung im Auftrag durch den Wareneingang ans Lager zurückgegeben, dort eingebucht und gegebenenfalls neu bewertet. Sie sind zu diesem Zeitpunkt wieder funktionstüchtig und können disponiert und eingesetzt werden.

Der Instandhaltungsauftrag wird um den Wert, der sich aus der gelieferten Menge und dem aktuellen Preis des aufgearbeiteten Materials ergibt, entlastet.

7. **Technische Rückmeldung**

Im Rahmen der Rückmeldung ist es auch möglich, technische Daten und Befunde, wie Schadensursache, Schadensort am Objekt, ausgeführte Arbeiten und Aktionen, Befunde sowie die Anlagenverfügbarkeit während und nach der Maßnahme zu erfassen.

8. **Rückmeldung von Dienstleistungen**

Die interne Ausführung von Dienstleistungen kann ebenfalls zurückgemeldet werden, vorausgesetzt, den Vorschlagswerten des Benutzers für Instandhaltung und Kundenservice ist ein Rückmeldeprofil zugeordnet, das die Anzeige der Leistungstabelle vorsieht. Des weiteren muß dem Auftragsvorgang, für den Leistungen zurückgemeldet werden, ein Steuerschlüssel zugeordnet sein, der dies erlaubt.

9. **Rückmeldung zu Fremdleistungen bzw. Fremdmaterial**

Auch Leistungen und Materialien, die von Fremdfirmen eingekauft werden, können auf einen Instandhaltungsauftrag zurückgemeldet werden. Der Ablauf der Rückmeldung von Fremdmaterial oder Fremdleistungen ist wie folgt:

Aufgrund der im Auftrag erzeugten Bestellanforderung wird eine Bestellung für ein Material oder eine Fremdleistung an einen Lieferanten geschickt. Die Lieferung oder Leistung wird als Wareneingang behandelt und direkt auf den Auftrag gebucht, für den das Material oder die Fremdleistung angefordert wurde. Der Auftrag wird bei Wareneingang mit den entsprechenden Kosten belastet. Bei Rechnungseingang werden eventuell auftretende Kostenänderungen im Auftrag fortgeschrieben.

10. **Anzeige von Rückmeldungen**

Für die Anzeige von Rückmeldungen stehen unterschiedliche Möglichkeiten zur Verfügung: Anzeige aller Rückmeldungen zu einem Auftrag oder Anzeige einer Liste von Rückmeldungen nach definierten Selektionskriterien. Die Anzeige von Rückmeldungen wird im gleichnamigen Abschnitt »Anzeige von Rückmeldungen« genauer behandelt.

11. **Stornierung einer Rückmeldung**

Es kann vorkommen, daß Rückmeldungen versehentlich zu falschen Vorgängen bzw. Untervorgängen oder mit falschen Daten erfaßt werden. Aus diesen Gründen bietet das System die Möglichkeit, Rückmeldungen zu stornieren. Das Kapitel »Wie Sie Rückmeldungen stornieren« beschreibt diese Vorgänge näher.

12. **Kostenanzeige**

Sobald mit der Ausführung von Instandhaltungs- oder Servicetätigkeiten begonnen wurde und Rückmeldungen in Form von Zeitrückmeldungen oder Materialentnahmen für den Auftrag eingegeben wurden, entstehen auf dem Auftrag Istkosten. Für die Anzeige dieser Kosten stehen Ihnen unterschiedliche Möglichkeiten zur Verfügung: die Kostenanzeige sortiert nach Kostenarten oder die Kostenanzeige sortiert nach Wertkategorien.

Tip Bei der Entnahme von Materialien wird vom System automatisch ein Warenausgangsbeleg in der Materialwirtschaft generiert. Rückmeldungen können Sie im System nur erfassen, wenn Sie die Komponente **Instandhaltungsaufträge** einsetzen, Technische Rückmeldungen können nur dann erfaßt werden, wenn die Komponente **Instandhaltungsmeldungen** im Einsatz ist.

Wurden Rückmeldungen zu Vorgängen oder Untervorgängen eines Auftrags erfaßt und ist die Bearbeitung noch nicht abgeschlossen, erhalten die Vorgänge bzw. Untervorgänge vom System automatisch den Status »teilrückgemeldet«. Sobald alle Vorgänge und Untervorgänge eines Auftrags, die für eine Rückmeldung vorgesehen sind, endrückgemeldet wurden, erhält auch der Auftrag selbst den Status »endrückgemeldet«.

Wie Sie mit Hilfe der Einzelzeitrückmeldung Tätigkeiten zurückmelden

Der Nutzen der Einzelzeitrückmeldung liegt vor allem darin, detaillierte Zeit-rückmeldungen für einzelne Vorgänge und Splits zu erfassen, vor allem dann, wenn nur gelegentlich weitere Daten wie beispielsweise verbrauchte Materialien oder Informationen zum Schadensbild eingegeben werden. Voraussetzung für die Rückmeldung ist, daß der rückzumeldende Auftrag freigegeben ist.

Um eine **Einzelzeitrückmeldung mit Auftrags- bzw. Vorgangsnummer** zu erfassen, wählen Sie **Logistik · Instandhaltung · Instandhaltungsabwicklung · Rückmeldung · Erfassung · Einzelzeitrückmeldung**. Abbildung 5.23 zeigt das Einstiegsbild der Einzelzeitrückmeldung, in dem Sie in der Bildgruppe **Auftrag** die Auftragsnummer und/oder Vorgangs- und Untervorgangsnummern eingeben können.

Nachdem Sie **Enter** gewählt haben, gelangen Sie, wie in Abbildung 5.24 dargestellt, zu einer Übersicht aller Vorgänge und Untervorgänge des Auftrags, die den eingestellten Parameterangaben entsprechen.

Markieren Sie die Vorgänge bzw. Untervorgänge, für die Sie die Rückmeldung erfassen wollen, und wählen Sie **Istdaten**. Sie gelangen auf das Rückmeldungsdetailbild zum ersten ausgewählten Vorgang bzw. Untervorgang. Hier geben Sie, wie in Abbildung 5.25 gezeigt, die gewünschten Rückmeldedaten ein.

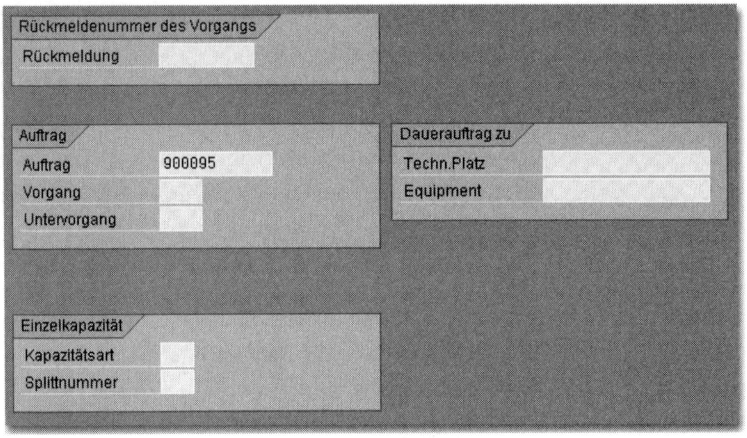

Abbildung 5.23 Einstiegsbild der Einzelzeitrückmeldung

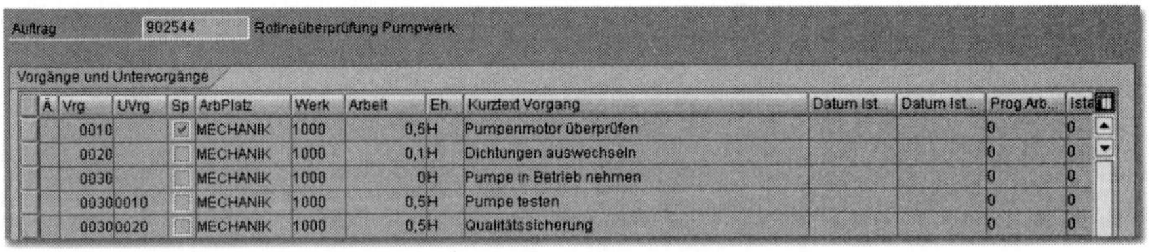

Abbildung 5.24 Vorgangsübersicht der Rückmeldung zum Auftrag

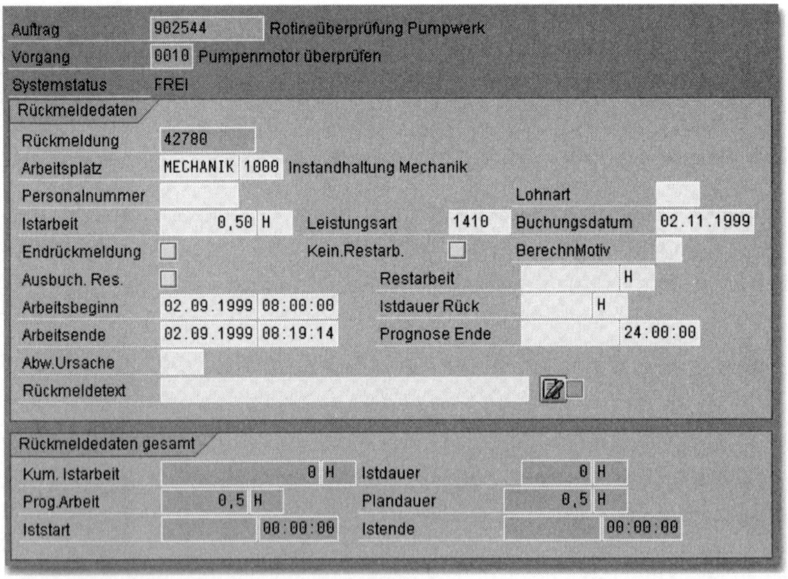

Abbildung 5.25 Detailbild der Rückmeldung

Um eine **Einzelzeitrückmeldung mit Rückmeldenummer** zu erfassen, wählen Sie **Logistik · Instandhaltung · Instandhaltungsabwicklung · Rückmeldung · Erfassung · Einzelzeitrückmeldung**. Abbildung 5.23 zeigt, wie im Abschnitt »Einzelzeitrückmeldung mit Auftrags- bzw. Vorgangsnummer« beschrieben, das Einstiegsbild der Einzelzeitrückmeldung, in dem Sie im Feld **Rückmeldung** die Rückmeldenummer eingeben können, **Enter** wählen und die Daten der Rückmeldung eingeben können.

Tip Wenn Sie im Verlauf der Rückmeldungsbearbeitung die Funktion **Sichern** wählen, sichern Sie immer alle bisher erfaßten Daten zu den Vorgängen, die Sie bearbeitet haben, und gelangen immer zurück auf das Einstiegsbild zur Rückmeldung.

Wie Sie mit Hilfe der Einzelzeitrückmeldung verbrauchtes Material rückmelden

Rufen Sie im Rückmeldedetailbild die Materialliste mit **Umfeld · Warenbewegungen** auf. Das System zeigt diese wie in Abbildung 5.26 dargestellt an.

Auftrag	982544	Rotineüberprüfung Pumpwerk								
Vorgang	0010	Pumpenmotor überprüfen								

Material	Bezeichnung	Menge	ErfassME	Werk	Lagerort	Bewertungsart	Position	BewegArt	Grund der Bew.	S. Lieferant
AK2-311	BASIS-MOTOR 112 KW	1,000	ST	1000	0001			261		
400-431	Dichtungsring	3,000	ST	1000	0001			261		
400-200	Laufrad GG	1,000	ST	1000	0001			261		

Abbildung 5.26 Materialliste in der Rückmeldung

Machen Sie alle gewünschten Angaben in dieser Liste. Wenn geringere Mengen an Material als geplant benötigt wurden, korrigieren Sie die Mengenangabe zum Material auf der Liste. Sichern Sie die Rückmeldung, oder kehren Sie auf das Rückmeldungsdetailbild für den Vorgang zurück, um weitere Daten zu erfassen.

Wie Sie die Gesamtrückmeldung für die Rückmeldung von Tätigkeiten und Materialien nutzen

Mit der Gesamtrückmeldung bietet das System eine sinnvolle Unterstützung, wenn Sie neben der benötigten Arbeitszeit auch Daten wie verbrauchte Materialien, Informationen zum Schaden und den durchgeführten Arbeiten oder Maßnahmen und Aktionen sowie Meßwerte und Zählerstände rückmelden.

Tip Im System-Standard ist für die Gesamtrückmeldung ein Default-Profil eingestellt, das individuell angepaßt werden kann, indem Sie vom Pfad **Logistik · Instandhaltung · Instandhaltungsabwicklung · Rückmeldung · Erfassung · Gesamtrückmeldung** ausgehend **Zusätze · Einstellungen** wählen. Damit können Felder für häufig benutzte Funktionen im oberen Bildbereich angezeigt werden und Funktionen, die weniger oft in Verwendung sind, weiter unten angeordnet oder auf Drucktasten gelegt werden.

Geben Sie auf dem eingeblendeten Dialogfenster das gewünschte Profil wie in Abbildung 5.27 gezeigt an, und sichern Sie die Eingabe. Beim nächsten Aufruf der Gesamtrückmeldung ist das Erscheinungsbild der Benutzungsoberfläche so, wie sie für das eingegebene Profil festgelegt wurde.

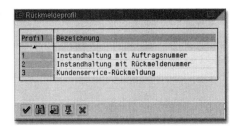

Abbildung 5.27 Dialogfenster zur Auswahl des Rückmeldeprofiles

Bei der Gesamtrückmeldung sind Zeitrückmeldung, Rückmeldung von Warenbewegungen und Dienstleistungen und Technische Rückmeldung miteinander kombiniert. Mit der Gesamtrückmeldung ist es möglich, ohne Bildwechsel Zeitdaten, Ursachen, Aktionen, Maßnahmen, Warenbewegungen und Meßwerte und Zählerstände zu den Vorgängen eines Auftrags einzugeben.

Um eine Gesamtrückmeldung mit Rückmeldenummer zu erfassen, wählen Sie **Logistik · Instandhaltung · Instandhaltungsabwicklung · Rückmeldung · Erfassung · Gesamtrückmeldung**. Die Abbildungen 5.28 a und b zeigen die Bereiche des Einstiegsbilds der Gesamtrückmeldung.

Bei Eingabe der **Auftragsnummer** sehen Sie:

▶ alle rückzumeldenden Vorgänge des Auftrags in der Zeitrückmeldungstabelle

▶ alle Meßwerte und Zählerstände, die zum Auftrag bereits erfaßt wurden

▶ alle bereits in der Meldung zum Auftragskopf erfaßten Maßnahmen, Ursachen und Aktionen

Bei Eingabe der **Auftragsnummer und der gewünschten Vorgangsnummer** oder der **Rückmeldenummer** sehen Sie:

▶ den Vorgang in der Zeitrückmeldungstabelle

▶ die geplanten Materialien zum Vorgang

▶ alle Meßwerte und Zählerstände, die zum Vorgang bereits erfaßt wurden

▶ alle bereits in der Meldung zum Auftragskopf erfaßten Maßnahmen, Ursachen und Aktionen

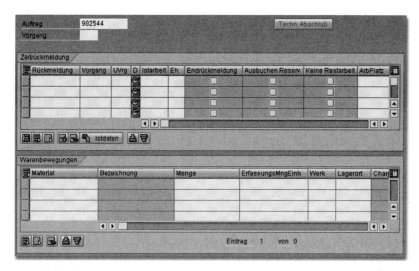

Abbildung 5.28a Einstiegsbild der Gesamtrückmeldung, Teil 1: Zeitrückmeldung und Warenbewegungen

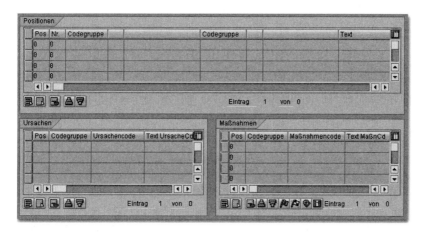

Abbildung 5.28b Einstiegsbild der Gesamtrückmeldung, Teil 2: Positionen, Ursachen und Maßnahmen

Mit dem Pfad **Umfeld · Techn. Platz ändern** oder **Umfeld · Equipment ändern** verzweigen Sie in die Stammdatenbearbeitung, um den Ein- und Ausbau technischer Objekte zu dokumentieren. In die Bearbeitung der Meldung zum Auftragskopf gelangen Sie mit der Drucktaste **Meldung**.

Um die zum Vorgang gehörigen Daten in den entsprechenden Tabellen der Gesamtrückmeldung anzuzeigen, wählen Sie, wie in Abbildung 5.29 gezeigt, in der Tabelle **Zeitrückmeldung** für den gewünschten Vorgang das Symbol **Daten zum Vorgang**.

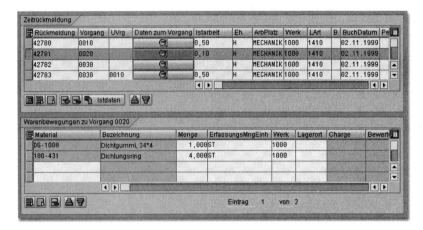

Abbildung 5.29 Daten zum Vorgang am Beispiel Warenbewegungen

Mit Hilfe dieser Funktion ist es möglich, geplante Materialien, geplante Dienstleistungen sowie Meßwerte und Zählerstände in den entsprechenden Tabellen anzuzeigen und die gewünschten Rückmeldedaten einzugeben.

> **Tip** Die Gesamtrückmeldung sichert **alle** Daten, die in einem Arbeitsschritt auf dem Eingabebild oder den dazugehörigen Dialogfenstern eingegeben wurden, auch Vorschlagsdaten. Wenn Sie bestimmte Rückmeldungs- oder Vorschlagsdaten nicht sichern wollen, müssen Sie diese Zeilen vor dem Sichern aus den Tabellen löschen.

Wie Sie mit der Sammelzeitrückmeldung Zeiten zurückmelden

Die Verwendung der Sammelzeitrückmeldung ist dann sinnvoll, wenn Sie große Mengen von Zeitrückmeldungen ins System eingeben und selten Eingaben auf dem Rückmeldungsdetailbild machen bzw. selten Daten wie z.B. verbrauchte Materialien oder Informationen zum Schaden eingeben.

Der Pfad **Logistik · Instandhaltung · Instandhaltungsabwicklung · Rückmeldung · Erfassung · Sammelzeitrückmeldung · Ohne Selektion bzw. · Mit Selektion führt** zur Sammelzeiterfassung.

Die Sammelzeiterfassung besteht, wie die Abbildung 5.30 zeigt, aus zwei Tabellen: In der oberen Tabelle geben Sie diejenigen Daten ein, die für **alle** Vorgänge auf der Liste gelten sollen. Diese Daten können benutzerspezifisch gespeichert werden, so daß sie wieder vorgeschlagen werden, wenn Sie die Sammelerfassung erneut anwählen. In der unteren Tabelle können die Daten zu den einzelnen Vorgängen im System erfaßt werden. Die Vorschlagsdaten aus dem oberen Block werden nach Auswahl von **Enter** in die Erfassungsfelder des unteren Blocks gestellt.

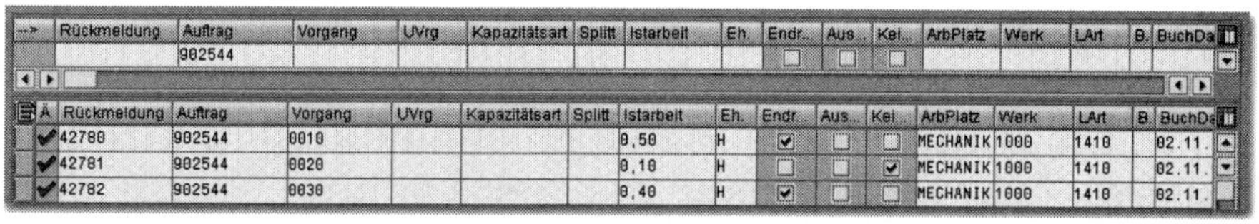

-->	Rückmeldung	Auftrag	Vorgang	UVrg	Kapazitätsart	Splitt	Istarbeit	Eh.	Endr.	Aus...	Kei.	ArbPlatz	Werk	LArt	B.	BuchDa
		982544														

	Ä	Rückmeldung	Auftrag	Vorgang	UVrg	Kapazitätsart	Splitt	Istarbeit	Eh.	Endr.	Aus...	Kei.	ArbPlatz	Werk	LArt	B.	BuchDa
✓		42780	982544	0010				0,50	H	☑	☐	☐	MECHANIK	1000	1410	02.11.	
✓		42781	982544	0020				0,10	H	☑	☐	☑	MECHANIK	1000	1410	02.11.	
✓		42782	982544	0030				0,40	H	☑	☐	☐	MECHANIK	1000	1410	02.11.	

Abbildung 5.30 Sammelrückmeldung zum Instandhaltungsauftrag

Sammelzeitrückmeldung ohne Selektion

Mit dem Menüpfad **Logistik · Instandhaltung · Instandhaltungsabwicklung · Rückmeldung · Erfassung · Sammelzeit-rückmeldung · Ohne Selektion** wählen Sie Sammelzeitrückmeldung ohne Selektion – von beispielsweise Aufträgen oder Vorgängen – aus.

Sie können sich die Istdaten zu den markierten Vorgängen komplett vorschlagen lassen, indem Sie **Bearbeiten · Istdaten komplett vorschlagen** oder die Druckta-ste **Istdaten kompl.** wählen. Wollen Sie weitere Daten zu bestimmten Vorgängen auf dem Detailbild erfassen, markieren Sie die gewünschten Vorgänge und **wählen Springen · Istdaten**.

Unter dem Menüpunkt **Umfeld** und mit entsprechenden Drucktasten stehen die Funktionen **An-/Abwesenheit** und **Zeitabgleich** zur Verfügung. Hier können Sie grundlegende Zeitinformationen wie Arbeits- oder Fehlzeiten für die Auswertung und Abrechnung der Arbeitszeiten von Mitarbeitern erfassen. **Anwesenheiten** können Sie nutzen, um Istzeiten, Abweichungen vom Arbeitszeitplan und Abwei-chungen von der generellen Tätigkeit eines Mitarbeiters zu dokumentieren. Mit **Abwesenheiten** werden beispielsweise Urlaube, Arztbesuche oder Krankheit er-faßt. Abbildung 5.31 zeigt diese Erfassung.

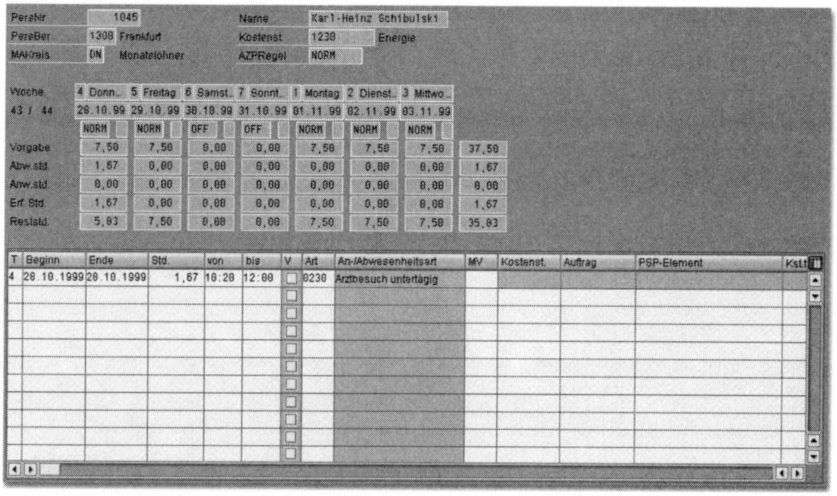

Abbildung 5.31 Pflege der An- und Abwesenheiten

Sammelzeitrückmeldung mit Selektion

Sie gelangen auf das Selektionsbild für Auftragsvorgänge, wenn Sie den Menüpfad **Logistik · Instandhaltung · Instandhaltungsabwicklung · Rückmeldung ·
Erfassung · Sammelzeitrückmeldung · Mit Selektion** wählen.

Selektion Auftragsvorgänge				
Arbeitsplatz		bis		
Werk		bis		
Auftrag	902544	bis		
Auftragsart		bis		
Bezugsdatum		bis		
Vorgang		bis		
Kurztext Vorgang		bis		
Technischer Platz		bis		
Equipment		bis		
Material		bis		
Serialnummer		bis		
Sortierfeld		bis		
Planergruppe		bis		
Rückmeldung		bis		
Steuerschlüssel		bis		
Status inklusiv		bis		
Status exklusiv		bis		
Baugruppe		bis		
Vorlagenschlüssel		bis		
Anlagenzustand		bis		

☑ Service-/IH-Aufträge
☑ Sammelzeitrückmldng.

Selektion Personen				
Personalnummer des Splitts		bis		
Personalnummer des Vorganges		bis		

Abbildung 5.32 Selektion für die Sammelzeitrückmeldung

Markieren Sie, wie in Abbildung 5.32 dargestellt, das Feld **Sammelzeitrückmldng.**,
so stellt das System das Ergebnis der Vorgangsselektion direkt in das Erfassungsbild
der Sammelzeitrückmeldung, ohne eine zusätzliche Auswahlliste anzubieten. Ist
das Feld **Service-/IH-Aufträge** markiert, werden nur Service- und Instandhaltungsaufträge selektiert. Nach der Auswahl von **Programm · Ausführen** gelangen Sie in
das in Abbildung 5.30 gezeigte Bild.

> **Tip** Die Vorratsfunktion ist eine sinnvolle Hilfe zur Eingabe, wenn bestimmte
> Aufträge oder Vorgänge mehrmals bearbeitet werden müssen – mit Hilfe des
> Arbeitsvorrats können diese Vorgänge erneut zur Bearbeitung aufgerufen wer-
> den. Um diesen Vorrat zu speichern, markieren Sie zunächst diejenigen Vor-
> gänge, die Sie dem Vorrat zuordnen wollen, und wählen dann **Rückmeldung ·**

Vorrat erzeugen. Um diesen Vorrat wieder zur Bearbeitung aufzurufen, wählen Sie **Rückmeldung • Vorrat Holen.** Die Daten des gewünschten Vorrats werden auf dem Listbild zur Erfassung von Sammelrückmeldungen angezeigt und stehen zur weiteren Bearbeitung zur Verfügung.

Wie Sie mit Hilfe des Arbeitszeitblattes zurückmelden

Das Arbeitszeitblatt (Cross Application Time Sheet, CATS), eine anwendungsübergreifende Komponente, bietet eine standardisierte und anwendungsunabhängige Personenzeiterfassung für interne und externe Mitarbeiter.

Hintergrund und Verwendungszweck des Arbeitszeitblattes ist es, personenbezogene Arbeitszeiten für unterschiedliche Anwendungen in einer einheitlichen Transaktion zu erfassen. Interne Mitarbeiter und Dienstleister pflegen dabei ihre Anwesenheitszeiten sowie besondere Abwesenheitszeiten und Arbeitszeiten zusammen mit Informationen, beispielsweise zu einem Auftrag oder einer Bestellung, persönlich im System. Die Daten werden dann in die korrespondierenden Anwendungen der Logistik, des Rechnungswesens und der Personalwirtschaft übergeleitet und weiterverarbeitet.

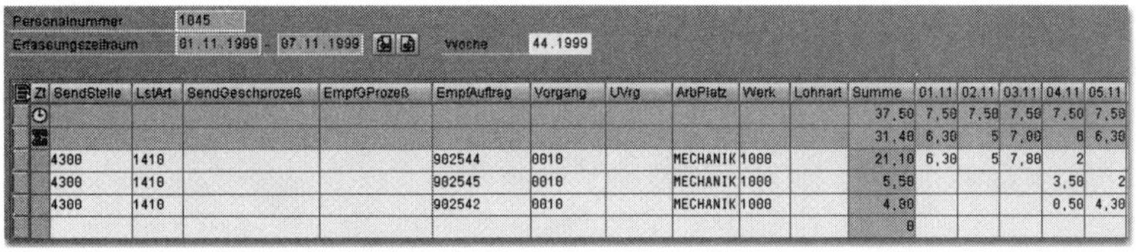

Personalnummer 1045
Erfassungszeitraum 01.11.1999 - 07.11.1999 Woche 44.1999

Zl	SendStelle	LstArt	SendGeschprozeß	EmpfGProzeß	EmpfAuftrag	Vorgang	UVrg	ArbPlatz	Werk	Lohnart	Summe	01.11	02.11	03.11	04.11	05.11
											37,50	7,50	7,50	7,50	7,50	7,50
											31,40	6,30	5	7,80	6	6,30
	4300	1410			902544	0010		MECHANIK	1000		21,10	6,30	5	7,80	2	
	4300	1410			902545	0010		MECHANIK	1000		5,50				3,50	2
	4300	1410			902542	0010		MECHANIK	1000		4,80				0,50	4,30
											0					

Abbildung 5.33 Erfassung der Arbeitszeit im Arbeitszeitblatt

Sie rufen das Erfassungsbild des Arbeitszeitblattes auf, indem Sie **Arbeitszeitblatt • Zeiten erfassen** wählen. Sie gelangen in die Erfassungssicht, in der Sie Ihre Personalnummer und ein Erfassungsprofil eingeben und **Enter** wählen. Wenn Sie das erste Mal das Arbeitszeitblatt starten, nachdem Sie sich im System angemeldet haben, erscheint das Feld **Einstiegsdatum,** das festlegt, für welchen Zeitraum Sie das Arbeitszeitblatt aufrufen. Wählen Sie **Bearbeiten • Zeiten erfassen**. Nun können die für einen Auftrag getätigten Arbeitszeiten, wie in Abbildung 5.33 dargestellt, eingegeben und die Daten gesichert werden.

Durch Wahl des Pfades **Umfeld • Materialentnahme** können Sie vom Erfassungsbild des Arbeitszeitblattes Materialbewegungen im System dokumentieren. Sie gelangen in das mit Abbildung 5.34 dokumentierte Einstiegsbild, in dem Sie u.a. Bewegungsart, Werk und Lagerort der Materialbewegung eingeben können.

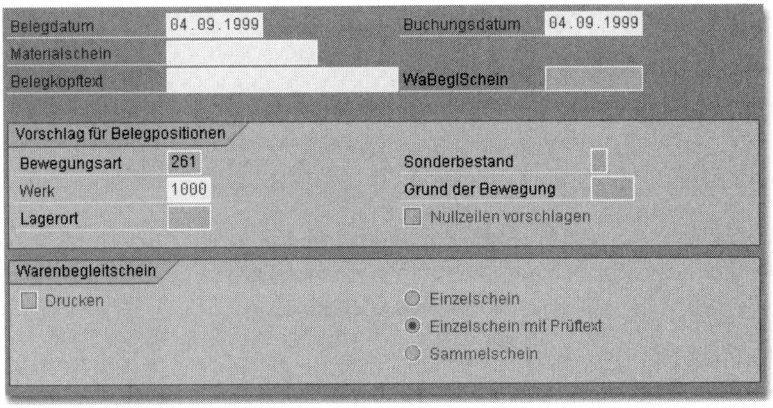

Belegdatum	04.09.1999	Buchungsdatum	04.09.1999
Materialschein			
Belegkopftext		WaBeglSchein	

Vorschlag für Belegpositionen

Bewegungsart	261	Sonderbestand	
Werk	1000	Grund der Bewegung	
Lagerort		☐ Nullzeilen vorschlagen	

Warenbegleitschein

☐ Drucken

○ Einzelschein
◉ Einzelschein mit Prüftext
○ Sammelschein

Abbildung 5.34 Einstiegsbild zur Erfassung der Materialbewegung

Mit dem Menüpfad **Warenausgang · Erfassen mit Bezug · Zum Auftrag** oder der Drucktaste **Zum Auftrag...** und Eingabemöglichkeit der Auftragsnummer bietet Ihnen das System die Option, aus den mit dem Instandhaltungsauftrag generierten Komponenten zu wählen und die vorgeschlagene Menge zu übernehmen oder zu ändern. Abbildung 5.35 zeigt diese Auswahl.

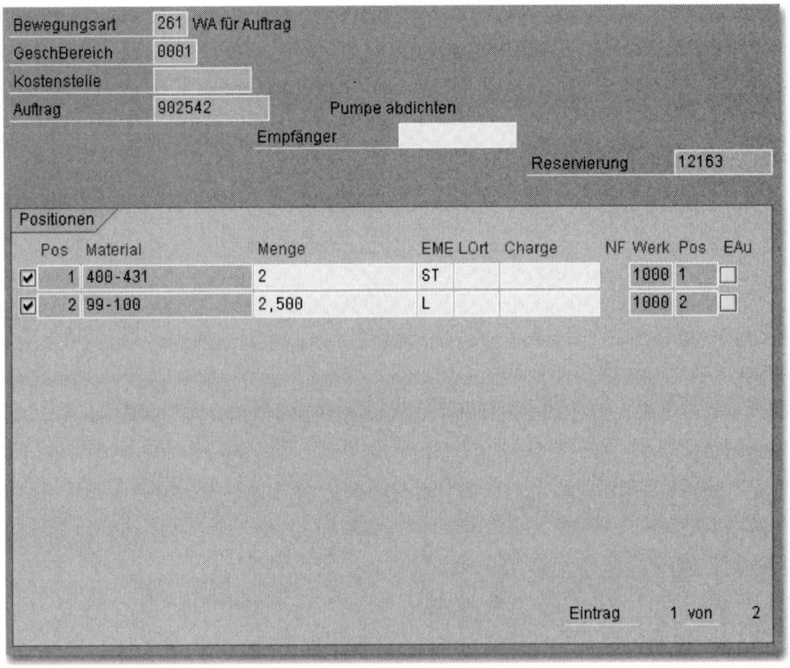

Bewegungsart	261	WA für Auftrag
GeschBereich	0001	
Kostenstelle		
Auftrag	902542	Pumpe abdichten
	Empfänger	
		Reservierung 12163

Positionen

	Pos	Material	Menge	EME	LOrt	Charge	NF	Werk	Pos	EAu
☑	1	400-431	2	ST				1000	1	☐
☑	2	99-100	2,500	L				1000	2	☐

Eintrag 1 von 2

Abbildung 5.35 Auswahlbild zur Erfassung von Materialbewegungen zum Auftrag

5.1.7 Anzeige von Rückmeldungen

Allgemeine Anzeige von Rückmeldungen

Um die im System erfaßten Rückmeldungen anzuzeigen, wählen Sie den Pfad **Logistik · Instandhaltung · Instandhaltungsabwicklung · Rückmeldung · Anzeigen · Rückmeldungsliste**. Nachdem Sie **Programm · Ausführen** gewählt haben, liefert das System eine Liste der Rückmeldungen, die Ihren Selektionskriterien entsprechen.

Anzeige von Rückmeldungen zu einem Auftrag: Mit dem Menüpfad **Logistik · Instandhaltung · Instandhaltungsabwicklung · Rückmeldung · Anzeigen · Rückmeldung** gelangen Sie auf das Einstiegsbild der Rückmeldungsanzeige. Nach der Wahl von **Weiter** sehen Sie entsprechend Ihren Eingaben eines der folgenden Bilder jeweils mit den dazu bereits erfaßten Rückmeldungen:

▶ das Rückmeldungsdetailbild

▶ eine Liste der Vorgänge und Untervorgänge des Auftrags

▶ den ausgewählten Vorgang mit seinen Untervorgängen

▶ den ausgewählten Untervorgang

Sie können sich das Detailbild zu den einzelnen Rückmeldungen anzeigen lassen, indem Sie den Cursor auf die gewünschte Rückmeldung positionieren und **Bearbeiten · Auswählen** wählen.

Wie Sie Rückmeldungen stornieren

Wurden Rückmeldungen versehentlich zu falschen Vorgängen oder Untervorgängen oder mit falschen Daten erfaßt, bietet das System die Möglichkeit, diese Rückmeldungen zu stornieren.

> **Tip** Wird eine Rückmeldung, die mit der Gesamtrückmeldung erfaßt wurde, storniert, werden damit auch die retrograden Materialien, deren Entnahme automatisch mitgebucht wurde, storniert. Alle weiteren Warenbewegungen stornieren Sie mit den Funktionen der Materialwirtschaft. Wenn Sie eine Rückmeldung, die mit der Einzelzeitrückmeldung erfaßt wurde, stornieren, so stornieren Sie damit auch alle Warenbewegungen, die mit dieser Rückmeldung erfaßt wurden.

Stornieren einer Rückmeldung, deren Nummer unbekannt ist: Mit dem Menüpfad **Logistik · Instandhaltung · Instandhaltungsabwicklung · Rückmeldung · Anzeigen · Rückmeldungsliste**, der Eingabe der Auswahlkriterien im Selektionsbild und der Auswahl von **Programm · Ausführen liefert Ihnen das System** eine Liste der Rückmeldungen mit den entsprechenden Selektionskriterien.

Wenn Sie die gewünschte Rückmeldung markieren und **Rückmeldung · Stornieren** oder die Drucktaste **Stornieren** wählen, zeigt Ihnen das System das Detailbild der Rückmeldung an. Zur Stornierung dieser Rückmeldung wählen Sie **Rückmeldung · Sichern**. Nach der Eingabe einer Begründung für die Stornierung in den Texteditor und Auswahl von **Springen · Zurück** gelangen Sie zurück auf die Liste der Rückmeldungen; das System hat die Rückmeldung storniert.

Stornieren einer Rückmeldung, deren Nummer bekannt ist: Wählen Sie den Pfad **Logistik · Instandhaltung · Instandhaltungsabwicklung · Rückmeldung · Stornieren**. Sie gelangen auf das Einstiegsbild für die Stornierung von Auftragsrückmeldungen. Nach der Wahl von **Enter** liefert das System eines der folgenden Bilder:

▶ das Detailbild der Rückmeldung

▶ den ausgewählten Vorgang mit seinen Untervorgängen

▶ eine Liste der Vorgänge und Untervorgänge des Instandhaltungsauftrags

▶ den ausgewählten Untervorgang

Wählen Sie das Detailbild der gewünschten Rückmeldung für die Stornierung an, indem Sie die Rückmeldung markieren und **Springen · Istdaten** wählen. Die weiteren Schritte zur Stornierung entsprechen denen der Stornierung von Rückmeldungen, deren Nummer nicht bekannt ist.

Wie Sie die Steuerungsparameter für Rückmeldungen festlegen

Der **Customizing-Pfad Instandhaltung und Kundenservice · Instandhaltungs- und Serviceabwicklung · Rückmeldungen · Steuerungsparameter für Rückmeldungen festlegen** führt zu einer Tabelle mit der Übersicht von Werken und Instandhaltungsauftragsarten, die einem Auftragstyp zugeordnet sind. Durch Markieren eines Eintrages und Wählen von **Detail** gelangen Sie in die in Abbildung 5.36 gezeigte Detailsicht, in der Sie die Steuerungsparameter für Rückmeldungen zu IH-Aufträgen pflegen können.

Über die Rückmeldeparameter legen Sie fest:

▶ welche Daten bei der Erfassung der Rückmeldung vorgeschlagen werden

▶ in welcher »Schärfe« Prüfungen durchgeführt werden

▶ wie die Prozesse der Rückmeldung gesteuert werden

Die Einstellungen der Bildgruppe **Vorschlagswerte** dienen dazu, die noch offenen Rückmeldedaten zur Erfassung vorschlagen zu lassen. Bei Leistungen schlägt das System in diesem Fall die Differenz zwischen den Vorgaben und den bereits zurückgemeldeten Werten vor. Durch Auswahl des Kennzeichens **Endrückmeldung** können Sie festlegen, ob für die Rückmeldung eine Teilrückmeldung, eine Endrückmeldung oder eine Endrückmeldung mit Ausbuchung offener Reservierungen vorgeschlagen werden soll. Der Eintrag **Leistungen berechnen** dient zur Festlegung, ob die Istarbeit automatisch unter Berücksichtigung der Restarbeit und des Endrückmeldekennzeichens berechnet werden soll.

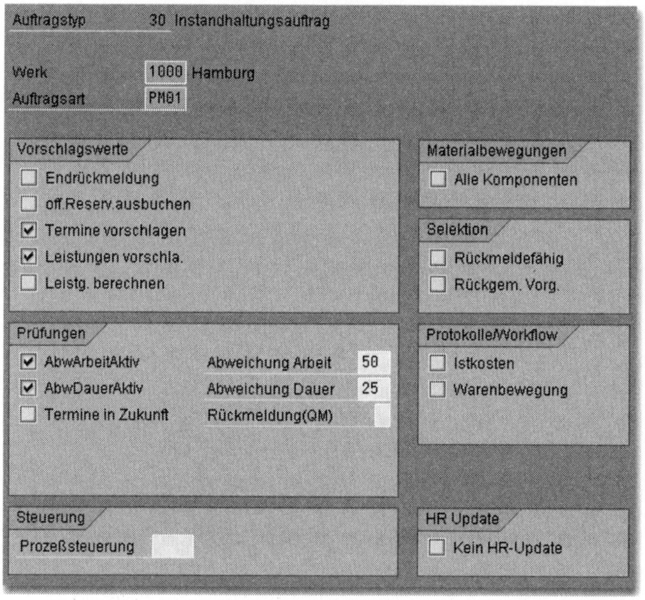

Abbildung 5.36 Detailbild der Rückmeldeparameter

Mit Hilfe der Bildgruppe **Prüfungen** können Sie festlegen, daß bei einer Rückmeldung Werte für die Abweichung der Arbeit und Dauer berücksichtigt werden und ob Termine wie Buchungsdatum oder Ende der Durchführungszeit auch mit einem Datum angegeben werden dürfen, das weiter in der Zukunft liegt, als der Zeitpunkt der Erfassung. Das Kennzeichen **Rückmeldung (QM)** dient zur Steuerung der Systemmeldung (keine Meldung, Informations- oder Fehlermeldung), die bei der Rückmeldung zum Instandhaltungsauftrag erscheint, falls QM-Prüfergebnisse zum Vorgang erfaßt werden müssen, die Ergebnisse aber noch nicht vorliegen.

Mit dem Kennzeichen **Alle Komponenten** in der Bildgruppe **Materialbewegungen** entscheiden Sie, ob in der Übersicht der Warenbewegungen alle Komponenten angezeigt werden, die dem Vorgang zugeordnet sind, unabhängig davon, ob bei der Komponente im Auftrag das Kennzeichen für die retrograde Entnahme gesetzt wurde.

Wie Sie Abweichungsursachen definieren

Mit dieser Customizing-Aktivität bietet Ihnen das System die Möglichkeit, Gründe oder Ursachen für Abweichungen auf Werksebene zu definieren. Abbildung 5.37 zeigt diese Aktivität.

Abbildung 5.37 Definition der Abweichungsursachen

Wie Sie die Bildschirmmasken für die Rückmeldung einstellen

Mit dieser Customizing-Aktivität ist es möglich, die Bildschirmmasken der Rückmeldung individuell zusammenzustellen. Für jeden Anwender kann hier ein eigenes Profil definiert und im Rahmen der User-Einstellungen zugewiesen werden.

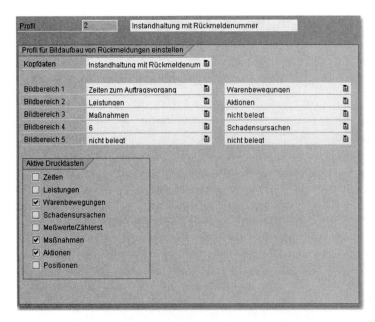

Abbildung 5.38 Definition des Bildaufbaus von Rückmeldungen

Fünf Bildbereiche, die jeweils aus zwei Teilen bestehen, bietet Ihnen das System, wie in Abbildung 5.38 dokumentiert, zur Auswahl. Die Datenfelder der Rückmeldung sind nach Inhalten gruppiert, die einzelnen Gruppen finden sich auf den Masken wieder.

Bei der Einstellung können Sie auch Drucktasten aktivieren. Diese Funktion ermöglicht es, oft genutzte Rückmeldefunktionen über diese Drucktasten zu erreichen.

5.2 Aufgaben des IH-Planers

Die Rolle des Instandhaltungsplaners kann vom Betriebsingenieur, vom Produktionsingenieur, vom Arbeitsvorbereiter oder auch vom Werkstattmeister ausgefüllt werden. In erster Linie ist der Planer für die strategische Instandhaltungsplanung verantwortlich, wozu die Material- und Ressourcenplanung und die Planung der Arbeitsabläufe gehören. Der Planer sollte rechtzeitig erkennen, wann Ersatzteile oder Hilfs- und Betriebsmittel für größere Instandhaltungsmaßnahmen reserviert oder neu bestellt werden müssen, damit kein Engpaß in der Materialversorgung entsteht. Im allgemeinen ist der Planer auch der Personalverantwortliche für das Personal der Instandhaltungswerkstatt. In dieser Funktion koordiniert er die Personalverfügbarkeit mit den anfallenden Instandhaltungsmaßnahmen. Wenn der Planer nicht sicherstellen kann, daß eigenes Personal aufgrund mangelnder Fachkompetenz oder fehlender Verfügbarkeit (z. B. wegen Überlastung, Auslandseinsatz, Urlaub oder Krankheit der eigenen Fachleute) die Instandhaltungsarbeiten durchführen kann, muß er rechtzeitig Fremdpersonal beantragen oder die Instandhaltungsmaßnahmen komplett einer Fremdfirma übergeben. In jedem Fall legt der Planer für eine geplante Instandhaltungsmaßnahme die genauen Arbeitsabläufe fest. Diese Arbeitsabläufe kann er dann für den IH-Techniker, der die Instandhaltungsmaßnahmen durchführen soll, als Arbeitspapiere ausdrucken. In enger Zusammenarbeit mit der Produktion legt der Planer den Termin für einen nötigen Maschinenstillstand fest, so daß der Produktionsverantwortliche seine Fertigungskapazitätsplanung entsprechend anpassen kann. Umgekehrt erhält der Planer vom Produktionsverantwortlichen Termine, an denen aufgrund geringerer Auslastung der Produktionsmaschinen reguläre Instandhaltungsmaßnahmen durchgeführt werden können.

Neben der Planung ist die Steuerung der Instandhaltungsarbeiten die zweite wesentliche Aufgabe. Der Planer koordiniert die auszuführenden Arbeiten und verteilt sie an die zeitlich verfügbaren und fachlich kompetenten IH-Techniker. Er überwacht regelmäßig, ob neue offene Störmeldungen oder Instandhaltungsanforderungen angelegt wurden oder ob vorhandene Meldungen in Bearbeitung sind. Gleichzeitig überwacht er, ob die Arbeit von den IH-Technikern korrekt und mit angemessenem Aufwand an Zeit und Material durchgeführt wurde. Jeder IH-Techniker macht nach erfolgter Arbeit eine Zeit- und Materialrückmeldung, der der Planer entnehmen kann, ob seine Vorgaben umgesetzt werden konnten. Wenn eine Instandhaltungsmaßnahme durchgeführt wurde, schließt sie der Planer aus technischer Sicht ab. Danach werden die Daten an die Buchhaltung oder an den Controller übergeben.

Zu den Aufgaben des Planers kann auch die Pflege der Stammdaten, in diesem Fall die Pflege der Anlagenstruktur, gehören. In einigen Unternehmen gibt es dafür eigene Stammdatensachbearbeiter.

5.2.1 Aufbau des Auftrags

Im Standard enthält das Bild zum Instandhaltungsauftrag zehn Registerkarten (▲Abbildung 5.39).

Abbildung 5.39 Registerkarten im Auftrag

Kopfdaten (▲Abbildung 5.40)

Hier befinden sich Angaben zum zuständigen IH-Planer bzw. der Planergruppe, zum verantwortlichen IH-Techniker, der normalerweise die Arbeiten an diesem Objekt ausführt, dem sogenannten »verantwortlichen Arbeitsplatz«, zu Termin und Priorität der auszuführenden Arbeiten sowie zu dem Objekt, an dem die Arbeiten durchgeführt werden (Bezugsobjekt).

Außerdem gehören zu den Kopfdaten auch die Daten des ersten Vorgangs. Sie können einen Auftrag mit Hilfe von verschiedenen Vorgängen gliedern, wie Sie eine Meldung mit Hilfe verschiedener Positionen gliedern. Wenn Sie nur einen Vorgang verwenden, geben Sie die Daten auf dem Kopfdatenbild ein. Die Registerkarte **Vorgänge** verwenden Sie erst ab dem zweiten Vorgang.

Vorgänge (▲Abbildung 5.41)

Wenn Sie mehr als einen Vorgang verwenden, geben Sie hier die Vorgangsdaten ein. Zu den wichtigsten Daten gehören die Vorgangsnummer, der sogenannte »leistende Arbeitsplatz«, der die Arbeit ausführt (dieser kann mit dem verantwortlichen Arbeitsplatz übereinstimmen, muß aber nicht), der Kurztext zum Vorgang, der Arbeitsaufwand insgesamt **(Arbeit)** und die eigentliche Vorgangsdauer **(Dauer)**. Arbeitsaufwand und Vorgangsdauer können unterschiedlich sein. Beispielsweise ist der Vorgang »Lackieren« nach einer Stunde beendet, der Arbeitsaufwand umfaßt aber zwei Stunden inklusive Trocknungsdauer.

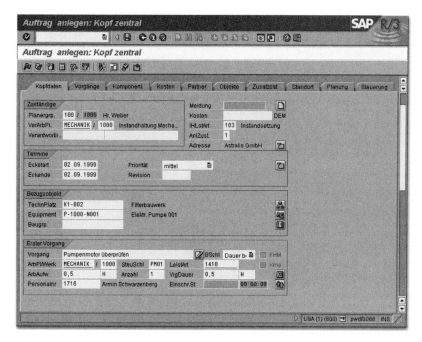

Abbildung 5.40 Kopfdaten im Auftrag

Sie können Vorgänge durch Untervorgänge weiter gliedern. In Abbildung 5.41 handelt es sich beim Vorgang 30 um einen Vorgang mit zwei Untervorgängen. Wenn Sie Untervorgänge verwenden wollen, müssen Sie immer zuerst einen Vorgang dazu anlegen. Arbeitsaufwand und Vorgangsdauer können Sie wahlweise auf der Ebene des Vorgangs für alle Untervorgänge gemeinsam angeben oder für jeden Untervorgang einzeln.

Komponenten (▲ Abbildung 5.42)

Hier geben Sie die sogenannten »Komponenten« ein, d.h. die Materialnummern zu den Materialien, die ein IH-Techniker benötigt. Jedes Material wird einem Vorgang der Vorgangsliste zugeordnet. Sie geben zu jedem Material ein, in welcher Stückzahl Sie es benötigen und ob es sich dabei um ein Lagermaterial oder ein Nichtlagermaterial handelt. Für ein Lagermaterial wird eine Materialreservierung erzeugt, für ein Nichtlagermaterial eine Bestellanforderung. Somit stellen Sie sicher, daß die Ersatzteile auch verfügbar sind, wenn der IH-Techniker mit dem Materialentnahmeschein in das Materiallager geht.

Die Materialnummern können Sie der Stückliste des Bezugsobjekts entnehmen oder frei eingeben. Nichtlagermaterialien haben im allgemeinen keine Materialnummer, hier genügt der Kurztext.

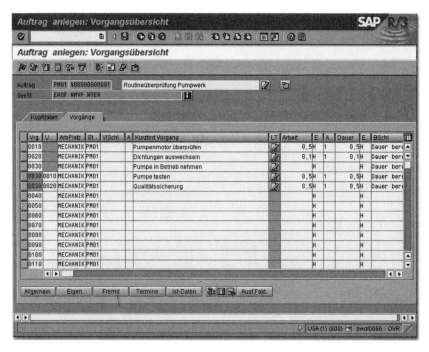

Abbildung 5.41 Vorgangsdaten im Auftrag

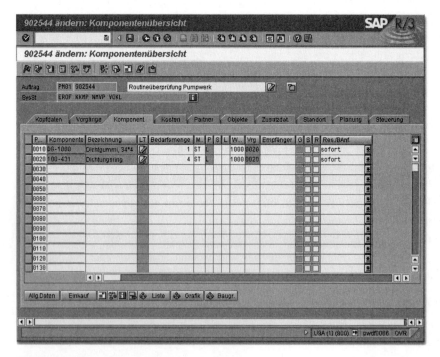

Abbildung 5.42 Komponentendaten im Auftrag

Kosten

Die Pflege der Kostendaten gehört zu den Aufgaben des Controllers und wird in Kapitel 5.3, »Aufgaben des Controllers«, behandelt.

Partner (▲ Abbildung 5.43)

In den Partnerdaten können Sie die Adressen und Kommunikationsdaten verschiedener Stellen oder Personen festhalten, die für den Auftrag von Interesse sind. Im Feld **Rolle** geben Sie ein, welcher Art die Verbindung zum Auftrag ist, im Feld **Partner** geben Sie die Nummer des Adreßstammsatzes ein, den Sie mit der Partnerrolle verbinden wollen. In Abbildung 5.43 sehen Sie die Rolle »AB« für die Adresse der Abteilung, die für das Pumpwerk zuständig ist. Ansprechpartner ist ein Herr Mayer, dessen Kommunikationsdaten angezeigt werden. Wenn zum Bezugsobjekt in dessen Stammsatz Partnerdaten gepflegt sind, werden diese automatisch in den Auftrag übernommen.

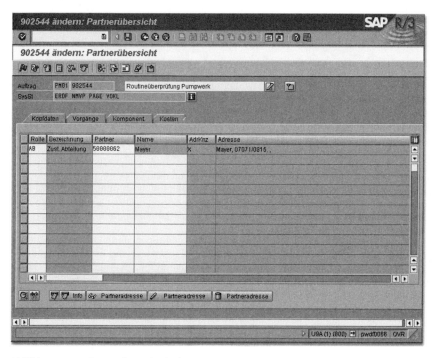

Abbildung 5.43 Partnerdaten im Auftrag

Objekte (▲ Abbildung 5.44)

Hier können Sie dem Auftrag zusätzlich zum Bezugsobjekt weitere technische Objekte zuordnen, für die die Vorgänge des Auftrags durchgeführt werden sollen. Dies können weitere Equipments sein, weitere Technische Plätze, weitere Baugruppen oder weitere Kombinationen von Materialien und Serialnummern. In der Objektliste können Sie dem Auftrag auch weitere Meldungen zuordnen. Abbildung 5.44 zeigt die Zuordnung von zwei Objekten:

▶ einem Equipment, für das ebenfalls eine Überprüfung durchgeführt werden soll

▶ einer Tätigkeitsmeldung, mit deren Hilfe die durchzuführenden Maßnahmen genau beschrieben und später technisch rückgemeldet werden können

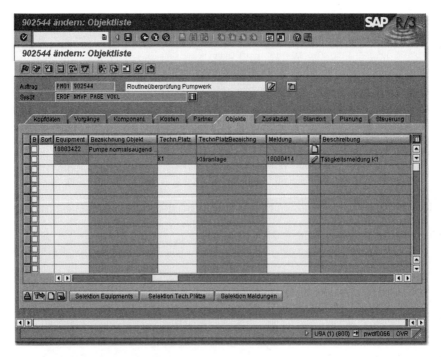

Abbildung 5.44 Objektliste im Auftrag

Zusatzdaten (▲ Abbildung 5.45)

Hier werden aus dem Arbeitsplatzstammsatz und den Werksdaten die Organisationsdaten vorgeschlagen, darunter Buchungskreis und Kostenrechnungskreis sowie die Kostenstelle des IH-Technikers (leistende Kostenstelle).

Standort (▲ Abbildung 5.46)

Hier werden die Daten des Bezugsobjekts angezeigt. Sie finden bei den Standortdaten nähere Angaben zum physischen Standort des Bezugsobjekts. Auch die Kontierungsdaten des Bezugsobjekts befinden sich bei den Standortdaten, darunter die Kostenstelle, auf die die Instandhaltungsmaßnahmen letztendlich abgerechnet werden (empfangende Kostenstelle).

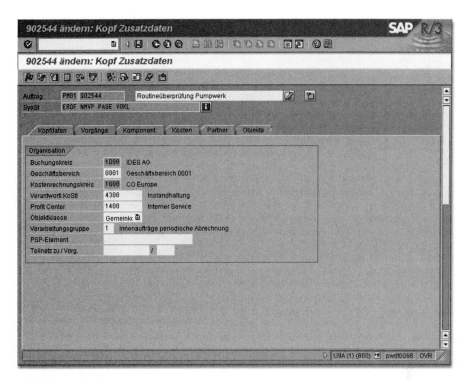

Abbildung 5.45 Zusatzdaten im Auftrag

Planung

Die Planungsdaten im Auftrag beziehen sich auf Aufträge, die im Rahmen der Wartungsplanung automatisch erzeugt werden. Die Wartungsplanung wird in Kapitel 6, »Geschäftsprozeß: Geplante Instandhaltung«, behandelt.

Steuerung (▲ Abbildung 5.47)

Die Steuerungsdaten enthalten unter anderem Angaben zum Erfasser des Auftrags, zu den im Customizing eingestellten Parametern und zur Art des Auftrags (geplant, ungeplant oder Sofortauftrag).

5.2.2 Meldung und Auftrag

Als Planer stehen Ihnen im R/3-System zwei Datenobjekte zur Verfügung: die Meldungen und die Aufträge. Grundsätzlich können Sie nur mit Meldungen oder nur mit Aufträgen oder mit Meldungen und Aufträgen arbeiten. Dies können Sie unternehmensweit festlegen oder im Einzelfall entscheiden.

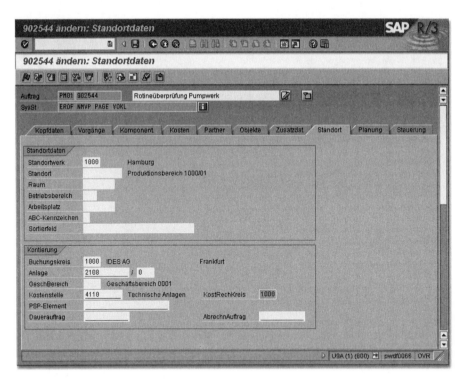

Abbildung 5.46 Standortdaten im Auftrag

Die im vorangegangenen Kapitel eingeführte Meldung werden Sie nutzen, wenn es Ihnen nur darum geht, die technischen Informationen zu dokumentieren. Störungsbeginn, Störungsende, Ausfalldauer, Schadensbild, Schadensursache, geplante Maßnahmen und durchgeführte Aktionen können Sie in der Meldung festhalten. Dies genügt meistens, wenn Instandhaltungsmaßnahmen dokumentiert und verfolgt werden sollen, nicht aber abgerechnet. Kleinere Reparaturen lassen sich leichter mit einer Meldung abbilden als mit dem großen Funktionsumfang des Auftrags.

Den Auftrag werden Sie nutzen müssen, sobald Sie die Kosten einer Instandhaltungsmaßnahme verfolgen wollen. Plan-, Ist- und Schätzkosten sind nur im Auftrag abbildbar, nicht in der Meldung. Auch die Integration zur Materialwirtschaft ist nur mit einem Auftrag möglich. In einer Meldung können Sie zwar festhalten, welche Materialien bei der Reparatur eingesetzt werden sollen, dies hat aber keinerlei Auswirkungen auf die Materialplanung. Nur aus einem Auftrag heraus können Sie Lagermaterial reservieren und für Nichtlagermaterial eine Bestellanforderung anlegen. Nur der Auftrag ermöglicht es Ihnen, Fremdarbeitsplätze einzuplanen oder Aufträge komplett an Fremdfirmen zu vergeben. Weitere nützliche Funktionen des Auftrags, die die Meldung nicht besitzt, sind die Planung von Vorgabezeiten für Arbeitsabläufe und die Einplanung von Fertigungshilfsmitteln.

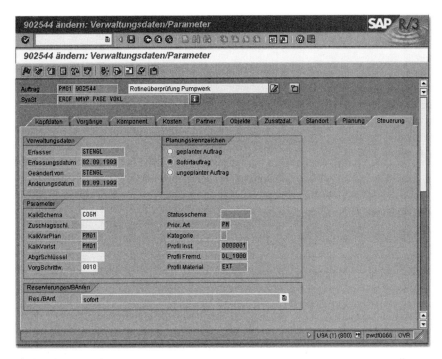

Abbildung 5.47 Steuerungsdaten im Auftrag

Im hier dargestellten Geschäftsprozeß wird die Meldung in Kombination mit dem Auftrag eingesetzt. Der IH-Techniker meldet und beschreibt die aufgetretene Störung in einer Meldung, der Planer eröffnet aus dieser Meldung einen Auftrag, der ihm als Planungsgrundlage und dem IH-Techniker als Arbeitsanweisung dient. Sobald die Instandhaltungsmaßnahmen durchgeführt sind, schließt der Planer den Auftrag und auch die Meldung gemeinsam ab.

Insgesamt gibt es folgende Möglichkeiten, Meldung und Auftrag zu kombinieren:

1. Sie eröffnen einen Auftrag aus einer Meldung.

2. Sie eröffnen einen Auftrag, indem Sie mehrere vorhandene Meldungen zusammenfassen.

3. Sie eröffnen einen Auftrag direkt, ohne Meldung.

4. Sie eröffnen Meldung und Auftrag gleichzeitig.

5. Sie eröffnen zu einem Auftrag nachträglich eine Tätigkeitsmeldung.

6. Der Auftrag wird ohne Meldung automatisch im Rahmen der geplanten Instandhaltung generiert.

Im Folgenden werden die ersten fünf der sechs Möglichkeiten kurz skizziert. In Abbildung 5.48 finden Sie einen grafischen Überblick. Die sechste Möglichkeit wird im folgenden Kapitel im Rahmen der geplanten Instandhaltung beschrieben.

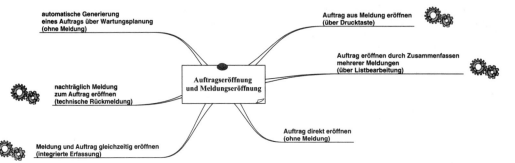

Abbildung 5.48 Auftragseröffnung und Meldungseröffnung

Wie Sie einen Auftrag aus einer Meldung eröffnen

Der häufigste Fall wird sein, daß Sie eine neue, offene Störmeldung entdecken, diese bearbeiten und direkt aus der Meldungsbearbeitung heraus einen Auftrag anlegen. Wählen Sie dazu im Feld **Auftrag** die Ikone **Anlegen** (▲ Abbildung 5.49).

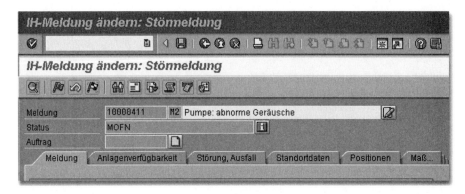

Abbildung 5.49 Auftragsfeld im Meldungskopf

Danach erhalten Sie ein Eingabefenster, in dem die Feldinhalte bereits aus der Meldung übernommen wurden (▲ Abbildung 5.50).

Abbildung 5.50 Auftrag anlegen aus einer Meldung

Sie können die Feldinhalte ändern, ergänzen oder so belassen. Wählen Sie **Weiter**. Sie erhalten dann einen neuen Auftrag, in den bereits einige Daten übernommen wurden. Diese Daten stammen von folgenden Objekten:

▶ der Meldung

▶ dem Bezugsobjekt (z. B. Technischer Platz, Equipment, Baugruppe)

▶ dem verantwortlichen Arbeitsplatz (IH-Arbeitsplatz)

Der Auftrag hat noch keine Nummer, diese erhält er erst, wenn Sie sichern (▲ Abbildung 5.51).

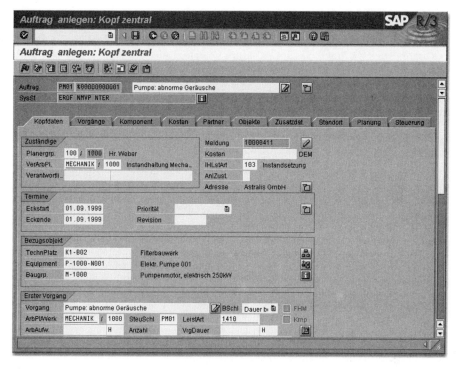

Abbildung 5.51 Auftrag anlegen mit Vorbelegung aus einer Meldung

Beim Sichern springt das System zurück in die Meldungsbearbeitung, und Sie erhalten zu Ihrer Information eine Meldung wie z. B. **Auftrag 902539 mit Meldung 10000411 gesichert**.

> **Tip** Im Auftrag im Feld **Meldung** sehen Sie die Nummer der Meldung, aus der der Auftrag eröffnet wurde (▲ Abbildung 5.52). Mit einem Doppelklick auf diese Meldungsnummer springen Sie jederzeit wieder zurück in die Meldung. Ebenso springen Sie mit einem Doppelklick auf der Meldungsnummer im Feld **Auftrag** jederzeit wieder aus der Meldung in den Auftrag.

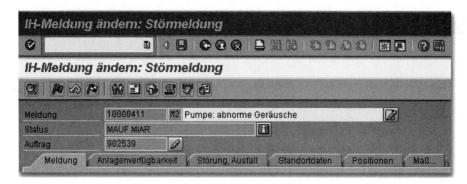

Abbildung 5.52 Auftragsnummer im Meldungskopf

Tip Das System übernimmt den Kurztext der Meldung automatisch in den Kurztext des Auftrags. Da im Meldungskurztext ein Problem formuliert wird und im Auftragskurztext eine Arbeitsanweisung, macht dies nicht immer Sinn. Ändern Sie gegebenenfalls den Auftragskurztext und den Text zum Auftragsvorgang.

Tip Der Langtext aus der Meldung, der eventuell eine nähere Beschreibung der Störung enthält, wird generell **nicht** in den Auftrag übernommen. Der Planer hat eine andere Sicht auf das Problem als der Techniker, darum soll dem Planer der Langtext im Auftrag ohne Vorbelegung zur Verfügung stehen. Der Langtext der Meldung ist bei Bedarf jederzeit vom Auftrag aus über die Meldung aufrufbar. Auf vielfachen Wunsch soll es allerdings zukünftig doch möglich sein, den Langtext der Meldung in den Auftrag zu übernehmen. Dies ist möglicherweise zu Release 4.6C der Fall, definitiv nicht aber zu Release 4.6A und 4.6B.

Wie Sie mehrere Meldungen zu einem Auftrag zusammenfassen

Es kommt vor, daß von verschiedenen Personen zum selben Störfall verschiedene Störmeldungen erfaßt werden. Es kommt auch vor, daß verschiedene Meldungen Kleinreparaturen zur Folge haben, die von einer Person in einem Arbeitsgang erledigt werden können. Sie als Planer bearbeiten die offenen Meldungen und fassen sie in beiden Fällen im Rahmen der Arbeitsplanung sinnvoll zu einem Auftrag zusammen.

Ausgehend von der Transaktion **IW28, Listbearbeitung Meldungen ändern**, bearbeiten Sie eine Liste aller offenen Meldungen (▲ Abbildung 5.53). Dabei entdecken Sie beispielsweise, daß sich drei verschiedene Störmeldungen alle auf dieselbe Pumpe P-1000-n001 beziehen. Sie beschließen, diese drei Meldungen in einem Auftrag »Überprüfung Pumpwerk« zusammenzufassen. Markieren Sie dazu die drei Meldungen.

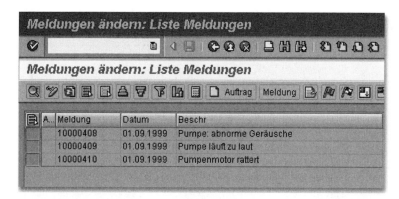

Abbildung 5.53 Liste offener Meldungen

Wählen Sie danach die Drucktaste **Auftrag erzeugen**. Sie erhalten ein Eingabefenster, in dem bereits die Daten der ersten Meldung der Liste, der Meldung 10000408, als Feldinhalte eingetragen wurden. Auch hier können Sie die Daten ändern, ergänzen oder übernehmen. Wählen Sie **Weiter**, und Sie erhalten den neuen Auftrag. Im Feld **Meldung** in den Kopfdaten ist allerdings nur die erste Meldung der Liste, die Meldung 10000408, eingetragen (▲ Abbildung 5.54).

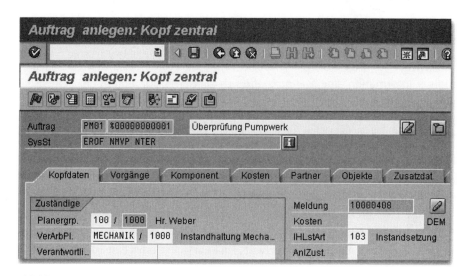

Abbildung 5.54 Meldungsfeld im Auftragskopf

Die Zuordnung von Meldung und Auftrag ist immer 1:1, deswegen wird auch nur eine Meldung im Auftragskopf eingetragen. Die Daten der übrigen beiden Meldungen finden Sie in der Objektliste des Auftrags (▲ Abbildung 5.55). Um die Objektliste aufzurufen, wählen Sie die Registerkarte **Objekte**.

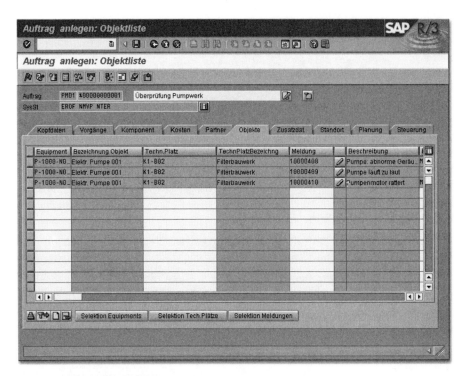

Auftrag anlegen: Objektliste

Abbildung 5.55 Objektliste mit Meldungen

Beim Sichern springt das System zurück in die Listbearbeitung, und Sie erhalten zu Ihrer Information eine Meldung, die sich allerdings nur auf die erste Meldung in der Liste bezieht.

Wie Sie einen Auftrag direkt eröffnen

Wenn Sie ohne Meldungen arbeiten, können Sie z. B. aufgrund einer telefonischen Störmeldung auch direkt einen Auftrag anlegen. Auch wenn Sie Instandhaltungs-maßnahmen planen, denen keine Störmeldung und keine Anforderung zugrunde liegt, legen Sie direkt einen Auftrag an. Dazu verwenden Sie die Transaktion **IW31, Auftrag anlegen allgemein**. Im Einstiegsbild geben Sie das Bezugsobjekt des Auftrags an. Dies kann ein Technischer Platz, ein Equipment oder eine Baugruppe sein. Wählen Sie **Weiter**, und der Auftrag ist angelegt.

Wie Sie eine Meldung und einen Auftrag gleichzeitig eröffnen

In dringenden Fällen muß die Störung so schnell wie möglich behoben werden. Wenn dem Meldenden die Zeit fehlt, eine Störmeldung zu erfassen, oder wenn die Störmeldung telefonisch erfolgt, müssen Sie als Planer dennoch nicht auf die Erfassung einer Meldung verzichten. Die Lösung heißt »integrative Meldungserfassung«, d.h., Sie eröffnen einen Auftrag mit integrierten Meldungsdaten, damit Sie ihn so schnell wie möglich in Arbeit geben können, und das System erzeugt im Hintergrund eine Störmeldung, die Sie bei Gelegenheit bearbeiten.

Sie verwenden auch dazu die Transaktion **IW31, Auftrag anlegen allgemein,** und geben im Einstiegsbild im Feld **Auftragsart** den Wert »PM05« ein (▲Abbildung 5.56). Weitere Informationen über die Auftragsarten erhalten Sie im folgenden Kapitel. Geben Sie das Bezugsobjekt des Auftrags ein, und wählen Sie **Weiter.**

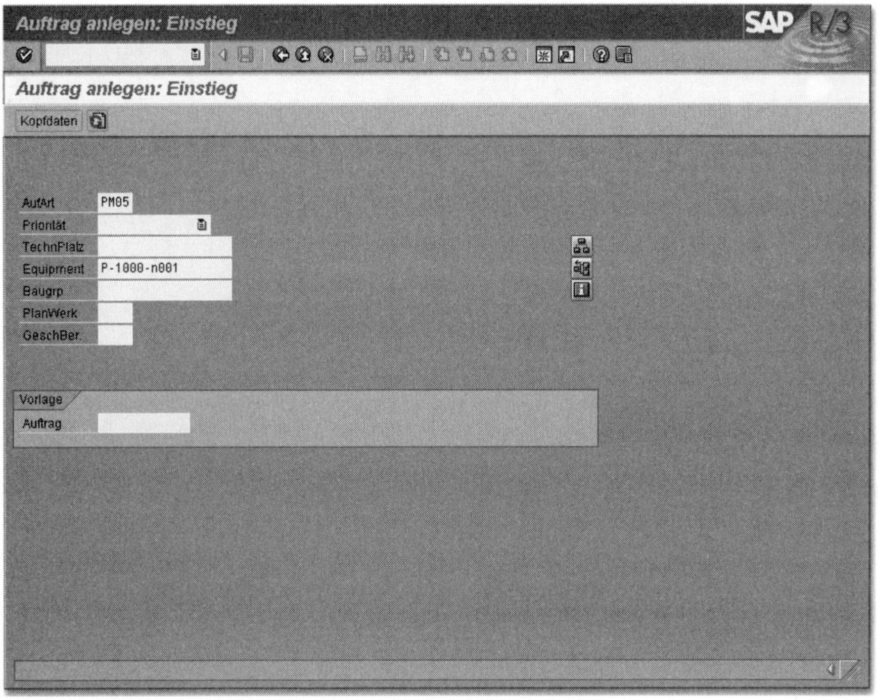

Abbildung 5.56 Einstiegsbild zur integrativen Meldungserfassung

Sie erhalten dann einen neuen Auftrag, der einen eigenen Bildbereich zu den Meldungsdaten enthält. Sie erkennen diesen Bildbereich auf Abbildung 5.57 im unteren Drittel des Bildschirms. Im Hintergrund hat das System die Störmeldung 10000421 erzeugt, die im Feld **Meldung** angezeigt wird.

Alle Daten, die Sie in diesem Bildbereich eingeben, werden automatisch in die Meldung übertragen. Sie können hier also die wichtigsten Daten eingeben und den Auftrag in Arbeit geben. Alle anderen Meldungsdaten erfassen Sie dann in Ruhe, nachdem die Störung behoben worden ist.

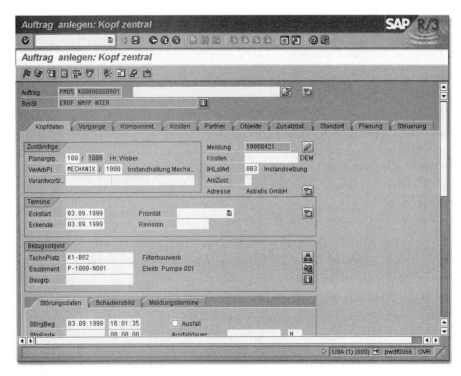

Abbildung 5.57 Auftrag mit Bildbereich Meldungsdaten

Der Bildbereich im Auftrag enthält folgende Registerkarten:

▶ **Störungsdaten**

Hier können Sie die Ausfalldaten aufrufen. Den Störungsbeginn setzt das System automatisch mit dem Datum der Auftragseröffnung gleich. In den meisten Fällen trat die Störung bereits vor der Auftragseröffnung ein. Ändern Sie in diesen Fällen den Störungsbeginn manuell.

▶ **Schadensbild**

Wie in Abbildung 5.58 dargestellt, können Sie hier die Schadensbildkataloge und die Ursachenkataloge aufrufen.

▶ **Meldungstermine**

Hier können Sie die Ecktermine der Meldung und den Meldenden aufrufen.

Abbildung 5.58 Schadensbilddaten im Auftrag bei integrativer Meldungserfassung

Die im Hintergrund angelegte Störmeldung können Sie bei Gelegenheit aufrufen und bearbeiten. Sie sehen am Beispiel von Schadenscode und Ursachencode in Abbildung 5.59, daß alle meldungsrelevanten Daten, die Sie im Auftrag eingegeben haben, in die Störmeldung übernommen wurden.

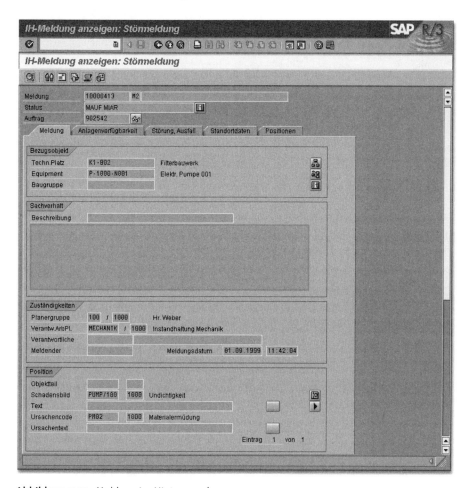

Abbildung 5.59 Meldung im Hintergrund

Wie Sie zu einem Auftrag nachträglich eine Tätigkeitsmeldung eröffnen

Neben der Rückmeldung von Arbeitszeit und Material gibt es auch die sogenannte »Technische Rückmeldung«. Dabei wird zu einem Auftrag nachträglich eine Tätigkeitsmeldung angelegt. Dies ist dann sinnvoll, wenn Sie Wert auf eine technische Dokumentation der Instandhaltungsmaßnahme legen, wenn Sie die Schadensursache über Schadenscodes abbilden wollen oder wenn Sie Störungsbeginn, Störungsende und Ausfalldaten festhalten müssen.

Hat der Auftrag, zu dem Sie eine Tätigkeitsmeldung anlegen wollen, noch keine zugeordnete Meldung, so wählen Sie einfach die Ikone **Anlegen** im Feld **Meldung** der Kopfdaten. Es erscheint ein Eingabefenster, in dem Sie als Meldungsart »M3« für Tätigkeitsmeldung eingeben (▲ Abbildung 5.60). Wählen Sie **Weiter**, und die Tätigkeitsmeldung ist angelegt.

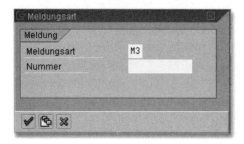

Abbildung 5.60 Tätigkeitsmeldung zum Auftrag anlegen

Hat der Auftrag, zu dem Sie eine Tätigkeitsmeldung anlegen wollen, bereits eine zugeordnete Meldung, so müssen Sie zunächst eine Tätigkeitsmeldung anlegen und diese dann dem Auftrag zuordnen. Tätigkeitsmeldungen legen Sie mit der Transaktion IW25 an. Rufen Sie nach Anlegen der Tätigkeitsmeldung den Auftrag im Änderungsmodus auf, und wählen Sie die Registerkarte **Objekte**. Tragen Sie dort im Feld **Meldung** die Nummer der angelegten Tätigkeitsmeldung ein, und wählen Sie **Weiter**. Die Tätigkeitsmeldung ist nun mit dem Auftrag verbunden.

Tip Sie können die Verbindung zwischen Meldung und Auftrag nur dann wieder lösen, wenn der Auftrag und die Meldung unabhängig voneinander angelegt und später einander zugeordnet wurden, wie im eben beschriebenen Fall der Tätigkeitsmeldung. Dazu markieren Sie die Zeile mit der zu löschenden Meldung in der Objektliste und wählen die Ikone **Zeile löschen**. Die Verbindung ist dann gelöst. Die Verbindung kann generell in den folgenden Fällen **nicht** wieder gelöst werden:

▶ wenn der Auftrag unmittelbar aus der Meldung angelegt wurde
▶ wenn der Auftrag abgeschlossen ist

5.2.3 Monitoring offener Meldungen

Als Planer müssen Sie ständig informiert sein, ob es offene Meldungen gibt, zu denen Sie eventuell Aufträge anlegen sollten. Zum Monitoring verwenden Sie entweder die im Kapitel »Aufgaben des IH-Technikers« beschriebenen ein- und mehrstufigen Listen zu den Meldungen, oder Sie verwenden Standardberichte. Die sogenannte »Allgemeine Berichtsauswahl« für alle Standardberichte im R/3-

System finden Sie unter **Infosysteme · Allg. Berichtsauswahl**. Um die Berichte zu den Meldungen aufzurufen, wählen Sie dort **Instandhaltung · Instandhaltungsabwicklung**.

Um herauszufinden, welche Meldungen neu angelegt wurden oder welche Maßnahmen in einer Meldung noch offen sind, können Sie beispielsweise den Report **Massnahmen anzeigen** aufrufen. Abbildung 5.61 zeigt, wie Sie sich alle Störmeldungen (Meldungstyp M2) mit noch unerledigten Maßnahmen anzeigen lassen können, die innerhalb des angegebenen Zeitraums erfaßt wurden. Das System stellt die Meldungen in einer normalen Meldungsliste zusammen, aus der heraus Sie direkt Aufträge eröffnen können, wenn nötig.

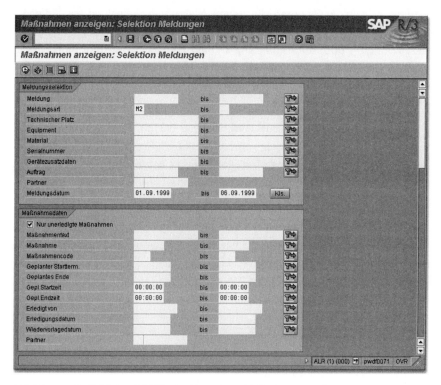

Abbildung 5.61 Selektionsbild für den Report zur Maßnahmenanzeige

Sie können zum Monitoring auch den Report **Meldungen anzeigen** verwenden. Markieren Sie dort im Selektionsbild den Status **Offen** (▲ Abbildung 5.62).

Tip Über die Funktion **Einstellungen · Monitor ein/aus** können Sie sich für eine Meldungsliste (wie auch für jede andere Liste) die Meldungspriorität über farbige Ampeln darstellen lassen. So sehen Sie auf einen Blick, welche Meldungen Sie zuerst bearbeiten müssen.

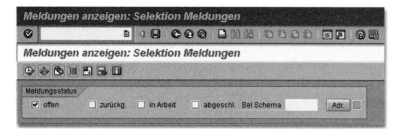

Abbildung 5.62 Selektionskennzeichen für den Report zur Meldungsanzeige

Tip Oft ist es günstiger, das Monitoring offener Meldungen über einen Workflow zu steuern. Ein Workflow kann z. B., abhängig von der Priorität oder dem Schadenscode, jeden Morgen die neuen Meldungen »einsammeln«, die die vorher bestimmten Kriterien erfüllen. Die Ergebnisse werden dann über SAP-Office-Mail oder über die Anbindung an ein externes Mailsystem direkt in die Inbox des Planers gestellt.

5.2.4 Auftragsarten im PM

So wie Sie die Meldungen aufgrund verschiedener Meldungsarten unterscheiden können, unterscheiden Sie Aufträge mit Hilfe von Auftragsarten. Zu jeder Auftragsart nehmen Sie verschiedene Einstellungen im Customizing der Aufträge unter **Funktionen und Einstellungen der Auftragsarten** vor.

Abbildung 5.63 zeigt die im Standard vorgesehenen Auftragsarten, die Sie beliebig erweitern können. Die Auftragsarten PM02 und PM03 im Rahmen der Wartungsplanung werden im Kapitel »Geschäftsprozeß: Geplante Instandhaltung« beschrieben. Die Auftragsart PM04 zum Aufarbeitungsauftrag wird im Kapitel »Sonderfälle« beschrieben. Die Auftragsart PM06 zur Kopplung der R/3-Komponenten Instandhaltung und Qualitätsmanagement wird in diesem Buch nicht behandelt.

Auftragsart	Text
PM01	Instandhaltungsauftrag
PM02	Wartungsauftrag
PM03	Vorbeugende Instandhaltung
PM04	Aufarbeitungsauftrag
PM05	Auftrag (incl. Meldung)
PM06	Kopplung PM/QM

Abbildung 5.63 Customizing Standardauftragsarten

Von der Auftragsart hängen folgende systemtechnische Steuerungen ab.

▶ Nummernkreise

▶ Abrechnungsvorschlag bzw. Kontierungsregel

▶ Vorschlagswerte für Steuerschlüssel

- ▶ Zulässige IH-Leistungsarten und Vorschlagswert einer IH-Leistungsart
- ▶ Zulässige Auftragsarten pro IH-Planungswerk
- ▶ Schrittweite bei der Vergabe der Vorgangsnummern
- ▶ Kalkulationsparameter
- ▶ Verweildauer des Auftrages nach Erledigung (Residenzzeit)
- ▶ Vorschlagswerte für das Rückmeldeverfahren
- ▶ Voreinstellung für das Bildschirmbild des Bezugsobjektes
- ▶ Budgetprofil
- ▶ Sofortige Auftragsfreigabe

In diesem Kapitel wird nun exemplarisch die Auftragsart PM01 mit den für Sie als Planer wichtigsten Customizing-Einstellungen behandelt. Zunächst definieren Sie die gewünschten Auftragsarten, indem Sie **Funktionen und Einstellungen der Auftragsarten · Auftragsarten einrichten** wählen. Danach verknüpfen Sie die definierten Auftragsarten mit entsprechenden Steuerungseinstellungen.

> **Tip** Aus Sicht der Programmsteuerung ist es nicht notwendig, unter **Funktionen und Einstellungen der Auftragsarten · Nummernkreise einrichten** für die einzelnen Auftragsarten unterschiedliche Nummernkreise zu definieren. Falls es bei Ihnen keine betriebliche Notwendigkeit gibt, mehrere Nummernkreise zu definieren, können Sie mit einem einzigen Nummernkreis für alle Auftragsarten arbeiten.

Unter **Funktionen und Einstellungen der Auftragsarten · Auftragsarten IH-Werken zuordnen** bestimmen Sie, welches IH-Werk welche Auftragsarten einsetzen darf. Beispielsweise kann es sein, daß Sie nur in einem IH-Werk Wartungsaufträge oder Aufarbeitungsaufträge einsetzen. Wenn Sie für alle IH-Werke alle Auftragsarten zulassen wollen, müssen Sie pro Werk alle Auftragsarten eingeben. Abbildung 5.64 zeigt Einstellungen am Beispiel von vier Werken.

Unter **Funktionen und Einstellungen der Auftragsarten · Vorschlagswert des Planungskennzeichens pro Auftragsart festlegen** weisen Sie jeder Auftragsart ein Planungskennzeichen zu. Das Planungskennzeichen wird für die Selektion und für statistische Auswertungen im PM-Informationssystem verwendet. Es sind drei Planungskennzeichen vorgegeben (▲Abbildung 5.65):

- ▶ **geplanter Auftrag**
  Dieses Kennzeichen sollten Sie für Auftragsarten nutzen, bei denen die Durchführung der Maßnahme vorherzusehen ist.
- ▶ **ungeplanter Auftrag**
  Dieses Kennzeichen sollten Sie für Auftragsarten nutzen, bei denen die Maßnahme nicht vorherzusehen ist, jedoch auch nicht unmittelbar durchgeführt werden muß.

▶ **Sofortauftrag**

Diese Kennzeichen sollten Sie für Auftragsarten nutzen, bei denen die Notwendigkeit der Maßnahme nicht vorherzusehen ist und die Durchführung unmittelbar nach dem Anlegen des Auftrags erfolgen muß.

Sicht "Zulässige Auftragsarten pro IH-Planungswerk" ändern: Übersicht

Sicht "Zulässige Auftragsarten pro IH-Planungswerk" ändern: Übersicht

%// Neue Einträge 📋 🗑 🖉 🖥 🖥 🖥 🖨 Var. Liste

	IP...	Name 1	Art	Text Auftragsart	
	1000	Hamburg	PM01	Instandhaltungsauftrag	▲
	1000	Hamburg	PM02	Wartungsauftrag	▼
	1000	Hamburg	PM03	Vorbeugende Instandhaltung	
	1000	Hamburg	PM04	Aufarbeitungsauftrag	
	1000	Hamburg	PM05	Auftrag (incl. Meldung)	
	1000	Hamburg	PM06	Kopplung PM/QM	
	3000	New York	PM01	Instandhaltungsauftrag	
	3000	New York	PM02	Wartungsauftrag	
	3000	New York	PM03	Vorbeugende Instandhaltung	
	5000	Tokyo	PM01	Instandhaltungsauftrag	
	5000	Tokyo	PM02	Wartungsauftrag	
	5000	Tokyo	PM03	Vorbeugende Instandhaltung	
	6000	Mexico City	PM01	Instandhaltungsauftrag	
	6000	Mexico City	PM02	Wartungsauftrag	

Abbildung 5.64 Auftragsarten und IH-Werke verknüpfen

Sicht "Vorschlag Planungskennzeichen für Auftragsarten" ändern: Übersi

Sicht "Vorschlag Planungskennzeichen für Auftragsarten" ändern: Übersi

%// Neue Einträge 📋 🗑 🖉 🖥 🖥 🖥 🖨 Var. Liste

AuftArt	Auftragsplanungskennzeichen			
PM01	ungeplanter Auftrag ○	Sofortauftrag ○	geplanter Auftrag ●	
PM02	ungeplanter Auftrag ○	Sofortauftrag ○	geplanter Auftrag ●	
PM03	ungeplanter Auftrag ○	Sofortauftrag ●	geplanter Auftrag ○	
PM04	ungeplanter Auftrag ○	Sofortauftrag ●	geplanter Auftrag ○	
PM05	ungeplanter Auftrag ●	Sofortauftrag ○	geplanter Auftrag ○	
PM06	ungeplanter Auftrag ●	Sofortauftrag ○	geplanter Auftrag ○	

Abbildung 5.65 Planungskennzeichen für Auftragsarten vergeben

Unter **Funktionen und Einstellungen der Auftragsarten · Kennzeichen Meldungs- und Auftragsdaten auf einem Bild pflegen** definieren Sie, bei welcher Auftragsart gleichzeitig ein Auftrag und eine Meldung angelegt werden. Abbildung 5.66 zeigt beispielsweise, daß beim Anlegen eines Auftrags mit der Auftragsart PM05 gleichzeitig eine Störmeldung mit der Meldungsart M2 erzeugt wird.

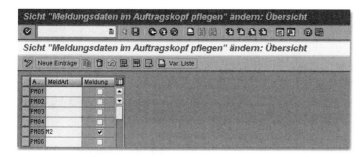

Abbildung 5.66 Meldung und Auftrag gleichzeitig erzeugen

Unter **Funktionen und Einstellungen der Auftragsarten · Steuerschlüssel · Vorschlagswerte für Steuerschlüssel IH-Auftragsarten pflegen** können Sie Steuerschlüssel, die Sie unter **Steuerschlüssel pflegen** definiert haben, einer Kombination aus IH-Planungswerk und Auftragsart zuweisen. Über den Steuerschlüssel wird festgelegt, wie ein Vorgang oder Untervorgang in den operativen Anwendungen wie z. B. den Aufträgen, der Kalkulation oder der Kapazitätsplanung behandelt werden soll. Über den Steuerschlüssel des Vorgangs legen Sie fest, welche betriebswirtschaftlichen Funktionen Sie ausführen wollen. Die wichtigsten Parameter zum Steuerschlüssel sind:

▶ **Kapazitätsplanung**
Mit diesem Kennzeichen steuern Sie, daß der Vorgang terminiert wird und daß für diesen Vorgang Kapazitätsbedarfsätze erzeugt werden.

▶ **Kalkulation**
Über dieses Kennzeichen steuern Sie, daß der Vorgang bei der Kalkulation berücksichtigt wird.

▶ **Fremdbearbeiten**
Über dieses Kennzeichen steuern Sie, daß der Vorgang durch Fremdfirmen bearbeitet wird.

▶ **Rückmeldewesen**
Über dieses Kennzeichen steuern Sie, ob der Vorgang zurückgemeldet werden kann sowie die Art der Rückmeldung dieses Vorganges.

▶ **Druck von Lohnscheinen**
Über dieses Kennzeichen steuern Sie, daß zu diesem Vorgang Lohnscheine gedruckt werden.

Weitere Erläuterungen über Kapazitätsplanung, Auftragsdruck und Rückmeldung erhalten Sie in den folgenden Abschnitten dieses Kapitels. Insgesamt sind im Standard drei Steuerschlüssel für die Instandhaltung vorgesehen. Die Steuerschlüssel PM02 und PM03 dienen der Fremdbearbeitung und werden im Kapitel »Sonderfälle« beschrieben.

Abbildung 5.67 zeigt die Standardeinstellungen für den Steuerschlüssel PM01 (Eigenbearbeitung), der am häufigsten für Instandhaltungsmaßnahmen verwendet wird. Abbildung 5.68 zeigt dann, daß der Kombination aus IH-Planungswerk 1000 und der Auftragsart PM01 der Steuerschlüssel PM01 für Eigenbearbeitung zugeordnet ist. Dies bedeutet, daß das Werk 1000 die Auftragsart PM01 mit all ihren Steuerungsparametern hauptsächlich für Instandhaltungsmaßnahmen in Eigenbearbeitung nutzt.

Abbildung 5.69 zeigt noch einmal alle notwendigen Customizing-Einstellungen in einem grafischen Überblick.

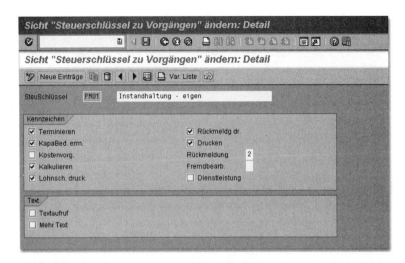

Abbildung 5.67 Parameter für Steuerschlüssel PM01

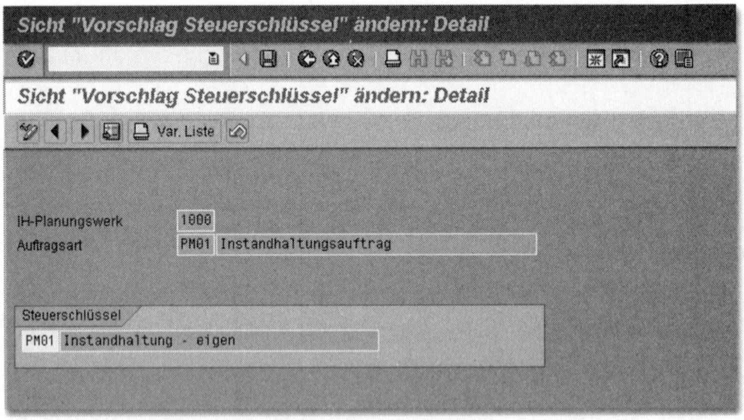

Abbildung 5.68 Steuerschlüssel für Auftragsart PM01

Tip Es empfiehlt sich, mit den vorgegebenen Steuerschlüsseln PM01, PM02 und PM03 zu arbeiten. Bevor Sie bestehende Steuerschlüssel verändern bzw. löschen, sollten Sie prüfen, ob die Steuerschlüssel in der R/3-Komponente Produktionsplanung (PP) genutzt werden oder im Rahmen der Systemeinstellungen für die IH-Arbeitspläne oder IH-Arbeitsplätze bereits gepflegt wurden.

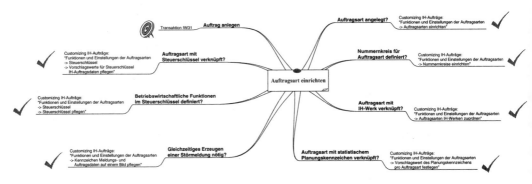

Abbildung 5.69 Customizing Auftragsart

5.2.5 Arbeitsplanung

Sie haben nun einen neuen Auftrag angelegt, der auf einer Störmeldung des Technikers basiert. In den Auftrag wurden alle wichtigen Daten aus der Meldung automatisch übernommen. Sie prüfen nun die in der Meldung eingetragenen Maßnahmen und legen zum Auftrag entsprechende Vorgänge bzw. Untervorgänge an. Danach ordnen Sie dem gesamten Auftrag oder den Vorgängen einen oder mehrere IH-Techniker zu, die die Arbeiten durchführen sollen.

Wie Sie Vorgänge und Untervorgänge anlegen

Sofern der Meldende in der Störmeldung bereits Maßnahmen zur Problemlösung vorgeschlagen hat, sollten Sie diese prüfen. In unserem Beispiel hat die Störmeldung zwei Positionen. Der Techniker, der die Störung bemerkt und angelegt hat, hat für jede Position eine Maßnahme vorgeschlagen (▲ Abbildung 5.70).

Sie überprüfen die Maßnahmen und legen zu Ihrem Auftrag Vorgänge an. Dazu wählen Sie die Registerkarte **Vorgänge**. Korrigieren Sie gegebenenfalls den aus der Meldung übernommenen Kurztext.

Tragen Sie nun zu jedem Vorgang eine Vorgangsnummer und einen Kurztext ein. Im Feld **Vorlagenschlüssel** können Sie mit F4 standardisierte Arbeitsvorgänge wählen. Als Vorgabewert für den Steuerschlüssel erscheint zu jedem Vorgang PM01. Das ist der Vorschlagswert, den Sie im Customizing für die Auftragsart eingestellt haben. Geben Sie dann den Arbeitsaufwand im Feld **Arbeit** und die Vorgangsdauer im Feld **Dauer** ein. Das System addiert die bei den Untervorgängen eingegebenen Zeiten nicht. Geben Sie also die Zeiten entweder auf Vorgangsebene für alle Untervorgänge an (▲ Abbildung 5.71) oder für jeden Untervorgang einzeln.

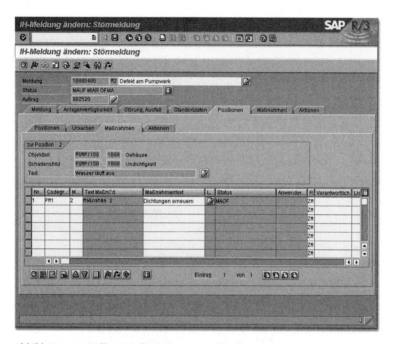

Abbildung 5.70 Offene Maßnahmen zur Meldungsposition

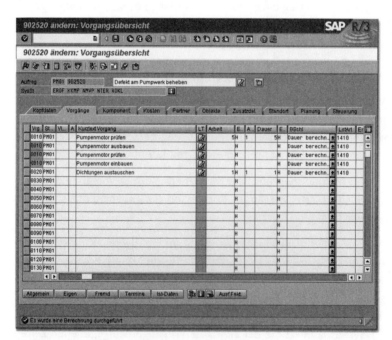

Abbildung 5.71 Vorgänge und Untervorgänge im Auftrag

Tip Untervorgängen können Sie keine Materialien zuordnen. Verwenden Sie daher nur Untervorgänge, wenn sich die Materialplanung auf dem gemeinsamen Vorgang zusammenfassen läßt. Wenn nicht, sollten Sie einen neuen Vorgang anlegen.

Tip Wenn Sie nur einen einzigen Vorgang brauchen, müssen Sie die Vorgangsliste (Registerkarte **Vorgänge**) nicht verwenden. Geben Sie die notwendigen Daten im Kopfdatenbild in der Bildgruppe **Erster Vorgang** ein.

Wie Sie dem Auftrag Techniker zuordnen

Nachdem Sie alle Vorgänge eingegeben haben, wählen Sie **Weiter**. Das System berechnet im Hintergrund bereits die Plankosten für die auszuführenden Arbeiten anhand der im Stammsatz des IH-Arbeitsplatzes angegebenen Daten. Sie erhalten die Nachricht: »Es wurde eine Berechnung durchgeführt«.

Woher stammen diese Informationen? Ein IH-Arbeitsplatz faßt mehrere Personen, d.h. IH-Techniker, zusammen (das sogenannte »Gewerk«, z.B. »Mechanik« oder »Elektrik«). Der Arbeitsplatz wurde dem technischen Objekt zugeordnet, das Bezugsobjekt der Störmeldung und damit auch des Auftrags ist. Im Beispiel wurde der Techniker-Arbeitsplatz »Mechanik« dem Equipment P-1000-n001 zugeordnet. Diese Zuordnung wurde in die Störmeldung und in den Auftrag übernommen. Im Stammsatz des IH-Arbeitsplatzes sind bestimmte Vorschlagswerte gepflegt, die in die Vorgangsdaten des Auftrags übernommen werden. Abbildung 5.72 zeigt beispielsweise die Kostenstellenzuordnung des Technikers und die vorzuschlagende Leistungsart.

Sie können den vorgeschlagenen Arbeitsplatz belassen oder einen neuen einfügen. Wenn Sie den Arbeitsplatz ändern, löscht das System die arbeitsplatzspezifischen Daten und ermittelt die Vorschläge aus dem neuen Arbeitsplatz (▲ Abbildungen 5.73 und 5.74). Es handelt sich um folgende Felder:

▶ Lohngruppe

▶ Lohnart

▶ Eignung

▶ Anzahl Lohnscheine

▶ Leistungsart

Die bisher beschriebene Methode wenden Sie an, um den Vorgängen einen Arbeitsplatz, d.h. eine Gruppe von Technikern, zuzuordnen. Sie haben aber auch die Möglichkeit, sowohl den gesamten Auftrag als auch einen Vorgang einem einzelnen Techniker, d.h. einer einzelnen Personalnummer, zuzuordnen. Um im Vorgang eine Personalnummer vom System vorgeschlagen zu bekommen, müssen einige Voraussetzungen erfüllt sein.

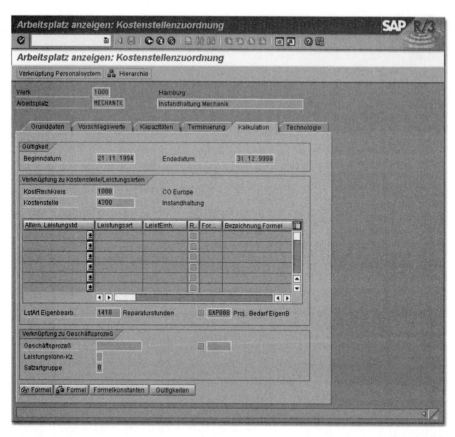

Abbildung 5.72 Kostenstellenzuordnung im Stammsatz IH-Arbeitsplatz

Abbildung 5.73 Ermittlung der Vorschlagswerte bei Änderung IH-Arbeitsplatz (1)

Voraussetzung ist, daß Sie im Customizing der Aufträge unter **Partnerschema ·
Partnerschema definieren** ein Partnerschema (z. B. »PM«) für Instandhaltung mit
dazugehörigen Partnerrollen definieren. Beispiele für Partnerrollen finden Sie in
Abbildung 5.75.

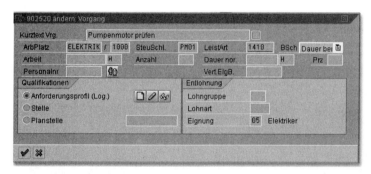

Abbildung 5.74 Ermittlung der Vorschlagswerte bei Änderung IH-Arbeitsplatz (2)

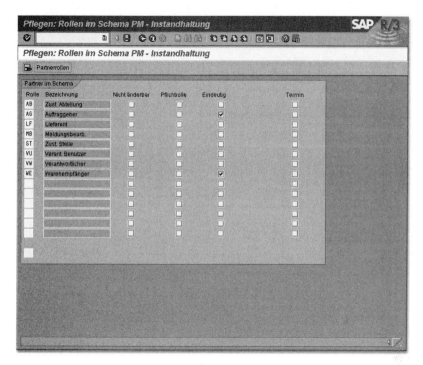

Abbildung 5.75 Partnerrollen im Partnerschema

Anschließend ordnen Sie die Partnerrolle »Verantwortlicher« (VW) den Auftragsarten zu, indem Sie **Partnerschema · Partnerschema Auftragsarten zuordnen** wählen. Dort tragen Sie im Feld **Partnerschema** das eben definierte Partnerschema und im Feld **Rolle Auftrag** die Partnerrolle »VW« ein (▲Abbildung 5.76).

Sobald Sie eine Partnerrolle eingetragen haben, ist im Auftragskopf das Feld **Verantwortlicher** zur Eingabe eines Partners, d.h. einer Personalnummer, bereit. Dieser Techniker ist dann persönlich für die Ausführung des Auftrags verantwortlich (▲Abbildung 5.77).

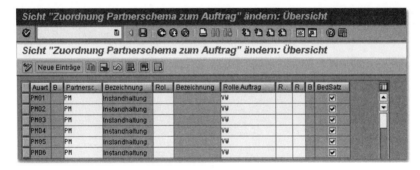

Abbildung 5.76 Partnerrolle und Auftragsarten verknüpfen

	Kopfdaten	Vorgänge	Komponent.	Kosten

Zuständige

Planergrp.	100 / 1000	Hr. Weber	
VerArbPl.	MECHANIK / 1000	Instandhaltung Mecha...	
Verantwortli...	00001243	Frank Bauer	

Abbildung 5.77 Verantwortlicher für den Auftrag

Über die F4-Hilfe in diesem Feld können Sie die folgenden Suchfunktionen aufrufen:

1. zugeordnete Personen (IH-Techniker) zum gewählten Arbeitsplatz anzeigen

2. zugeordnete Personen zum Arbeitsplatz mit ihren Qualifikationen anzeigen

3. zugeordnete Personen zum Arbeitsplatz mit ihren Qualifikationen und mit ihren Terminen anzeigen

Wenn Sie beispielsweise die dritte Suchfunktion ausführen, zeigt Ihnen das System eine Liste der für die Aufgabe qualifizierten Mitarbeiter an, zu denen Sie über die Drucktasten sich zahlreiche Informationen anzeigen lassen können (▲Abbildung 5.78). Zu den wichtigsten Fragen gehören:

▶ Welchen Aufträgen ist der Mitarbeiter bereits zugeordnet?

▶ Welche Termine hat der Mitarbeiter noch frei?

▶ Welche Qualifikationen sind im Personalstammsatz des Mitarbeiters eingetragen?

▶ Wie sehen die Personalstammdaten des Mitarbeiters aus?

Wenn Sie die Personalnummer im Feld **Verantwortlicher** im Auftragskopf eintragen, ist der Techniker für den gesamten Auftrag verantwortlich. Sie können eine Personalnummer aber auch auf Vorgangsebene eingeben. Dann ist zwar der Arbeitsplatz, d.h. die Gruppe von Technikern, für den gesamten Auftrag verantwortlich, aber dieser eine Vorgang soll von einer bestimmten Person durchgeführt werden, beispielsweise, weil diese bestimmte Person auf derartige Vorgänge spezialisiert ist. In diesem Fall tragen Sie die Personalnummer des Technikers auf Vorgangsebene im Feld **Personalnummer** ein.

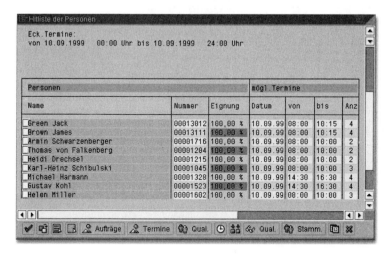

Abbildung 5.78 Personen zum Arbeitsplatz mit Qualifikationen und Terminen

Abbildung 5.79 zeigt noch einmal alle notwendigen Customizing-Einstellungen in einem grafischen Überblick.

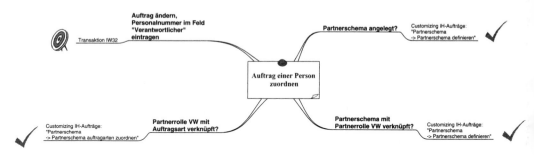

Abbildung 5.79 Customizing Personenzuordnung zum Auftrag

Wie Sie Kapazitätsplanung betreiben

Bevor Sie einen Arbeitsplatz für einen Auftrag einplanen, sollten Sie sich über die Auslastung dieses Arbeitsplatzes informieren. Um die Kapazitätsbelastung für einen Arbeitsplatz zu prüfen, wählen Sie die Transaktion CM01, **Arbeitsplatzsicht Belastung**. Geben Sie den gewünschten Arbeitsplatz ein, und wählen Sie die Drucktaste **Standardübersicht**. Sie erhalten eine Übersicht über den Kapazitätsbedarf, das Kapazitätsangebot, die Auslastung in Prozent und die freie Kapazität in Stunden (▲ Abbildung 5.80).

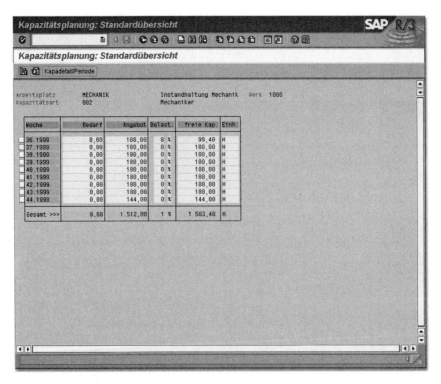

Abbildung 5.80 Kapazitätsbelastung des Arbeitsplatzes

Wenn Sie die Drucktaste **Kapazitätsdetail** wählen, können Sie sich anzeigen lassen, welche Aufträge die Belastung verursachen. Diese Aufträge können Sie mit Doppelklick direkt aus der Liste heraus aufrufen. Aufgrund der Vielzahl von Aufträgen, die Sie als Planer betreuen, ist es oftmals unmöglich, direkt bei der Auftragserstellung eine gleichmäßige Auslastung aller zur Verfügung stehenden Arbeitsplätze und Personen zu erreichen. In der Regel wird für manche mehr Kapazität verplant als zur Verfügung steht, während andere noch freie Kapazität haben. Um eine gleichmäßige Auslastung zu erreichen, müssen Sie regelmäßig einen Kapazitätsabgleich durchführen. Dafür verwenden Sie die grafische oder die tabellarische Plantafel.

Zum Kapazitätsabgleich wählen Sie die Transaktion CM33, **Plantafel grafisch,** oder die Transaktion CM34, **Plantafel tabellarisch**. Geben Sie den Arbeitsplatz oder die Arbeitsplätze und das Werk ein. Sie erhalten eine Übersicht darüber, an welchen Arbeitstagen der Arbeitsplatz noch Kapazität hat. Außerdem erfahren Sie in der Plantafel, welche Aufträge den Bedarf verursachen. Diese Aufträge können Sie aus der Plantafel heraus ändern. Abbildung 5.81 zeigt als Beispiel die tabellarische Plantafel für einen Arbeitsplatz. Wenn Sie sich mehrere Arbeitsplätze anzeigen lassen, können Sie aus der Plantafel heraus die Aufträge so ein- und ausplanen, daß alle Arbeitsplätze gleichmäßig ausgelastet sind.

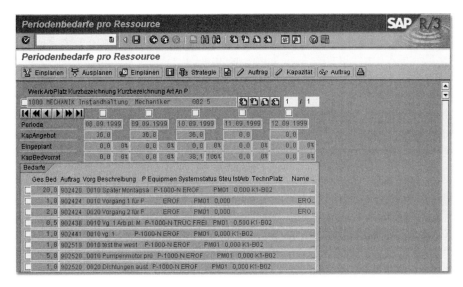

Abbildung 5.81 Tabellarische Plantafel

Zur besseren Übersicht können Sie auch die grafische Plantafel verwenden, oder Sie wählen in der tabellarischen Plantafel **Zusätze · Kapazitätsgrafik**. Mit Hilfe der Kapazitätsgrafik können Sie sich den angemeldeten Bedarf, die freie Kapazität und die Überlast gezielt anzeigen lassen. Abbildung 5.82 zeigt beispielsweise die Anzeige der Überlast für einen Arbeitsplatz.

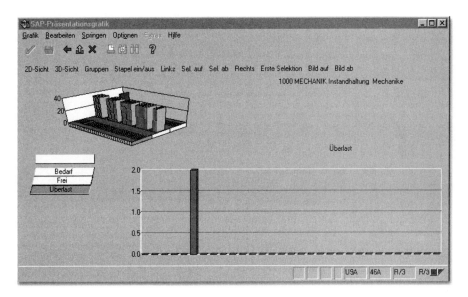

Abbildung 5.82 Kapazitätsgrafik Überlast

5.2.6 Materialplanung im Auftrag

Für jeden Vorgang des Auftrags können Sie Materialien einplanen, die der Techniker für die Ausführung der Maßnahme benötigt. Bei den Materialien kann es sich um Stücklistenkomponenten des Bezugsobjekts oder um frei zugeordnete Materialien handeln. Abhängig davon, ob die eingeplanten Materialien am Lager vorhanden sind (Lagermaterial) oder bestellt werden müssen (Nichtlagermaterial), ändert sich der Ablauf. Zunächst werden diese beiden Abläufe im Überblick beschrieben, danach erfolgt die detaillierte Beschreibung der notwendigen Einstellungen.

Die Materialien, die Sie für den Auftrag einplanen, werden, sofern Sie lagerhaltig sind, im Lager für ihn reserviert (zum Ablauf siehe Abbildung 5.83). Den Zeitpunkt für die Reservierung können Sie im Customizing einstellen. Im Customizing legen Sie für jede Auftragsart fest, ob das System sofort oder erst bei der Auftragsfreigabe die Materialreservierung wirksam machen soll. Das diesbezügliche Kennzeichen im Auftragskopf können Sie jedoch bei der Auftragsbearbeitung ändern. Beachten Sie dabei aber, daß Sie diese Änderung nicht mehr zurücknehmen können. Bei der Komponentenzuordnung im Auftrag kann eine Verfügbarkeitsprüfung aufgerufen werden.

Bei der Auftragsfreigabe erfolgt eine automatische Verfügbarkeitsprüfung. Eine Freigabe bei nicht vorhandener Verfügbarkeit ist möglich. Beim Druck der Auftragspapiere können unter anderem eine Materialbereitstellungsliste und Materialentnahmescheine für den Techniker gedruckt werden. Geplante Warenausgänge werden mit Bezug auf die Reservierung (Reservierungsnummer) erfaßt, ungeplante Warenausgänge mit Bezug auf die Auftragsnummer. Die erfaßten Warenausgänge können in der Funktion »Warenbewegungen zum Auftrag« angezeigt werden.

Bei der Komponentenzuordnung von Nichtlagermaterial im Auftrag können Sie zusätzliche Einkaufsinformationen eingeben (zum Ablauf siehe Abbildung 5.84). Das System erzeugt dann die Bestellanforderungen beim Sichern oder beim Freigeben des Auftrags (abhängig von der Auftragsart). Im Einkauf werden aus den Bestellanforderungen Bestellungen erzeugt. Die Bestellpositionen sind dabei auf den IH-Auftrag kontiert. Wareneingänge mit Bezug auf den Auftrag können erfaßt werden, sobald der Auftrag freigegeben ist. Bei der Erfassung der Wareneingänge wird der IH-Auftrag mit dem Bestellwert belastet. Die erfaßten Wareneingänge können in der Funktion »Warenbewegungen zum Auftrag« angezeigt werden. Beim Rechnungseingang wird der IH-Auftrag mit gegebenenfalls auftretenden Rechnungsdifferenzen automatisch be- oder entlastet.

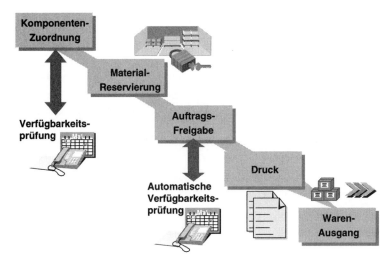

Abbildung 5.83 Ablauf bei Zuordnung von Lagermaterial

Abbildung 5.84 Ablauf bei Zuordnung von Nichtlagermaterial

Wie Sie den Vorgängen Material zuordnen

Sie wählen im Auftrag die Registerkarte **Komponenten**. Im Feld **Komponente** können Sie die Materialnummer eingeben. Das System verlangt nun einen Positionstyp (Lagermaterial oder Nichtlagermaterial) und die Zuordnung des Materials zu einem der Vorgänge (▲Abbildung 5.85). Geben Sie die Vorgangsnummer ein, oder wählen Sie sie über die Drucktaste **Vorgangsliste** aus. Geben Sie anschließend die Bedarfsmenge ein, d. h. die Menge des benötigten Materials.

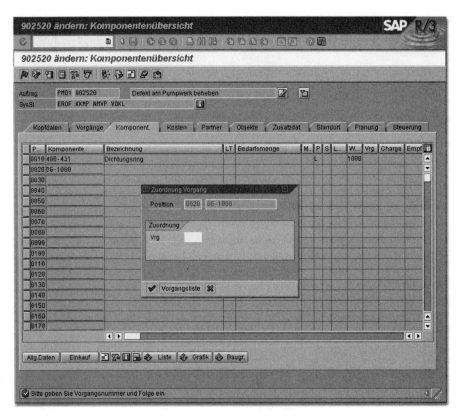

Abbildung 5.85 Zuordnung des Materials zum Vorgang

Tip Anstatt die Materialnummer einzugeben, können Sie auch die Stückliste zum Bezugsobjekt aufrufen. Voraussetzungen sind, daß zum Bezugsobjekt eine Stückliste existiert und daß das für den Auftrag benötigte Material ein Ersatzteil ist, d.h. Bestandteil der Stückliste. Wählen Sie dazu aus dem Auftrag **Zusätze · Bezugsobjekt · Strukturliste,** oder wählen Sie die Drucktaste **Liste** auf der Registerkarte **Komponenten**. Das System zeigt Ihnen dann die Stückliste an. Sie können das gewünschte Material mit einem Doppelklick auswählen und einem Vorgang zuordnen. Es wird dann mit Materialnummer, Kurztext, Bedarfsmenge und Positionstyp automatisch in die Komponentenliste des Auftrags übernommen.

Wie Sie Materialreservierungen und Bestellanforderungen erzeugen

Wenn Sie im Auftrag ein Lagermaterial einplanen, erzeugt das System automatisch für die geplante Menge eine Materialreservierung im vorgesehenen Lager. Wenn Sie ein Nichtlagermaterial einplanen, erzeugt das System automatisch eine Bestellanforderung (BANF) für den Einkauf. Voraussetzung dafür sind die folgenden Einstellungen im Customizing.

Im Customizing der Aufträge wählen Sie **Funktionen und Einstellungen der Auf-tragsarten · Änderungsbelege, Kennzeichen Sammel-Banf, Vorgangsnummer Intervall definieren**. Markieren Sie dort für die gewünschte Auftragsart im gewünschten Werk die beiden Felder **SammelBanf** und **Res/Banf**.

Das Feld **Res/Banf** legt den Zeitpunkt fest, an dem Materialreservierungen für Lagermaterial dispositionswirksam werden bzw. an dem Bestellanforderungen für Nichtlagermaterial und für Fremdvorgänge erzeugt werden. Wenn Sie das Feld markieren, wird für jedes eingeplante und gesicherte Lagermaterial die Reservierung sofort dispositionswirksam bzw. für jedes eingeplante und gesicherte Nichtlagermaterial und für jeden eingeplanten und gesicherten Fremdvorgang wird sofort eine Bestellanforderung erzeugt. Diese Einstellung wird als Vorschlagswert in den Auftrag übernommen und kann im Auftrag geändert werden.

> **Tip** Wenn Sie das Feld nicht markieren, werden erst nach der Freigabe des Auftrags Reservierungen dispositionswirksam bzw. Bestellanforderungen erzeugt. Sie sollten dieses Kennzeichen immer dann deaktivieren, wenn Sie Aufträge mit einer langen Vorlaufzeit erzeugen und in dieser Zeit noch Umterminierungen zu erwarten sind.

Das Feld **SammelBanf** legt fest, daß für alle fremdbearbeiteten Vorgänge bzw. Nichtlagerkomponenten im Auftrag eine gemeinsame Bestellanforderung erzeugt werden soll. Wenn Sie das Kennzeichen nicht setzen, wird für jeden fremdbearbeiteten Vorgang bzw. jede Nichtlagerkomponente eine eigene Bestellanforderung erzeugt.

Die im Customizing vorgenommenen Einstellungen werden im Auftrag auf der Registerkarte **Steuerung** im Feld **Res/banf** angezeigt. Im Auftrag sehen Sie auch die Nummer der erzeugten Reservierung bzw. der Bestellanforderung. Um die Nummer der Materialreservierung zu sehen, wählen Sie die Registerkarte **Komponenten**, markieren das gewünschte Lagermaterial und wählen die Drucktaste **Allgemeine Daten**. Auf diesem Datenbild finden Sie alle Materialdaten, einschließlich der Nummer (▲ Abbildung 5.86). Die Nummer der in diesem Fall erzeugten Materialreservierung steht im Feld **reservierung**. Mit einem Doppelklick im Feld **Reservierung** können Sie den Stammsatz der Materialreservierung aufrufen (▲ Abbildung 5.87).

Um die Nummer der Bestellanforderung zu sehen, wählen Sie die Registerkarte **Komponenten**, markieren das gewünschte Nichtlagermaterial und wählen die Drucktaste **Einkauf**. Auf dem allgemeinen Datenbild finden Sie alle Materialdaten, wie auch beim Lagermaterial. Auf den Einkaufsdaten finden Sie alle Daten, die als Vorschlagswerte für den Einkauf dienen, einschließlich der Nummer (▲ Abbildung 5.88). Die Nummer der in diesem Fall erzeugten Bestellanforderung steht im Feld **Banf**. Mit einem Doppelklick im Feld **Banf** können Sie den Stammsatz der Bestellanforderung aufrufen (▲ Abbildung 5.89).

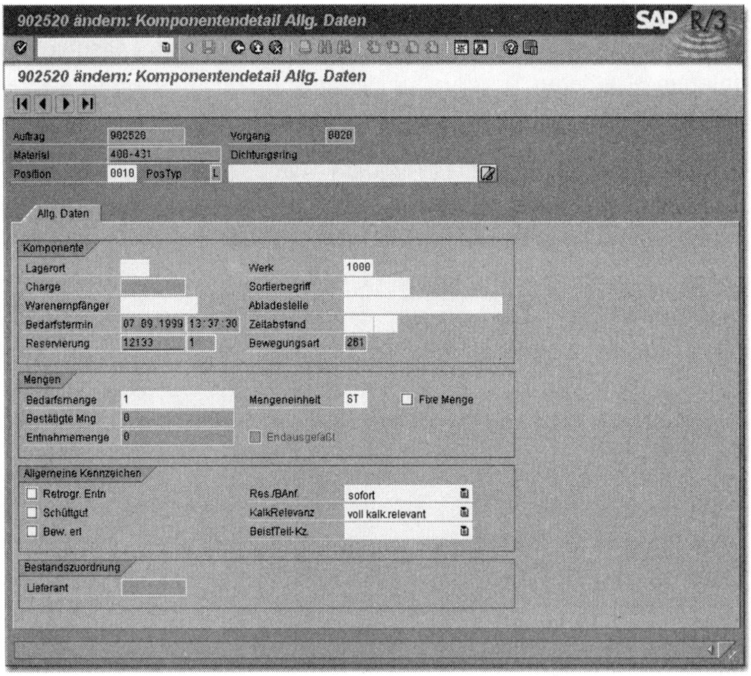

Abbildung 5.86 Allgemeine Daten einer Materialkomponente

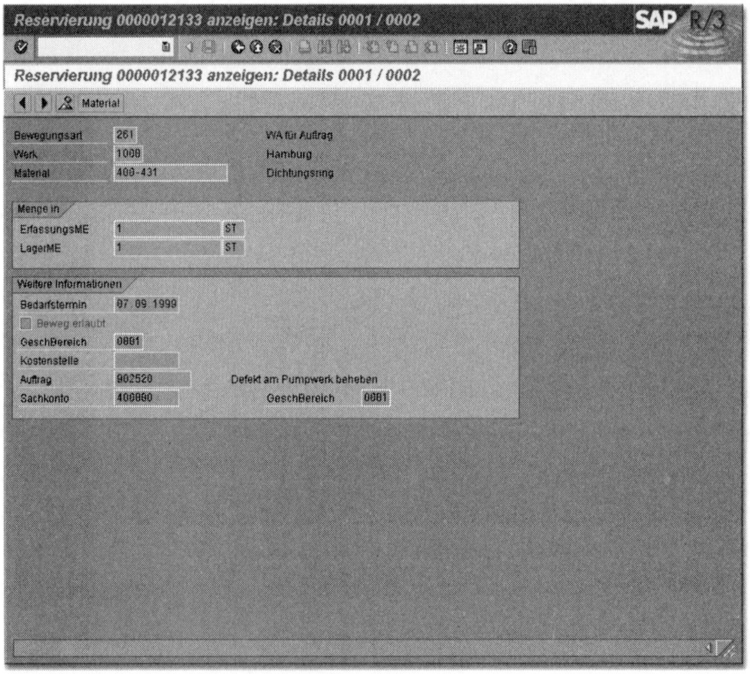

Abbildung 5.87 Stammsatz Materialreservierung

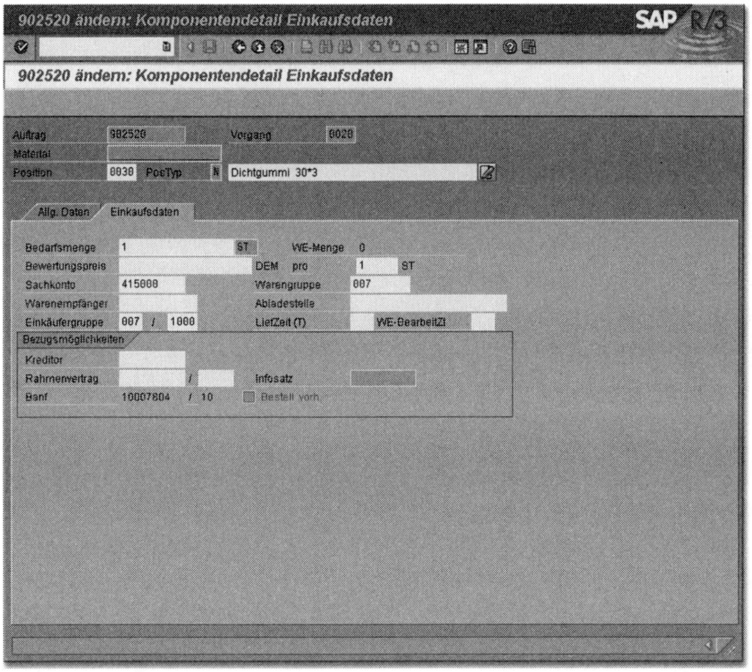

Abbildung 5.88 Einkaufsdaten einer Nichtlagerkomponente

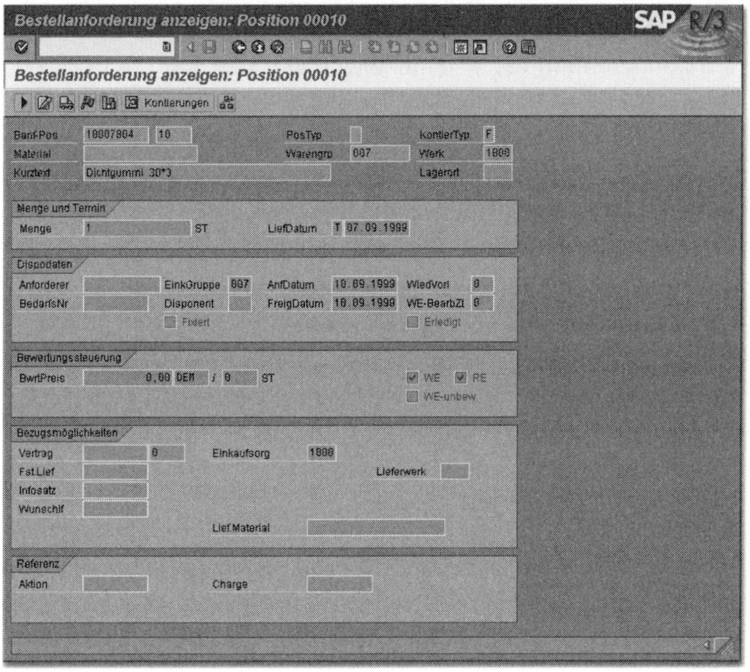

Abbildung 5.89 Stammsatz Bestellanforderung

Wie Sie Vorschlagswerte für die Materialplanung definieren

Vorschlagswerte für Bestellanforderungen: Wählen Sie im Customizing der Aufträge **Funktionen und Einstellungen der Auftragsarten · Vorschlagswertprofile für Fremdbeschaffung.** Im Fremdbearbeitungsprofil können Sie Vorschlagswerte für die Generierung von Bestellanforderungen aus IH-Aufträgen hinterlegen. In jedem Profil können Sie je einen Vorschlagswert hinterlegen für:

▶ ein Kostenartenkonto

▶ eine Einkaufsorganisation

▶ eine Einkaufsgruppe

▶ eine Warengruppe

Vorschlagswerte für Positionstypen: Wählen Sie im Customizing der Aufträge **Allgemeine Daten · Vorschlagswerte der Komponentenpositionstypen festlegen.** Hier können Sie Vorschlagswerte für die Positionstypen der Auftragskomponenten festlegen. Die Vorschlagswerte können in Abhängigkeit von der Materialart und dem Standortwerk festgelegt werden. Wenn beispielsweise in Ihrem System feststeht, daß Rohstoffe grundsätzlich lagerhaltige Materialien sind, können Sie den Positionstyp für lagerhaltige Komponenten der Materialart für Rohstoffe zuordnen. Im Standard wäre dies der Eintrag »ROH« mit dem Positionstyp »L«.

Liste der Warenbewegungen zum Auftrag: Wählen Sie im Customizing der Aufträge **Funktionen und Einstellungen der Auftragsarten · Warenbewegungen zum Auftrag · Dokumentation der Warenbewegungen zum Auftrag festlegen.** Hier können Sie festlegen, welche Arten von Warenbewegungen für jeden einzelnen IH-Auftrag dokumentiert werden. Diese Funktion können Sie aus der Auftragsbearbeitung heraus als Liste aufrufen (wählen Sie dazu **Zusätze · Belege zum Auftrag · Warenbewegungen**). Sie können einstellen, ob die Liste folgende Daten enthalten soll:

▶ Wareneingänge zu Bestellungen zum Auftrag

▶ geplante Warenausgänge zum Auftrag

▶ ungeplante Warenausgänge zum Auftrag

Im Standard werden alle Arten von Warenbewegungen zum Auftrag dokumentiert.

> **Tip** Um vollständige Information über alle Warenbewegungen zum Auftrag zu erhalten, sollten Sie nur dann eines der Kennzeichen deaktivieren, wenn Sie grundsätzlich keine Bestellungen, keine ungeplanten oder geplanten Materialentnahmen zu dieser Auftragsart buchen.

Die Abbildungen 5.90 und 5.91 zeigen noch einmal alle notwendigen Customizing-Einstellungen für Lagermaterialien und Nichtlagermaterialien in einem grafischen Überblick.

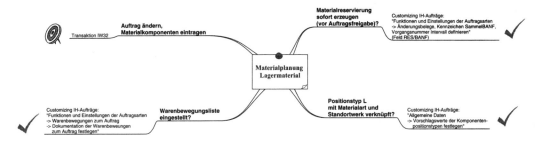

Abbildung 5.90 Customizing Materialplanung Lagermaterial

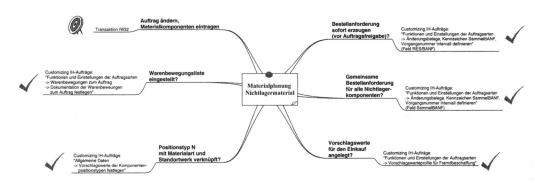

Abbildung 5.91 Customizing Materialplanung Nichtlagermaterial

Wie Sie die Materialverfügbarkeit prüfen

Sie können die Materialverfügbarkeit für alle eingeplanten Lagermaterialien manuell prüfen, indem Sie die entsprechende Ikone in der Symbolleiste wählen. Das System führt die Prüfung durch und gibt danach eine Meldung aus, z. B. »Alle geprüften Materialien zum Auftrag 902520 sind verfügbar«. Sollten nicht alle Materialien verfügbar sein, wählen Sie im Auftrag **Springen · Protokolle · Materialverfügbarkeit** und rufen somit das Protokoll für die Verfügbarkeitsprüfung auf, das Detailinformationen zu den fehlenden Materialien enthält.

Den Überblick über die Materialverfügbarkeit erhalten Sie, indem Sie **Auftrag · Funktionen · Verfügbarkeit · Verfügbarkeitsliste** wählen. Wenn Sie diese Liste aufrufen, vergleicht das System für jedes geplante Material die folgenden Daten miteinander:

- realistischer Liefertermin aus dem aktuellen Beschaffungsschritt (Bestellanforderung oder Bestellung)
- geplanter frühester Starttermin des Vorgangs
- geplanter spätester Starttermin des Vorgangs

Auf der Liste können Sie z.B. Antworten auf folgende Fragen finden:

- Wird das Material zum frühesten Vorgangsstarttermin zur Verfügung stehen?
- Kann das Material noch vor dem spätesten Vorgangsstarttermin geliefert werden?
- Warum kann das Material nicht mehr rechtzeitig geliefert werden?
- Entspricht die Bedarfsmenge der bestätigten Menge?

Die Ampeldarstellung verdeutlicht die momentane Beschaffungssituation (▲ Abbildung 5.92).

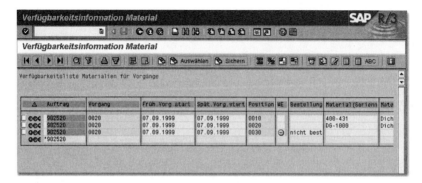

Abbildung 5.92 Verfügbarkeitsliste für den Auftrag

Wenn Sie einen Auftrag freigeben, führt das System in Abhängigkeit von Ihren Customizing-Einstellungen automatisch eine Verfügbarkeitsprüfung für die eingeplanten Materialien durch. Falls sich bei dieser Prüfung herausstellen sollte, daß bestimmte eingeplante Materialien nicht in ausreichender Menge zur Verfügung stehen, hängt es von Ihren Systemeinstellungen ab, ob Sie den Auftrag dennoch freigeben können.

Tip Sie können die Verfügbarkeitsprüfung auch individuell für jedes einzelne Material durchführen. Dazu wählen Sie die entsprechende Ikone, aber diesmal nicht in der Symbolleiste, sondern unten auf der Registerkarte **Komponenten**. Sie erhalten dann ein Fenster, das Sie über die Bestandsdaten des Materials informiert (▲ Abbildung 5.93).

Über die Drucktaste **ATP** können Sie sich detaillierte Bestandsdaten anzeigen lassen (▲ Abbildungen 5.94 und 5.95). Bei der ATP-Menge handelt es sich um die verfügbare Menge, die von jedem Zugang noch für weitere Bedarfe zur Verfügung steht (Available-To-Promise). Die Berechnung der ATP-Menge wird wie folgt durchgeführt. Ein neuer Zugang hat zunächst die volle Zugangsmenge als ATP-Menge. Bei der Verfügbarkeitsprüfung nach ATP-Logik werden nur Zugangselemente berücksichtigt, die vor einem Bedarf liegen. Ein Bedarf reduziert zuerst den nächst zurückliegenden Zugang (und damit dessen ATP-Menge). Ist von diesem Zugang noch eine Restmenge offen, bleibt diese Restmenge als ATP-Menge stehen, und ein weiterer Bedarf kann hierdurch bedient werden. Reicht ein Zugang nicht aus, werden weitere Zugänge und damit deren ATP-Menge reduziert, bis der Bedarf in voller Höhe befriedigt ist. Ist für den Bedarf keine ATP-Menge mehr offen oder kann der Bedarf nur teilweise befriedigt werden, wird diese Unterdeckungsmenge in der Bedarfszeile als negative ATP-Menge ausgewiesen.

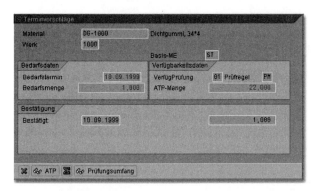

Abbildung 5.93 Verfügbarkeitsprüfung einzelnes Material

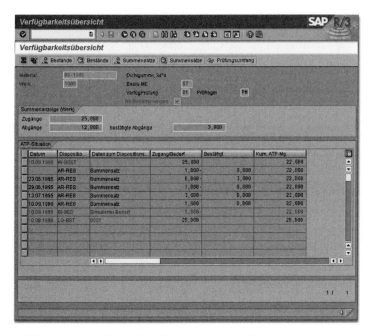

Abbildung 5.94 Verfügbarkeitsübersicht einzelnes Material

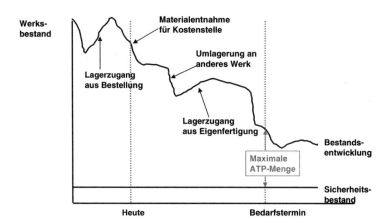

Abbildung 5.95 Berechnung der ATP-Menge

Wie Sie Bedingungen für die Materialverfügbarkeitsprüfung definieren

Im Customizing der Aufträge wählen Sie **Funktionen und Einstellungen der Auftragsarten · Verfügbarkeitsprüfung für Materialien, FHM und Kapazitäten**. Wenn Sie dort **Prüfregeln definieren** wählen, können Sie für die Instandhaltung eine eigene Prüfregel definieren (z. B. »PM«).

Im nächsten Schritt wählen Sie **Prüfungsumfang definieren** (▲ Abbildung 5.96). Dort können Sie festlegen,

▶ welche dispositionsrelevanten Elemente (Zugänge/Abgänge) berücksichtigt werden (z. B. Bestellanforderung, Bestellung, Planauftrag)

▶ welche Bestandskategorien berücksichtigt werden

▶ ob die Wiederbeschaffungszeit geprüft wird

▶ ob die Verfügbarkeitsprüfung immer auf Werksebene erfolgen soll, unabhängig davon, ob ein Lagerort in der Reservierung angegeben ist

Als letztes wählen Sie **Prüfungssteuerung definieren**. Damit legen Sie folgendes fest:

▶ ob eine Verfügbarkeitsprüfung beim Eröffnen oder Freigeben eines Auftrags durchgeführt werden soll

▶ ob eine Verfügbarkeitsprüfung beim Sichern eines freigegebenen bzw. eröffneten Auftrags durchgeführt werden soll

▶ welche Prüfregel verwendet werden soll

▶ wie sich eine fehlende Verfügbarkeit auf das Eröffnen bzw. auf die Freigabe des Auftrags auswirken soll

Tip Die automatische Prüfung zum Zeitpunkt 1 (Auftrag eröffnen) wird für Instandhaltungsaufträge nicht durchgeführt. Es ist lediglich möglich, die Prüfung manuell auszuführen, bevor Sie Ihre Instandhaltungsaufträge freigegeben haben. Die automatische Prüfung zum Zeitpunkt 2 (Freigabe) wird immer durchgeführt, es sei denn, Sie schalten sie aus (Feld **Keine Prüfung**). Abbildung 5.97 zeigt eine Einstellung mit abgeschalteter Prüfung.

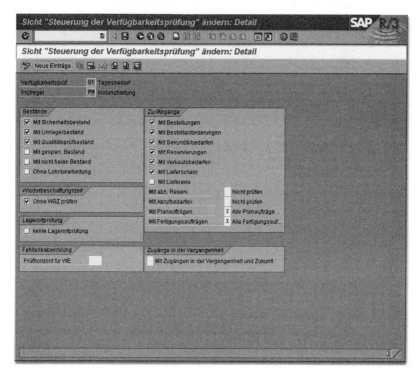

Abbildung 5.96 Prüfungsumfang zur Prüfregel

Abbildung 5.98 zeigt noch einmal alle notwendigen Customizing-Einstellungen in einem grafischen Überblick.

5.2.7 Auftragsfreigabe

Nachdem Sie die Material- und Personalplanung abgeschlossen haben, geben Sie den Auftrag frei. Der zuständige IH-Techniker erhält dann die ausgedruckten Auftragspapiere und nimmt auf dieser Grundlage die Arbeit auf.

Wenn Sie einen Auftrag freigeben, prüft das System die Materialverfügbarkeit und die nötigen Genehmigungen. Spätestens zum Zeitpunkt der Freigabe werden die Materialreservierungen dispositionsrelevant und entnahmewirksam. Spätestens jetzt werden Bestellanforderungen erzeugt. Folgende Aktionen können Sie erst durchführen, nachdem Sie den Auftrag freigegeben haben:

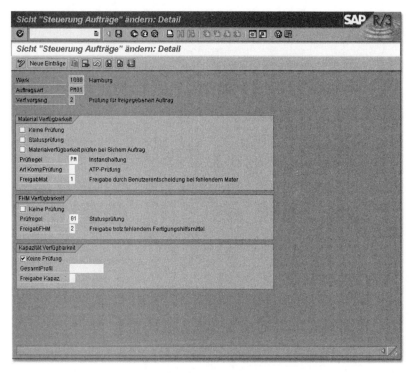

Abbildung 5.97 Prüfungssteuerung für Auftragsart PM01

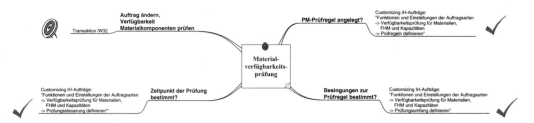

Abbildung 5.98 Customizing Materialverfügbarkeitsprüfung

▶ Arbeitspapiere drucken

▶ Material entnehmen

▶ Wareneingänge buchen

▶ Zeitrückmeldungen erfassen

▶ Maßnahmen in der Meldung abschließen

Wie Sie den Auftrag freigeben

Wählen Sie im Auftrag **Auftrag · Funktionen · Freigeben**. Der Auftrag ist dann freigegeben, sobald Sie gesichert haben. Der Auftrag erhält den Systemstatus **FREI**.

Tip Sie können Aufträge auch sofort bei ihrer Erstellung freigeben. Dies bietet sich an, wenn Sie Aufträge automatisch erzeugen (über Wartungsplanung) oder wenn Sie Aufträge aus einer Meldung eröffnen. Wählen Sie dazu im Customizing der Aufträge **Funktionen und Einstellungen der Auftragsarten · Auftragsarten einrichten**. Gehen Sie zum Detailbild der gewünschten Auftragsart, und markieren Sie das Feld **Sofort freigeben**.

Falls das System einen Auftrag nicht automatisch freigeben kann, beispielsweise durch fehlende Genehmigungen, erhält der Auftrag automatisch den Systemstatus »Freigabe abgelehnt«. Folgende Prüfungen werden bei der automatischen Auftragsfreigabe durchgeführt:

▶ Verfügbarkeitsprüfung für Materialkomponenten

▶ Genehmigungen vorhanden?

▶ Abrechnungsvorschrift vorhanden?

▶ Konsistenzprüfung der Anwenderstatus

Wie Sie die Auftragspapiere drucken

Unmittelbar nach der Freigabe sollten Sie die Auftragspapiere für den IH-Techniker ausdrucken. Abbildung 5.99 zeigt, welche Auftragspapiere Ihnen dabei zur Verfügung stehen. Einige der Auftragspapiere sind explizit für den IH-Techniker vorgesehen, während andere dem Planer zur besseren Verwaltung dienen.

▶ Die **Laufkarte** als auftragsbegleitendes Papier gibt dem ausführenden IH-Techniker eine komplette Auftragsübersicht. Wenn in Ihrem System das Dokumentenverwaltungssystem angeschlossen ist, können Sie auf der Laufkarte auch Grafiken (z. B. Konstruktionszeichnungen des betroffenen technischen Objekts) ausdrucken.

▶ Die **Steuerkarte** zeigt Ihnen als dem verantwortlichen Planer eine komplette Übersicht des Instandhaltungsauftrags. Hier finden Sie auch die Genehmigungsangaben.

▶ Die Materialbereitstellungsliste **(MBR-Liste)** zeigt dem Lageristen an, welche Materialien für diesen Auftrag pro Vorgang eingeplant wurden.

▶ Die **Objektliste** enthält alle am Auftrag beteiligten technischen Objekte und Meldungen zur Übersicht für den Planer.

▶ **Lohnscheine** werden nur für solche Vorgänge ausgedruckt, deren Steuerschlüssel dies vorsieht. Für jeden an einem Auftrag beteiligten IH-Techniker wird dann pro Vorgang die dort angegebene Anzahl Lohnscheine ausgedruckt. Auf ihnen trägt der IH-Techniker die Zeit ein, die er für die Ausführung des Vorgangs benötigt hat.

▶ **Rückmeldescheine** dienen der Rückmeldung des IH-Technikers, wenn er diese nicht im System durchführt.

▶ Der **Materialentnahmeschein** berechtigt den IH-Techniker dazu, die für den Auftrag benötigten Materialien vom Lager auszufassen. Pro Materialkomponente wird ein Materialentnahmeschein gedruckt.

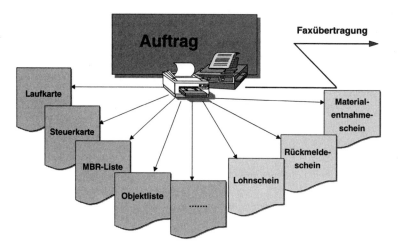

Abbildung 5.99 Auftragspapiere Auftragsdruck

Um Auftragspapiere auszudrucken oder zu faxen, wählen Sie im Auftrag **Auftrag ·
Drucken · Auftrag**. Es erscheint ein Fenster, in dem Sie die benötigten Auftragspapiere auswählen können (▲ Abbildung 5.100). Wählen Sie danach die Drucktaste **Drucken/Faxen**.

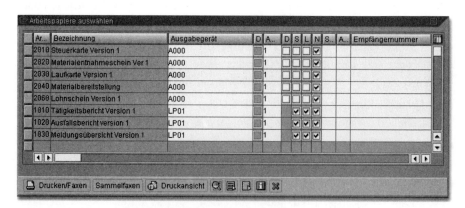

Abbildung 5.100 Auftragspapiere auswählen

Wenn Sie vor dem Ausdruck eine Vorschau sehen wollen, wählen Sie die Drucktaste **Druckansicht**. Sie haben auch die Möglichkeit, alle noch nicht ausgedruckten Arbeitspapiere zu einem Auftrag auf einmal auszudrucken (Deltadruck). Markieren Sie hierzu das Feld **Delta-Druck**. Ein Deltadruck ist z.B. dann sinnvoll, wenn Sie zuerst die Arbeitspapiere für den IH-Techniker ausdrucken und dann in einem zweiten Schritt alle übrigen Papiere für die eigene Verwaltung ausdrucken wollen. Ergebnis eines Deltadrucks:

▶ auf der Laufkarte und der Steuerkarte erscheinen nur neue, d.h. noch nicht gedruckte Vorgänge

▶ Lohnscheine werden nur dann gedruckt, wenn sie noch nicht den Status gedruckt haben

▶ Komponenten werden nur dann gedruckt, wenn sie zuvor noch nicht auf einem Komponentenschein (wie z.B. dem Materialentnahmeschein) gedruckt wurden

▶ die gedruckten Papiere sind als Deltadruck gekennzeichnet

Sie können nur dann einen Deltadruck ausführen, wenn dies in Ihrem System vorgesehen ist. Alle wichtigen Customizing-Einstellungen zum Drucken von Aufträgen nehmen Sie im Customizing der Aufträge unter **Drucksteuerung** vor. Den Deltadruck aktivieren Sie unter **Drucksteuerung · Arbeitspapiere für Druck und deren Layout festlegen**, indem Sie dort die Detailsicht zu den einzelnen Auftragspapieren aufrufen (▲ Abbildung 5.101).

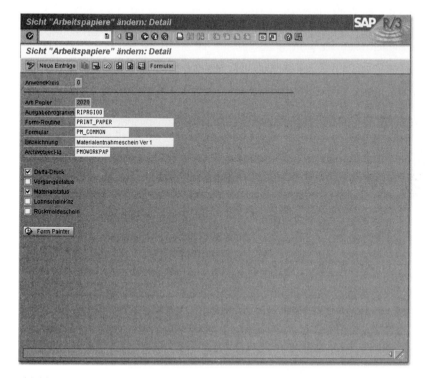

Abbildung 5.101 Deltadruck aktivieren

Sobald Sie für einen Auftrag Arbeitspapiere gedruckt haben, gibt das System ihm automatisch den Systemstatus DRUC und erstellt ein Druckprotokoll. Mit Hilfe des Druckprotokolls können Sie feststellen,

▶ welche Papiere für einen Auftrag bereits ausgedruckt wurden

▶ wer den Ausdruck veranlaßt hat

▶ wann der Ausdruck vorgenommen wurde

Das Druckprotokoll rufen Sie auf, indem Sie **Springen · Protokolle · Druck** wählen.

Wie Sie einen Auftrag gleichzeitig freigeben und drucken

Es gibt eine Funktion, mit der Sie beim Freigeben automatisch einen Auftragsdruck erzeugen. Wählen Sie einfach **Auftrag · Funktionen · In Arbeit geben**. Der Auftrag erhält daraufhin den Systemstatus FREI, und es erscheint ein Fenster, in dem Sie Angaben zum Druck machen können.

5.2.8 Technischer Abschluß

Aus Sicht der Instandhaltung ist mit dem technischen Abschluß der Auftrag abgeschlossen. Danach folgen nur noch die Auftragsabrechnung und der kaufmännische Abschluß. Einzelheiten dazu finden Sie im anschließenden Kapitel 5.3, »Aufgaben des Controllers«. Bevor Sie einen Auftrag technisch abschließen können, muß der IH-Techniker den Auftrag ausgeführt haben. Einzelheiten dazu finden Sie im vorangehenden Kapitel 5.1, »Aufgaben des IH-Technikers«.

Sie als Planer geben den Auftrag frei und fassen ihn erst wieder an,

▶ wenn die Zeitrückmeldung des IH-Technikers erfolgt ist, d.h. wenn der Auftrag endrückgemeldet ist

▶ wenn alle Warenbewegungen erfolgt sind, d.h. wenn die bestellten Nichtlagermaterialien eingetroffen sind (Wareneingang) bzw. wenn die Lagermaterial vom Lager abgeholt wurden (Warenausgang aus Lager für Auftrag).

Ihre Aufgabe ist es nun, die Zeitrückmeldungen und den Belegfluß der Warenbelege zu kontrollieren. Wenn der Auftrag aus Ihrer Sicht abgeschlossen ist, setzen Sie den Status »Technisch abgeschlossen«.

Wie Sie die Zeitrückmeldungen überprüfen

Wählen Sie beispielsweise die Transaktion IW43, **Rückmeldung anzeigen**. Sie erhalten auf einem Bild einen Überblick über alle Zeitrückmeldungen zu den einzelnen Vorgängen des Auftrags (▲ Abbildung 5.102). In der Übersicht sehen Sie auch alle Rückmeldetexte, die der IH-Techniker eingegeben hat. Gegebenenfalls können Sie aus diesen Texten Rückschlüsse auf weitere Defekte ziehen und einen neuen Auftrag eröffnen.

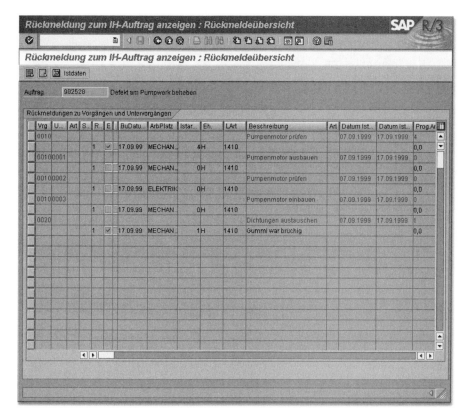

Abbildung 5.102 Zeitrückmeldungen anzeigen

Tip Sie können die Rückmeldungen auch aus dem Auftrag heraus überprüfen, indem Sie im Auftrag **Zusätze · Belege zum Auftrag · Rückmeldungen** wählen.

Wie Sie den Belegfluß überprüfen

Wählen Sie im Auftrag **Zusätze · Belege zum Auftrag · Warenbewegungen**. Hier erhalten Sie einen Überblick über alle Warenbewegungen zum Auftrag.

Tip Wählen Sie **Zusätze · Belege zum Auftrag · Belegfluss**. Hier erhalten Sie einen Überblick über alle Belege, die das System bisher zu diesem Auftrag erzeugt hat, d.h. Meldungen, Warenbewegungen, Rückmeldungen. Über die Drucktaste **Beleg anzeigen** springen Sie direkt in die Detaildaten jedes Beleges.

Wie Sie den Auftrag technisch abschließen

Wählen Sie im Auftrag **Auftrag · Funktionen · Abschliessen · Technisch abschliessen**.

Der Auftrag erhält dann den Status TABG. Als Planer können Sie den Auftrag nun nicht mehr ändern. Möglich sind nur noch folgende Aktionen:

▶ Technischen Abschluß zurücknehmen

▶ Auftrag sperren und entsperren

▶ Löschvormerkung setzen

Die angegebenen Standort- und Kontierungsdaten werden fixiert und sind nicht mehr änderbar. Falls der Controller noch keine Abrechnungsvorschrift gepflegt hat, wird sie jetzt erzwungen. Für noch offene Bestellanforderungen zum Auftrag wird nun eine Löschvormerkung gesetzt. Offene Materialreservierungen werden abgebaut. Kapazitäten, die für den Auftrag eingeplant wurden und die noch offen sind, werden abgebaut.

Wenn der Auftrag mit einer Meldung verbunden ist, können Sie beim technischen Abschluß diese Meldung mit abschließen. Dies funktioniert allerdings nur, solange die Meldung keine offenen Maßnahmen mehr hat. Sind offene Maßnahmen vorhanden, haben Sie zwei Möglichkeiten:

▶ Sie können den Auftrag ohne die Meldung abschließen und die Meldung dann in einem weiteren Arbeitsgang maßnahmenweise abschließen.

▶ Sie können die Auftragsbearbeitung abbrechen, um zuerst die offenen Maßnahmen in der Meldung abzuschließen. Danach schließen Sie den Auftrag mit der Meldung technisch ab.

5.2.9 Auftragsstatus

Systemstatus werden im Rahmen der allgemeinen Statusverwaltung vom System bei bestimmten betriebswirtschaftlichen Vorgängen intern gesetzt. Sie informieren Sie darüber, daß ein bestimmter betriebswirtschaftlicher Vorgang an einem Objekt ausgeführt wurde und welche betriebswirtschaftlichen Vorgänge Sie jetzt aufgrund dieses Status für das Objekt ausführen dürfen.

Da die Systemstatus nicht direkt vom Benutzer änderbar sind und vom System automatisch gesetzt werden, wenn Sie bestimmte betriebswirtschaftliche Vorgänge ausführen, können Sie sie nur anzeigen.

Welche Systemstatus es gibt und was sie bedeuten

▶ Status »Eröffnet«

Der Auftrag ist erstellt. Reservierungen sind evtl. vorhanden, aber nicht entnahmewirksam und nicht dispositionsrelevant. Bestellanforderungen sind vorhanden, aber Wareneingangsbuchungen sind nicht möglich. Technischer Abschluß ist möglich.

Reservierungen und Bestellanforderungen können zu einem definierten Zeitpunkt, spätestens jedoch bei der Auftragsfreigabe erstellt werden, wenn das entsprechende Kennzeichen gesetzt ist. Im Customizing kann festgelegt werden, daß bei der Auftragseröffnung eine Vorschlags-Abrechnungsregel aufgrund des Bezugsobjekts erstellt werden soll.

▶ Status »Freigegeben«

Das System prüft die Materialverfügbarkeit. Es prüft, ob noch Genehmigungen ausstehen. Es prüft, was in Customer-Exits festgelegt wurde. Reservierungen werden spätestens jetzt dispositionsrelevant und entnahmewirksam. Bestellanforderungen werden spätestens jetzt geschrieben. Wareneingangsbuchungen sind möglich. Drucken ist möglich. Zeitrückmeldungen sind möglich. Die Abrechnung ist ab diesem Status möglich, z. B. für eine zeitnahe Kostenanzeige für den Empfänger.

Die Prüfungen können im Customizing eingestellt werden. Im Customizing kann festgelegt werden, daß die Auftragsfreigabe nur erlaubt ist, wenn die Abrechnungsregel gepflegt ist.

▶ Status »Teilrückgemeldet«

Einzelne Zeitrückmeldungen sind bereits für Vorgänge oder den Auftragskopf eingegangen. Der Planer sieht, daß mit der Durchführung der Instandhaltungsarbeiten bereits begonnen wurde. Änderungen im Auftrag sollte er nur noch bei absoluter Notwendigkeit machen, und dann muß er sicherstellen, daß diese nachträglichen Änderungen bei den IH-Technikern bekannt werden.

Teilrückmeldungen können Sie sowohl für den Auftragskopf als auch für die einzelnen Vorgänge eingeben.

▶ Status »Rückgemeldet«

Die im Auftrag angegebenen Instandhaltungsarbeiten sind für die IH-Techniker erledigt. Die Endrückmeldung baut die Kapazitätsbedarfe ab und setzt den Status auf »Rückgemeldet« (= Endrückgemeldet).

Wenn der Handwerker im Auftrag das Feld **Fertig** markiert, werden die noch vorhandenen Kapazitätsbedarfe ebenfalls abgebaut. Der Status »Endrückgemeldet« kann nur vom Planer explizit gesetzt werden.

▶ **Status »Technisch abgeschlossen«**

Der Auftrag gilt als für die Instandhaltung erledigt. Er kann nur noch folgendermaßen in der Dialogverarbeitung geändert werden:

- ▶ Sie können ihn sperren und entsperren.
- ▶ Sie können Wareneingänge für den Auftrag buchen.
- ▶ Sie können die Objektlisteneinträge ändern.
- ▶ Sie können die Löschvormerkung setzen.

Die für den Auftrag angegebenen Standort- und Kontierungsdaten werden fixiert und sind nicht mehr änderbar. Der Auftrag kann weiterhin Kosten empfangen (z. B. durch Rechnungseingänge für gelieferte und verbrauchte Materialien). Alle für den Auftrag noch bestehenden Bestellanforderungen werden mit einem Löschkennzeichen versehen. Alle für den Auftrag noch bestehenden Reservierungen werden abgebaut. Kapazitäten, die für den Auftrag eingeplant wurden und noch offen sind, werden abgebaut. Wareneingangsbuchungen sind noch möglich. Eine Abrechnungsvorschrift muß allerdings vor dem technischen Abschluß bereits vorhanden sein.

▶ **Status »Gesperrt«**

Der Auftrag ist gegen sämtliche Änderungen gesperrt. Er kann nur wieder entsperrt werden. Kapazitätsbelastungssätze werden zurückgenommen. Falls Bestellanforderungen bereits bei der Auftragsfreigabe erstellt wurden, existieren sie zwar noch, aber Bestellungen dazu sind nicht möglich. Ein Auftrag wird üblicherweise nach der Freigabe gesperrt, um Änderungen in der Planung relativ unproblematisch machen zu können.

▶ **Status »Zum Löschen vorgemerkt«**

Das System prüft, ob der Auftrag gelöscht werden kann (z. B. muß der Auftragssaldo Null sein). Beim nächsten Lauf des Archivierungsprogramms wird das Löschkennzeichen gesetzt, und der Auftrag wird anschließend auf der Datenbank gelöscht und ins Archiv geschrieben.

▶ **Status »Nicht durchgeführt«**

Bei Auswertungen und Überprüfungen wird ersichtlich, daß die geplanten Arbeiten nicht ausgeführt wurden.

Wie Sie die Auftragsstatus für einen Workflow nutzen

Sie haben die Möglichkeit, andere ebenfalls zuständige Planer mit Hilfe eines Workflows zu benachrichtigen, wenn der Auftrag in eine der folgenden Bearbeitungsphasen eintritt:

- ▶ Auftrag eröffnet
- ▶ Auftrag freigegeben

- Auftrag endrückgemeldet
- Auftrag technisch abgeschlossen

Wenn der Auftrag einen entsprechenden Systemstatus hat, können Sie bei entsprechender Systemeinstellung eine Person oder Personengruppe per Workflow benachrichtigen. Hierbei handelt es sich jeweils um

- den Ersteller des Auftrags
- einen anderen Planer
- den Controller

Diese Personen sehen in ihrem integrierten SAP-Office-Eingangskorb ein Workitem, das direkt aus dem Eingangskorb heraus bearbeitet werden kann. Bei der Bearbeitung des Workitems wird automatisch die Änderungstransaktion für den Auftrag aufgerufen.

Wie Sie Anwenderstatus definieren

Sie setzen Anwenderstatus, um bestimmte betriebswirtschaftliche Vorgänge sowohl für den gesamten Auftrag als auch gesondert für einzelne Vorgänge zuzulassen oder zu verhindern. Anwenderstatus zum gesamten Auftrag und zum Vorgang beeinflussen sich hierbei nicht gegenseitig. Anwenderstatus werden im Customizing der Aufträge innerhalb eines Statusschemas definiert. Mit ihrer Hilfe können Sie die aufgrund des jeweiligen Systemstatus erlaubten betriebswirtschaftlichen Vorgänge weiter einschränken. Ein einmal zugeordnetes Statusschema kann nicht mehr verändert werden. Anwenderstatus, die im Customizing definiert sind, können Sie selbst vergeben und löschen, wenn Sie die Berechtigung dazu haben. Es gibt generell zwei Arten von Anwenderstatus innerhalb eines Statusschemas:

- Anwenderstatus mit Ordnungsnummer
- Anwenderstatus ohne Ordnungsnummer

Die Ordnungsnummer dient dazu, zu einem Anwenderstatus die jeweils möglichen Folgestatus festzulegen. Es kann immer nur ein Anwenderstatus mit Ordnungsnummer aktiv sein, nie mehrere gleichzeitig. Wenn Sie zusätzlich zum gerade aktiven Anwenderstatus mit Ordnungsnummer noch einen oder mehrere Anwenderstatus parallel aktivieren wollen, müssen Sie diese als Anwenderstatus ohne Ordnungsnummer definieren. Anwenderstatus ohne Ordnungsnummer dürfen in beliebiger Zahl gleichzeitig aktiv sein.

Um Anwenderstatus zu Aufträgen zu definieren, wählen Sie im Customizing der Aufträge **Allgemeine Daten · Anwenderstatus für Aufträge pflegen**. Wählen Sie **Anwenderstatusschemata definieren**, und legen Sie für Ihr Statusschema folgendes fest:

- definieren Sie eigene Anwenderstatus und dokumentieren Sie deren Funktion in einem zugehörigen Langtext

- legen Sie die Ordnungsnummern für Anwenderstatus fest, die die mögliche Reihenfolge des Durchlaufens von Anwenderstatus vorgeben

- definieren Sie einen Initialstatus, der beim Anlegen des Objekts automatisch aktiviert wird

- legen Sie fest, welcher Anwenderstatus automatisch bei Durchführung eines betriebswirtschaftlichen Vorgangs aktiviert wird

- definieren Sie, welche Vorgänge erlaubt oder verboten sind, wenn ein bestimmter Status aktiv ist

Abbildung 5.103 zeigt ein Anwenderstatusschema zur besseren Kommunikation im Team. Der Anwenderstatus »Angenommen« soll initial gesetzt sein. Sobald der Planer einen Auftrag an einen anderen Kollegen aus der Planung weiterleitet, soll er den Status »Weitergeleitet an Kollegen« setzen. Sobald der andere Kollege den Auftrag angenommen hat, setzt er seinerseits wieder den Status »Angenommen«, deswegen haben diese beiden Status Ordnungsnummern, sie können nie gleichzeitig aktiv sein. Die Status ohne Ordnungsnummer können additiv gesetzt werden, sobald eine Rücksprache mit dem Controller, dem IH-Techniker, dem Vorgesetzten oder dem Lager nötig ist.

Abbildung 5.104 zeigt als Beispiel den Status »Rücksprache Techniker«. Hier können Sie einstellen, daß unter anderem folgende Aktionen verboten sind, solange die Rücksprache nicht erfolgt ist:

- Der Auftrag darf vom Planer nicht technisch abgeschlossen werden.

- Auf den Auftrag darf kein IH-Techniker rückmelden.

Nachdem Sie ein Statusschema definiert haben, müssen Sie es einer Auftragsart bzw. Auftragsvorgängen dieser Auftragsart zuordnen (▲ Abbildung 5.105). Wählen Sie dazu **Anwenderstatusschema Auftragsarten zuordnen**.

Wie Sie Anwenderstatus setzen

Wenn Sie einen neuen Auftrag eröffnen, hat dieser automatisch das im Customizing eingestellte Anwenderstatusschema. Sie rufen die Statusverwaltung im Auftrag auf, indem Sie im Feld **Systemstatus** die Ikone **Status** wählen. Das System zeigt Ihnen eine Übersicht der aktuellen Systemstatus und der wählbaren Anwenderstatus (▲ Abbildung 5.106). Anwenderstatus mit Ordnungsnummer wählen Sie, indem Sie von 1 auf 2 schalten. Von den Anwenderstatus ohne Ordnungsnummer können Sie zusätzlich beliebig viele markieren.

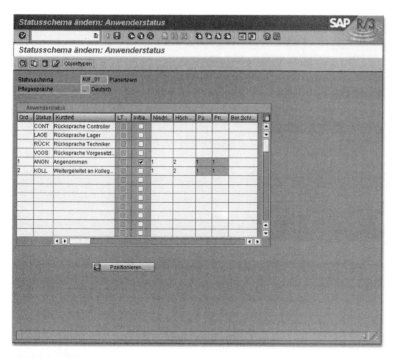

Abbildung 5.103 Anwenderstatusschema definieren

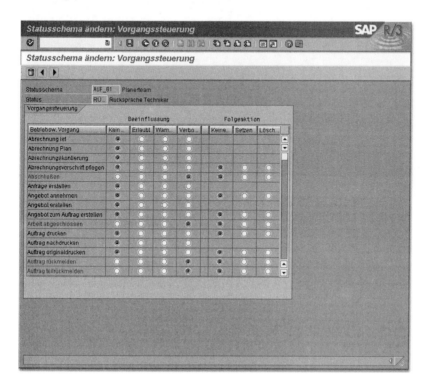

Abbildung 5.104 Erlaubte und verbotene Vorgänge zum Anwenderstatus definieren

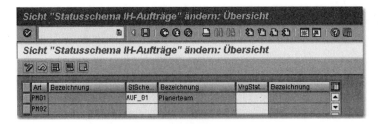

Abbildung 5.105 Anwenderstatusschema Auftragsart zuordnen

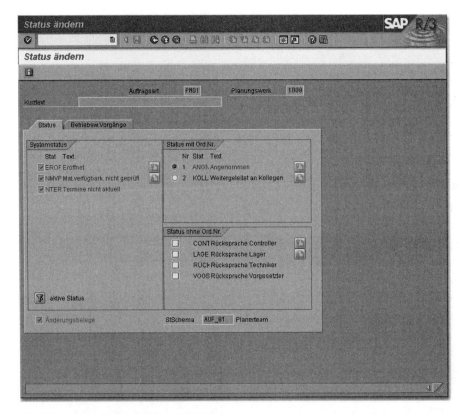

Abbildung 5.106 Statusverwaltung im Auftrag

Tip Auch über den Anwenderstatus läßt sich ein Workflow zur Benachrichtigung steuern. Im obigen Beispiel wäre es sinnvoll, daß beim Anwenderstatus »Rücksprache Controller« der Auftrag über Objektverknüpfung/Objektdienst mit einem Mail an den zuständigen Controller geschickt wird.

Abbildung 5.107 zeigt noch einmal alle notwendigen Customizing-Einstellungen in einem grafischen Überblick.

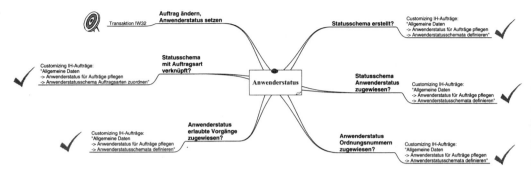

Abbildung 5.107 Customizing Anwenderstatus

5.3 Aufgaben des Controllers

Der Controller kann Kostenstellenverantwortlicher, Personalverantwortlicher, Manager oder IH-Leiter sein. Unabhängig von seiner Funktion und seiner Position im Unternehmen ist es seine Hauptaufgabe, die IH-Kosten zu überwachen und gegebenenfalls zu entscheiden, ob sich die Instandsetzung einer Anlage noch lohnt oder ob die IH-Rate einer Anlage eine Neuanschaffung rechtfertigt.

5.3.1 Schätz-, Plan- und Istkosten

Schätzkosten geben Sie oder der IH-Planer für einen Auftrag an, bevor die Material- oder Personalplanung erfolgt ist. Die Schätzkosten vergleichen Sie nach Auftragsabschluß mit den tatsächlichen Kosten, den Istkosten. Schätzkosten sind dann sinnvoll, wenn Sie keine detaillierte Planung betreiben wollen, sondern den Auftrag möglichst schnell ausführen. Alternativ dazu können Sie auch auf die Schätzkosten verzichten und die Plan- mit den Istkosten vergleichen. Plankosten fallen an, sobald der IH-Planer Material oder Personal für den Auftrag eingeplant und den Auftrag gesichert hat. Istkosten fallen erst an, wenn Material aus dem Lager entnommen wurde oder wenn der IH-Techniker die geleistete Arbeitszeit rückmeldet. Plan- und Istkosten werden automatisch vom System ermittelt, Sie können sie nicht selbst eingeben.

Tip Wenn Sie Ihre Kosten im Instandhaltungsinformationssystem PMIS fortschreiben wollen, sollten Sie Plan- und Istkosten verwenden, denn Schätzkosten werden nicht im PMIS fortgeschrieben.

Wie Sie Schätzkosten für einen Auftrag angeben

Schätzkosten, die für den gesamten Auftrag gelten, können Sie nur auf der Registerkarte **Kopfdaten** im Feld **Kosten** eingeben. Das System prüft jedoch nicht, ob die Eingabewerte gültig oder konsistent sind. Die Schätzkosten können weder in Berichten ausgewiesen werden, noch ist eine Verfügbarkeitskontrolle möglich. Die eingegebenen Schätzkosten werden danach auf der Registerkarte **Kosten** im Feld **Gesch. Kosten** angezeigt (▲ Abbildung 5.108).

Abbildung 5.108 Schätzkosten angeben

Sie können so lange die Schätzkosten eingeben, bis der Auftrag vom IH-Planer freigegeben wurde. Wenn Sie Schätzkosten eingegeben haben, erhält der Auftrag nach dem Sichern den Status **KGES Kosten geschätzt.**

Wie Sie die Kostenübersicht lesen

Sobald der IH-Planer auf der Registerkarte **Vorgänge** die geplanten Arbeitszeiten oder auf der Registerkarte **Komponenten** die geplanten Materialien eingegeben und gesichert hat, entstehen Plankosten. Diese Plankosten sehen Sie auf der sogenannten Kostenübersicht im Auftrag auf der Registerkarte **Kosten**. Alle Aktivitäten des IH-Planers können Sie auf der Kostenübersicht mitverfolgen (▲ Abbildung 5.109). Der Kostenbericht im Auftrag repräsentiert die technische Sicht auf die Kosten in Wertkategorien. Wie Sie diese Wertkategorien im Customizing definieren, lesen Sie weiter unten.

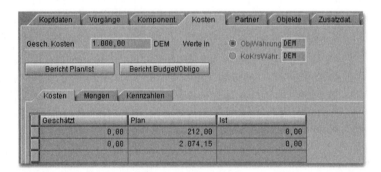

Abbildung 5.109 Kostenübersicht im Auftrag

> **Tip** Auch in der Kostenübersicht gibt es eine Spalte für die Schätzkosten. Hier können Sie allerdings nur dann Eingaben machen, wenn Sie im Customizing eine Kostenschätzversion eingerichtet haben. Doch auch dann werden die Schätzkosten nicht im PMIS fortgeschrieben. Sie erreichen dadurch allerdings eine detailliertere Schätzung und eine einheitliche Darstellung von Schätz-, Plan- und Istkosten. Sie definieren eine Kostenschätzversion im Customizing der IH-Aufträge unter **Allgemeine Daten · Version für Kostenschätzungen zu Aufträgen**. Der hier definierte Schlüssel wird automatisch in die entsprechende Versionstabelle im CO übernommen. Sie können hier grundsätzlich nur einen Eintrag pflegen, da immer nur eine Kostenschätzversion zulässig ist.

Wie Sie Plan- und Istkosten im Kostenbericht lesen

Wenn Sie die Kosten nach Kostenarten aus dem CO aufgeschlüsselt haben wollen, müssen Sie den Kostenbericht im CO verwenden. Sie rufen den Kostenbericht über die Drucktaste **Bericht Plan/Ist** auf der Registerkarte **Kosten** auf. Der Kostenbericht repräsentiert die Sicht des Controllings auf die Kosten und enthält daher keine Schätzkosten (▲Abbildung 5.110).

Kostenarten	Plan	Ist	Planmenge	Istmenge
* 403000 Verbrauch Hilfs- und Betri	45,00		1 ST	
* 405000 Verbrauch: Verpackungsmate	167,00			
* 615000 Direkte Leistungsverr. Rep	2.074,15		17 H	
** Belastungen	2.286,15		✗	
*** Summe	2.286,15		✗	

Abbildung 5.110 Kostenbericht im Auftrag

> **Tip**   Den Kostenbericht können Sie auch als Datei lokal speichern, in ein anderes Anwendungsprogramm exportieren oder verschicken. Wählen Sie dazu die Ikone **Bericht exportieren,** und es erscheint das in Abbildung 5.111 gezeigte Eingabefenster, in dem Sie nähere Angaben machen können. Wenn Sie den Kostenbericht beispielsweise in eine Microsoft-Excel-Datei exportieren wollen, markieren Sie die entsprechende Option. Sie können die Darstellung der Daten in Microsoft Excel konfigurieren, indem Sie **Export nach MS Excel konfigurieren** wählen und im Fenster die gewünschten Eingaben machen (▲Abbildung 5.112). Wählen Sie **Weiter** im Fenster **Exportieren auf Präsentationsserver,** und Ihre Daten werden in eine Excel-Datei übertragen. Dort können Sie die Daten nun frei bearbeiten (▲Abbildung 5.113).

Wie Sie Kostenarten zu Wertkategorien zusammenfassen

Mit Wertkategorien fassen Sie Kostenarten aus technischer Sicht zusammen. Kostenarten werden auch für die Fortschreibung im PMIS benötigt. Sie definieren Wertkategorien im Customizing der IH-Abwicklung unter **Grundeinstellungen · Einstellungen für die Darstellung von Kosten · Wertkategorien pflegen**.

1. Definieren Sie Schlüssel und Bezeichnung der Wertkategorie, z. B. **600** und **Eigenleistungen**.

2. Geben Sie den Belastungstyp der Wertkategorie an. Entweder **Kosten und Zahlungsausgänge** oder **Erlöse und Zahlungseingänge**.

Danach verknüpfen Sie die angelegten Wertkategorien mit Kostenarten unter **Kostenarten Wertkategorien zuordnen**.

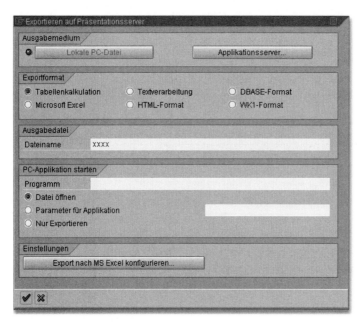

Abbildung 5.111 Kostenbericht exportieren

Abbildung 5.112 Export konfigurieren

1. Wählen Sie eine Wertkategorie aus, und rufen Sie das Detailbild auf.

2. Geben Sie eine Kostenart, ein Kostenartenintervall oder eine Kostenarten-
   gruppe ein. Mit Intervallen oder Gruppen können Sie mehrere Kostenarten zusammenfassen (▲ Abbildung 5.114).

	A	B	C	D	E	F
1	Kostenarten	Plan	Ist	Planmenge	Istmenge	
2	* 403000 Verbrauch Hilfs- und Betriebsstoffe	45	0	1	0	
3	* 405000 Verbrauch: Verpackungsmaterial	167	0	0	0	
4	* 615000 Direkte Leistungsverr. Reparaturen	2074,15	0	17	0	
5	** Belastungen	2286,15	0	18	0	
6	*** Summe	2286,15	0	18	0	
7						

Abbildung 5.113 Kostenbericht als Excel-Datei

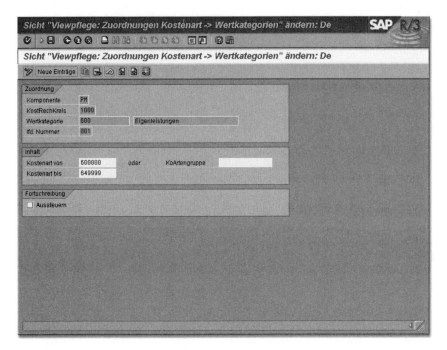

Abbildung 5.114 Kostenarten und Wertkategorien verknüpfen

Danach sollten Sie den Report **Konsistenz Zuordnung Wertkategorie prüfen** starten. Beim Aufruf des Reports geben Sie an, für welchen Kostenrechnungskreis die Konsistenzprüfung durchgeführt werden soll. Nach der Konsistenzprüfung gibt das System eine Liste aus, die pro Kostenrechnungskreis Informationen über die Zuordnung der Wertkategorien enthält.

Abbildung 5.115 zeigt noch einmal einen grafischen Überblick.

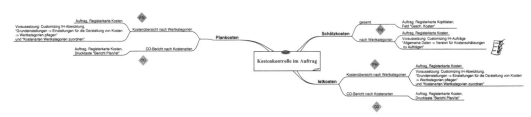

Abbildung 5.115 Kostenkontrolle im Auftrag

5.3.2 Auftragsbudget

Für jeden Auftrag können Sie ein Budget vergeben. Dazu können Sie zwar auch das Projektsystem nutzen, aber es ist einfacher, wenn Sie dem Auftrag direkt ein Budget zuordnen.

Alle relevanten Einstellungen zur Budgetierung nehmen Sie im Customizing des Finanzwesens vor: **Finanzwesen · Haushaltsmanagement · Budgetierung und Verfügbarkeitskontrolle**. Als Budgetprofil wird im Standardsystem das Profil 000001 ausgeliefert. Wenn Sie das Profil 000001 ändern wollen oder ein eigenes Budgetprofil definieren, tun Sie dies unter **Budgetprofile einstellen** (▲ Abbildung 5.116).

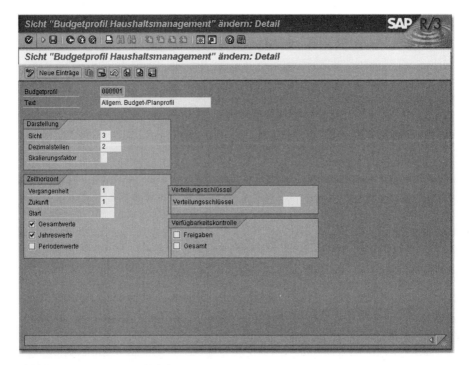

Abbildung 5.116 Budgetprofil definieren

Das Budget mit dem Budgetprofil 000001 wird als Gesamt- und als Jahresbudget vergeben, wobei die Summe der Jahresbudgets das Gesamtbudget nicht überschreiten darf. Im Ankreuzfeld **Verfügbarkeitskontrolle Gesamt** können Sie einstellen, ob die Verfügbarkeitskontrolle mit Gesamt- oder Jahreswerten erfolgen soll.

Mit der Verfügbarkeitsprüfung überwachen Sie Ihr Budget. Einstellungen dazu machen Sie unter **Verfügbarkeitskontrolle · Toleranzen für die Verfügbarkeitskontrolle festlegen**. Dort stellen Sie zu Ihrem Budgetprofil ein, ob und in welchem Ausmaß Sie Abweichungen erlauben und in welcher Form Sie von diesen Abweichungen benachrichtigt werden wollen (Warnmeldung mit oder ohne Mail, Error). Abbildung 5.117 zeigt die verschiedenen Möglichkeiten.

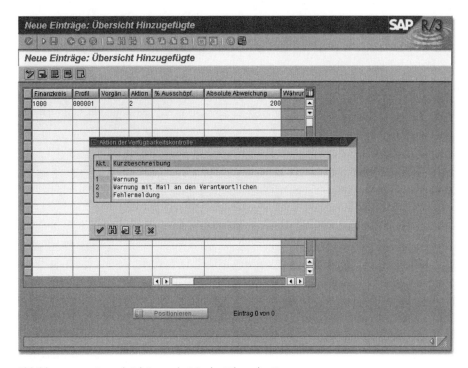

Abbildung 5.117 Benachrichtigung bei Budgetüberschreitung

Die Toleranz können Sie in Prozent oder absolut angeben. Wenn Sie beispielsweise im Feld **Ausschöpfungsgrad in %** den Wert »130« eintragen, bedeutet dies, daß Verfügungen bis zu 30% über dem Budget liegen dürfen, bevor die Aktion ausgeführt wird. Alternativ dazu können Sie Einträge im Feld **Absolute Abweichung** vornehmen. Der Wert »200« in diesem Feld bedeutet beispielsweise, daß bei einem Budget von 1000 die entsprechende Aktion ausgelöst wird, sobald die Summe aller Verfügungen 1200 übersteigt.

Nachdem Sie alle Einstellungen im FI-Customizing vorgenommen haben, müssen Sie das Budgetprofil im PM-Customizing mit der entsprechenden Auftragsart verbinden. Sie erreichen dies im Customizing der IH-Aufträge unter **Funktionen und Einstellungen der Auftragsarten · Auftragsarten einrichten**.

1. Markieren Sie die gewünschte Auftragsart, und rufen Sie das Detailbild dazu auf.

2. Tragen Sie das Budgetprofil ein (▲ Abbildung 5.118).

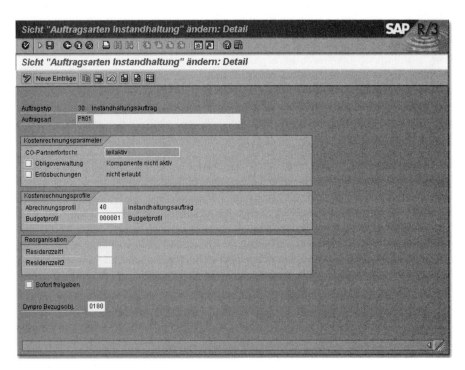

Abbildung 5.118 Budgetprofil und Auftragsart verknüpfen

Wie Sie zum Auftrag ein Budget vergeben

Sobald diese Einstellungen vorgenommen sind, können Sie zu jedem Auftrag mit der passenden Auftragsart ein Budget vergeben. Sie nutzen dazu die Transaktion **KO22, Originalbudget ändern**. Das Originalbudget ist immer das zuerst vergebene Budget, das nicht verändert wurde. Durch Nachträge und Rückgaben können Sie das Originalbudget aktualisieren, d.h., das aktuelle Budget ist das Originalbudget plus alle Nachträge und minus alle Rückgaben.

Abhängig von Ihren Einstellungen bei der Verfügbarkeitsprüfung findet bei jeder Istbuchung auf den Auftrag eine Budgetkontrolle statt.

1. Starten Sie die Transaktion KO22.

2. Geben Sie die Nummer des Auftrags ein, und wählen Sie **Originalbudget**.

3. Vergeben Sie entweder ein Gesamtbudget für das laufende Jahr, oder wählen Sie die Drucktaste **Jahre**, um Jahresbudgets zu vergeben. Wie Sie Jahresbudgets eingeben können, sehen Sie in Abbildung 5.119.

4. Lassen Sie gegebenenfalls Ihre Eingaben vom System prüfen, und sichern Sie.

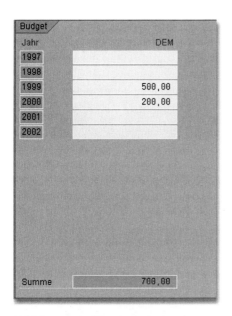

Abbildung 5.119 Jahresbudgets eingeben

Sobald nun das Budget vom IH-Planer überschritten wird, gibt das System Ihren Customizing-Einstellungen entsprechend eine Meldung aus. Bei Budgetüberschreitung können die Kosten nicht als Istkosten auf den Auftrag gebucht werden.

> **Tip** Über die Höhe Ihres Budgets können Sie sich jederzeit mittels CO-Bericht informieren, indem Sie im Auftrag auf der Registerkarte **Kosten** die Drucktaste **Bericht Budget/Obligo** wählen.

Abbildung 5.120 zeigt noch einmal alle notwendigen Customizing-Einstellungen in einem grafischen Überblick.

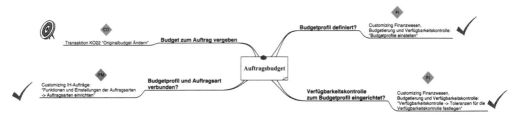

Abbildung 5.120 Customizing-Einstellungen zum Auftragsbudget

5.3.3 Auftragsabrechnung

Jeder Geschäftsprozeß endet mit der ordnungsgemäßen Abrechnung der erbrachten Leitung. Ein Auftrag wird also zunächst abgerechnet und danach kaufmännisch abgeschlossen.

Wie Sie die Abrechnungsvorschrift im Auftrag bilden

Die Abrechnungsvorschrift im Auftrag legt fest, welche Anteile der Kosten auf einem Sender an welche Empfänger abgerechnet werden sollen.

Zunächst definieren Sie im Customizing der IH-Abwicklung ein Abrechnungsprofil unter **Grundeinstellungen · Auftragsabrechnung allgemein · Abrechnungsprofile pflegen**. Beispielsweise können Sie in einem Abrechnungsprofil hinterlegen, daß alle Kosten zu 100% an genau eine Kostenstelle als Abrechnungsempfänger abgerechnet werden sollen. Normalerweise ist dies dann die Kostenstelle des technischen Objekts, an dem die IH-Maßnahmen durchgeführt worden sind (▲ Abbildung 5.121).

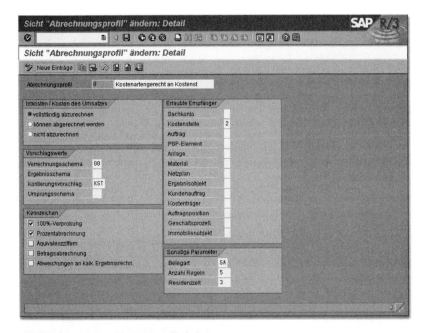

Abbildung 5.121 Abrechnungsprofil definieren

Das Abrechnungsprofil ist Voraussetzung dafür, daß Sie im Auftrag mit einer Abrechnungsvorschrift arbeiten können. Hierzu müssen Sie das Abrechnungsprofil im Customizing der IH-Aufträge unter **Funktionen und Einstellungen der Auftragsarten · Auftragsarten einrichten** einer Auftragsart zuordnen.

Sie können für die Auftragsart auch festlegen, zu welchem Zeitpunkt der IH-Abwicklung die Abrechnungsvorschrift erzeugt sein soll. Der Zeitpunkt kann entweder die Auftragsfreigabe sein oder der Auftragsabschluß. Dies legen Sie im Customizing der IH-Aufträge unter **Funktionen und Einstellungen der Auftragsarten · Abrechnungsvorschrift Zeitpunkt und Aufteilung** fest.

Nachdem Sie diese Customizing-Einstellungen vorgenommen haben, wird die Abrechnungsvorschrift im Auftrag automatisch gebildet. Beispielsweise können Sie einstellen, daß das System im Auftrag die in Abbildung 5.122 dargestellte Abrechnungsvorschrift erzeugt, sobald der IH-Planer den Auftrag freigegeben hat.

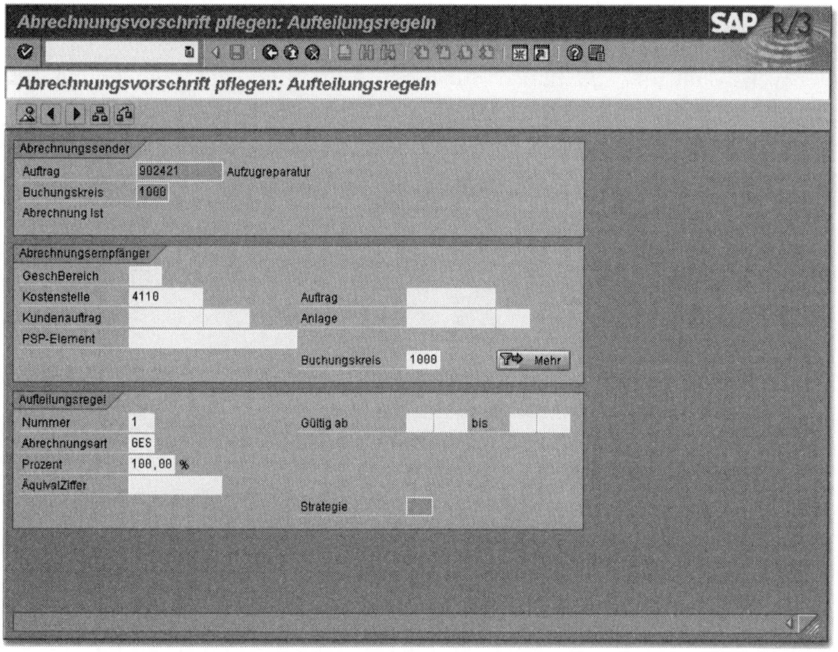

Abbildung 5.122 Abrechnungsvorschrift im Auftrag

Diese Abrechnungsvorschrift legt fest, daß die Kosten bei Gesamtabrechnung zu 100% an die Kostenstelle 4110 abgerechnet werden. Diese Kostenstelle wurde aus dem Stammsatz des technischen Objekts übernommen. Der Auftrag erhält den Status **ABRV Abrechnungsvorschrift erfasst.** Wenn Sie diese automatisch erzeugte Abrechnungsvorschrift in einem Auftrag manuell ändern wollen, wählen Sie die entsprechende Ikone. Sie gelangen zuerst auf das Übersichtsbild und können von dort aus die Detailsicht aufrufen und ändern.

Wie Sie den Auftrag abrechnen

Die Kosten für Arbeitszeit und Material werden zunächst auf dem Auftrag gesammelt. Bei der Abrechnung werden diese Kosten an den in der Abrechnungsvorschrift genannten Abrechnungsempfänger weitergereicht, so daß der Auftragssaldo gleich Null ist. Aufträge sollten Sie im allgemeinen automatisch periodisch abrechnen, aber Sie haben auch die Möglichkeit, einen Auftrag einzeln abzurechnen oder einen Abrechnungstestlauf durchzuführen.

Voraussetzungen für die Abrechnung sind:

▶ Der Auftrag ist freigegeben.

▶ Der Auftrag hat den Status **ABRV Abrechnungsvorschrift erfasst**.

▶ Die auf dem Auftrag gesammelten Kosten sind noch nicht abgerechnet.

▶ Der Auftrag ist noch nicht kaufmännisch abgeschlossen.

Beispielsweise sieht der CO-Bericht für einen Auftrag vor der Abrechnung aus, wie in Abbildung 5.123 dargestellt.

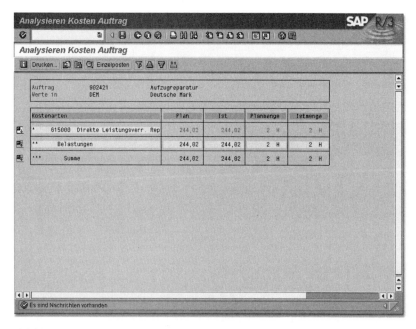

Abbildung 5.123 CO-Bericht vor der Auftragsabrechnung

Aufträge rechnen Sie mit der Transaktion **KO88, Ist-Abrechnung Auftrag**, ab. Geben Sie die gewünschte Abrechnungsperiode ein, und starten Sie den Testlauf. Sie erhalten einen Abrechnungsbericht für den Testlauf, der Sie darüber informiert, ob die Abrechnung fehlerfrei durchgeführt werden könnte. Wenn Sie den Auftrag wirklich abrechnen wollen, deaktivieren Sie das Feld **Testlauf**, und starten Sie die Abrechnung. Der Abrechnungsbericht informiert Sie über die erfolgte Abrechnung (▲ Abbildung 5.124).

> **Tip** Sie können Aufträge auch zu Auftragsgruppen zusammenfassen und gruppenweise abrechnen. Verwenden Sie die Transaktion **KOH1, Auftragsgruppen anlegen**, dazu, die Aufträge zusammenzufassen, und rechnen Sie sie mit der Transaktion **KO8G, Auftragsabrechnung Sammel**, ab.

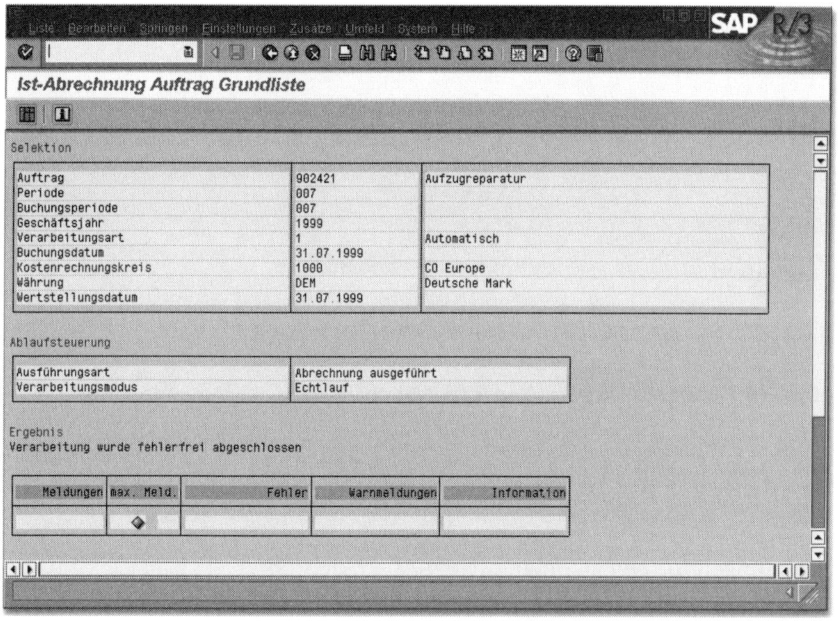

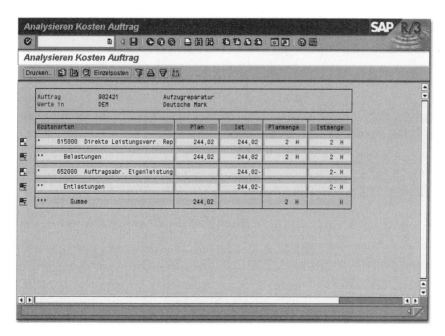

Abbildung 5.124 Abrechnungsbericht

In der Kostenübersicht des Auftrags ändert sich nach der Abrechnung nichts. Das Ergebnis der Abrechnung, d.h. die Entlastung des Auftrags, sehen Sie nur im CO-Bericht (▲ Abbildung 5.125).

Abbildung 5.125 CO-Bericht nach der Auftragsabrechnung

Abbildung 5.126 zeigt noch einmal alle notwendigen Customizing-Einstellungen in einem grafischen Überblick.

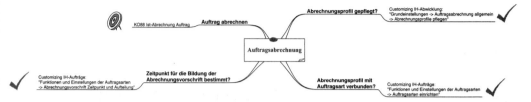

Abbildung 5.126 Customizing-Einstellungen zur Auftragsabrechnung

Wie Sie den Auftrag kaufmännisch abschließen

Wenn Sie keine Kostenbuchungen mehr erwarten, rechnen Sie den Auftrag komplett ab, und schließen Sie ihn kaufmännisch ab. Der Auftrag kann dann keine Buchungen mehr empfangen und ist für sämtliche Änderungen gesperrt.

Voraussetzungen für den kaufmännischen Abschluß sind:

▶ Der Auftrag ist technisch abgeschlossen.

▶ Der Auftrag ist komplett abgerechnet (Saldo gleich Null).

▶ Es existieren keine offenen Bestellungen mehr für den Auftrag, d. h., es werden keine Kostenbuchungen mehr erwartet.

Um den Auftrag kaufmännisch abzuschließen, wählen Sie im Änderungsmodus **Auftrag · Funktionen · Abschliessen · Kaufmännisch abschliessen**. Der Auftrag erhält daraufhin den Status **ABGS Abgeschlossen**.

5.3.4 Auftragsanalyse im CO

Zur Analyse der Auftragskosten stehen Ihnen zahlreiche Berichte im CO zur Verfügung. Sie finden diese Berichte unter **Rechnungswesen · Controlling · Aufträge · Infosystem · Berichtsauswahl**. Hierbei handelt es sich um klassische CO-Berichte, die daher in diesem Buch nicht weiter beschrieben werden. Als Beispiel sei der Bericht **KOB1** genannt, mit dem Sie die Istkosten zu einem Auftrag oder einem Auftragsintervall nach Kostenarten aufschlüsseln können (▲ Abbildung 5.127).

5.3.5 Kostenauswertung im Instandhaltungs-Informationssystem

Als Controller im Bereich PM benötigen Sie nicht nur detaillierte Kostenberichte pro Auftrag, sondern auch verdichtete Berichte über objekt- und periodenbezogene Kosten. Das Instandhaltungs-Informationssystem (PMIS) dient dazu, mit Hilfe von Kennzahlen vorhandene Problembereiche zu erkennen und zu analysieren. Sie können im PMIS Daten aus der operativen PM-Anwendung sammeln, verdichten und auswerten. Auf diese Weise können Sie Ihre Zielkriterien permanent kontrollieren und rechtzeitig reagieren.

Die Analyse der Daten kann im PMIS als Standardanalyse oder als flexible Analyse erfolgen. Im folgenden wird die Verwendung der Standardanalysen beschrieben, da Sie diese direkt verwenden können.

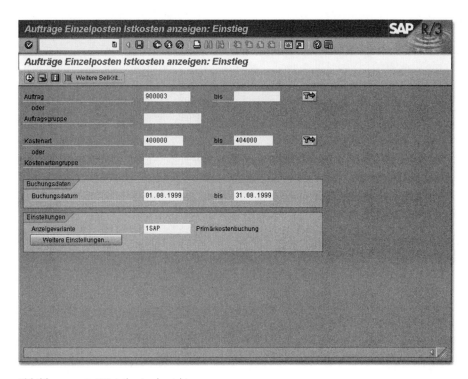

Abbildung 5.127 CO-Istkostenbericht

Die PM-Standardanalysen

Standardanalysen beruhen auf Statistikdateien des PMIS, sogenannten Informationsstrukturen, in denen wichtige Kennzahlen direkt aus der operativen Anwendung fortgeschrieben werden. Im PMIS werden im Standard die folgenden Informationsstrukturen ausgeliefert:

▶ S061 Standort und Planung

▶ S062 Objektklasse und Hersteller

▶ S063 Schadensanalyse

▶ S065 Objektstatistik

- S070 Ausfallstatistik
- S115 Kostenanalyse
- S116 Kundenmeldungsanalyse

Die Tabelle 5.1 zeigt, welche Transaktionen der operativen Anwendung welche Informationsstrukturen fortschreiben:

Meldung	anlegen, ändern	S061, S062, S063, S065, S070,S116
Equipment	anlegen, ändern	S065
Technischer Platz	anlegen, ändern	S065
IH-Aufträge	anlegen, ändern, rückmelden	S061, S062, S065, S115

Tabelle 5.1 Transaktionen und Informationsstrukturen

Am Beispiel der Daten in einem IH-Auftrag läßt sich der Datenfluß wie in Abbildung 5.128 darstellen.

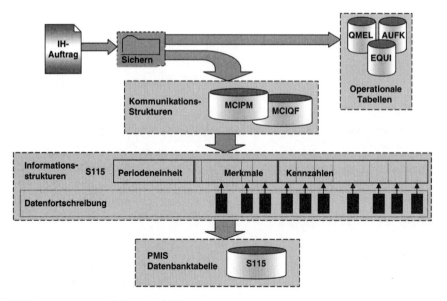

Abbildung 5.128 Datenfluß in das PMIS

Beim Sichern innerhalb einer Transaktion, wie z.B. **IH-Auftrag ändern**, kann das System bestimmte Feldinhalte an das PMIS übergeben. Die Kommunikationsstrukturen MCIPM und MCIQF enthalten alle Felder, die in das PMIS fortgeschrieben werden können. Wenn ein Feld nicht in einer der Kommunikationsstrukturen enthalten ist, heißt das, daß es nicht für das PMIS verwendet werden kann.

Tip Die Kommunikationsstrukturen können Sie sich im ABAP Dictionary über die Transaktion **SE11** ansehen. Neue Felder können Sie mit der Append-Technik einfügen.

Die Informationsstrukturen definieren die Datentabellen, die die Daten an das PMIS übergeben. Für jede Informationsstruktur ist im ABAP Dictionary eine entsprechende Tabelle enthalten, z. B. verwendet die Informationsstruktur S115 die Tabelle S115 im ABAP Dictionary. Entsprechend der Fortschreibungsregeln aus der Informationsstruktur werden die Daten in das PMIS fortgeschrieben, z. B. in die PMIS-Datenbanktabelle S115. Von dort aus stehen die Daten für verschiedene Auswertungen zur Verfügung, z. B. für die Standardanalyse S115, die Kostenanalyse.

Tip Mit der Fortschreibungsgruppe legen Sie die Regeln für die Fortschreibung der Statistikdaten fest. Für das PMIS wird die Fortschreibungsgruppe 000026 benutzt. Neben der Art der Fortschreibung können Sie auch die Periodizität der Fortschreibung festlegen, d. h. die zeitliche Ebene, auf der die Statistikdaten kumuliert werden sollen. Folgende Perioden können Sie hierbei für jede im Standard ausgelieferte Informationsstruktur festlegen:

▶ Tag
▶ Woche
▶ Monat
▶ Buchungsperiode

Im PMIS werden die Informationsstrukturen S061, S062, S063 und S070 im Standard monatlich fortgeschrieben. Die Informationsstruktur S065 (Objektstatistik) besitzt keine Periodizität. Die Periodizität der Fortschreibung für die Informationsstrukturen, in die die Kostenkennzahlen einfließen, sollte nicht geändert werden. Voraussetzung für eine Änderung der Periodizität ist, daß noch keine Istdaten in die Informationsstruktur fortgeschrieben wurden. Die Einstellung der Periodizität für die im Standard ausgelieferten Informationsstrukturen können Sie im Customizing unter **Logistik Allgemein · Logistik-Informationssystem** vornehmen.

Die Kostenanalyse S115

Die Abbildung 5.129 zeigt den Weg von der Datenbanktabelle über die definierte Auswertestruktur zum Report bzw. zur Standardanalyse bis hin zur Datenpräsentation als Liste.

Wie sieht nun eine solche Standardanalyse aus? Die Basis für die Kostenanalyse S115 bilden Daten, die zur Informationsstruktur S115 fortgeschrieben werden. Dazu gehören neben der bereits erwähnten Periodizität die Merkmale und die Kennzahlen (▲ Abbildung 5.130).

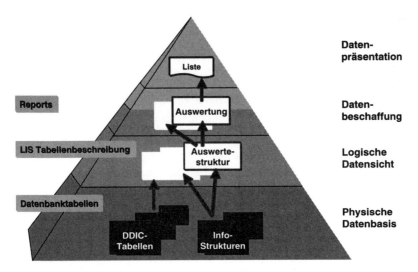

Abbildung 5.129 Von der Datenbanktabelle zur Datenpräsentation

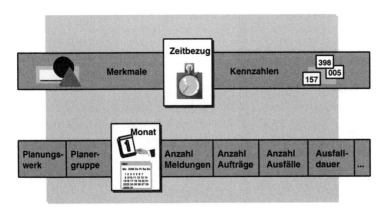

Abbildung 5.130 Merkmale und Kennzahlen in der Standardanalyse

Merkmale in der Kostenanalyse sind:

▶ Objektklasse

▶ Material

▶ Hersteller

▶ Baujahr

▶ Baugruppe

▶ Kennzahlen

▶ Abgeschlossene Aufträge

▶ Dienstleistungskosten

▶ Dienstleistungsrate

- ▶ Dringlichkeitsrate
- ▶ Eigenlohnkosten
- ▶ Eigenmaterialkosten
- ▶ Eigenmaterialrate
- ▶ Eigenpersonalrate
- ▶ Erfaßte Aufträge
- ▶ Fremdlohnkosten
- ▶ Fremdmaterialkosten
- ▶ Fremdmaterialrate
- ▶ Fremdpersonalrate
- ▶ Geplante Aufträge
- ▶ Gesamterlöse Ist
- ▶ Gesamtkosten Ist
- ▶ Planungsgrad Sofortaufträge
- ▶ Sonstige Kosten

Die folgenden Kennzahlen zu Auftragskosten werden fortgeschrieben:

▶ **Summe der Plankosten für IH-Maßnahmen**
Diese Kennzahl wird beim Anlegen und Ändern eines IH-Auftrages mit zeitlicher Beziehung zum Beginndatum der Buchungsperiode fortgeschrieben, in der die Kosten entstanden sind.

▶ **Summe der Istkosten für IH-Maßnahmen**
Diese Kennzahl wird bei jedem kostenrelevanten Vorgang zu einem Instandhaltungsauftrag fortgeschrieben (z. B. Zeitrückmeldung, Materialentnahme); jeweils zum Beginndatum der Buchungsperiode, in der die Kosten entstanden sind. Für historische Aufträge wird die Kennzahl beim Anlegen und Ändern eines historischen Auftrages mit zeitlicher Beziehung zum Beginndatum der Buchungsperiode, die zum Bezugsdatum des Auftrages ermittelt wurde, fortgeschrieben. Betriebswirtschaftlich sinnvoll ist die Fortschreibung der Kennzahl nur bei einer Zeitrückmeldung.

▶ **Summe der Isterlöse der IH-Maßnahmen**
Diese Kennzahl wird bei jeder Erlösbuchung (z. B. Faktura) zu einem Instandhaltungsauftrag zum Beginndatum der Buchungsperiode, in der die Kosten entstanden sind, fortgeschrieben. Für historische Aufträge wird diese Kennzahl beim Anlegen und Ändern eines historischen Auftrags mit dem zeitlichen Bezug zum Beginndatum der Buchungsperiode, die zum Bezugsdatum ermittelt wurde, fortgeschrieben.

▶ **Summe der Istkosten für Eigenleistungen der IH-Maßnahmen**

Diese Kennzahl wird bei jedem kostenrelevanten Vorgang zu einem IH-Auftrag (z.B. Zeitrückmeldung, Materialentnahme) mit zeitlichem Bezug zum Beginn-datum der Buchungsperiode, die zum Bezugsdatum ermittelt wurde, fortge-schrieben. Für historische Aufträge wird diese Kennzahl beim Anlegen und Än-dern eines historischen Auftrages mit dem zeitlichen Bezug zum Beginndatum der Buchungsperiode, die zum Bezugsdatum ermittelt wurde, fortgeschrieben. Betriebswirtschaftlich sinnvoll ist die Fortschreibung der Kennzahl nur bei einer Zeitrückmeldung.

▶ **Summe der Istkosten für Fremdleistungen der IH-Maßnahmen**

Diese Kennzahl wird bei jedem kostenrelevanten Vorgang zu einem IH-Auftrag (z.B. Zeitrückmeldung, Materialentnahme) mit zeitlichem Bezug zum Beginn-datum der Buchungsperiode, die zum Bezugsdatum ermittelt wurde, fortge-schrieben. Für historische Aufträge wird diese Kennzahl beim Anlegen und Än-dern eines historischen Auftrages mit dem zeitlichen Bezug zum Beginndatum der Buchungsperiode, die zum Bezugsdatum ermittelt wurde, fortgeschrieben. Betriebswirtschaftlich empfehlenswert ist die Fortschreibung dieser Kennzahl nur bei der Rückmeldung einer Fremdleistung (Waren-, Rechnungseingang), die auf Basis von Lohnstunden vergeben wurde.

▶ **Summe der Istkosten für Eigenmaterial der IH-Maßnahmen**

Diese Kennzahl wird bei jedem kostenrelevanten Vorgang zu einem IH-Auftrag (z.B. Zeitrückmeldung, Materialentnahme) fortgeschrieben. Für historische Aufträge wird diese Kennzahl beim Anlegen und Ändern eines historischen Auftrags mit dem zeitlichen Bezug zum Beginndatum der Buchungsperiode, die zum Bezugsdatum ermittelt wurde, fortgeschrieben. Betriebswirtschaftlich sinnvoll ist die Fortschreibung der Kennzahl nur bei Materialentnahmen.

▶ **Summe der Istkosten für Fremdmaterial der IH-Maßnahmen**

Diese Kennzahl wird bei jedem kostenrelevanten Vorgang zu einem IH-Auftrag (z.B. Zeitrückmeldung, Materialentnahme) zum Beginndatum der Buchungs-periode, in der die Kosten entstanden sind, fortgeschrieben. Für historische Aufträge wird diese Kennzahl beim Anlegen und Ändern eines historischen Auftrags mit dem zeitlichen Bezug zum Beginndatum der Buchungsperiode, die zu dem Bezugsdatum ermittelt wurde, fortgeschrieben. Betriebswirtschaft-lich sinnvoll ist die Fortschreibung der Kennzahl nur bei Waren-/Rechnungs-eingang zu Einkaufsteilen (Nichlagerkomponenten).

▶ **Summe der Istkosten für Dienstleistungen der IH-Maßnahmen**

Sie wird bei jedem kostenrelevanten Vorgang (z.B. Zeitrückmeldung, Materia-lentnahme) zu einem Instandhaltungsauftrag zum Beginndatum der Buchungs-periode, in der die Kosten entstanden sind, fortgeschrieben. Für historische Aufträge wird diese Kennzahl beim Anlegen und Ändern eines historischen

Auftrags mit dem zeitlichen Bezug zum Beginndatum der Buchungsperiode, die zum Bezugsdatum ermittelt wurde, fortgeschrieben. Betriebswirtschaftlich empfehlenswert ist die Fortschreibung der Kennzahl nur bei der Rückmeldung einer Fremdleistung (Waren-/Rechnungseingang), die auf Basis der Gesamtleistung vergeben wurde.

► **Summe der sonstigen Istkosten der IH-Maßnahmen**
Die Kennzahl weist die Summe der sonstigen Istkosten für IH-Aufträge aus, die weder unter Eigenpersonal, Eigenmaterial, Fremdpersonal, Fremdmaterial noch unter die Dienstleistung fallen. Sie wird bei jedem kostenrelevanten Vorgang zu einem Instandhaltungsauftrag (z.B. Zeitrückmeldung, Materialentnahme) zum Beginndatum der Buchungsperiode, in der die Kosten entstanden sind, fortgeschrieben. Betriebswirtschaftlich empfehlenswert ist die Fortschreibung der Kennzahl bei eventuellen Zuschlägen.

Für die folgenden Kennzahlen gilt eine Sonderregel:

► Summe der Istkosten für Eigenleistungen

► Summe der Istkosten für Fremdleistungen

► Summe der Istkosten für Eigenmaterial

► Summe der Istkosten für Fremdmaterial

► Summe der Istkosten für Dienstleistungen

► Summe der sonstigen Istkosten der IH-Maßnahmen

Die Zuordnung der Istkosten aus einem kostenrelevanten Vorgang zu einem Instandhaltungsauftrag (Zeitrückmeldung, Materialentnahme) erfolgt in zwei Stufen. Grundsätzlich werden die Kosten im CO unter einer Kostenart (z.B. 400000 Materialverbrauch, 615000 Eigenleistungen) ausgewiesen. In der ersten Stufe nehmen Sie im Customizing des Projektsystems eine Zuordnung von Kostenarten zu Wertkategorien vor (▲ Tabelle 5.2).

Wertkategorie	Kostenart (von–bis)
400 Magazinentnahme	400000–499999
600 Eigenleistung	600000–615000

Tabelle 5.2 Zuordnung von Kostenarten zu Wertkategorien

In der zweiten Stufe ordnen Sie im Customizing der Instandhaltung die Wertkategorien den Kostenkennzahlen des IH-Auftrags zu (▲ Tabelle 5.3).

Kennzahl	Wertkategorie
Summe der Istkosten für Eigenmaterial	400
Summe der Istkosten für Eigenleistungen	600

Tabelle 5.3 Zuordnung von Wertkategorien zu Kostenkennzahlen

Bei der Einstellung aus dem zweiten Beispiel würden die Istkosten aus der Zeit-rückmeldung zu einem IH-Auftrag in die Wertkategorie 600 eingehen und auch die Kennzahl »Summe der Istkosten für Eigenleistungen« fortgeschrieben werden. Die Istkosten aus der Materialentnahme würden in die Wertkategorie 400 eingehen, und es würde die Kennzahl »Summe der Istkosten für Eigenmaterial« fortgeschrieben werden.

Zur Laufzeit der Analyse werden die folgenden Kennzahlen berechnet:

▶ **Eigenpersonalkostenrate für IH-Aufträge**

Diese Kennzahl weist das Verhältnis der Kosten für Eigenleistungen zu den Gesamtkosten für Instandhaltungsaufträge in Prozent aus:

$$\frac{\text{Summe der Istkosten für Eigenleistungen}}{\text{Summe der Istkosten für IH-Aufträge}} \times 100$$

▶ **Fremdpersonalkostenrate für IH-Aufträge**

Diese Kennzahl zeigt das Verhältnis der Kosten für Fremdleistungen zu den Gesamtkosten für Instandhaltungsaufträge in Prozent auf:

$$\frac{\text{Summe der Istkosten für Fremdleistungen}}{\text{Summe der Istkosten für IH-Aufträge}} \times 100$$

▶ **Eigenmaterialkostenrate für IH-Aufträge**

Die Kennzahl zeigt das Verhältnis der Kosten für Eigenmaterial zu den Gesamtkosten für IH-Aufträge in Prozent:

$$\frac{\text{Summe der Istkosten für Eigenmaterial}}{\text{Summe der Istkosten für IH-Aufträge}} \times 100$$

▶ **Fremdmaterialkostenrate für IH-Aufträge**

Die Kennzahl zeigt das Verhältnis der Kosten für Fremdmaterial zu den Gesamtkosten für IH-Aufträge in Prozent:

$$\frac{\text{Summe der Istkosten für Fremdmaterial}}{\text{Summe der Istkosten für IH-Aufträge}} \times 100$$

▶ **Dienstleistungskostenrate für IH-Aufträge**

Die Kennzahl zeigt das Verhältnis der Kosten für Dienstleistungen zu den Gesamtkosten für IH-Aufträge:

$$\frac{\text{Summe der Istkosten für Fremdpersonal} + \text{Summe der Istkosten für Dienstleistungen}}{\text{Summe der Istkosten für IH-Aufträge}} \times 100$$

Wie Sie mit der Kostenanalyse S115 arbeiten

Sie können die Kostenanalyse mit der Transaktion **MCI8** aufrufen (▲ Abbildung 5.131).

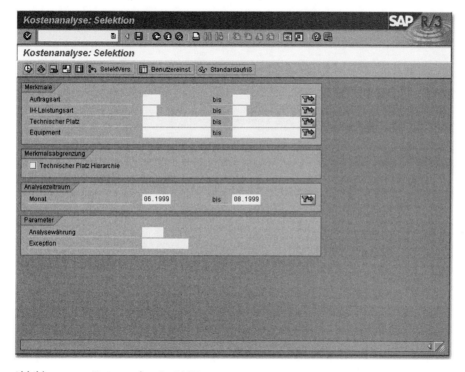

Abbildung 5.131 Kostenanalyse im PMIS

Tragen Sie die gewünschte Auftragsart oder die IH-Leistungsart ein, und führen Sie den Bericht aus. In der Abbildung 5.132 sehen Sie das Ergebnis für die Auftragsart PM01 im Zeitraum von 01.1999 bis 08.1999.

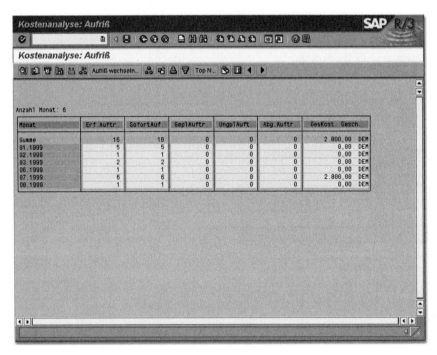

Abbildung 5.132 Kostenanalyse über Auftragsart und Zeitraum

Von dieser Anzeige aus können Sie mit der entsprechenden Ikone auch eine andere Infostruktur auswählen (▲Abbildung 5.133).

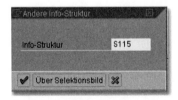

Abbildung 5.133 Infostruktur verändern

Mit der Ikone **Kennzahlen** können Sie innerhalb der Infostruktur S115 andere Kennzahlen auswählen (▲Abbildung 5.134).

Gemäß der ausgewählten Kennzahlen verändert sich dann auch der Bericht (▲Abbildung 5.135).

Sie können einen Vorjahresvergleich bezüglich einer Kennzahl der angezeigten Liste durchführen. Mit Hilfe dieser Funktion können Sie die aktuell am Bildschirm angezeigten Daten für eine Kennzahl mit den entsprechenden Vorjahresdaten des gleichen Selektionszeitraumes vergleichen. Sie erhalten für alle Merkmalswerte der aktuellen Liste:

- die Vorjahresdaten
- die aktuellen Daten
- die Differenz aktuell/Vorjahr (absolut und prozentual)

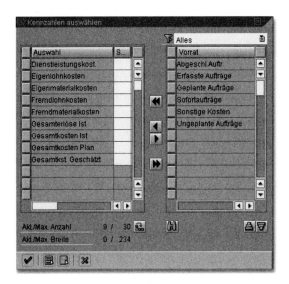

Abbildung 5.134 Auswahl anderer Kennzahlen

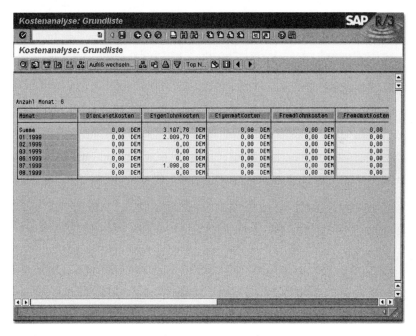

Abbildung 5.135 Kostenanalyse über Kostenarten und Zeitraum

Positionieren Sie den Cursor auf der Kennzahl in der Grund- oder Aufrißliste, für die Sie einen Vorjahresvergleich durchführen möchten. Wählen Sie **Bearbeiten · Vergleiche · Vorjahr/Aktuell,** und Sie erhalten ein Dialogfenster mit den Vergleichsdaten.

Sie können auch eine Kennzahl der aktuell am Bildschirm angezeigten Liste mit einer anderen Kennzahl vergleichen. Sie erhalten für alle Merkmalswerte der Liste die Werte zu den beiden Vergleichskennzahlen sowie die Differenz (absolut und prozentual) zwischen den Kennzahlen. Dabei können jeweils nur Kennzahlen mit Währung, Mengeneinheit oder ohne Einheit miteinander verglichen werden. Wählen Sie beispielsweise eine Kennzahl mit Währung aus, schlägt Ihnen das System automatisch für den Vergleich nur Kennzahlen vor, die ebenfalls eine Währung haben.

Positionieren Sie den Cursor auf der Kennzahl in der Liste, für die Sie einen Kennzahlenvergleich durchführen möchten. Wählen Sie **Bearbeiten · Vergleiche · Zwei Kennzahlen.** Sie erhalten ein Dialogfenster, in dem Ihnen Kennzahlen für einen Vergleich angeboten werden. Markieren Sie die gewünschte Kennzahl, und wählen Sie **Weiter.** Sie erhalten ein Dialogfenster mit den Vergleichsdaten.

Wie Sie IH-Leistungsarten für die Kostenanalyse definieren

In der Kostenanalyse ist neben der Auftragsart auch die sogenannte IH-Leistungsart ein wichtiges Merkmal. Die IH-Leistungsart dient als Gruppierungselement für IH-Aufträge und legt die Art der erbrachten Instandhaltungsleistung fest. Im Standard werden Leistungen für Instandsetzungen, Stillstände, planmäßige Tätigkeiten und Inspektionen unterschieden. Sie können im Customizing aber auch jede andere Art der erbrachten Leistung festhalten.

Tip Die IH-Leistungsart ist nicht mit der Leistungsart aus der Kosten- und Leistungsrechnung im CO zu verwechseln.

Ensprechend Ihren Einstellungen im Customizing erscheint die IH-Leistungsart beim Anlegen eines IH-Auftrags automatisch auf der Registerkarte **Kopfdaten** (▲Abbildung 5.136).

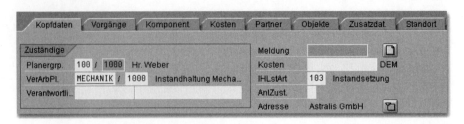

Abbildung 5.136 IH-Leistungsart im Auftrag

Diese Einstellungen nehmen Sie im Customizing der IH-Aufträge unter **Funktionen und Einstellungen der Auftragsarten · IH-Leistungsart** vor. Rufen Sie zunächst **IH-Leistungsarten festlegen** auf, und ergänzen Sie gegebenenfalls die vorgesehenen IH-Leistungsarten (▲ Abbildung 5.137).

101	Inspektion
102	Wartung
103	Instandsetzung
111	Aufarbeitung
201	Garantiefall
202	Versicherungsfall
300	Stillstand

Abbildung 5.137 Vorgesehene IH-Leistungsarten

Nachdem Sie Ihre IH-Leistungsarten definiert haben, ordnen Sie jeder Auftragsart die zugehörigen IH-Leistungsarten zu. Beispielsweise können in einem Auftrag mit der Auftragsart PM01 im Feld **IH-Leistungsart** die Leistungsarten **Instandsetzung, Garantiefall und Versicherungsfall** mit F4 ausgewählt werden. Rufen Sie dazu **IH-Auftragsarten zulässige IH-Leistungsarten zuordnen** auf (▲ Abbildung 5.138).

PM01	103	Instandsetzung
PM01	201	Garantiefall
PM01	202	Versicherungsfall
PM02	002	Wartung
PM02	101	Inspektion
PM02	102	Wartung
PM03	102	Wartung
PM03	103	Instandsetzung
PM03	300	Stillstand
PM04	111	Aufarbeitung

Abbildung 5.138 Auftragsarten IH-Leistungsarten zuordnen

Pro Auftragsart können Sie eine dieser IH-Leistungsarten, die nach diesen Einstellungen prinzipiell möglich sind, als Vorschlagswert definieren. Rufen Sie dazu **Vorschlagswerte IH-Leistungsart pro Auftragsart** auf. In Abbildung 5.139 wird deutlich, warum ein Auftrag mit der Auftragsart PM01 nach dem Anlegen automatisch die Leistungsart **Instandsetzung** erhält.

Art	Auftragsart-Bezeichnung	I...	ILA-Bezeichnung
PM01		103	Instandsetzung
PM02		102	Wartung
PM03		103	Instandsetzung
PM04		111	Aufarbeitung

Abbildung 5.139 Vorschlagswert IH-Leistungsart für eine Auftragsart

Abbildung 5.140 zeigt noch einmal alle notwendigen Customizing-Einstellungen in einem grafischen Überblick.

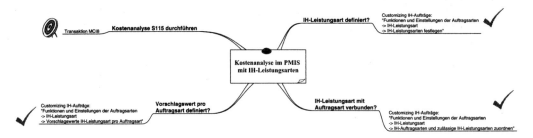

Abbildung 5.140 Customizing-Einstellungen zur Kostenanalyse im PMIS mit IH-Leistungsarten

6 Geschäftsprozeß: Geplante Instandhaltung

6.1 Aufgaben des IH-Technikers

Die Rolle des Instandhaltungstechnikers wurde in Kapitel 5.1 bereits behandelt. Die Aufgaben des Technikers in der geplanten Instandhaltung unterscheiden sich nicht von denen in der störungsbedingten und planbaren Instandhaltung. Daher sei an dieser Stelle auf das Kapitel 5.1 verwiesen.

6.2 Aufgaben des IH-Planers

Die Rolle und Aufgaben des Instandhaltungsplaners wurden ebenso wie der Aufbau von Instandhaltungsaufträgen in Kapitel 5.2 bereits behandelt.

6.2.1 Planmäßige versus laufende Instandhaltung

Der Begriff »planmäßige Instandhaltung« umfaßt alle Instandhaltungsarbeiten, die bezüglich ihres Arbeitsumfanges und Termins geplant werden können, das sind regelmäßige Inspektionen, wiederkehrende Wartungen und geplante Instandsetzungen.

Unter »laufender Instandhaltung« versteht man die Instandhaltungsarbeiten, die nicht auf regelmäßiger Planung von Maßnahmen beruhen. Arbeitspläne für laufende Instandhaltung dienen jedoch auch in diesem Fall als Grundlage für einen Instandhaltungsauftrag. Darüber hinaus können Arbeitspläne als Vorlage und Erfassungshilfe bei der Bearbeitung von Instandhaltungsaufträgen verwendet werden, indem einem Auftrag ein Arbeitsplan zugeordnet wird – was den Arbeitsaufwand bei der Planung von Instandhaltungstätigkeiten erheblich verringert.

In der Komponente PM ist es möglich, innerhalb der Arbeitspläne für planmäßige Instandhaltung die Intervalle, in denen die einzelnen Arbeitsschritte ausgeführt werden sollen, zu definieren. In der Wartungsplanung ordnen Sie in einem zweiten Schritt diese Arbeitspläne einem Wartungsplan zu. Durch diese Zuordnung ist gewährleistet, daß bei der Terminierung der Arbeiten die richtigen Vorgänge in einen Instandhaltungsauftrag übernommen werden.

Der Wartungsplan beschreibt Termine und Umfang der durchzuführenden Wartungs- und Inspektionsmaßnahmen an Instandhaltungsobjekten. In Abschnitt 6.2.3 wird die Wartungsplanung näher beschrieben.

Das System bietet die Möglichkeit, Instandhaltungsaufträge und Wartungspläne mit Hilfe von Arbeitsplänen zeitsparend zu erstellen, da ein Bezug auf bereits im Arbeitsplan erfaßte Vorgänge und Abläufe hergestellt wird. Es ist ebenfalls möglich, Prüfmerkmale aus der Komponente QM-Qualitätsmanagement in Arbeitspläne einzubinden und die Arbeitspläne auch in die Prüfmittelverwaltung einzubeziehen. Das kann dann sinnvoll sein, wenn zu jedem individuellen Prüfmittel eigene Daten gehalten oder eine Ergebnishistorie geführt werden soll.

6.2.2 Arbeitsplanung

Grundsätzliches zum Instandhaltungsarbeitsplan

Zweck der Instandhaltungsarbeitspläne ist es, eine Abfolge von einzelnen Instandhaltungstätigkeiten, die in einem Unternehmen wiederkehrend ausgeführt werden müssen, wie Wartungen, Inspektionen oder Instandsetzungen, zu beschreiben. Um diese Arbeitsabläufe zu standardisieren und effektiv zu planen, verwendet man Instandhaltungsarbeitspläne. Eine Reihe von Herstellern liefert ihre technischen Objekte bereits mit Arbeitsplänen aus, häufiger werden die Arbeitspläne jedoch innerhalb des eigenen Unternehmens und im eigenen System erstellt und bearbeitet.

Der Pflege- und Bearbeitungsaufwand verringert sich durch die Verwendung von Arbeitsplänen, beispielsweise, wenn sich standardisierte Arbeitsabläufe aufgrund neuer gesetzlicher Bestimmungen ändern. In diesem Fall müssen diese Änderungen lediglich an einer Stelle im entsprechenden Arbeitsplan vorgenommen werden. Die Instandhaltungsaufträge und Wartungspositionen, die sich auf den geänderten Arbeitsplan beziehen, erhalten automatisch den aktualisierten Stand der Arbeitsabläufe.

Drei Typen von Instandhaltungsarbeitsplänen, die durch ein Kennzeichen voneinander unterschieden werden, werden im System angeboten. Diese Arbeitsplantypen können für laufende und planmäßige Instandhaltung verwendet werden:

▶ **Instandhaltungsanleitungen**
sind Arbeitspläne für allgemeine Instandhaltungsarbeiten, die sich nicht auf ein konkretes technisches Objekt beziehen. Mit einer Anleitung können bestimmte Abfolgen von Instandhaltungsarbeiten zentral definiert und verwaltet und in weiterer Folge für die Arbeitsplanung verwendet werden.

▶ **Equipmentpläne und Pläne für Technische Plätze**
Ein Equipmentplan ist an ein bestimmtes Equipment oder einen bestimmten Technischen Platz gebunden. Instandhaltungsarbeiten können zentral definiert und verwaltet, Wartungspläne und Instandhaltungsaufträge für Equipments oder Technische Plätze vorbereitet werden.

Wollen Sie Arbeitspläne für planmäßige Instandhaltung verwenden, können Sie den Arbeitsplan einem Wartungsplan oder einer oder mehreren Wartungspositionen zuordnen. Die im Arbeitsplan beschriebenen Vorgänge werden an allen technischen Objekten, die der Wartungsposition zugeordnet sind, ausgeführt. Die Vorgänge des Arbeitsplanes werden zu den Zeitpunkten fällig, die das System bei der Terminierung des Wartungsplans errechnet.

Aufbau und Struktur von Arbeitsplänen: Ähnliche Instandhaltungsarbeitspläne können zu Gruppen zusammengefaßt werden. Die Plangruppe enthält eine Reihe von Arbeitsplänen, die ähnliche Instandhaltungsarbeiten beschreiben. Die einzelnen Elemente des Arbeitsplans werden im folgenden Abschnitt genauer behandelt.

Elemente des Arbeitsplans

Vorgänge beschreiben die einzelnen Instandhaltungsarbeiten, die durchzuführen sind. Informationen wie Zeit, ausführender Arbeitsplatz, Beschreibung der auszuführenden Arbeiten und andere Steuerungsdaten für einzelne Instandhaltungsarbeiten sind Bestandteile dieser Beschreibungen. Die Aufgaben des Vorganges sind u. a. die Bestimmung des Kapazitätsbedarfs, die Festlegung von Terminen auf Vorgangsebene, die Angabe von benötigten Ersatzteilen und Fertigungshilfsmitteln und die Bestimmung des Ablaufs bei der Abarbeitung durch Festlegung von Anordnungsbeziehungen zwischen den einzelnen Vorgängen.

Mit dem **Steuerschlüssel** wird die Art des Vorgangs definiert. Der Steuerschlüssel legt die Art des Vorgangs (Eigen- oder Fremdbearbeitung), die betriebswirtschaftliche Funktion, die mit dem Vorgang durchgeführt wird, und die Bearbeitung des Vorgangs während der Durchführungszeit (beispielsweise, ob der Vorgang ausgedruckt und zurückgemeldet werden soll), fest. Für jeden Vorgang ist es grundsätzlich möglich, sowohl die Eigen- als auch die Fremdbearbeitungsdaten zu erfassen. Erst durch die Zuordnung des Steuerschlüssels wird entschieden, ob der Vorgang in Eigen- oder in Fremdbearbeitung abgearbeitet wird. Der Steuerschlüssel kann, wie in den Abbildungen 6.1 und 6.2 gezeigt, sowohl im Bild **Vorgangsübersicht** als auch in den Detailbildern der einzelnen Vorgänge gepflegt werden.

Allgemeine Vorgangsübersicht

Vrg	Uvrg	ArbPlatz	Werk	Steu	Vorgangsbeschreibung	L	Arbeit	Eh.	Anz	Dauer	Eh.	VertEigB	Fkt	LstArt
0010		ELEKTRIK	1000	PM01	Stromversorgung abtrennen		30	MIN	30	MIN			1	1410
0020		ELEKTRIK	1000	PM01	Äußere Prüfung auf Rost, Undichtigkeit		30	MIN	30	MIN			1	1410
0030		ELEKTRIK	1000	PM01	Innnere Prüfung auf Rost		30	MIN	30	MIN			1	1410
0040		ELEKTRIK	1000	PM01	Überprüfung der Kabel und Isolierung		30	MIN	30	MIN			1	1410
0050		ELEKTRIK	1000	PM01	Kohlebürsten austauschen		30	MIN	30	MIN			1	1410
0060		ELEKTRIK	1000	PM01	Sicherheitsprüfung und Funktionstest		30	MIN	30	MIN			1	1410

Abbildung 6.1 Vorgangsübersicht

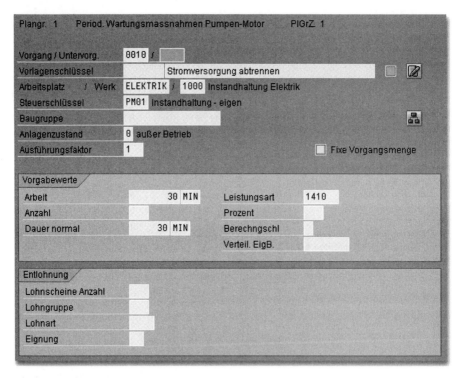

Abbildung 6.2 Vorgangsdetailbild

In der Komponente PM können für alle Vorgänge als weitere Detaillierungsstufe des Instandhaltungsarbeitsplans **Untervorgänge** angelegt werden. Diese Untervorgänge, die zum Teil dieselben Informationen wie die Vorgänge selbst enthalten können, stehen hierarchisch unterhalb des Vorgangs. Mehrere Untervorgänge können einem Vorgang zugeordnet werden. Dies kann dann von Vorteil sein, wenn mehrere Arbeitsplätze an einem Vorgang beteiligt sind oder wenn Mitarbeiter mit unterschiedlichen Qualifikationen an einem Vorgang arbeiten.

Materialkomponenten sind Materialien, die für Instandhaltungsarbeiten benötigt werden. Komponenten aus der Stückliste des Instandhaltungsobjekts (Equipment, Technischer Platz oder Baugruppe), das dem Arbeitsplan zugeordnet ist, und Lagermaterialien, die nicht in der Stückliste des Instandhaltungsobjekts stehen, können den Vorgängen in Instandhaltungsarbeitsplänen zugeordnet werden. Das System übernimmt die dem Arbeitsplan zugeordneten Materialkomponenten in den Instandhaltungsauftrag, wenn der Arbeitsplan im Auftrag aufgelöst wird. Abbildung 6.3 zeigt die Materialkomponenten, die einem Vorgang eines Arbeitsplans zugeordnet sind.

| Plangr. | 1 | Period. Wartungsmassnahmen Pumpen-Motor | | | | PlGrZ. | 1 | | | | | | | | |

| Vorgang | 0050 | Kohlebürsten austauschen | | | | | | | | | | | | | |

Komponentenselektion

Materialkomponentenzuordnungen

Material	ME	Res/BAnf	Komponentenbez.	T	Baugruppe	SortBegr.	Pos.	Kalk.	InstRel	IHBGrp	ErsTlKz	Werk	LiefZeit	Warengrp	StlTyp	Stückliste
MR-1000	ST		Rotor, E-Motor 250 kW	L	M-1000		0030	X	☑	☑		1000	0	011	M	00000000
MC-1000	ST		Gehäuse, Pumpenmotor elek..	L	M-1000		0010	X	☑	☑		1000	0	011	M	00000000
MB-1000	ST		Kohlebuersten, Elektromotor	L	M-1000		0040	X	☑	☐		1000	0	002	M	00000000
400-510	ST		Kugellager	L		STANDARD	0000		☐	☐			0		S	00000025

Abbildung 6.3 Materialkomponenten zu einem Vorgang

Fertigungshilfsmittel sind Kapazitäten, die zur Durchführung eines Arbeitsvorganges an einem Arbeitsplatz benötigt werden. Fertigungshilfsmittel sind – im Gegensatz zu Maschinen und technischen Geräten – mobil und nicht an einen bestimmten Standort gebunden. Werkzeuge, Lastaufnahmemittel oder Meß- und Prüfmittel für Qualitätsprüfungen können Fertigungshilfsmittel sein. Werden Arbeitsabläufe in Instandhaltungsarbeitsplänen geplant und ist zum Zeitpunkt der Planung bereits bekannt, welche Fertigungshilfsmittel zur Durchführung der Vorgänge benötigt werden, ist es sinnvoll, diese Hilfsmittel in den Arbeitsplänen anzugeben.

In der Instandhaltung mit R/3 unterscheidet man vier Arten von Stammsätzen für Fertigungshilfsmittel:

▶ **Material**
Wird ein Fertigungshilfsmittel als Material angelegt, können im System alle Funktionen, die für Materialstammsätze zur Verfügung stehen, genutzt werden. Das System unterstützt die Beschaffung dieser FHM-Art, d.h., diese Fertigungshilfsmittel können sowohl fremdbeschafft als auch in Eigenregie gefertigt werden. Die Bestandsführung kann in diesem Fall sowohl auf Mengen- als auch auf Wertbasis verwendet werden.

▶ **Equipment**
In diesem Fall können alle Funktionen, die es im System für Equipmentstammsätze gibt, genutzt werden. Das ist besonders für die Fertigungshilfsmittel sinnvoll, die eigenständig instandgehalten, in regelmäßigen Abständen gewartet werden müssen oder für die Nachweise über durchgeführte Instandhaltungsmaßnahmen oder Einsatzzeiten geführt werden müssen.

▶ **Dokument**
Um ein Fertigungshilfsmittel wie ein Dokument im R/3-System zu verwalten, kann für ein FHM ein Dokumentenstammsatz angelegt werden. Ein Dokument ist ein Datenspeichermedium, das entweder Informationen für den Benutzer enthält oder zur Datenübertragung von einem System zu einem anderen verwendet wird. Es kann beispielsweise einen Überblick über all jene Equipments enthalten, die instandgehalten werden müssen.

► **FHM-Stamm (Sonstige)**

In diesem Fall kann das System die Beschaffung dieser Fertigungshilfsmittel nicht unterstützen, die Bestandsführung ist nicht möglich. Der Vorteil dieser FHM-Art liegt darin, daß für diesen Stammsatz wenig Datenpflege notwendig ist. Abbildung 6.4 zeigt die Zuordnung von Fertigungshilfsmitteln zu einem Vorgang.

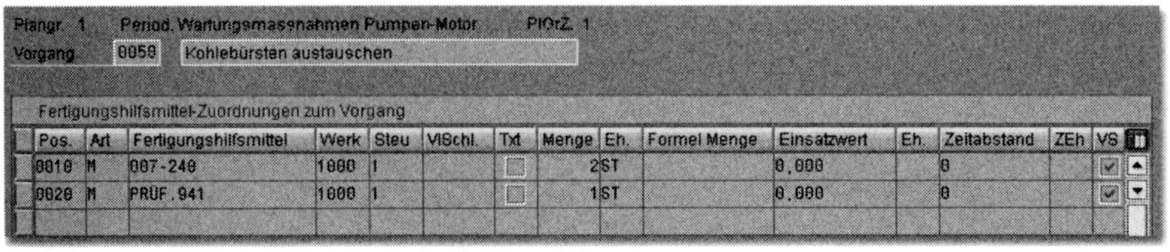

Abbildung 6.4 Fertigungshilfsmittel zu einem Vorgang

Mit Hilfe von **Anordnungsbeziehungen** können Vorgänge von Instandhaltungsarbeitsplänen vernetzt werden. Eine Anordnungsbeziehung beschreibt die zeitliche Abhängigkeit zwischen zwei Vorgängen in einem Instandhaltungsarbeitsplan. Sie legt beispielsweise fest, daß ein bestimmter Vorgang erst beginnen darf, wenn ein anderer Vorgang abgeschlossen ist, oder daß ein Vorgang frühestens dann beendet werden kann, wenn ein anderer Vorgang abgeschlossen ist.

Durch die Anordnungsbeziehung wird ein Vorgang zum Vorgänger oder Nachfolger eines anderen Vorgangs. Durch die Verwendung von Anordnungsbeziehungen wird ein Instandhaltungsarbeitsplan mit einem Standardnetz aus der Komponente PS-Projektsystem vergleichbar. Er wird dadurch zur Grundlage für die Planung, Beschreibung und Steuerung von Ressourcen.

Mit der Art von Anordnungsbeziehungen wird festgelegt, wie einzelne Vorgänge miteinander verknüpft sind. Die verschiedenen Ausprägungen sind nachfolgend dargestellt.

Normalfolge: Das Ende eines Vorgangs wird mit dem Anfang des nachfolgenden Vorgangs verknüpft. Der Vorgang »Einbau des Equipments in einen Technischen Platz oder ein übergeordnetes Equipment« kann beispielsweise frühestens dann beginnen, wenn der Vorgang »Instandsetzung des Equipments« abgeschlossen ist. Abbildung 6.5 zeigt die schematische Darstellung der Normalfolge.

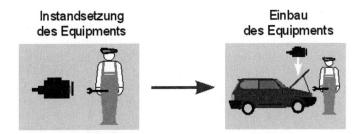

Abbildung 6.5 Normalfolge

Anfangsfolge: Der Anfang eines Vorgangs wird mit dem Anfang des nachfolgenden Vorgangs verknüpft. Beispielsweise kann der Vorgang »Malerarbeiten« frühestens beginnen, wenn der Vorgang »Gerüst aufstellen« begonnen wurde. In Abbildung 6.6 ist die Anfangsfolge dargestellt.

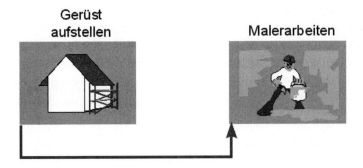

Abbildung 6.6 Anfangsfolge

Endfolge: Das Ende eines Vorgangs wird mit dem Ende des nachfolgenden Vorgangs verknüpft. Der Vorgang »Gerüst abbauen« kann frühestens dann beendet sein, wenn der Vorgang »Malerarbeiten« beendet ist. Abbildung 6.7 zeigt dieses Beispiel.

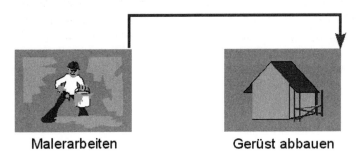

Abbildung 6.7 Endfolge

Sprungfolge: Der Anfang eines Vorgangs wird mit dem Ende des nachfolgenden Vorgangs verknüpft. Wie Abbildung 6.8 beispielhaft zeigt, kann der Vorgang »Inbetriebnahme« frühestens beendet sein, wenn der Vorgang »Abnahme« begonnen wurde.

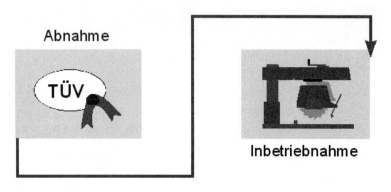

Abbildung 6.8 Sprungfolge

In **Wartungszyklen und -paketen** ist der Zeitpunkt oder Leistungsstand festgelegt, zu dem eine Wartung durchgeführt werden muß. In der Wartungsplanung unterscheidet man Wartungsplanarten, die ohne Wartungsstrategie und solche, die mit Wartungsstrategie angelegt werden.

Für Wartungspläne ohne Wartungsstrategie, beispielsweise Einzelzyklus- oder Mehrfachzählerpläne, werden die Wartungszyklen direkt im Wartungsplan angelegt. Für das Anlegen von Mehrfachzählerplänen sind Kopiervorlagen für Wartungszyklen, die sogenannten Zyklussets, vorgesehen. Die Wartungspläne, die mit einer Wartungsstrategie angelegt werden, beispielsweise zeit- oder leistungsabhängige Strategiepläne, enthalten sogenannte Wartungspakete, die in der Wartungsstrategie definiert werden.

Datenübernahme: Wollen Sie Instandhaltungsarbeitspläne für Equipments oder Technische Plätze mit Stückliste anlegen, können Sie als Vorlage einen Arbeitsplan eines Equipments oder Technischen Platzes mit identischer Struktur, aber eigener Stücklistennummer verwenden. Beim Anlegen übernimmt das System nur bestimmte Materialien aus der Vorlage.

> **Beispiel** Wie das System bei der Datenübernahme vorgeht, zeigt das folgende Beispiel. Equipment 1 besitzt die in Abbildung 6.9 dargestellte Struktur, die Materialien und Baugruppen beinhaltet.

Equipment 2 wird zu einem späteren Zeitpunkt erworben. Die Struktur ist identisch mit der von Equipment 1, deshalb kopieren Sie die Stückliste von Equipment 1. Durch diesen Kopiervorgang besitzt die Stückliste von Equipment 2 eine andere Nummer als die von Equipment 1. Abbildung 6.10 zeigt diese Struktur.

Für Equipment 1 existiert bereits der Instandhaltungsarbeitsplan **Plan A**, in dem die Materialien 1 bis 4 aus der Stückliste des Equipments 1 zugeordnet sind. Für Equipment 2 legen Sie den Arbeitsplan **Plan B** mit Vorlage des Arbeitsplans **Plan A** an. Das Ergebnis ist, daß im Arbeitsplan **Plan 2** nur die Materialien 3 und 4 enthalten sind. Die Ursache liegt darin, daß das System beim Anlegen eines Instandhaltungsarbeitsplans mit Vorlage nur Teile mit identischem Stück-listenbezug kopiert. Wie Abbildung 6.9 und 6.10 zeigen, haben nur die Materialien 3 und 4 in beiden Equipmentstücklisten den gleichen Bezug, nämlich **Baugruppe 1**. Die Materialien 1 und 2 haben unterschiedliche Bezüge, im ersten Fall **Equipment 1** und in der zweiten Struktur **Equipment 2**.

Damit das System beim Anlegen eines Arbeitsplans mit Vorlage alle in der Vor-lage zugeordneten Materialien kopiert, müssen Sie für identisch strukturierte Equipments eine für alle gültige Stückliste anlegen. Dazu geben Sie für jedes dieser Equipments den Bautyp an und erstellen eine Stückliste für diesen Bau-typ. Diese Stückliste ist identisch mit der von Equipment 1 aus dem Beispiel. Da sie aber eine eigene Nummer hat und mit dieser Nummer im Stammsatz jeder der identischen Stücklisten steht, ist der identische Stücklistenbezug gegeben. Beim Anlegen eines Instandhaltungsarbeitsplans mit Vorlage kann das System somit alle in der Vorlage zugeordneten Materialien übernehmen.

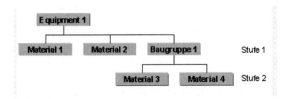

Abbildung 6.9 Struktur von Equipment 1

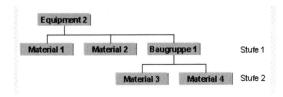

Abbildung 6.10 Struktur von Equipment 2

Wie Sie Instandhaltungsarbeitspläne anlegen und bearbeiten

Um einen Instandhaltungsarbeitsplan anzulegen, wählen Sie **Logistik · Instand-haltung · Arbeitsplanung**. Sie gelangen auf das Bild **Arbeitspläne Instandhal-tung**.

Nummernvergabe: Wenn Sie den ersten Instandhaltungsarbeitsplan anlegen, wird er mit einer Plangruppennummer und einem Gruppenzähler gebucht. Jeder weitere Arbeitsplan, den Sie z. B. für dasselbe Equipment oder innerhalb dersel-ben Arbeitsplangruppe anlegen, speichert das System mit einem Zähler.

▶ **Für Equipmentpläne und Pläne für Technische Plätze**
Die Nummern für diese Arbeitspläne werden intern vergeben. Haben Sie einen Equipmentplan oder Plan für einen Technischen Platz angelegt, informiert Sie das System, unter welcher Nummer es den Arbeitsplan gespeichert hat. Der erste Arbeitsplan, den Sie für ein bestimmtes Equipment oder für einen be-stimmten Technischen Platz anlegen, wird durch eine Arbeitsplangruppennum-mer und einen Zähler identifiziert. Weitere Arbeitspläne für dasselbe Equip-ment oder denselben Technischen Platz werden durch den Zähler innerhalb der Gruppe identifiziert.

▶ **Für Instandhaltungsanleitungen**
Die Nummernvergabe läuft grundsätzlich so ab wie die Nummernvergabe für Equipmentpläne, allerdings ist für Instandhaltungsanleitungen sowohl interne als auch externe Nummernvergabe möglich. Die Plangruppennummer hat für Anleitungen eine größere Bedeutung, da sie benötigt wird, um eine Anleitung aufzurufen. Haben Sie sich für eine externe Nummernvergabe entschlossen, müssen Sie der Anleitung eine alphanumerische oder eine numerische Grup-penidentifikation geben. Diese Nummer darf noch nicht vergeben worden sein, und sie muß innerhalb des definierten Nummernkreises liegen.

Anlegen eines Equipmentplans: Wählen Sie **Arbeitspläne · Zum Equipment · Anlegen**. Geben Sie die Equipmentnummer und ggf. die existierende Profil-nummer ein, und wählen Sie **Weiter**.

Anlegen eines Technischen-Platz-Plans: Wählen Sie **Arbeitspläne · Zum Techn.Platz · Anlegen**. Sie gelangen auf das Einstiegsbild zum Anlegen von In-standhaltungsarbeitsplänen. Geben Sie die Kennzeichnung des Technischen Platzes und ggf. die existierende Profilnummer ein, wählen Sie **Weiter**.

Anlegen einer Instandhaltungsanleitung: Wählen Sie Arbeitspläne · Anlei-tungen · Anlegen. Sie gelangen auf das Einstiegsbild zum Anlegen von In-standhaltungsarbeitsplänen. Geben Sie entweder keine Daten oder die existie-rende Gruppen- oder Profilnummer ein, und wählen Sie Weiter.

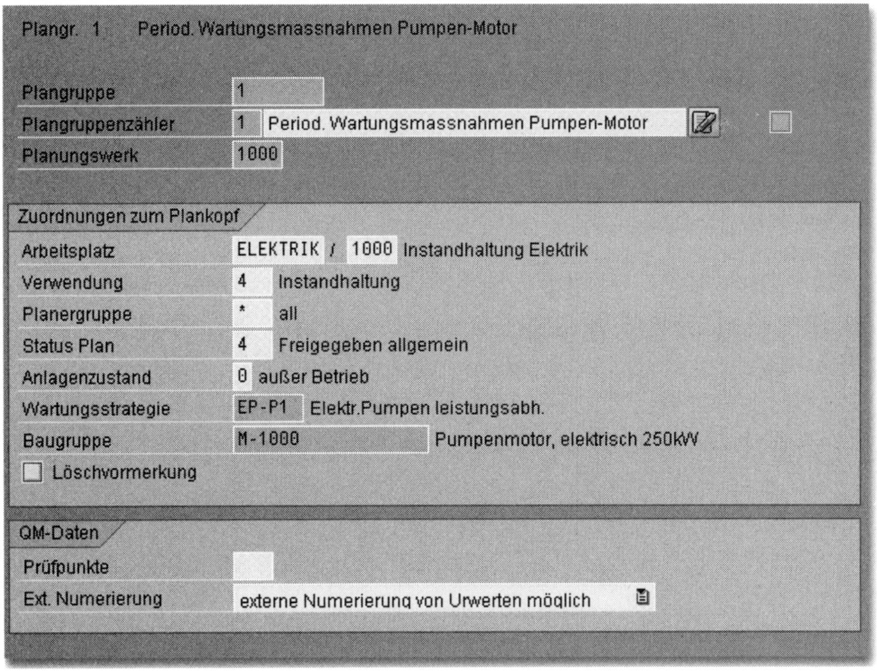

Abbildung 6.11 Kopfdaten eines Instandhaltungsarbeitsplans

Wenn bereits eine Instandhaltungsanleitung existiert, gelangen Sie auf die Planübersicht. Um von diesem Bild aus einen neuen Arbeitsplan anzulegen, wählen
Sie Bearbeiten · Neue Einträge. Sie gelangen auf das Bild **Kopf Allgemeine Sicht**,
wo Sie alle relevanten Daten bearbeiten können.

Existiert noch keine Instandhaltungsanleitung, gelangen Sie, wie in Abbildung 6.11
gezeigt, auf das Bild **Kopf Allgemeine Sicht**. Um von diesem Bild aus einen neuen
Arbeitsplan anzulegen, erfassen Sie die Kopfdaten der Anleitung, und sichern sie.

Zuordnung einer Wartungsstrategie: Wollen Sie einen Instandhaltungsarbeitsplan für die planmäßige Instandhaltung verwenden, so können Sie den einzelnen
Vorgängen des Arbeitsplans Wartungspakete zuordnen. Vorsicht, es ist nicht
möglich, Untervorgängen Wartungspakete zuzuordnen. Voraussetzung dafür ist,
daß dem Arbeitsplan eine Wartungsstrategie zugeordnet ist. In der Bildgruppe
Zuordnungen zum Plankopf finden Sie den Eintrag **Wartungsstrategie**. Hier
wählen Sie eine geeignete zeit- oder zählerbasierte Strategie, beispielsweise eine
kalendergenaue oder stichtagsgenaue Terminierung für zeitbasierte Strategien
oder Terminierung nach Laufleistung oder nach Umdrehungen für leistungsba-
sierte Strategien, aus.

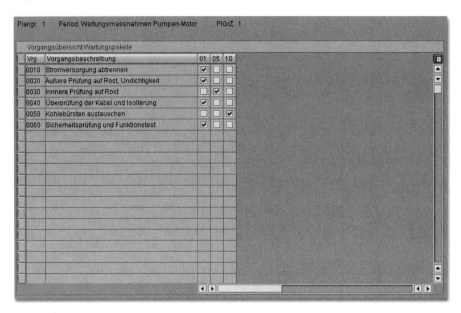

Plangr. 1   Period. Wartungsmassnahmen Pumpen-Motor   PlGrZ 1

Vorgangsübersicht Wartungspakete				
Vrg	Vorgangsbeschreibung	01	05	10
0010	Stromversorgung abtrennen	☑	☐	☐
0020	Äußere Prüfung auf Rost, Undichtigkeit	☑	☐	☐
0030	Innnere Prüfung auf Rost	☐	☑	☐
0040	Überprüfung der Kabel und Isolierung	☑	☐	☐
0050	Kohlebürsten austauschen	☐	☐	☑
0060	Sicherheitsprüfung und Funktionstest	☑	☐	☐

Abbildung 6.12 Zuordnung der Vorgänge zu Wartungspaketen

Um den einzelnen Vorgängen Wartungspakete zuzuordnen, wählen Sie vom Plankopf ausgehend **Springen · Vorgangsübersicht** und die Drucktaste **Wpakete** oder in der Vorgangsübersicht **Vorgang · Springen · Übersicht · Wartungspakete**. Sie gelangen auf das in Abbildung 6.12 gezeigte Bild **Wartungspaketübersicht**.

Ordnen Sie für die einzelnen Vorgänge die Wartungspakete zu, oder markieren Sie einen oder mehrere Vorgänge, und wählen Sie die Drucktaste **Wartungspakete**, um die in Abbildung 6.13 gezeigte Detailansicht zu erhalten.

Hier können Sie durch Wählen der Drucktaste **Wartungspaketselektion** alle Pakete der zuvor zugeordneten Wartungsstrategie anzeigen und ein geeignetes Paket auswählen.

Achtung   Sobald Sie den Vorgängen Wartungspakete zugeordnet haben, können Sie die Wartungsstrategie im Arbeitsplan nicht mehr ändern.

Anlegen eines Instandhaltungsarbeitsplans oder einer Anleitung mit Vorlage:
Wollen Sie einen neuen Instandhaltungsarbeitsplan, egal, ob Anleitung, Equipment- oder Technischen-Platz-Plan, anlegen, können Sie die Erfassungszeit verkürzen, indem Sie einen bestehenden Arbeitsplan als Vorlage verwenden. Das System übernimmt die enthaltenen Daten wie beispielsweise Kopfdaten und Arbeitsvorgänge in den neuen Plan. Selbstverständlich können Sie die übernommenen Daten ändern.

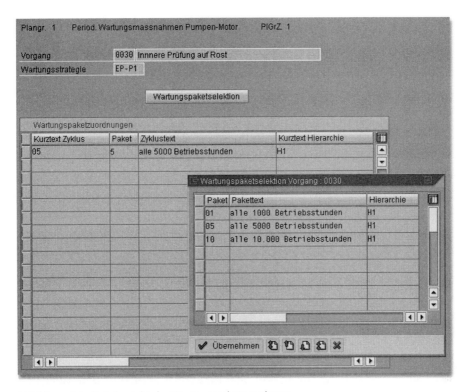

Plangr. 1   Period. Wartungsmassnahmen Pumpen-Motor   PlGrZ. 1

Vorgang   0030 Innnere Prüfung auf Rost
Wartungsstrategie   EP-P1

                        Wartungspaketselektion

Wartungspaketzuordnungen

Kurztext Zyklus	Paket	Zyklustext	Kurztext Hierarchie	
05	5	alle 5000 Betriebsstunden	H1	

Wartungspaketselektion Vorgang : 0030

Paket	Pakettext	Hierarchie	
01	alle 1000 Betriebsstunden	H1	
05	alle 5000 Betriebsstunden	H1	
10	alle 10.000 Betriebsstunden	H1	

✔ Übernehmen

Abbildung 6.13 Detailansicht der Wartungspaketzuordnung

Wählen Sie, ausgehend von den zuvor beschriebenen Menüs zum **Anlegen eines Equipmentplans, Anlegen eines Technischen-Platz-Plans** oder **Anlegen einer Instandhaltungsanleitung,** einen der folgenden Pfade:

▶ Zum Anlegen eines Equipmentplans: **Equipmentplan · Vorlage kopieren**

▶ Zum Anlegen eines Technischen-Platz-Plans: **Techn.-Platz-Plan · Vorlage kopieren**

▶ Zum Anlegen einer Instandhaltungsanleitung: **Anleitung · Vorlage kopieren**

Sie gelangen auf ein Dialogfenster, das Ihnen die Möglichkeit zur Auswahl des Arbeitsplantyps bietet. Wählen Sie hier aus, welchen Arbeitsplantyp Sie als Vorlage verwenden möchten und wählen Sie **Weiter.**

Tip Um einen Arbeitsplan oder eine Instandhaltungsanleitung mit Vorlage anzulegen, können Sie jeden Arbeitsplantyp verwenden.

Das System führt Sie zu einem weiteren Dialogfenster, das Felder für die Selektion eines Arbeitsplans oder einer Anleitung, die Sie für den neuen Arbeitsplan oder eine neue Instandhaltungsanleitung als Vorlage verwenden möchten, enthält. Geben Sie die erforderlichen Daten ein, und wählen Sie **Weiter.**

Das System führt Sie zu einem weiteren Dialogfenster. Es enthält eine Liste der Plangruppen, die den angegebenen Kriterien entsprechen. Wählen Sie aus der Liste den Arbeitsplan aus, dessen Daten Sie in den neu anzulegenden Arbeitsplan übernehmen möchten. Entspricht nur ein einziger Arbeitsplan den Auswahlkriterien, werden die Daten der Vorlage automatisch im **Kopf Allgemeine Sicht** des neuen Arbeitsplans angezeigt.

Wählen Sie **Weiter**, damit die Daten in den neuen Arbeitsplan kopiert werden. Ändern oder ergänzen Sie hier die erforderlichen Daten, und sichern Sie den Arbeitsplan oder die Anleitung.

Achtung Die folgenden Daten aus der Vorlage werden vom System nicht in den neuen Arbeitsplan übernommen:
▶ Wartungspakete bei Arbeitsplänen für planmäßige Instandhaltung
▶ frei zugeordnete Materialien

Anlegen von Vorgängen: Die Komponente PM bietet Ihnen für Instandhaltungsarbeitspläne zwei Arten von Vorgängen an: Eigenbearbeitungsvorgänge und Fremdbearbeitungsvorgänge. Die in den Vorgängen enthaltenen Daten sind vor allem für die Terminierung der Arbeiten relevant, wenn der Arbeitsplan im Instandhaltungsauftrag aufgelöst und in weiterer Folge der Auftrag geplant wird.

Rufen Sie den Arbeitsplan im Anlege- oder Änderungsmodus auf, und wählen Sie **Springen · Vorgangsübersicht**. Markieren Sie die Vorgänge, für die Sie Detaildaten erfassen möchten, und wählen Sie eine der folgenden Optionen:

▶ Um Eigenbearbeitungsdaten zu erfassen, wählen Sie **Vorgang · Eigenbearbeitung**
▶ Um Fremdbearbeitungsdaten zu erfassen, wählen Sie **Vorgang · Fremdbearbeitung**

Geben Sie die erforderlichen Daten ein, kehren Sie zur Vorgangsübersicht zurück, und sichern Sie Ihre Eingaben. Um den nächsten markierten Vorgang aufzurufen, wählen Sie **Vorgang · Weitere Vorgänge · Nächster Vorgang**. Sie gelangen auf das Erfassungsbild für den nächsten markierten Vorgang.

Relevante Einstellungen im Customizing: Der Customizing-Pfad **Instandhaltung und Kundenservice · Wartungspläne, Arbeitsplätze, Arbeitspläne und Fertigungshilfsmittel · Arbeitspläne · Vorgangsdaten · Steuerschlüssel pflegen** führt zu den Einstellungen des Steuerschlüssels.

Über den Steuerschlüssel des Vorgangs wird festgelegt, welche betriebswirtschaftlichen Funktionen ausgeführt werden sollen und wie der Vorgang behandelt werden soll. Die wichtigsten Parameter sind:

▶ **Kapazitätsplanung**

Mit diesem Kennzeichen steuern Sie, daß der Vorgang terminiert wird und für diesen Vorgang Kapazitätsbedarfssätze erzeugt werden.

▶ **Kalkulation**

Über diesen Parameter wird festgelegt, ob der Vorgang bei der Kalkulation berücksichtigt wird.

▶ **Fremdfertigen**

Mit diesem Kennzeichen steuern Sie, daß der Vorgang fremdgefertigt wird.

▶ **Rückmeldewesen**

Der Parameter steuert, ob der Vorgang zurückgemeldet werden kann und die Art der Rückmeldung dieses Vorganges.

▶ **Druck von Lohnscheinen**

Über dieses Kennzeichen steuern Sie, daß zu diesem Vorgang Lohnscheine gedruckt werden.

▶ **Kostenvorgang**

Dieser Parameter wird für Vorgänge der Komponente PS-Projektsystem genutzt und darf für Instandhaltungs- und Serviceaufträge nicht aktiviert werden. Falls Sie das Kennzeichen im Steuerschlüssel aktivieren, erhalten Sie keine Kosten für rückgemeldete Zeiten oder für externe Leistungen auf dem entsprechenden Arbeitsvorgang.

Achtung Bitte beachten Sie, daß die Funktion »Meilensteinrückmeldung« in der Instandhaltung nicht unterstützt ist. Dies bedeutet, daß bei Steuerschlüsseln, die eine Meilensteinrückmeldung im Modul PP-Produktionsplanung erzeugen, für Instandhaltungsaufträge jeder rückmeldepflichtige Vorgang explizit zurückgemeldet werden muß.

Wie Sie die Zuordnung von Materialkomponenten vornehmen

Wie im Abschnitt »Aufbau und Struktur von Arbeitsplänen« bereits dargestellt, sind Komponenten Materialien, die für Instandhaltungsarbeiten benötigt werden. Sie werden den entsprechenden Vorgängen zugeordnet: Einem Vorgang können mehrere Materialien zugeordnet werden und mehreren Vorgängen ein bestimmtes Material.

Folgende Materialkomponenten können den Vorgängen in Instandhaltungsarbeitsplänen zugeordnet werden:

▶ Materialkomponenten aus der Stückliste des Instandhaltungsobjekts (Baugruppe, Equipment oder Technischer Platz), das dem Arbeitsplan zugeordnet ist.

▶ Lagermaterialien, die nicht in der Stückliste des Instandhaltungsobjekts enthalten sind.

Voraussetzung für die Zuordnung von Komponenten: Materialkomponenten können grundsätzlich allen drei Typen von Arbeitsplänen – Instandhaltungsanleitungen, Plänen zum Technischen Platz und Equipmentplänen – zugeordnet werden. Nachfolgend sind zwei allen drei Arbeitsplantypen gemeinsame Voraussetzungen aufgelistet:

▶ Damit die freie Materialzuordnung für Instandhaltungsarbeitspläne möglich ist, muß im Customizing für Arbeitspläne eine Stücklistenverwendung für instandhaltungsrelevante Stücklisten (Verwendung »4« im Standardsystem) angegeben sein.

▶ Die zugeordnete Verwendung darf nicht mehr verändert werden, sobald freie Materialzuordnungen existieren. Ansonsten droht der Verlust bereits existierender Materialzuordnungen von freien Materialien.

Mit dem Customizing-Pfad **Instandhaltung und Kundenservice · Wartungspläne, Arbeitsplätze, Arbeitspläne und Fertigungshilfsmittel · Arbeitspläne · Allgemeine Daten · Planverwendung** legen Sie die Verwendung von Arbeitsplänen für die Instandhaltung fest. Damit definieren Sie unterschiedliche Kategorien von Arbeitsplänen für die Instandhaltung.

Im Systemstandard wird für die Instandhaltung die Planverwendung »4« ausgeliefert. Mit dieser Planverwendung sind alle Anforderungen für die Instandhaltung abgedeckt.

Voraussetzungen für die Zuordnung von Materialkomponenten zu einer Instandhaltungsanleitung: Die Zuordnung von Materialkomponenten in der Instandhaltungsanleitung wird durch die Baugruppe gesteuert, die in den Kopfdaten der Anleitung steht. Damit Sie einer Anleitung Materialkomponenten zuordnen können, müssen Sie zuerst eine Baugruppe angeben.

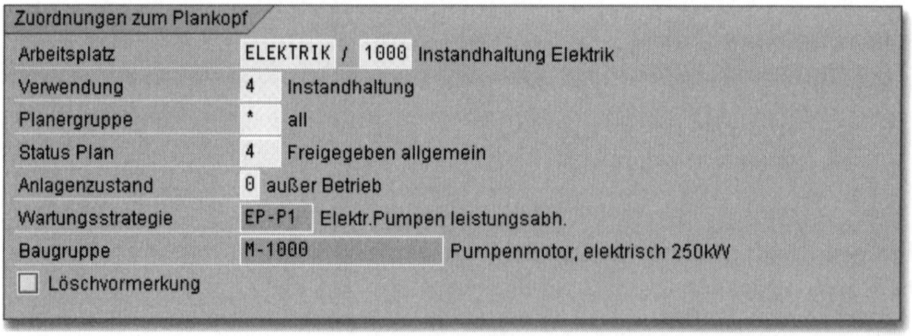

Zuordnungen zum Plankopf		
Arbeitsplatz	ELEKTRIK / 1000	Instandhaltung Elektrik
Verwendung	4	Instandhaltung
Planergruppe	*	all
Status Plan	4	Freigegeben allgemein
Anlagenzustand	0	außer Betrieb
Wartungsstrategie	EP-P1	Elektr.Pumpen leistungsabh.
Baugruppe	M-1000	Pumpenmotor, elektrisch 250kW
☐ Löschvormerkung		

Abbildung 6.14 Zuordnung von Komponenten zum Arbeitsplan über die Baugruppe

Wählen Sie, von der **Planübersicht** ausgehend, **Plankopf · Allgemeine Sicht**. Im Block **Zuordnung** finden Sie, wie in Abbildung 6.14 dargestellt, das Feld **Baugruppe**. Dort können Sie eine Baugruppe eintragen und damit der Instandhaltungsanleitung mit Hilfe der Strukturauflösung Materialkomponenten aus der Stückliste der Kopfbaugruppe zuordnen. Genauso können Sie auch Lagermaterialien zuordnen, die nicht in der Stückliste enthalten sind.

Achtung Es ist nicht mehr möglich, die Baugruppe im Kopf des Arbeitsplans zu ändern, wenn dem Arbeitsplan bereits Materialkomponenten zugeordnet sind.

Voraussetzungen für die Zuordnung von Materialkomponenten zu einem Equipmentplan und Technischen-Platz-Plan: Dem Eintrag der Baugruppe in den Kopfdaten eines Equipmentplans oder Technischen-Platz-Plans kommt nicht soviel Bedeutung zu wie der Baugruppe im Kopf einer Instandhaltungsanleitung. Der Eintrag dient vielmehr der Detaillierung, ähnlich der Baugruppen, die in den einzelnen Vorgängen einer Anleitung angegeben werden können.

Die Materialkomponenten, die Sie einem Equipmentplan oder Techn.-Platz-Plan zuordnen möchten, müssen zum Zeitpunkt der Zuordnung nicht unbedingt in der Stückliste des Equipments oder Technischen Platzes vorhanden sein. Es ist auch möglich, ein freies Lagermaterial zuzuordnen. Existiert für das Instandhaltungsobjekt im Equipmentplan oder Technischen-Platz-Plan eine Stückliste und ordnen Sie ein Lagermaterial zu, das nicht in der Stückliste enthalten ist, erstellt das System einen Pool von frei zugeordneten Materialien zur Objektstückliste. Wenn Sie später ein weiteres freies Material zuordnen, ergänzt das System diesen Pool mit diesem Material.

Tip Das System erweitert die Stückliste nicht mit dem frei zugeordneten Material. Die zuvor angelegte Stückliste bleibt in ihrer ursprünglichen Form erhalten, so daß Sie sie jederzeit so wieder abrufen können. Das ist deshalb von Bedeutung, weil die Zuordnung eines freien Materials eine Ausnahme für einen speziellen Anwendungsfall in der Instandhaltung sein kann und die Stückliste des Equipments oder Technischen Platzes dadurch nicht für zukünftige Anwendungen verfälscht werden soll.

Rufen Sie den Arbeitsplan im Anlege- oder Änderungsmodus auf, und wählen Sie **Springen · Vorgangsübersicht**. Markieren Sie alle Vorgänge, denen Sie Materialkomponenten zuordnen möchten, wählen Sie dann **Vorgang · Übersichten · Komponenten**. Sie gelangen auf das Bild **Komponentenübersicht PM** für den ersten markierten Vorgang. Ordnen Sie nun jedem einzelnen Vorgang die gewünschten Materialkomponenten zu.

Komponente durch Eingabe der Materialnummer zuordnen: Ist Ihnen die Nummer des Materials, das Sie zuordnen wollen, bekannt, geben Sie diese, wie in Abbildung 6.15 gezeigt, im Feld **Material** ein, und wählen Sie **Weiter**.

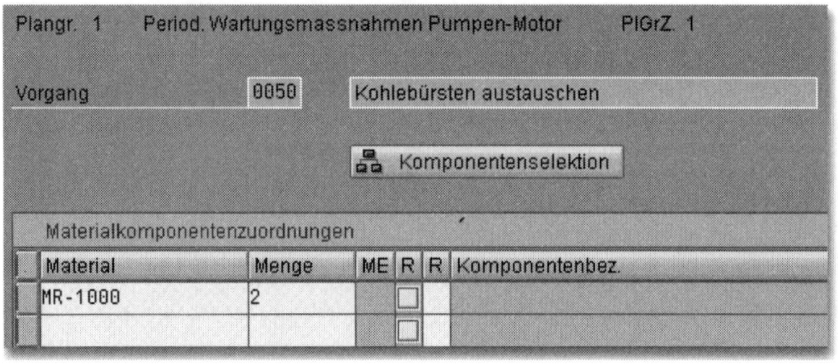

Abbildung 6.15 Zuordnung einer Komponente durch Eingabe der Materialnummer

Das System übernimmt automatisch weitere Daten des Materials, wie Stücklisten- und Positionsnummer, Positionstyp und Maßeinheit. Sichern Sie den Arbeitsplan.

Tip Ordnen Sie ein freies Material zu, erhält die Position automatisch den Sortierbegriff **Standard**. Daran erkennen Sie, daß die Position nicht aus der Objektstückliste kommt. Wollen Sie zu einem späteren Zeitpunkt frei zugeordnete Materialien in die Stückliste des Objekts aufnehmen, können Sie nach den zuvor zugeordneten Positionen mit diesem Sortierbegriff suchen.

Komponente mit Hilfe der Strukturliste zuordnen: Um die Strukturliste aufzurufen, wählen Sie **Zusätze · Komponentenselektion · Strukturliste**. Das System zeigt Ihnen eine Liste der Materialkomponenten in der Stückliste, die dem Arbeitsplan zugeordnet ist. Sie können einzelne Stücklistenebenen über die vorgesehenen Optionen aufreißen oder verbergen. Abbildung 6.16 zeigt diese Strukturliste.

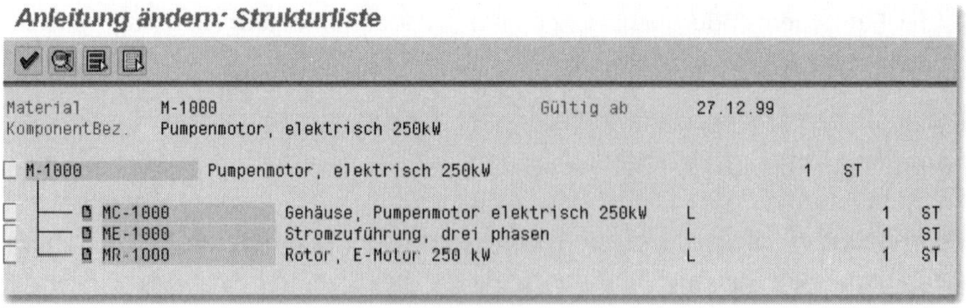

Abbildung 6.16 Strukturliste der Materialkomponenten

Wählen Sie die Materialkomponenten aus, die Sie benötigen, und ordnen Sie diese dem Arbeitsplan zu. Auf der **Komponentenübersicht** sehen Sie die Komponenten, die Sie in der Liste ausgewählt haben. Sichern Sie nach erfolgter Zuordnung den Instandhaltungsarbeitsplan.

Komponente mit Hilfe der Strukturgrafik zuordnen: Wenn Sie die Materialnummern der zuzuordnenden Komponenten nicht kennen, können Sie sie mit der Strukturgrafik der Stückliste auswählen.

Um die Strukturgrafik aufzurufen, wählen Sie **Zusätze · Komponentenselektion · Strukturgrafik.** Das System zeigt Ihnen, wie in Abbildung 6.17 dargestellt, eine Grafik der Materialkomponenten in der Stückliste, die dem Arbeitsplan zugeordnet ist. Markieren Sie die Materialkomponenten, die Sie benötigen, und ordnen Sie die Komponenten dem Arbeitsplan zu. Wählen Sie dazu **Zusätze · Auswählen.**

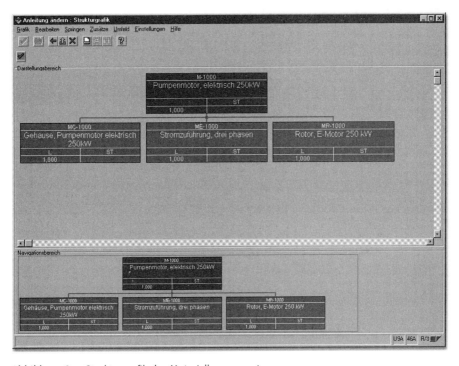

Abbildung 6.17 Strukturgrafik der Materialkomponenten

Auf der **Komponentenübersicht** sehen Sie die Komponenten, die Sie in der Grafik ausgewählt haben.

Wie Sie Fertigungshilfsmittel anlegen und zuordnen

Die Definition und Verwendung von Fertigungshilfsmitteln sowie die vier Arten von Stammsätzen für Fertigungshilfsmittel wurden bereits im Abschnitt »Grundsätzliches zum Instandhaltungsarbeitsplan« besprochen.

Anlegen eines FHM als Material: Wollen Sie ein Fertigungshilfsmittel als Material anlegen, müssen Sie einen Materialstammsatz anlegen und darin die Fertigungshilfsmittelsicht pflegen. Die FHM-Daten werden pro Werk definiert.

Wählen Sie vom Menü **Arbeitsplanung Instandhaltung** ausgehend die Option **Umfeld · FertHilfsmittel** und anschließend die Option **FertHilfsmittel · Material · Anlegen**. Sie gelangen auf das Einstiegsbild zum Anlegen eines Materialstammsatzes. Abbildung 6.18 zeigt dieses Einstiegsbild.

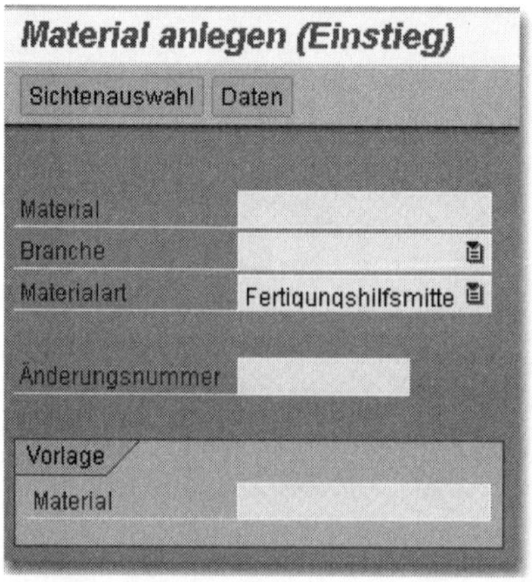

Material anlegen (Einstieg)

| Sichtenauswahl | Daten |

Material
Branche
Materialart   Fertigungshilfsmitte
Änderungsnummer

Vorlage
Material

Abbildung 6.18 Einstiegsbild zum Anlegen eines Materialstammsatzes

> **Tip** Die Materialart bestimmt die Eingabefelder, die auf den Bildschirmbildern erscheinen, und die Sichten, die gepflegt werden müssen. Geben Sie hier eine Materialart ein, für die die Pflege der Fertigungshilfsmittelsicht erlaubt ist.

Nach der Wahl von **ENTER** erscheint das Dialogfenster **Sichtenauswahl**. Wählen Sie, wie in Abbildung 6.19 dargestellt, die Sicht **FertigungsHilfsmittel** aus, und drücken Sie **Weiter**. Nun erscheint das Dialogfenster **Organisationsebenen/Profile**. Geben Sie im Dialogfenster das Werk ein, dem das Fertigungshilfsmittel zugeordnet ist, und drücken Sie **ENTER** oder **Daten**.

Sie gelangen auf das Bild **Fertigungshilfsmittel**. Machen Sie hier, wie in Abbildung 6.20 dargestellt, alle notwendigen und gewünschten Einträge. Sichern Sie den Materialstammsatz über **Material · Sichern**.

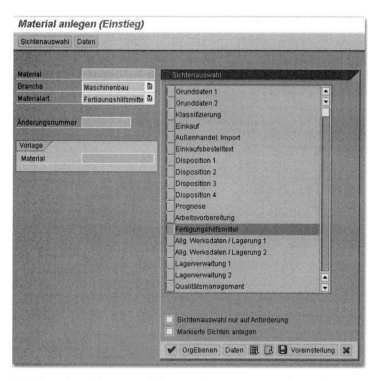

Abbildung 6.19 Sichtenauswahl beim Anlegen eines Materialstammes

FertHilfsmittel	Werksbestand

Material 367 Siebenkantschlüssel
Werk 1000 Hamburg

Allgemeine Daten

Basismengeneinheit ST Stück Ausgabemengeneinheit KI
Werksspez. MatStatus PI Gültig ab
☐ Bedarfssätze
Planverwendung 004 nur Instandhaltungspläne
Gruppierung 1
Gruppierung 2

Vorschlagswerte Planzuordnung nicht änderbar

Steuerschlüssel 1 ☐ Alle Funktionen
Vorlagenschlüssel ☐
Formel Menge ☐
Formel EWert ☐
Bezug Start 01 ☐ Starttermin Rüsten
Zeitabstand Start ☐
Bezug Ende 04 ☐ Endtermin Durchführen
Zeitabstand Ende ☐

Abbildung 6.20 Sicht »Fertigungshilfsmittel« des Materialstammes

Anlegen eines FHM als Equipment: Wenn Sie ein FHM als Equipment anlegen möchten, ist es notwendig, einen Equipmentstammsatz anzulegen und darin die Fertigungshilfsmittelsicht zu pflegen. Wählen Sie dazu **Logistik · Instandhaltung · Verwaltung Technischer Objekte** und anschließend **Equipment · Anlegen speziell · FertHilfsmittel.**

Eine weitere Möglichkeit ist, vom Menü **Arbeitsplanung Instandhaltung** ausgehend **Umfeld · FertHilfsmittel** und die Option **FertHilfsmittel · Equipment · Anlegen** zu wählen. Abbildung 6.21 zeigt das Einstiegsbild zum Anlegen eines Equipments als Fertigungshilfsmittel.

Equipment	
Gültig am	28.12.1999
Equipmenttyp	P Fertigungshilfsmittel
Vorlage	
Equipment	
Material	

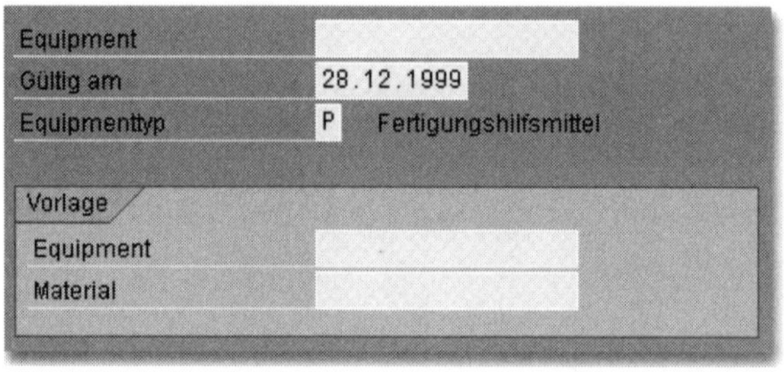

Abbildung 6.21 Einstiegsbild zum Anlegen eines Fertigungshilfsmittels als Equipment

Machen Sie alle nötigen Einträge auf diesem und allen anderen relevanten Bildschirmbildern, und sichern Sie den Equipmentstammsatz mit **Equipment · Sichern.**

Zuordnung von Fertigungshilfmitteln zu Arbeitsplänen: Fertigungshilfsmittel werden den Vorgängen in Instandhaltungsarbeitsplänen zugeordnet. Sie können sowohl ein FHM mehreren Vorgängen als auch mehrere FHM einem Vorgang zuordnen.

Wählen Sie im Menü **Arbeitsplanung Instandhaltung** entweder die Funktion **Anlegen** oder **Ändern** für einen Equipmentplan, einen Technischen- Platz-Plan oder eine Instandhaltungsanleitung. Sie gelangen auf das Einstiegsbild zum Anlegen oder Ändern eines Arbeitsplans oder einer Instandhaltungsanleitung. Geben Sie die notwendigen Daten ein, und wählen Sie **Weiter**. Entspricht nur ein Arbeitsplan Ihren Eingaben, gelangen Sie auf das Bild **Vorgangsübersicht**. Entsprechen hingegen mehrere Arbeitspläne Ihren Eingaben, gelangen Sie auf das Bild **Planübersicht**. Markieren Sie dort den Arbeitsplan, dem Sie FHM zuordnen möchten, und wählen Sie **Springen · Vorgangsübersicht.**

In beiden Fällen gelangen Sie so auf das Bild **Vorgangsübersicht**. Markieren Sie dort die Vorgänge, denen Sie FHM zuordnen möchten, und wählen Sie, wie in Abbildung 6.22 gezeigt, **Vorgang · Übersichten · FHM.**

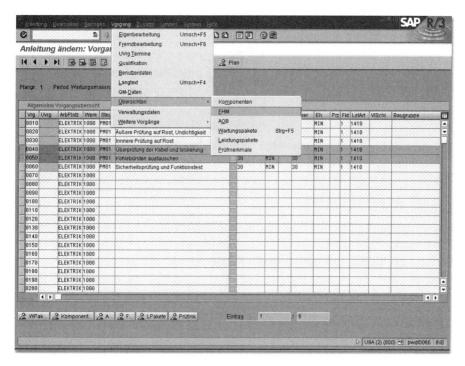

Abbildung 6.22 Zuordnung von Fertigungshilfsmitteln zu Vorgängen

Sind noch keine Fertigungshilfsmittel zugeordnet, gelangen Sie auf das Dialogfenster **FHM: Neue Einträge**. Waren bereits FHM zugeordnet, gelangen Sie auf das Bild **FHM Übersicht**. Um weitere FHM zuzuordnen, wählen Sie **Bearbeiten · Neue Einträge · Material oder Equipment**. Sie gelangen auf das Dialogfenster **FHM: Neue Einträge**. Geben Sie in diesem Dialogfenster die notwendigen Daten ein. Über die Drucktasten **Material, Sonstige, Dokument** und **Equipment** legen Sie die Fertigungshilfsmittel-Art fest, die Sie einbinden möchten.

Wenn Sie nur ein FHM zuordnen möchten, wählen Sie **Weiter,** und Sie gelangen auf das Bild **FHM Übersicht**. Wollen Sie mehrere FHM zuordnen, wählen Sie **Einfügen**. Das Dialogfenster **FHM: Neue Einträge** erscheint erneut. Geben Sie die notwendigen Daten für das nächste FHM ein, das Sie zuordnen möchten.

Achtung Sie können keine FHM zuordnen, die mit einer Löschvormerkung versehen sind.

Wenn Sie alle zuzuordnenden FHM eingegeben haben, wählen Sie **Zurück**. Sie gelangen auf das Bild **FHM Übersicht** zurück und können dort alle FHM sehen, die Sie zugeordnet haben. Sichern Sie den Arbeitsplan oder die Instandhaltungsanleitung.

Tip Wollen Sie ein zugeordnetes Fertigungshilfsmittel aus einem Vorgang löschen, markieren Sie im Bild **Vorgangsübersicht** des Instandhaltungsarbeitsplans die Vorgänge, aus denen Sie die zugeordneten FHM löschen möchten. Nach Wählen der Option **Vorgang · Fertigungshilfsmittel** gelangen Sie auf das Bild **FHM Übersicht**. Dort sehen Sie die FHM, die dem ersten markierten Vorgang zugeordnet sind.

Markieren Sie die Fertigungshilfsmittel, die nicht mehr dem Vorgang zugeordnet sein sollen, und wählen Sie die Option **Bearbeiten · Löschen**.

Das System entfernt die markierten FHM, und Sie gelangen auf den nächsten markierten Vorgang. Löschen Sie die FHM für alle markierten Vorgänge, und sichern Sie die Änderungen.

Der Customizing-Pfad **Instandhaltung und Kundenservice · Wartungspläne, Arbeitsplätze, Arbeitspläne und Fertigungshilfsmittel · Fertigungshilfsmittel · Fertigungshilfsmittel-Zuordnungen · Fertigungshilfsmittel-Steuerschlüssel definieren** führt zur Festlegung des Fertigungshilfsmittel-Steuerschlüssels. Dieser Schlüssel ist für die Einbeziehung einer Fertigungshilfsmittel-Zuordnung in einem Plan oder Auftrag bei Terminierung, Kalkulation, Fertigungsauftragsdruck und Rückmeldewesen verantwortlich.

Wie Sie eine Kostenanalyse durchführen

Mit der Komponente PM-Instandhaltung haben Sie die Möglichkeit, Kostenanalysen für Instandhaltungsarbeitspläne durchzuführen. Dadurch ist es möglich, Kosten zu kontrollieren, ohne einen Instandhaltungsauftrag zu erzeugen. Sie sehen, welche Kosten die beschriebenen Vorgänge in einem Instandhaltungsarbeitsplan verursachen.

Die Kostenanalyse kann sich entweder auf komplette Instandhaltungsarbeitspläne oder auf einzelne Vorgänge beziehen. Alle Materialkosten, alle Kosten für Fremdbearbeitung und alle Kosten für Eigenbearbeitung gehen in die Berechnung ein.

Wie die Kosten berechnet werden, hängt davon ab, welche Kalkulationsvarianten (z.B. mit Zuschlägen oder ohne Zuschläge) der Auftragsart zugeordnet sind, die der Kostenanalyse zugrunde gelegt sind.

Achtung Das Programm zur Kostenanalyse kann immer nur für einen Arbeitsplantyp ausgeführt werden, d.h., wenn beispielsweise die Kosten für Equipmentpläne und für Pläne für Technische Plätze ermittelt werden sollen, müssen Sie das Programm einmal für Equipmentpläne und einmal für Technischen-Platz-Pläne laufen lassen.

Im Rahmen der Kostenanalyse können Sie ein Protokoll anfordern, das alle kalkulationsrelevanten Stammdaten auf Vollständigkeit und Konsistenz prüft. Beispielsweise prüft das System, ob alle Leistungsarten und die Bewertungssegmente der zugeordneten Materialien gepflegt sind. Bei Fehlern oder Unstimmigkeiten gibt es im Kostenanalyseprotokoll entsprechende Systemmeldungen aus. Diese Inkonsistenzprüfung ist deshalb sinnvoll, damit der Arbeitsplan korrekt ist, bevor er in den Auftrag eingebunden wird. So wird sichergestellt, daß keine Probleme bei der Generierung von Instandhaltungsaufträgen auftreten, die von unvollständig gepflegten Daten herrühren.

Wählen Sie **Logistik · Instandhaltung · Planmässige Instandhaltung · Arbeitsplanung** und dann **Auswertungen · Arbeitsplankalkulation**. Sie gelangen auf das in Abbildung 6.23 dargestellte Bild **Kalkulation Arbeitspläne**.

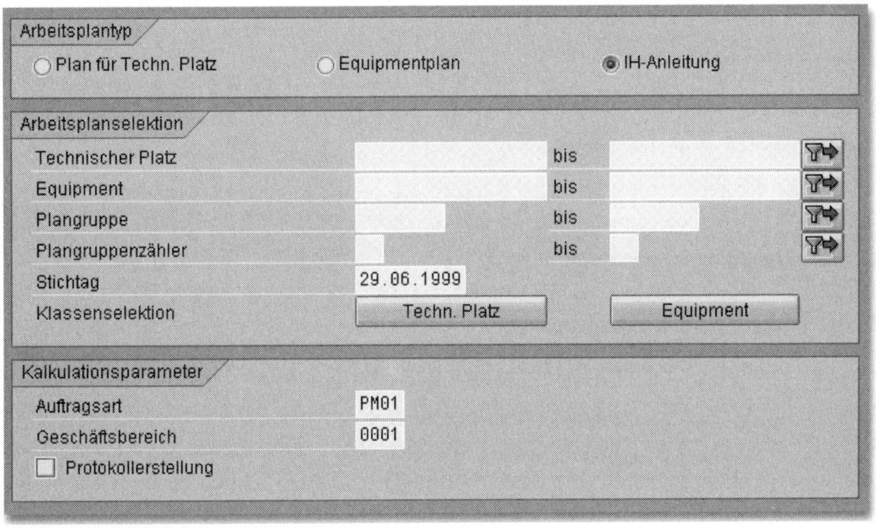

Abbildung 6.23 Einstiegsbild zur Arbeitsplankalkulation

Markieren Sie den Arbeitsplantyp, für den Sie die Kostenanalyse durchführen möchten, und wählen Sie **Programm · Ausführen**, um auf das Dialogfenster **Vorgangsselektion** zu gelangen. Markieren Sie alle Vorgänge, die in die Kostenanalyse eingehen sollen. Wählen Sie dann **Selektion übernehmen**. Wollen Sie alle angezeigten Vorgänge kalkulieren, wählen Sie **Alle übernehmen**, ohne einzelne Vorgänge zu markieren.

Tip Während der Kostenkalkulation gibt das System Meldungen mit Informationen zu Instandhaltungsaufträgen aus. Diese Meldungen sind für die Arbeitsplankalkulation nicht relevant. Sie werden nur deshalb ausgegeben, weil das System bei der Arbeitsplankalkulation im Hintergrund einen Auftrag simuliert, um die Kostenfunktionen ausführen zu können.

Das System erstellt eine Liste aller Instandhaltungsarbeitspläne und Vorgänge, die Ihre Selektionskriterien erfüllen, und zeigt das Kalkulationsergebnis. Abbildung 6.24 zeigt dieses Ergebnis.

Material	0
Werk	1000 Hamburg
Kalkulationsvariante	PM01 IH-Auftrag
Kalkulationsversion	
Kalk.Datum von	29.12.1999
Kalk.Datum bis	29.12.1999
Losgröße	0,000
Kostenbezugsgröße	0,000

Ressource		Kostenart	Menge	EH		Gesamt		Fix	Währ.	Ressource (Text)
E 4100	ELEKTRIK 1410	615000	0,500	H		42,07		40,04	DEM	Stromversorgung abtrennen
E 4100	ELEKTRIK 1410	615000	0,500	H		42,07		40,04	DEM	Äußere Prüfung auf Rost, Undichtigkeit
E 4100	ELEKTRIK 1410	615000	0,500	H		42,07		40,04	DEM	Innnere Prüfung auf Rost
E 4100	ELEKTRIK 1410	615000	0,500	H		42,07		40,04	DEM	Überprüfung der Kabel und Isolierung
E 4100	ELEKTRIK 1410	615000	0,500	H		42,07		40,04	DEM	Kohlebürsten austauschen
E 4100	ELEKTRIK 1410	615000	0,500	H		42,07		40,04	DEM	Sicherheitsprüfung und Funktionstest
					•	252,42	•	240,24	DEM	

Abbildung 6.24 Kalkulationsergebnis

Die Darstellung hängt vom zugrundeliegenden Kostenbericht ab. Wenn Sie eine andere Darstellung wünschen, wählen Sie eine über die Option **Springen · Anderer Bericht**. Welche Berichte zur Auswahl stehen, hängt von den in der Komponente CO vorgenommenen Einstellungen ab.

6.2.3 Wartungsplanung

Prozeß der Wartungsplanung

Zu den wesentlichen Aufgaben der Instandhaltung gehört es, eine hohe Verfügbarkeit von Objekten zu gewährleisten. Um Anlagenausfälle oder Ausfälle anderer Objekte zu vermeiden, die neben den Kosten der Instandsetzung oftmals sehr viel höhere Folgekosten durch den Produktionsausfall verursachen, ist die planmäßige Instandhaltung das geeignete Instrument.

Wie bereits in Kapitel 2, »Betriebswirtschaftliche Einordnung der Instandhaltung«, ausgeführt wurde, ist »Planmäßige Instandhaltung« der Oberbegriff für Inspektionen, Wartungen und geplante Instandsetzungen, für die Zeitpunkt und Umfang der Arbeiten im voraus geplant werden können. Neben firmeninternen Aspekten für planmäßige Instandhaltung sind externe Einflußgrößen zu beachten. Zunehmende Auflagen des Gesetzgebers verlangen in verstärktem Maße eine planmäßige Überwachung und Wartung von Objekten. Externe Anforderungen können beispielsweise sein:

▶ **Empfehlungen durch den Hersteller**
  Vorgehensweisen oder Vorschriften der Hersteller von technischen Objekten, die sicherstellen sollen, daß die Betriebsmittel optimal funktionieren.

▶ **Rechtliche Vorschriften**

Gesetze zur Sicherheit von Objekten oder zum Arbeitsschutz, die vorschreiben, technische Systeme regelmäßig zu warten.

▶ **Umweltschutzanforderungen**

Ausfälle, die zu gesteigerten Umweltbelastungen führen können, können durch wirksame planmäßige Instandhaltung vermieden werden.

Ein anderer Grund für planmäßige Instandhaltung ist die Forderung nach Qualitätssicherung, da u.U. die Qualität der auf einer Fertigungslinie hergestellten Produkte vom Zustand der Linie maßgeblich beeinflußt wird. Weiterhin ist es oftmals kostengünstiger, Objekte regelmäßig zu warten und so einen viel teureren Ausfall zu verhindern. Die hierfür nötigen Daten liefert das System in Form von Vergangenheitsdaten.

Mit Hilfe der Wartungsplanung können Umfang und Termine der planbaren Wartungs- und Inspektionstätigkeiten an technischen Objekten festgelegt werden. Damit wird sichergestellt, daß technische Objekte rechtzeitig gewartet werden und optimal funktionieren.

Durch die Terminierung erzeugt das System Wartungsabrufobjekte. Im Überblick stellt Ihnen das System folgende Wartungsabrufobjekte zu Verfügung:

▶ für die grobe Planung von Maßnahmen: Instandhaltungsmeldung

▶ für die detaillierte Planung von Maßnahmen: Instandhaltungsauftrag

▶ für die detaillierte Planung von Maßnahmen und Historie für den bearbeiteten Schaden in der Meldung: Meldung und Auftrag

▶ für das Qualitätsmanagement über die Anbindung von Prüfmerkmalen: Prüflose

▶ für die Dienstleistungsbeschaffung im Einkauf: Leistungserfassungsblätter

Einer der wichtigsten Vorteile, den die Komponente Instandhaltung bietet, ist die Möglichkeit der Wartung auf verschiedenen Ebenen. Wartungspläne – und damit auch die oben beschriebenen Wartungsabrufobjekte – lassen sich auf folgenden Ebenen erstellen:

▶ Equipmentebene

▶ Ebene der Technischen Plätze

▶ Materialebene

▶ Ebene von Material- und Serialnummern

▶ Baugruppenebene

Dadurch lassen sich Wartungsmaßnahmen für folgende Objekte planen und ausführen:

▶ einzelne voneinander unabhängige Equipments, z. B. Fahrzeuge

▶ Technische Plätze, die sich aus mehreren Equipments zusammensetzen, z. B. Fertigungslinien

▶ Baugruppen eines Equipments, z. B. Pumpenmotoren

▶ Materialien

▶ Material- und Serialnummern

Ablauf der Wartungsplanung

1. Sie legen einen Wartungsplan an. Ein Wartungsplan enthält immer automatisch mindestens eine Wartungsposition.

2. Sie erfassen die Wartungszyklen. Bei Strategieplänen sind dies die Wartungszyklen aus der zugeordneten Wartungsstrategie.

3. Sie ordnen der Wartungsposition ggf. weitere technische Objekte zu.

4. Sie ordnen der Wartungsposition einen Instandhaltungsarbeitsplan zu.

5. Sie ordnen dem Wartungsplan ggf. zusätzliche Wartungspositionen zu.

6. Sie pflegen die Terminierungsparameter.

7. Sie sichern den Wartungsplan.

8. Sie terminieren den Wartungsplan und erzeugen dadurch Wartungsabrufe, aus denen das System bei Fälligkeit Wartungsabrufobjekte, beispielsweise Instandhaltungsaufträge, -meldungen oder Leistungserfassungsblätter, erzeugt.

Integrative Aspekte der Wartungsplanung

Die Wartungsplanung ist mit folgenden Komponenten und Teilkomponenten des R/3-Systems integriert:

▶ **PM-Instandhaltung**

  ▶ Instandhaltungsarbeitspläne

  ▶ Instandhaltungsaufträge

  ▶ Instandhaltungsmeldungen

▶ **CS-Kundenservice**

  ▶ Serviceaufträge

  ▶ Servicemeldungen

▶ **MM-Materialwirtschaft**

  ▶ Dienstleistungsbeschaffung

  ▶ Leistungserfassungsblätter

- ▶ QM-Qualitätsmanagement
  - ▶ Prüfmerkmale
  - ▶ Prüflose
- ▶ **SD-Vertrieb**
  - ▶ Rahmenverträge

An dieser Stelle sei auf das Kapitel 8 verwiesen, in dem detailliert auf integrative Aspekte der Komponente PM eingegangen wird.

Grundsätzliches zum Wartungsplan

Ein Wartungsplan ist eine Beschreibung der durchzuführenden Wartungs- und Inspektionsmaßnahmen an Instandhaltungsobjekten. Er beschreibt Termine und Umfang der Maßnahmen. In der Wartungsplanung unterscheidet man verschiedene Wartungsplanarten. Welcher Wartungsplan zum Einsatz kommt, hängt von der Art der Wartungsplanung ab, die im Betrieb eingesetzt werden soll:

- ▶ **Einzelzyklusplan** oder **Strategieplan** (zeit- oder leistungsabhängig)
  Wollen Sie eine zeit- oder leistungsabhängige (zählerstandsabhängige) Wartungsplanung durchführen, können Sie sowohl mit Einzelzyklusplänen als auch mit Strategieplänen arbeiten.
- ▶ **Mehrfachzählerplan**
  Verwenden Sie Mehrfachzählerpläne, wenn Sie Wartungszyklen von unterschiedlicher Dimension kombinieren möchten.
- ▶ **Wartungsplan für Dienstleistungsbeschaffung im Einkauf**
  Wenn Sie Wartungspläne für die Abwicklung von regelmäßigen Dienstleistungen nutzen möchten, bietet Ihnen das System den Wartungsplan für die Dienstleistungsbeschaffung im Einkauf an.

  Tip Beim Anlegen eines Wartungsplans müssen Sie einen sogenannten Wartungsplantyp angeben, der u.a. bestimmt, welches Wartungsabrufobjekt (beispielsweise einen Instandhaltungsauftrag, ein Leistungserfassungsblatt oder eine Meldung) das System bei einem fälligen Wartungsabruf erzeugt.

Grundsätzlich besteht ein Wartungsplan aus den folgenden Elementen:

- ▶ **Wartungsposition(en)**
  Eine Wartungsposition beschreibt, welche vorbeugenden Instandhaltungsmaßnahmen an einem technischen Objekt oder an einer Gruppe von technischen Objekten in regelmäßigen Abständen stattfinden sollen.

  Ein Wartungsplan enthält immer automatisch mindestens eine Wartungsposition. Weitere Wartungspositionen können direkt im Wartungsplan angelegt werden, noch nicht zugeordnete Wartungspositionen können ebenfalls zugeordnet werden. Wartungspläne für Dienstleistungsbeschaffung und Wartungspläne mit Bezug auf einen Rahmenvertrag haben nur eine Wartungsposition. Für das Abrufobjekt Instandhaltungsauftrag können die erforderlichen Tätigkeiten durch einen Arbeitsplan beschrieben werden, der in weiterer Folge der Wartungsposition zugeordnet wird.

▶ **Wartungsplan**

Der Wartungsplan enthält Terminierungsinformationen aus folgenden Quellen:

- ▶ bei Einzelzyklusplänen aus dem Wartungszyklus
- ▶ bei Mehrfachzählerplänen aus den Wartungszyklen
- ▶ bei Strategieplänen aus der Wartungsstrategie, die dem Wartungsplan zugeordnet ist
- ▶ aus den Terminierungsparametern, die speziell für diesen Wartungsplan gelten

Wird ein Wartungsplan terminiert, werden diese Informationen benutzt, um die Fälligkeitstermine für die Wartungsvorgänge zu errechnen, die an den zugeordneten technischen Objekten ausgeführt werden sollen.

Wartungsplanarten – der zeitabhängige Wartungsplan: Bei der zeitabhängigen Wartungsplanung wird die Wartung in bestimmten Zyklen, beispielsweise alle zwei Wochen oder alle sechs Monate, durchgeführt. Der Einzelzyklusplan eignet sich für die Abbildung einfacher Wartungszyklen, für die Abbildung komplexer Wartungszyklen ist es sinnvoller, einen Strategieplan auf der Basis einer zeitabhängigen Wartungsstrategie anzulegen.

Um einen zeitabhängigen Wartungsplan terminieren zu können, muß er aus folgenden Teilen bestehen:

- ▶ Terminierungsdaten
- ▶ Terminierungsparameter
- ▶ Wartungszyklus bei Einzelzyklus- und Mehrfachzählerplänen
- ▶ Wartungsstrategie mit Wartungspaketen bei Strategieplänen
- ▶ Wartungsposition(en)

Wartungsplanarten – der leistungsabhängige Wartungsplan: Mit leistungsabhängigen Wartungsplänen ist es möglich, regelmäßige Wartung auf der Basis von Zählerständen zu planen, die für bestimmte Meßpunkte an Equipments oder Technischen Plätzen gepflegt werden. Für die Abbildung einfacher Wartungszyklen eignet sich der Einzelzyklusplan, für die Abbildung komplexer Wartungszyklen der Strategieplan auf der Basis einer leistungsabhängigen Wartungsstrategie.

Beispiel Dem Wartungsplan wird ein Zähler zugeordnet. Die Wartungsarbeiten finden statt, wenn der Zähler des technischen Objekts einen bestimmten Stand erreicht hat, beispielsweise 1 000 Betriebsstunden oder 500 000 Umdrehungen. Der errechnete Plantermin für die Wartung ist vom Zählerstand zum Zeitpunkt der Planung und von der geschätzten Jahresleistung, die für den Zähler festgelegt wurde, abhängig.

Die Eigenschaften und das Anlegen von Meßpunkten und Zählern sowie das Anbinden an technische Objekte wurden in Kapitel 4.5, »Meßpunkte und Zähler«, beschrieben.

Wie Sie einen Einzelzyklusplan anlegen und bearbeiten

Auf die grundlegenden Eigenschaften des Einzelzyklusplans wurde im Abschnitt »Grundsätzliches zum Wartungsplan« bereits kurz eingegangen.

Um einen Einzelzyklusplan anzulegen, wählen Sie **Logistik · Instandhaltung · Wartungsplanung · Wartungspläne · Anlegen · Einzelzyklusplan.** Sie gelangen auf das Bild zum Anlegen eines Wartungsplans. Geben Sie einen Wartungsplantyp ein, und wählen Sie **Weiter.** Das System führt Sie zu dem in Abbildung 6.25 gezeigten Einzelzyklusplan.

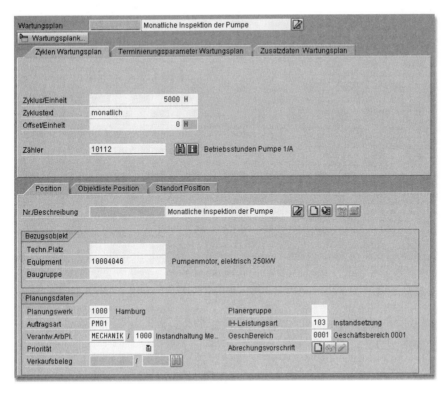

Abbildung 6.25 Anlegen eines Einzelzyklusplans

Geben Sie die erforderlichen Daten ein. Wenn Sie eine Leistungseinheit für den Zyklus angeben, selektiert das System automatisch den ersten zum Bezugsobjekt passenden Zähler als Vorschlagswert.

Pflegen Sie auf der Registerkarte **Terminierungsparameter** ggf. die Terminierungsparameter wie Verschiebe- und Streckungsfaktoren für den Wartungsplan. Abbildung 6.26 zeigt diese Registerkarte.

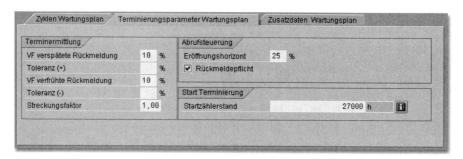

Abbildung 6.26 Terminierungsparameter

Die Verschiebefaktoren in der Bildgruppe **Terminermittlung** geben bei verspäteter oder verfrühter Rückmeldung einer Wartungsmaßnahme an, wieviel Prozent der Verschiebung auf den Folgetermin angerechnet werden sollen. Sie kommen nur dann zur Anwendung, wenn die Abweichung zwischen Solltermin und Isttermin außerhalb der Toleranz liegt. Die Toleranz für verfrühte und verspätete Rückmeldung hingegen definiert die Zeitspanne, in der positive Abweichungen zwischen Ist- und Plantermin die Folgeterminierung nicht beeinflussen. Sie wird als Prozentsatz des kleinsten Abstands zwischen den Wartungszyklen der Wartungsstrategie definiert. Eine detaillierte Besprechung der Terminierungsparameter finden Sie im Abschnitt »Wie Sie eine Terminierung von Wartungsplänen vornehmen«.

Sie können die Terminierungsparameter zum Wartungsplan erst pflegen, wenn Sie eine Einheit für den Zyklus eingetragen haben. An der Einheit kann das System erkennen, ob es sich um einen leistungsabhängigen oder zeitabhängigen Einzelzyklusplan handelt, und bietet die entsprechenden Terminierungsparameter an.

Geben Sie die erforderlichen Daten für die Wartungsposition ein, und ordnen Sie der Wartungsposition ggf. einen vorhandenen Arbeitsplan zu: Wählen Sie **Arbeitsplan selektieren**, um einen Arbeitsplan zuzuordnen. Um einen Arbeitsplan vom Typ Instandhaltungsanleitung anzulegen, wählen Sie **Anleitung anlegen**. Abbildung 6.27 zeigt die Bildgruppe **Arbeitsplan**, die in der Registerkarte **Position** angeordnet ist.

Ordnen Sie der Wartungsposition über die Registerkarte **Objektliste** ggf., wie in Abbildung 6.28 dargestellt, weitere technische Objekte zu.

Abbildung 6.27 Selektieren und Anlegen eines Arbeitsplans

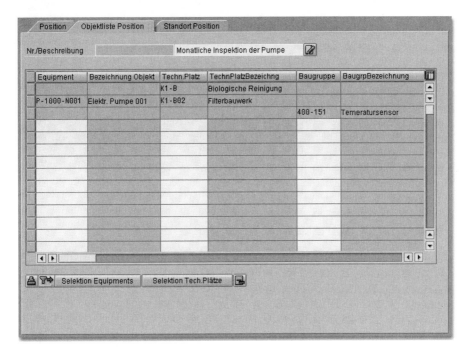

Abbildung 6.28 Zuordnung von Objekten zu einer Wartungsposition

Wollen Sie weitere Wartungspositionen anlegen, wählen Sie, wie in Abbildung 6.29 gezeigt, **weitere WartPos anlegen**. Geben Sie die erforderlichen Daten ein, oder selektieren Sie eine noch nicht zugeordnete Wartungsposition mit **weitere WartPos Zuordnen**. Ordnen Sie den Wartungspositionen ggf. einen Arbeitsplan sowie weitere technische Objekte zu, und sichern Sie den Wartungsplan.

Abbildung 6.29 Anlegen und Zuordnen weiterer Wartungspositionen

Wie Sie einen zeitabhängigen Strategieplan anlegen

Um einen zeitabhängigen Strategieplan anzulegen, wählen Sie **Logistik · Instandhaltung · Wartungsplanung · Wartungspläne · Anlegen · Strategieplan**. Sie gelangen auf das Bild zum Anlegen eines Wartungsplans. Geben Sie einen Wartungsplantyp und eine zeitabhängige Wartungsstrategie ein, und wählen Sie **Weiter**. Das System führt Sie zu dem in Abbildung 6.30 gezeigten Strategieplan.

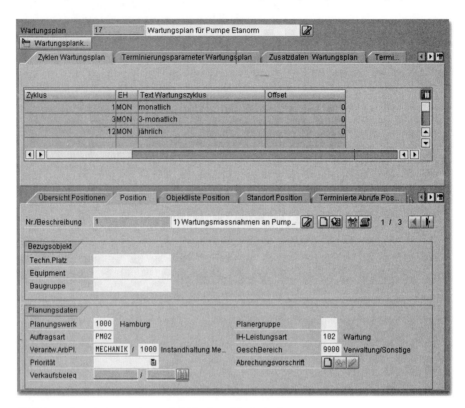

Abbildung 6.30 Anlegen eines zeitabhängigen Strategieplans

Geben Sie die erforderlichen Daten für Wartungsplankopf und -position ein, und ordnen Sie der Wartungsposition, wie im Abschnitt »Wie Sie einen Einzelzyklusplan anlegen und bearbeiten« bereits ausgeführt, einen Arbeitsplan zu.

Nach der Zuordnung eines Arbeitsplans zeigt das System folgende Daten an:

▶ auf der Registerkarte **Position** den zugeordneten Arbeitsplan, wie in Abbildung 6.31 gezeigt

▶ auf der Registerkarte **Zyklen Wartungsplan** die Wartungspakete aus der Strategie, die den Vorgängen im Arbeitsplan zugeordnet sind, wie in Abbildung 6.32 dargestellt

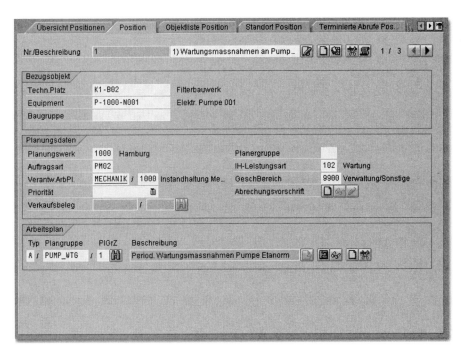

Abbildung 6.31 Zuordnung eines Arbeitsplans in der Bildgruppe **Arbeitsplan** auf der Register-karte **Position**

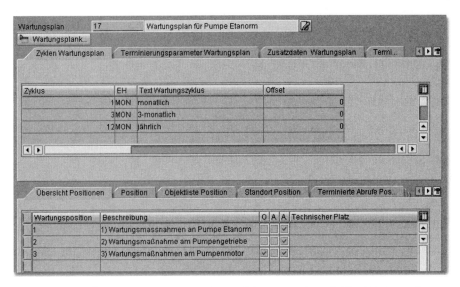

Abbildung 6.32 Übersicht der Wartungspakete auf der Registerkarte **Zyklen Wartungsplan**

Ordnen Sie der Wartungsposition über die Registerkarte **Objektliste** ggf. – wie bereits im Abschnitt »Wie Sie einen Einzelzyklusplan anlegen und bearbeiten« behandelt und in Abbildung 6.28 dargestellt – weitere technische Objekte zu. Wollen Sie weitere Wartungspositionen anlegen, wählen Sie **weitere WartPos anlegen**. Geben Sie die erforderlichen Daten ein, oder selektieren Sie eine noch nicht zugeordnete Wartungsposition mit **weitere WartPos Zuordnen**. Ordnen Sie den Wartungspositionen ggf. einen Arbeitsplan sowie weitere technische Objekte zu, und sichern Sie den Wartungsplan.

Wie Sie einen leistungsabhängigen Strategieplan anlegen

Um einen leistungsabhängigen Strategieplan anzulegen, wählen Sie **Logistik · Instandhaltung · Wartungsplanung · Wartungspläne · Anlegen · Strategieplan**. Sie gelangen auf das Bild zum Anlegen eines Wartungsplans. Geben Sie einen Wartungsplantyp und eine leistungsabhängige Wartungsstrategie ein, und wählen Sie **Weiter**. Beachten Sie bitte, daß die von Ihnen gewählte Strategie das Terminierungskennzeichen **Leistung** aufweisen und eine andere Dimension als **Zeit** enthalten muß.

Sind zu dem Bezugsobjekt, beispielsweise einem Equipment oder Technischen Platz, das Sie in der Wartungsposition angegeben haben, bereits Zähler angelegt, gelangen Sie auf das Dialogfenster **Zählerauswahl**. Markieren Sie den Zähler, dessen Stand als Grundlage für die Terminierung dienen soll, und wählen Sie **Weiter**. Abbildung 6.33 zeigt den vom Bezugsobjekt in den Wartungsplan übernommenen Zähler und die dazugehörige Information, die Sie durch Wählen der Drucktaste **Zählerinformation** erhalten.

Achtung Die Zählereinheit muß die gleiche Dimension wie die gewählte Wartungsstrategie aufweisen.

Wie Sie einen Mehrfachzählerplan anlegen

Wählen Sie **Logistik · Instandhaltung · Wartungsplanung · Wartungspläne · Anlegen · Mehrfachzählerplan,** um einen Mehrfachzählerplan anzulegen. Sie gelangen auf das Bild zum Anlegen eines Wartungsplans. Geben Sie einen Wartungsplantyp und, wenn Sie den Wartungsplan mit einer Kopiervorlage für Wartungszyklen anlegen möchten, ein Zyklusset ein.

Geben Sie die erforderlichen Daten für den Wartungsplankopf ein, und legen Sie auf der in Abbildung 6.34 gezeigten Registerkarte **Zyklen Wartungsplan** neue Wartungszyklen an bzw. ändern oder löschen Sie vorhandene Zyklen, wenn Sie den Mehrfachzählerplan mit einem Zyklusset als Kopiervorlage angelegt haben.

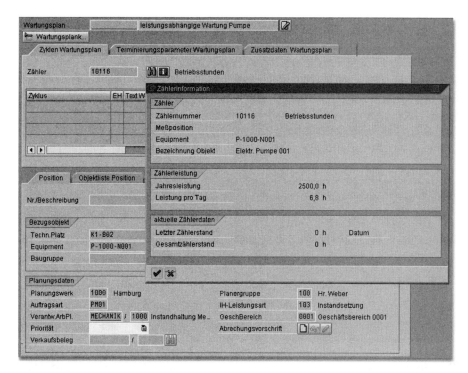

Abbildung 6.33 Detailinformationen des vom Bezugsobjekt übernommenen Zählers

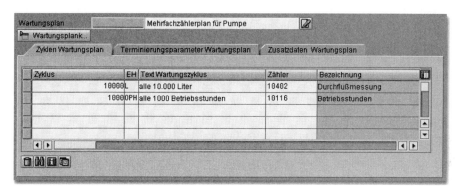

Abbildung 6.34 Zuweisung von mehreren Zählern zum Wartungsplan auf der Registerkarte **Zyklen Wartungsplan**

Die weiteren Verfahrensschritte gleichen denen für das Generieren von zeit- und leistungsabhängigen Strategieplänen.

Wie Sie Wartungspositionen anlegen und zuordnen

Eine Wartungsposition beschreibt, welche vorbeugenden Instandhaltungsmaßnahmen an einem technischen Objekt oder an einer Gruppe von technischen Objekten in regelmäßigen Abständen stattfinden sollen. Die Bezugsobjekte, wie beispielsweise Equipments, Technische Plätze oder Baugruppen, an denen Wartungsmaßnahmen durchgeführt werden sollen, werden einer Wartungsposition zugeordnet. Grundsätzlich können einem Wartungsplan eine oder mehrere Wartungspositionen zugeordnet werden. Ein Wartungsplan enthält immer automatisch mindestens eine Wartungsposition.

Das System bietet folgende Möglichkeiten, einem Wartungsplan Wartungspositionen zuzuordnen:

▶ Anlegen eines Wartungsplans und Anlegen einer Wartungsposition direkt im Wartungsplan, indem auf der Registerkarte **Position** die erforderlichen Daten erfaßt werden

▶ Anlegen zusätzlicher Wartungspositionen in einem Wartungsplan

▶ Anlegen einer Wartungsposition ohne Zuordnung und spätere Zuordnung zu einem Wartungsplan

Achtung   Wenn Sie eine Wartungsposition einem Wartungsplan zuordnen, gelten folgende Besonderheiten:

▶ Eine Wartungsposition kann nur einem Wartungsplan zugeordnet werden.

▶ Bei der Zuordnung zu einem Einzelzyklusplan oder Mehrfachzählerplan muß die Wartungsposition ohne Bezug zu einer Wartungsstrategie angelegt worden sein.

▶ Bei der Zuordnung zu einem Strategieplan muß die Wartungsposition die gleiche Wartungsstrategie haben wie der Wartungsplan.

▶ Bei der Zuordnung zu einem Wartungsplan muß die Wartungsposition den gleichen Wartungsplantyp haben wie der Wartungsplan.

Wartungspositionen mit Bezugsobjekt – objektspezifische Wartungspositionen – können für folgende Bezugsobjekte angelegt werden:

▶ Technische Plätze

▶ Equipments

▶ Baugruppen eines Equipments

▶ Materialien

▶ Material- und Serialnummer

Wartungspositionen ohne Bezugsobjekt: Es ist ebenfalls möglich, Wartungspositionen anzulegen, die sich nicht auf ein technisches Objekt beziehen – objektunabhängige Wartungspositionen. Für solche Wartungspositionen können Standort- und Kontierungsdaten separat gepflegt werden. Dadurch können im System regelmäßig durchzuführende, vorbeugende Wartungsmaßnahmen definiert werden, ohne die Bezugsobjekte anzugeben. Das ist insbesondere für kleinere Wartungsmaßnahmen wie beispielsweise Reinigungsarbeiten sinnvoll.

Anlegen von Wartungspositionen ohne Zuordnung: Wählen Sie **Logistik · Instandhaltung · Wartungsplanung · Wartungspläne · Wartungspositionen · Anlegen**, um auf das Einstiegsbild zum Anlegen einer Wartungsposition zu gelangen. Abbildung 6.35 zeigt dieses Einstiegsbild.

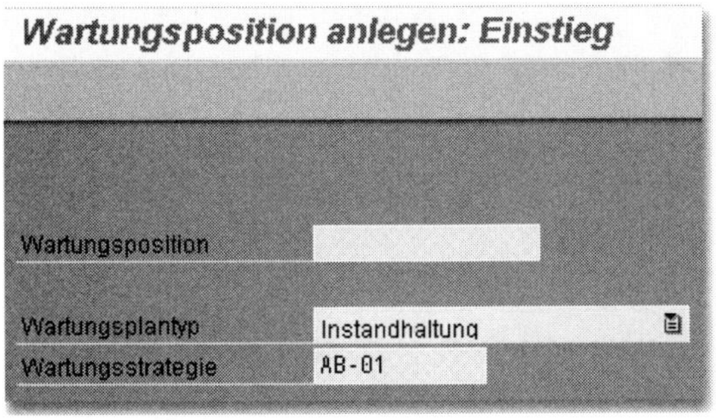

Wartungsposition anlegen: Einstieg

Wartungsposition	
Wartungsplantyp	Instandhaltung
Wartungsstrategie	AB-01

Abbildung 6.35 Anlegen einer Wartungsposition: Einstieg

Geben Sie hier einen Wartungsplantyp und ggf. eine Wartungsstrategie ein. Wollen Sie die Wartungsposition einem zeit- oder einem leistungsabhängigen Wartungsplan zuordnen, ist es notwendig, eine entsprechende Wartungsstrategie anzugeben. Geben Sie keine Strategie ein, kann die Wartungsposition nur einem Einzelzyklus- oder Mehrfachzählerplan zugeordnet werden. Wählen Sie **Weiter,** und geben Sie im in Abbildung 6.36 dargestellten Schirm die erforderlichen Daten ein.

Tip Verwenden Sie – wie in Abbildung 6.36 gezeigt – einen sprechenden Text für die Wartungsposition, damit Sie diese bei der Zuordnung zum Wartungsplan leichter wiedererkennen können.

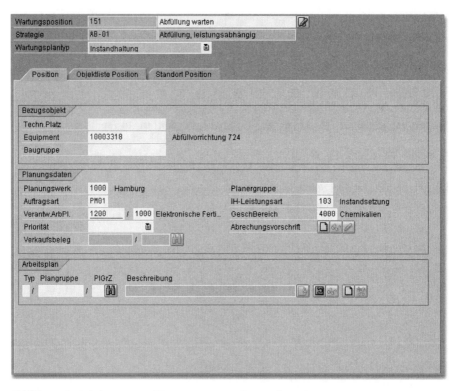

Abbildung 6.36 Anlegen einer Wartungsposition: Registerkarte **Position**

Ordnen Sie der Wartungsposition über die Registerkarte **Objektliste** ggf. weitere technische Objekte zu:

▶ Um einen vorhandenen Arbeitsplan zuzuordnen, wählen Sie **Arbeitsplan Selektieren**.

▶ Um eine Instandhaltungsanleitung anzulegen, wählen Sie die Drucktaste **Anleitung anlegen**. Haben Sie eine Wartungsposition mit Strategie angelegt, ordnen Sie den Vorgängen des Arbeitsplans Wartungspakete zu.

Nachdem Sie einen Arbeitsplan zugeordnet haben, zeigt das System auf der Registerkarte **Position** den zugeordneten Arbeitsplan an. Sichern Sie die Wartungsposition.

Zuordnung einer Wartungsposition zu einem Wartungsplan: In der Regel legen Sie Wartungspositionen direkt im Wartungsplan an, sie können einem Wartungsplan jedoch auch eine noch nicht zugeordnete Wartungsposition zuordnen.

Wählen Sie, vom Anlege- oder Änderungsmodus des Wartungsplans ausgehend, **WartPos anlegen.** Das System führt Sie zu dem in Abbildung 6.37 gezeigten Selektionsschirm.

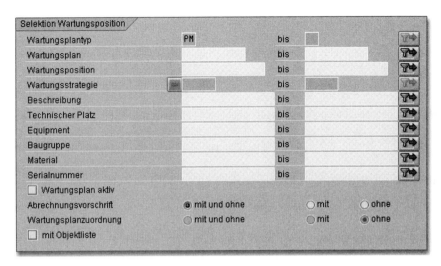

Abbildung 6.37 Selektion einer noch nicht zugeordneten Wartungsposition: Einstieg

Nach der Eingabe von Selektionskriterien gelangen Sie zu der in Abbildung 6.38 gezeigten Auswahl von nicht zugeordneten Wartungspositionen. Selektieren Sie hier die gewünschte Wartungsposition.

	Ausgewählt	W-Pos	W-Plan	Strat.	Pos-Text
		110		A	Routineinspektion Ventil
		150		AB-01	Filterpresse
		151		AB-01	Abfüllung warten

Abbildung 6.38 Selektion einer noch nicht zugeordneten Wartungsposition: Auswahl

Die Vorgehensweise für die Zuordnung eines Arbeitsplans oder weiterer technischer Objekte zu einer Wartungsposition ist im Abschnitt »Anlegen von Wartungspositionen ohne Zuordnung« beschrieben.

Wie Sie Wartungsstrategien anlegen und bearbeiten

Eine Wartungsstrategie legt die Regeln für die Abfolge geplanter Instandhaltungsarbeiten fest. Sie beinhaltet allgemeine Terminierungsinformationen und kann daher so vielen Instandhaltungsarbeitsplänen und Wartungsplänen wie nötig zugeordnet werden. Eine Wartungsstrategie enthält Wartungspakete, in denen u.a. festgelegt ist, in welchem Zyklus die einzelnen Arbeiten durchgeführt werden sollen.

Tip Seit dem Release 4.0 A sind Wartungsstrategien optional. Wollen Sie ausschließlich einfache vorbeugende Instandhaltung durchführen, für die die Angabe eines Wartungszyklus' ausreichend ist, ist es sinnvoll, mit Einzelzyklusplänen zu arbeiten. Strategiepläne dagegen verwenden Sie für die Abbildung komplexer Wartungszyklen.

Die folgende Übersicht zeigt, welche Wartungsplanarten eine Wartungsstrategie erfordern:

Wartungsplanart	Wartungsstrategie erforderlich?
zeitabhängiger Einzelzyklusplan	nein
leistungsabhängiger Einzelzyklusplan	nein
zeitabhängiger Strategieplan	ja
leistungsabhängiger Strategieplan	ja
Mehrfachzählerplan	nein

Tabelle 6.1 Wartungsplanart und Wartungsstrategie

Sollen zeit- oder leistungsabhängige Strategiepläne in einem Unternehmen eingesetzt werden, muß zuerst festgelegt werden,

▶ wo regelmäßige Wartung erforderlich ist: Abbildung im System als Wartungspositionen.

▶ in welchen Leistungs- oder Zeitabständen die Wartungsmaßnahmen ausgeführt werden sollen: Abbildung als Wartungspakete.

Tip Die rechtlichen Anforderungen, Herstellerempfehlungen und die Kosten der vorbeugenden Instandhaltung sollten den Kosten gegenübergestellt werden, die durch einen Ausfall entstehen würden. Einer der ersten Schritte sollte die Überlegung sein, wie die Maßnahmen in Form eines Wartungsplans zusammengestellt werden können, damit Terminierung und Wartungstätigkeiten sinnvoll ineinandergreifen.

Sobald die optimalen Zyklen für die vorbeugende Instandhaltung festgelegt wurden, kann eine passende Wartungsstrategie definiert werden. Die Komponente PM bietet die Möglichkeit, Strategien anzulegen, die Terminierungsregeln für alle benötigten vorbeugenden Instandhaltungsmaßnahmen darstellen. Da diese Strategien allgemeine Terminierungsinformationen enthalten, können sie beliebig vielen Wartungsplänen zugeordnet werden.

Die Verwendung von Wartungsstrategien mit allgemeinen Terminierungsinformationen bietet folgende Möglichkeiten und Vorteile:

▶ Die Erstellungszeit für Wartungspläne wird verkürzt: Gleiche Terminierungsinformationen müssen nicht für jeden Wartungsplan neu erstellt werden.

▶ Aktualisierung von Terminierungsinformationen: Wartungspakete werden referenziert, vorgenommene Änderungen von Wartungsstrategien sind auch für die zugeordneten Wartungspläne gültig, die Terminierungsparameter dagegen werden in den jeweiligen Wartungsplan kopiert.

Aufbau einer Wartungsstrategie: Eine Wartungsstrategie setzt sich zusammen aus:

▶ **Strategiekopf**
Name der Strategie und Kurztext.

▶ **Terminierungsparameter**
Daten für die jeweilige Wartungsstrategie, mit denen die Terminierung von Wartungsplänen beeinflußt wird. Sie werden beim Anlegen eines Strategieplans in den Strategieplan kopiert und können dort geändert werden.

▶ **Terminierungskennzeichen**
Diese Kennzeichen werden innerhalb einer Wartungsstrategie verwendet, um die benötigte Art von Terminierung festzulegen oder um ein Zyklusset zu definieren: Zeitabhängige Terminierung (z.B. alle 30 Tage), zeitabhängige Terminierung mit Stichtag (z.B. immer am 5. eines Monats), zeitabhängige Terminierung nach Fabrikkalender (z.B. alle 10 Arbeitstage) und leistungsabhängige Terminierung (z.B. alle 50.000 Betriebsstunden).

▶ **Wartungspaketen**
Zusammenfassung von Wartungstätigkeiten, die zu einem bestimmten Termin oder Zeitpunkt ausgeführt werden müssen. Diese enthalten beispielsweise Zyklusdauer und Maßeinheit.

Es ist möglich, einer Strategie mehrere Pakete zuzuweisen, die unterschiedlich oft ausgeführt werden sollen. Alle Pakete müssen die gleiche Dimension haben, z.B. »Zeit«, »Gewicht« oder »Länge«. Die Pakete oder Wartungszyklen in einer Strategie haben eine gemeinsame Einheit für die Umrechnung. Diese Einheit entspricht einer bestimmten Dimension, beispielsweise der Dimension »Zeit«, »Gewicht« oder »Länge«.

Beispiel Die Pakete innerhalb einer Strategie haben möglicherweise unterschiedliche Zykluseinheiten, doch alle haben die gleiche Dimension. Eine Strategie umfaßt beispielsweise drei Pakete: alle 2 Wochen, alle 4 Monate, jährlich. Die Dimension »Zeit« hat hier die Zykluseinheiten »Woche«, »Monat«, »Jahr«.

Integrative Aspekte: Für Strategiepläne können Sie einer Wartungsposition im Strategieplan ggf. einen Instandhaltungsarbeitsplan zuordnen, der in seinen Vorgängen die durchzuführenden Wartungsmaßnahmen beschreibt. Im Arbeitsplan muß dieselbe Strategie angegeben sein wie im Strategieplan.

Dadurch können den einzelnen Vorgängen des Arbeitsplans die Wartungspakete der zugewiesenen Wartungsstrategie zugeordnet werden. Durch die Zuweisung von Wartungspaketen zu Vorgängen wird die Häufigkeit, in der die Vorgänge durchgeführt werden sollen, definiert.

Achtung   Wenn Sie mit Hierarchien für Pakete arbeiten und mehrere Pakete zu einem Termin fällig sein sollen, beachten Sie bitte, daß im System 1 Jahr und 12 Monate unterschiedlich lang sind: 1 Jahr entspricht 365 Tagen, 12 Monate hingegen entsprechen 12 * 30 = 360 Tagen.

Anlegen einer Wartungsstrategie: Wählen Sie **Logistik · Instandhaltung · Wartungsplanung · Wartungsstrategien · ändern**, um auf das Übersichtsbild zum Ändern von Wartungsstrategien zu gelangen.

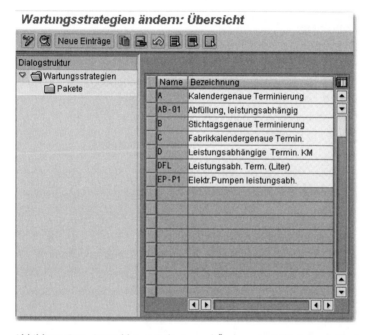

Abbildung 6.39 Auswahl zum Anlegen und Ändern einer Wartungsstrategie

Wählen Sie **Neue Einträge.** Sie gelangen auf das Detailbild für Wartungsstrategien wie Abbildung 6.40 zeigt.

Geben Sie die erforderlichen Daten ein. Die dazu notwendigen Terminierungsparameter werden im anschließenden Abschnitt »Wie Sie eine Terminierung von Wartungsplänen vornehmen« behandelt.

Rufen Sie das Erfassungsbild für Wartungspakete auf, indem Sie wie in Abbildung 6.41 dargestellt in der Dialogstruktur **Pakete** wählen. Wählen Sie anschließend **Neue Einträge**, geben Sie die erforderlichen Daten wie Terminierungskennzeichen, Zyklusdauer und -hierarchie ein, und sichern Sie die Wartungsstrategie.

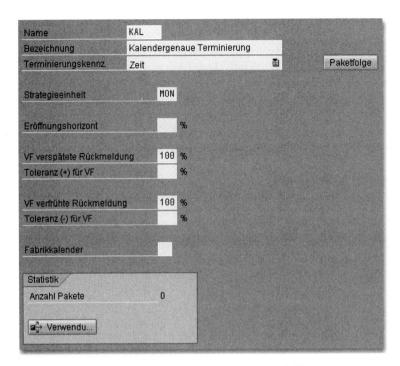

Abbildung 6.40 Anlegen einer Wartungsstrategie – Detailbild

Abbildung 6.41 Anlegen eines Wartungspakets

Um zum Übersichtsbild zurückzugelangen, wählen Sie in der Übersicht **Wartungsstrategien**.

Wie Sie eine Terminierung von Wartungsplänen vornehmen

Damit das System zu definierten Zyklen Wartungsabrufobjekte, beispielsweise Instandhaltungsaufträge, erzeugt, wird ein Wartungsplan terminiert. Terminieren Sie einen Wartungsplan zum ersten Mal, löst das Startdatum oder der Startzählerstand, den Sie angeben, den Wartungszyklus auf der Zeitachse aus.

> **Achtung** Wird das Startdatum oder der Startzählerstand in den Terminierungsparametern eingetragen, kann für den Wartungsplan direkt die automatische Terminüberwachung gestartet werden. Geben Sie diese Daten nicht an, muß die Terminierung für den Wartungsplan erst explizit gestartet werden, bevor Sie die automatische Terminüberwachung starten können.

Bei jeder Terminierung errechnet das System aufgrund der Terminierungsparameter und der Wartungszyklen oder -pakete das Fälligkeitsdatum für ein Wartungsabrufobjekt und erzeugt Wartungsabrufe. Es stellt sicher, daß es mindestens einen Wartungsabruf mit dem Status **Wartet** gibt.

Bei Fälligkeit des Wartungsabrufs erzeugt das System für jede fällige Wartungsposition ein Wartungsabrufobjekt. Welches Abrufobjekt das System bei Fälligkeit erzeugt, bestimmt der Wartungsplantyp.

Automatische Terminüberwachung: Mit dieser Funktion kann die Erzeugung von Wartungsabrufobjekten für Wartungspläne vereinfacht werden. Starten Sie die Terminüberwachung in regelmäßigen Abständen über einen selbstprogrammierten Report, beispielsweise wöchentlich bei einem wöchentlichen Wartungszyklus. Das System erzeugt dann entsprechend der definierten Zyklen die Wartungsabrufobjekte. Voraussetzung hierfür ist, daß ein Startdatum oder ein Startzählerstand in den Terminierungsparametern des Wartungsplans eingetragen ist oder der Wartungsplan schon einmal terminiert wurde.

Wenn Sie die Terminüberwachung laufen lassen, wandelt das System alle Wartungsabrufe, deren Termin vom Eröffnungshorizont her erreicht ist, in Wartungsabrufobjekte um. Das System führt auch eine komplette Neuterminierung des Wartungsplans durch und stellt dabei sicher, daß immer Wartungsabrufe für den Zeitraum vorhanden sind, den Sie zuvor als Abrufintervall definiert haben.

Auch wenn Sie im Wartungsplan kein Abrufintervall angeben, wird die Terminierung mindestens einmal durchlaufen, und das System erzeugt mindestens einen Wartungsabruf. Der Wartungsplan verlängert sich automatisch, es ist nicht mehr nötig, den Wartungsplan manuell mit der Terminierungsfunktion zu terminieren.

Automatische Terminierung: Mit der automatischen Terminüberwachung können Sie einen Wartungsplan zum ersten Mal oder erneut terminieren. Voraussetzung dafür ist, daß in den Terminierungsparametern des Wartungsplans ein Startdatum bzw. ein Startzählerstand eingetragen oder der Wartungsplan schon einmal terminiert wurde.

Wählen Sie im Wartungsplanungsmenü **Terminplanung Für Wartungspläne · Terminüberwachung.** Sie gelangen auf das in Abbildung 6.42 gezeigte Einstiegsbild der Terminüberwachung.

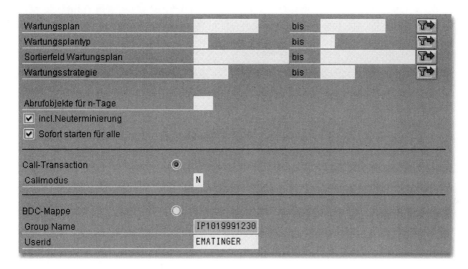

Abbildung 6.42 Terminüberwachung: Einstieg

Geben Sie die Wartungspläne oder Wartungsstrategien ein, für die das System die Terminierung durchführen soll, und markieren Sie entweder **Call transaction** oder **BDC Mappe.** Der Modus **Call Transaction** wird vom System vorgeschlagen. Starten Sie das Programm mit **Programm · Ausführen.** Das System erzeugt Wartungsabrufe bzw. Wartungsabrufobjekte für den oder die selektierten Wartungspläne.

Abbildung 6.43 zeigt Systemmeldungen, die beispielsweise eine erfolgreiche Terminierung, Kostenermittlung anzeigen oder Hinweise auf Fehler und Protokolle geben. In Abbildung 6.44 ist eine Liste der terminierten Wartungspläne dargestellt.

```
Message:  S CO                085 Auftrag wird nach Sichern freigegeben
Message:  I CK                262 Systemmeldungen bei der Kostenermittlung aufgetreten (siehe Protokoll)
Message:  S IW                454 Kosten wurden ermittelt: siehe Kostenübersicht
Message:  S IW                182 Ein Vorschlag für die Aufteilungsregel wurde gebildet
Message:  S CO                085 Auftrag wird nach Sichern freigegeben
Message:  I CK                262 Systemmeldungen bei der Kostenermittlung aufgetreten (siehe Protokoll)
Message:  S IW                454 Kosten wurden ermittelt: siehe Kostenübersicht
Message:  S IW                182 Ein Vorschlag für die Aufteilungsregel wurde gebildet
Message:  S CO                085 Auftrag wird nach Sichern freigegeben
Message:  I CK                262 Systemmeldungen bei der Kostenermittlung aufgetreten (siehe Protokoll)
Message:  S IW                454 Kosten wurden ermittelt: siehe Kostenübersicht
Message:  S IW                182 Ein Vorschlag für die Aufteilungsregel wurde gebildet
Message:  S CO                085 Auftrag wird nach Sichern freigegeben
Message:  I CK                262 Systemmeldungen bei der Kostenermittlung aufgetreten (siehe Protokoll)
Message:  S IW                454 Kosten wurden ermittelt: siehe Kostenübersicht
Message:  S IW                182 Ein Vorschlag für die Aufteilungsregel wurde gebildet
Message:  S CO                085 Auftrag wird nach Sichern freigegeben
Message:  I CK                262 Systemmeldungen bei der Kostenermittlung aufgetreten (siehe Protokoll)
Message:  S IW                454 Kosten wurden ermittelt: siehe Kostenübersicht
Message:  S IW                182 Ein Vorschlag für die Aufteilungsregel wurde gebildet
Message:  S CO                085 Auftrag wird nach Sichern freigegeben
Message:  I CK                262 Systemmeldungen bei der Kostenermittlung aufgetreten (siehe Protokoll)
Message:  S IP                202 Wartungsplan C1-B01 terminiert

Message:  S IP                202 Wartungsplan K1 terminiert

Message:  S IP                202 Wartungsplan P-1000-N005 terminiert

Message:  S IP                201 Wartungsplan P-1000-N006 geändert

Message:  S IP                202 Wartungsplan P-1000-N007 terminiert

Message:  S IP                202 Wartungsplan P-3000-N003 terminiert

Message:  S IP                201 Wartungsplan P-3000-N006 geändert
```

Abbildung 6.43 Anzeige von bei der Terminierung aufgetretenen Systemmeldungen

Terminüberwachung Wartungspläne		
Wartungsplan	Strategie	Text
17	A	Wartungsplan für Pumpe Etanorm
18	A	Wartungsplan Feuerloeschgeraet
19	A	Monatliche Inspektion der Kläranlage
40	AB-01	Filterpresse
50	A	Mechanische Inspektion Pumpe Etanorm
51	B	Kalibrierung von Meßinstrumenten
60	A	Wartungsplan Gasanlage

Abbildung 6.44 Anzeige der terminierten Wartungspläne

Terminierungsparameter: Die Terminierungsparameter wurden bereits im Abschnitt »Wie Sie einen Einzelzyklusplan anlegen und bearbeiten« kurz behandelt. Über diese Parameter ist es möglich, den Terminierungsprozeß den individuellen Anforderungen des Unternehmens entsprechend anzupassen.

Die Pflege von Terminierungsparametern ist von der Wartungsplanart abhängig:

▶ **Pflege bei Einzelzyklus- und Mehrfachzählerplänen**
Bei Einzelzyklusplänen und Mehrfachzählerplänen werden die Terminierungsparameter direkt im Wartungsplan gepflegt.

▶ **Pflege bei Strategieplan**
Bei Wartungsplänen mit Wartungsstrategie kopiert das System die in der Stra-

tegie definierten Terminierungsparameter in den Wartungsplan. Die Terminierungsparameter sind Vorschlagswerte, die Sie selbstverständlich im Wartungsplan ändern können.

Achtung Änderungen, die Sie in der Wartungsstrategie vornehmen, wirken sich nicht auf die Terminierungsparameter bereits bestehender Wartungspläne aus. Nehmen Sie Änderungen in den Wartungspaketen der Wartungsstrategie vor, indem Sie beispielsweise Pakete löschen oder die Vor- und Nachlaufpuffer ändern, wirken sich die Änderungen auch auf Wartungspläne aus, denen Sie die Strategie zugeordnet haben.

Allgemeines zur Pflege: Terminierungsparameter können Sie im Wartungsplan oder in der Wartungsstrategie pflegen. Tabelle 6.2 zeigt, welche Terminierungsparameter ausschließlich in der Wartungsstrategie (WS) oder im Wartungsplan (WP) gepflegt werden können und welche in der Strategie und im Wartungsplan (WS+WP) verändert werden können.

Terminierungs-parameter	zeitabhängiger Einzelzyklus- und Strategieplan	leistungsabh. Einzelzyklus- und Strategieplan	Mehrfach-zählerplan
Terminierungs-kennzeichen	WS+WP		
Verschiebungs-faktor	WS+WP	WS+WP	
Toleranz	WS+WP	WS+WP	
Streckungsfaktor	WS+WP	WS+WP	WS+WP
Eröffnungs-horizont	WS+WP	WS+WP	
Abrufintervall	WS+WP		
Rückmeldepflicht	WP	WP	
Vorlaufpuffer	WS	WS	WS+WP
Nachlaufpuffer	WS	WS	WS+WP
Verknüpfungsart			WS+WP
Wartungspaket-hierarchie	WS	WS	

Tabelle 6.2 Mögliche Kombination von Terminierungsparametern und Wartungsplanarten

In der Wartungsplanung gibt es vier **Terminierungskennzeichen**, die für die folgenden Terminierungsmöglichkeiten benutzt werden:

▶ zeitabhängige Terminierung

▶ stichtagsgenaue Terminierung

▶ Terminierung nach Fabrikkalender

▶ leistungsabhängige Terminierung

Es existieren zwei **Verschiebungsfaktoren** in der Wartungsplanung: Für den Fall einer verfrühten oder einer verspäteten Rückmeldung.

Das System bietet die Möglichkeit, den Verschiebungsfaktor speziell für einen bestimmten Wartungsplan zu definieren, indem der Verschiebungsprozentsatz, der bei der Errechnung des nächsten Fälligkeitsdatums in Betracht gezogen werden soll, angegeben wird. Der Verschiebungsfaktor hat nur dann Gültigkeit, wenn der Wartungsplan bereits terminiert wurde und der Unterschied zwischen Plantermin und Solltermin außerhalb des Toleranzbereichs liegt.

> **Beispiel** Der Plantermin für einen Instandhaltungsauftrag war am 1. April 2000, er wurde jedoch 15 Tage zu spät zurückgemeldet, nämlich am 16. April 2000. Der nächste Plantermin kann nun, abhängig von den angegebenen Verschiebungsfaktoren, unterschiedlich liegen:
>
> | | |
> |---|---|
> | Plantermin | 01.04.2000 |
> | Rückmeldung | 16.04.2000 |
> | nächster Plantermin (0% VF) | 01.05.2000 |
> | nächster Plantermin (50% VF) | 08.05.2000 |
> | nächster Plantermin (100% VF) | 16.05.2000 |

In der Wartungsplanung gibt es zwei **Toleranzbereiche** bei den Terminierungsparametern:

▶ **+ Toleranz**
Bei einer verspäteten Rückmeldung definiert diese Toleranz diejenige Zeitspanne, in der eine positive Abweichung zwischen Ist- und Plantermin die Folgeterminierung nicht beeinflußt.

▶ **– Toleranz**
Bei einer verfrühten Rückmeldung definiert diese Toleranz die Zeitspanne, in der eine negative Abweichung zwischen Ist- und Plantermin die Folgeterminierung nicht beeinflußt.

Sie können die Toleranz als Prozentsatz des kleinsten Zyklus der Wartungsstrategie definieren, die Sie dem Wartungsplan zugeordnet haben.

Beispiel Der kleinste Zyklus in der Wartungsstrategie, die einem Wartungsplan zugeordnet wurde, beträgt 50 Tage. Für den Fall einer verfrühten Rückmeldung wurde eine Toleranz von 10% definiert. Dies ergibt eine Toleranz von 3 Tagen. Erfolgt die Rückmeldung nicht mehr als 5 Tage vor dem Plantermin, berücksichtigt das System diese Abweichung bei der Errechnung des nächsten Plantermins nicht.

Mit Hilfe des **Streckungsfaktors** wird die Ausführungszeit für einen Wartungsplan individuell definiert. Dazu modifizieren Sie den Zyklus der allgemein gültigen Wartungsstrategie auf eine Weise, die den Ansprüchen des individuellen technischen Systems, Prozesses oder Technischen Platzes gerecht wird.

Geben Sie einen Streckungsfaktor an, können Sie damit den in der Wartungsstrategie angegebenen Zyklus verlängern oder verkürzen. Ein Streckungsfaktor größer als 1 verlängert den Zyklus, ein Streckungsfaktor kleiner als 1 verkürzt ihn.

Beispiel Dem Wartungsplan ist eine Wartungsstrategie mit einem Gesamtzyklus von 10 Tagen zugeordnet. Diesen Zyklus möchten Sie für diesen Plan ändern. Deshalb geben Sie den Streckungsfaktor 1.5 ein. Das Ergebnis lautet 10 * 1,5 = 15 Tage.

Der **Eröffnungshorizont** gibt in Prozenten an, wann ein Auftrag für ein errechnetes Wartungsdatum erstellt werden soll. Damit wird gesteuert, wieviel Zeit vom Rückmelde- bzw. Starttermin bis zum nächsten Plantermin eines Wartungsplans an verstreichen soll, bis der Auftrag erstellt wird.

Damit kann sowohl für einen zeitabhängigen als auch für einen leistungsabhängigen Wartungsplan ein spezifischer Eröffnungshorizont definiert werden, indem ein bestimmter Prozentsatz des gesamten Wartungszyklus angegeben wird. Sobald der Wartungsplan terminiert wird, berechnet das System den nächsten Plantermin.

Beispiel Der komplette Wartungszyklus beträgt 100 Tage. Definieren Sie einen Eröffnungshorizont von 0%, 70% oder 100%, eröffnet das System den Instandhaltungsauftrag nach folgender Anzahl von Tagen:

   0%   sofortiger Abruf
 70%   Abruf nach 70% von 100 = 70 Tagen
100%   Der Abruf erfolgt erst, wenn der Plantermin genau erreicht ist

Für einen Mehrfachzählerplan kann kein Eröffnungshorizont definiert werden. Um sicherzustellen, daß ein Instandhaltungsauftrag erstellt wird, bevor das Beginndatum erreicht wird, ist es sinnvoll, einen Vorlaufpuffer in den Terminierungsparametern anzugeben. Für leistungsabhängige Wartungspläne hingegen sollte immer ein Eröffnungshorizont angegeben werden.

Für einen zeitabhängigen Wartungsplan kann ein **Abrufintervall** definiert werden. Das Abrufintervall gibt in Tagen, Monaten oder Jahren die tatsächliche Länge des Terminierungszeitraums an. Wollen Sie beispielsweise, daß ein Wartungsplan für das ganze Jahr terminiert wird und dadurch alle Abrufe für dieses Jahr generiert werden, geben Sie als Abrufintervall 365 Tage oder 12 Monate an.

Mit dem Kennzeichen **Rückmeldepflicht** wird gesteuert, wann das System das nächste Wartungsabrufobjekt erzeugt. Setzen Sie das Kennzeichen, erzeugt das System das nächste Wartungsabrufobjekt erst dann, wenn das vorhergehende Abrufobjekt zurückgemeldet wurde. Für das Abrufobjekt »Instandhaltungsauftrag« bedeutet dies, daß das System den nächsten Auftrag erst dann anlegt, wenn der vorhergehende Auftrag technisch abgeschlossen wurde oder wenn der Abruf in der Terminierung rückgemeldet wurde.

> **Achtung** Dieses Kennzeichen entspricht nicht der Rückmeldung auf Vorgangsebene der Instandhaltungsaufträge. Diese Funktionen sind voneinander unabhängig.

Vorlauf- und Nachlaufpuffer: Die Vorlauf- und Nachlaufpuffer geben an, wie lange vor bzw. nach Fälligkeit des Wartungspakets die Ausführung der Tätigkeiten begonnen bzw. beendet werden kann, ohne daß die nachfolgenden Fälligkeitstermine verändert werden.

> **Beispiel** Sie geben einen Vorlauf- und Nachlaufpuffer von jeweils 2 Tagen für jedes Wartungspaket der Strategie an. Der vom System berechnete Plantermin ist der 20. Mai. Das Beginndatum, das im Instandhaltungsauftrag vorgeschlagen wird, ist demnach der 18. Mai, das Endedatum ist der 22. Mai.

Die **Verknüpfungsart** ist ein Kennzeichen, mit dem die Beziehung zwischen den Wartungszyklen eines Mehrfachzählerplans festgelegt wird:

▶ Bei einer ODER-Verknüpfung wird die Tätigkeit fällig, sobald ein Wartungszyklus endet.

▶ Bei einer UND-Verknüpfung wird die Tätigkeit erst fällig, wenn auch der letzte Wartungszyklus zu Ende ist.

> **Beispiel** Ein Fahrzeug soll jährlich und/oder nach einer Laufleistung von 20 000 km gewartet werden.
> Sind die Wartungszyklen mit ODER verknüpft, muß das Fahrzeug gewartet werden, sobald eine der beiden Bedingungen erfüllt ist: Entweder muß ein Jahr verstrichen sein, oder die km-Leistung beträgt 20 000 km. Sind die Wartungszyklen mit UND verknüpft, muß das Fahrzeug erst gewartet werden, wenn beide Bedingungen erfüllt sind: Ein Jahr muß verstrichen sein, und das Fahrzeug wurde 20 000 km gefahren.

Die **Wartungspakethierarchie** ist eine Hierarchie, die bestimmt, welche Wartungspakete ausgeführt werden, wenn zu einem Zeitpunkt mehrere Wartungspakete fällig sind.

Sollen die Wartungspakete gemeinsam zu diesem Zeitpunkt ausgeführt werden, müssen sie dieselbe Hierarchiezahl aufweisen. Sollen nur bestimmte Wartungspakete zu diesem Zeitpunkt ausgeführt werden, müssen diese Pakete eine höhere Hierarchiezahl haben als die anderen. Das System wählt immer nur die Pakete mit der höchsten Hierarchiezahl aus.

Rückmeldungen: Wurde ein fälliger Wartungsabruf abgerufen und hat das System damit ein Wartungsabrufobjekt erzeugt, dann hat der Wartungsabruf den Status **Abgerufen**.

Der Wartungsabruf erhält erst den Status **Erledigt,** wenn

▶ der erzeugte Instandhaltungsauftrag technisch abgeschlossen wurde

▶ die erzeugte Instandhaltungsmeldung abgeschlossen wurde

▶ das erzeugte Leistungserfassungsblatt abgenommen wurde

▶ der Wartungsabruf in der Terminierungsfunktion rückgemeldet wurde

Anzeige von Wartungsabrufobjekten: Wie bereits ausgeführt wurde, erzeugt das System bei der Terminierung von Wartungsplänen Wartungsabrufobjekte. Das Wartungsabrufobjekt, das für einen Wartungsplan erzeugt werden soll, wird im Wartungsplantyp festgelegt. Es gibt verschiedene Möglichkeiten für die Anzeige der Wartungsabrufobjekte:

▶ Anzeige aus dem Wartungsplan

▶ Anzeige aus der Abrufhistorie

▶ Anzeige über die Listfunktion des Wartungsabrufobjekts

Anzeige von Aufträgen oder Meldungen aus der Abrufhistorie: Hat ein Wartungsabruf den Status **abgerufen** oder **rückgemeldet**, existiert im System ein Wartungsabrufobjekt für diesen Abruf. Sie können diese Wartungsabrufobjekte von der Abrufhistorie oder vom Wartungsplan aus anzeigen: Wählen Sie vom Menü **Wartungsplanung** ausgehend **Terminplanung für Wartungspläne · Terminieren**. Sie gelangen auf das Einstiegsbild zur Terminierung von Wartungsplänen. Wählen Sie hier den zu terminierenden Wartungsplan aus, und wählen Sie **Weiter**. Abbildung 6.45 zeigt terminierte Abrufe eines Wartungsplans.

Wählen Sie im Bild **Wartungsplan terminieren** die Registerkarte **Terminierte Abrufe**. Sie gelangen auf die Abrufhistorie mit den terminierten Wartungsabrufen zum aktuellen Datum. Markieren Sie den Abruf, zu dem Sie das Wartungsabrufobjekt anzeigen möchten, und wählen Sie **Anzeigen Abrufobjekt.** Abhängig von der Anzahl der Wartungspositionen, die dem Wartungsplan zugeordnet sind, gelangen Sie auf den Auftragskopf oder zur Liste aller Wartungsabrufobjekte zu den verschiedenen Wartungspositionen. Abbildung 6.46 zeigt diese Liste.

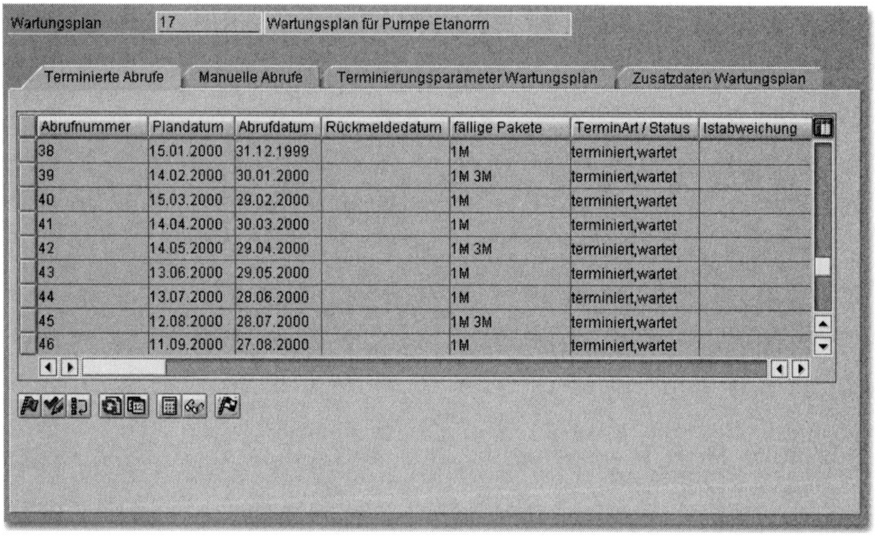

Wartungsplan 17 Wartungsplan für Pumpe Etanorm

Terminierte Abrufe | Manuelle Abrufe | Terminierungsparameter Wartungsplan | Zusatzdaten Wartungsplan

Abrufnummer	Plandatum	Abrufdatum	Rückmeldedatum	fällige Pakete	TerminArt / Status	Istabweichung
38	15.01.2000	31.12.1999		1M	terminiert,wartet	
39	14.02.2000	30.01.2000		1M 3M	terminiert,wartet	
40	15.03.2000	29.02.2000		1M	terminiert,wartet	
41	14.04.2000	30.03.2000		1M	terminiert,wartet	
42	14.05.2000	29.04.2000		1M 3M	terminiert,wartet	
43	13.06.2000	29.05.2000		1M	terminiert,wartet	
44	13.07.2000	28.06.2000		1M	terminiert,wartet	
45	12.08.2000	28.07.2000		1M 3M	terminiert,wartet	
46	11.09.2000	27.08.2000		1M	terminiert,wartet	

Abbildung 6.45 Terminierte Abrufe eines Wartungsplans

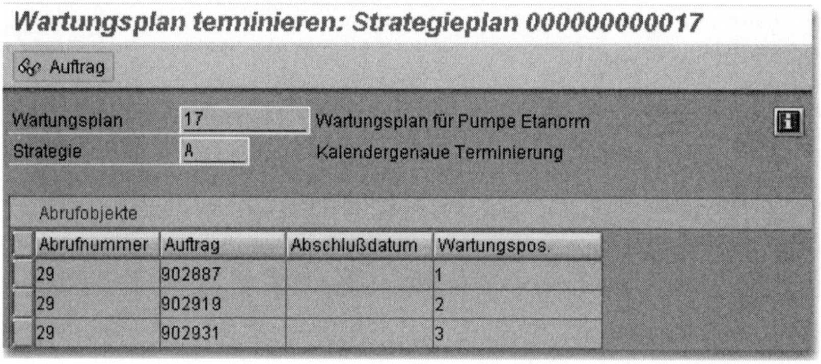

Wartungsplan terminieren: Strategieplan 000000000017

Auftrag

Wartungsplan 17 Wartungsplan für Pumpe Etanorm

Strategie A Kalendergenaue Terminierung

Abrufobjekte

Abrufnummer	Auftrag	Abschlußdatum	Wartungspos.
29	902887		1
29	902919		2
29	902931		3

Abbildung 6.46 Liste der Abrufobjekte eines Wartungsplans

Markieren Sie die Wartungsposition, zu der Sie ein Wartungsabrufobjekt anzeigen möchten, und wählen Sie die Drucktaste **Auftrag Anzeigen.** Das Ergebnis ist der in Abbildung 6.47 gezeigte Instandhaltungsauftrag.

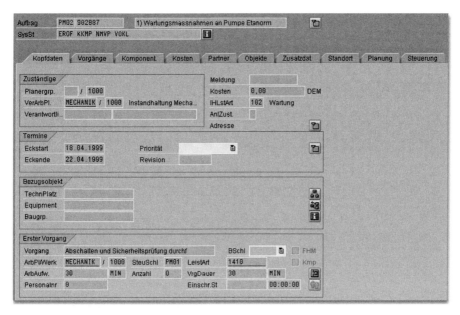

Abbildung 6.47 Instandhaltungsauftrag als Ergebnis eines Wartungsabrufes

6.3 Aufgaben des Controllers

Die Rolle des Controllers wurde im Kapitel 5.3 bereits behandelt. Da sich die Aufgaben des Controllers in der geplanten Instandhaltung nicht von denen in der störungsbedingten und planbaren Instandhaltung unterscheiden, sei an dieser Stelle an das Kapitel 5.3 verwiesen.

7 Sonderfälle

7.1 Abwicklung von Aufarbeitungsmaßnahmen

In Produktionsanlagen werden oft hochwertige Materialkomponenten eingesetzt, wie z. B. Motoren, die im Schadensfall durch ein funktionsfähiges Reserveteil ersetzt und anschließend aufgrund eines separaten Auftrags in der Instandhaltungsabteilung aufgearbeitet werden. Die Aufarbeitung der hochwertigen defekten Reserveteile ist von hoher wirtschaftlicher Bedeutung und oftmals ein Kernprozeß in der Instandhaltung. Aufarbeitung ist häufig sehr viel kostengünstiger als ein Neukauf.

Der Prozeß der Aufarbeitung ergänzt die bereits beschriebenen Geschäftsprozesse und läuft ab wie folgt. Im Rahmen einer Wartungs- oder Instandsetzungsmaßnahme wird ein defektes Equipment ausgetauscht. Der Wartungs- oder Instandsetzungsauftrag erfaßt allerdings nur den Materialverbrauch für das neue Equipment. Wenn das defekte Equipment nicht verschrottet werden soll, sondern repariert, d. h. aufgearbeitet, setzt der Prozeß der Aufarbeitung ein. Das defekte Equipment wird als Materialnummer, die dem Equipment über eine Serialnummer zugeordnet wurde, in den Bestand gebucht und im Reserveteilelager abgelegt. Sobald der Bestand an defekten Teilen eine bestimmte Menge erreicht hat, eröffnet der IH-Planer einen sogenannten Aufarbeitungsauftrag (eine Auftragsart des normalen IH-Auftrags). Nach erfolgter Planung und Steuerung der Aufarbeitungsmaßnahmen gibt der IH-Planer den Auftrag frei. Der IH-Techniker entnimmt dann das defekte Equipment aus dem Reserveteilelager und arbeitet es auf. Abschließend meldet er über die Rückmeldung die benötigte Arbeitszeit und die benötigten Materialien zurück und übergibt das aufgearbeitete Equipment wieder dem Reserveteilelager. Aus Sicht der Instandhaltung ist der Geschäftsprozeß nun abgeschlossen. Das aufgearbeitete Equipment steht nun für einen Einbau in eine Anlage wieder zur Verfügung.

7.1.1 Bestandsführung und zustandsabhängige Materialbewertung

Zusätzlich zu den Funktionen der Instandhaltung werden für die Aufarbeitung von Reserveteilen auch Funktionen aus der Bestandsführung und der Disposition verwendet. Die Bestandsführung bildet die physischen Bestände durch die Erfassung aller bestandsverändernden Vorgänge und den daraus resultierenden Bestandsfortschreibungen in Echtzeit ab. Sie haben jederzeit einen Überblick über die aktuelle Bestandssituation eines Materials. Dies gilt z. B. für Bestände,

- ▶ die sich im Lager befinden
- ▶ die bereits bestellt, jedoch noch nicht eingetroffen sind
- ▶ die zwar im Lager liegen, aber bereits für die Produktion oder für einen Kunden reserviert sind
- ▶ die sich in der Qualitätsprüfung befinden

Die Bestände werden nicht nur mengenmäßig, sondern auch wertmäßig geführt. Bei jeder Warenbewegung schreibt das System automatisch folgende Daten fort:

- ▶ Mengen- und Wertfortschreibung für die Bestandsführung
- ▶ Kontierung für die Kostenrechnung
- ▶ Sachkonten für die Finanzbuchhaltung über eine automatische Kontenfindung

Die Organisationsebene, auf der die Materialbestände wertmäßig geführt werden, ist der Bewertungskreis. Der Bewertungskreis kann einem Werk oder einem Buchungskreis entsprechen. In der Bestandsführung wird grundsätzlich auf Werks- und Lagerortebene gearbeitet. Wenn Sie eine Warenbewegung erfassen, brauchen Sie folglich nur das Werk und den Lagerort der Ware einzugeben. Der Buchungskreis wird aus dem Werk über den Bewertungskreis abgeleitet.

Im Materialstammsatz wird pro Bewertungskreis ein Preis für das Material definiert. Im Fall von Materialien, die für eine Aufarbeitung infrage kommen, benötigen Sie für ein Material mehrere Preise innerhalb eines Bewertungskreises. Bei dieser getrennten Materialbewertung sollen die Bestände eines Materials je nach Zustand bewertet werden. Die Voraussetzung für getrennte Bewertung ist, daß im Materialstammsatz in den Buchhaltungsdaten ein Bewertungstyp eingetragen ist, z.B. »C« für den Zustand. Der Bewertungstyp ist ein Schlüssel, der angibt, nach welchem Kriterium die Teilbestände unterschieden werden sollen (z.B. Zustand, Bezugsart, Herkunft). Weiterhin muß innerhalb des Bewertungstyps jeder Teilbestand des Materials einer Bewertungsart zugeordnet werden.

Eine Pumpe wird beispielsweise als Materialstammsatz mit der Nummer »P-2001« abgebildet. Diese Pumpe ist für eine Aufarbeitung vorgesehen. Als Bewertungstyp wird »C« für den Zustand eingetragen (▲ Abbildung 7.1). Es sind folgende drei Materialzustände vorgesehen:

1. neues Teil
2. aufgearbeitetes Teil
3. defektes Teil

Für diese drei Zustände werden innerhalb des Bewertungstyps C drei Bewertungsarten angelegt: C1 für ein neues Teil, C2 für ein aufgearbeitetes Teil, C3 für ein defektes Teil. Im Lebenszyklus des Materials wird die Pumpe P-2001 also zunächst als neues Teil (C1) in eine Anlage eingebaut. Aus Sicht der Instandhaltung wird aus dem Material dann ein Equipment. Ist die Pumpe defekt, wird sie ausgetauscht und als defektes Teil (C3) in das Reserveteilelager gelegt. Die Bewertungsart ändert sich also von C1 nach C3. Wenn die Pumpe aufgearbeitet wird, ändert sich die Bewertungsart wieder von C3 nach C2.

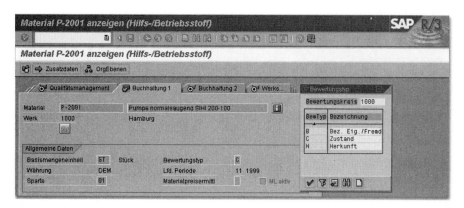

Abbildung 7.1 Bewertungstyp im Materialstammsatz

Ist für ein Material die getrennte Bewertung vorgesehen, so wird das Material in verschiedenen Teilbeständen geführt, und jeder Teilbestand wird für sich bewertet. Jeder bewertungsrelevante Vorgang, sei es Wareneingang, Warenausgang oder Inventur, wird auf Ebene des Teilbestands durchgeführt. Beim Ausführen eines dieser Vorgänge, z. B. beim Warenausgang aus dem Reserveteilelager zur Aufarbeitung, müssen Sie immer den betroffenen Teilbestand angeben. Damit kann es also nur zu einer Wertänderung des betroffenen Teilbestands kommen. Neben den Teilbeständen wird auch der Gesamtbestand fortgeschrieben. Die Wertbildung des Gesamtbestands ergibt sich aus der Summe der Bestandswerte und Bestandsmengen der einzelnen Teilbestände.

Für die Pumpe P-2001 sind drei Teilbestände je nach Zustand vorgesehen. Im Werk 1000 befinden sich am Lagerort 0001 insgesamt 40 Teile (Gesamtbestand). Im Teilbestand C1 für neue Teile befinden sich 10 Teile, in C2 für aufgearbeitete Teile befinden sich 20 Teile, und in C3 für defekte Teile befinden sich 10 Teile (▲ Abbildung 7.2).

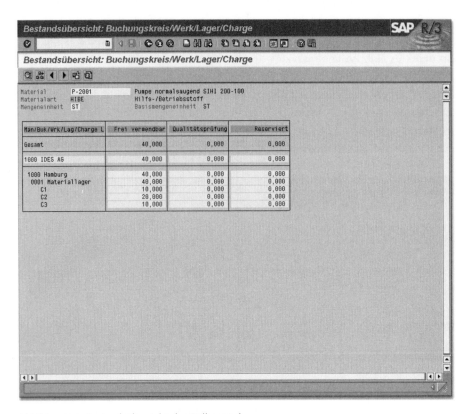

Abbildung 7.2 Bestandsübersicht der Teilbestände

7.1.2 Standardpreis und gleitender Durchschnittspreis

Aufgrund der getrennten Bewertung hat jede Bewertungsart einen eigenen Standardpreis. Den Standardpreis sehen Sie, wenn Sie sich das Material nicht nur nach Werk und Lagerort, sondern auch noch nach Bewertungsart getrennt anzeigen lassen (▲ Abbildung 7.3). Beispielsweise wird die Pumpe P-2001 als defektes Teil im Teilbestand C3 mit einem Standardpreis von 200,00 DM bewertet. Im Feld **Preissteuerung** steht ein »S«, d.h., es handelt sich um den Standardpreis, nicht um den gleitenden Durchschnittspreis. Im Feld **Gleitender Preis** wird daher auch der Standardpreis von 200,00 DM angezeigt (▲ Abbildung 7.4). Zum Vergleich dazu zeigt Abbildung 7.5 den Standardpreis im Teilbestand C2 für aufgearbeitete Teile. Hier beläuft sich der Standardpreis auf 2 500,00 DM. Wenn ein defektes Teil aufgearbeitet wird, steigt sein Wert somit um 2 300,00 DM. Das bedeutet, daß eine Aufarbeitungsmaßnahme nur dann sinnvoll sein wird, wenn sich die Personal- und Materialkosten für die Aufarbeitung auf wesentlich weniger als 2 300,00 DM pro Teil belaufen.

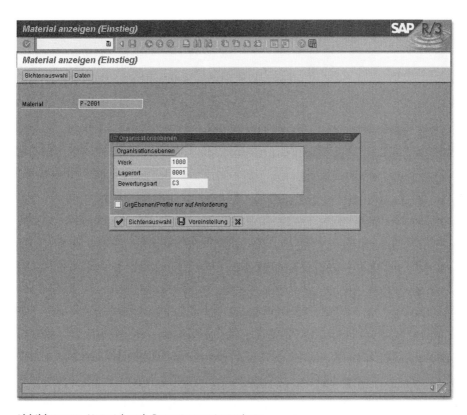

Abbildung 7.3 Material nach Bewertungsart anzeigen

Aktuelle Bewertung			
Bewertungsklasse	3040		
BKl.Kundenauftragsb.		BKl. Projektbestand	
Preissteuerung	S	Preiseinheit	1
Gleitender Preis	200,00	Standardpreis	200,00
Gesamtbestand	10	Gesamtwert	2.000,00
		☐ bewertete ME	
Zukünftiger Preis	0,00	Gültig ab	
Vorheriger Preis	0,00	Ltz. Preisänderung	

Abbildung 7.4 Standardpreis bei Bewertungsart C3

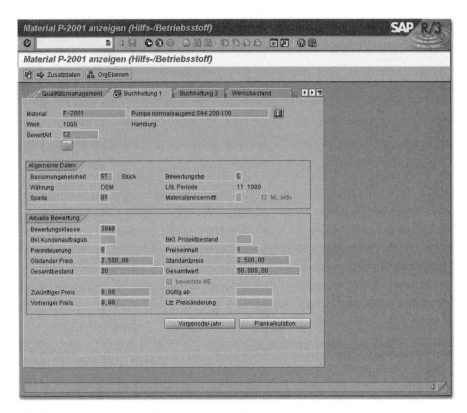

Abbildung 7.5 Standardpreis bei Bewertungsart C2

Auf Bewertungskreisebene werden die Bestandsmenge, der Bestandswert und der Bewertungspreis aller Bewertungsarten kumuliert geführt und ergeben dann den gleitenden Durchschnittspreis für das Material. Den gleitenden Durchschnittspreis können Sie sich anzeigen lassen, wenn Sie keine Bewertungsart eingeben, sondern einfach **Weiter** wählen.

Die Pumpe P-2001 wird im Teilbestand C1 mit 3000,00 DM bewertet. Es sind 10 Stück vorhanden. Im Teilbestand C2 wird mit 2500,00 DM bewertet. Hier sind 20 Stück vorhanden. Im Teilbestand C3 wird mit 200,00 DM bewertet. Hier sind 10 Teile vorhanden. Der Wert der Teilbestände wird nun kumuliert. Der gleitende Durchschnittspreis beträgt demnach 2050,00 DM und wird im entsprechenden Feld angezeigt. Im Feld **Preissteuerung** steht »V«, was zeigt, daß es sich hierbei nicht um den Standardpreis handelt (▲ Abbildung 7.6).

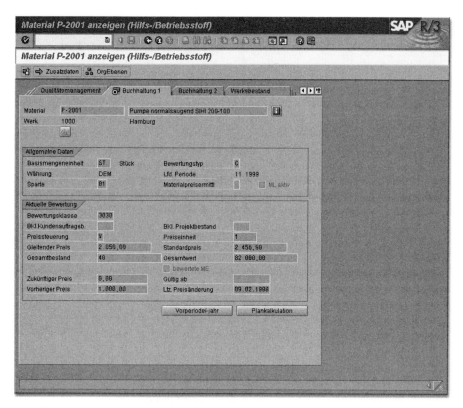

Abbildung 7.6 Gleitender Durchschnittspreis

7.1.3 Wie Sie als IH-Planer einen Aufarbeitungsauftrag anlegen

Ein Aufarbeitungsauftrag ist eine normale PM-Auftragsart. Sie legen zunächst im Customizing der Aufträge unter **Funktionen und Einstellungen der Auftragsarten · Auftragsarten einrichten** eine Auftragsart wie z. B. PM04 an. Diese Auftragsart kennzeichnen Sie nun als Aufarbeitungsauftrag. Wählen Sie dazu **Funktionen und Einstellungen der Auftragsarten · Auftragsarten für Aufarbeitung kennzeichnen,** und setzen Sie für PM04 das Kennzeichen (▲ Abbildung 7.7).

Über die Transaktion IW81 können Sie direkt einen Aufarbeitungsauftrag anlegen. Die im Customizing gekennzeichnete Auftragsart PM04 wird bereits vom System vorgeschlagen (▲ Abbildung 7.8). Geben Sie das aufzuarbeitende Material ein sowie das IH-Planungswerk, in dem Sie als IH-Planer arbeiten.

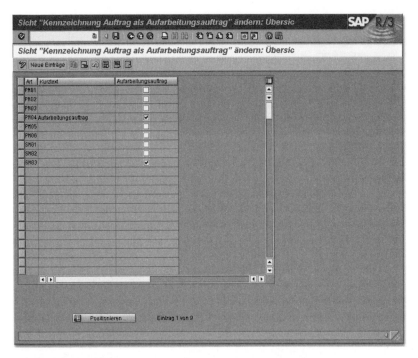

Abbildung 7.7 Auftragsart für Aufarbeitungsauftrag

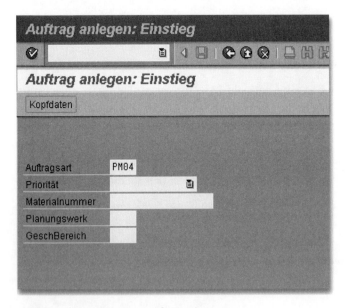

Abbildung 7.8 Aufarbeitungsauftrag anlegen

Einen Aufarbeitungsauftrag behandeln Sie wie jede andere Auftragsart auch. Abbildung 7.9 zeigt die Kopfdaten eines Aufarbeitungsauftrags. Der einzige Unterschied besteht darin, daß Sie für das Material noch einige aufarbeitungsspezifische Daten angeben müssen. Diese Mußangaben sind:

▶ die Menge der aufzuarbeitenden Teile mit dieser Materialnummer

▶ der Ist-Zustand des Materials, wie z.B. C3 für defekte Teile

▶ Werk und Lagerort, an dem das Material im Ist-Zustand lagert

▶ der Soll-Zustand, der nach der Aufarbeitung erreicht sein soll, wie z.B. C2 für aufgearbeitete Teile

▶ Werk und Lagerort, an dem das Material im Soll-Zustand gelagert werden soll

Vom Material P-2001 sollen insgesamt 5 Teile aufgearbeitet werden. Momentan lagern sie in Werk 1000 am Lagerort 0001. Sie sollen im Rahmen dieses Aufarbeitungsauftrags vom Zustand C3 (defekt) in den Zustand C2 (aufgearbeitet) überführt werden. Als aufgearbeitete Teile sollen Sie am selben Lagerort im selben Werk gelagert werden (▲Abbildung 7.10).

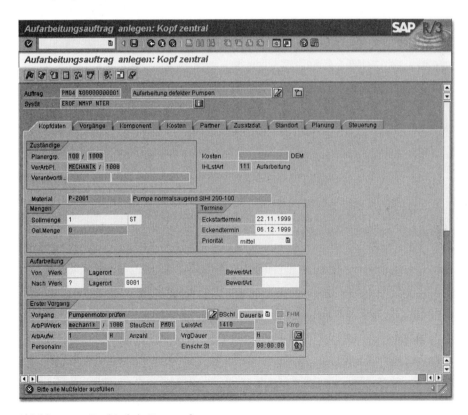

Abbildung 7.9 Kopf Aufarbeitungsauftrag

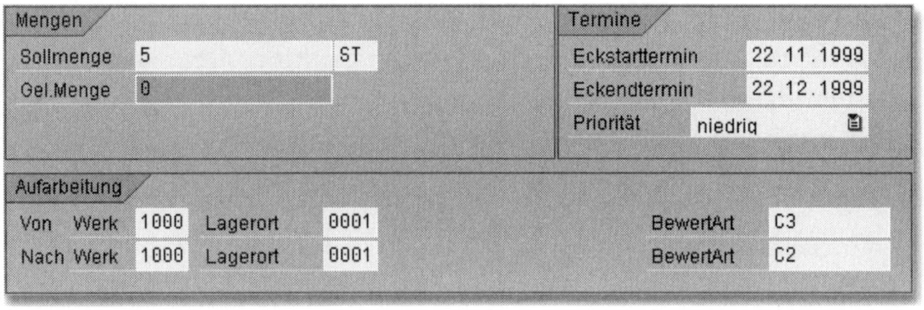

Mengen					Termine		
Sollmenge	5		ST		Eckstarttermin	22.11.1999	
Gel.Menge	0				Eckendtermin	22.12.1999	
					Priorität	niedrig	

Aufarbeitung							
Von	Werk	1000	Lagerort	0001		BewertArt	C3
Nach	Werk	1000	Lagerort	0001		BewertArt	C2

Abbildung 7.10 Materialspezifische Angaben im Aufarbeitungsauftrag

Als IH-Planer nehmen Sie nun die nötigen Personal- und Materialplanungen vor und geben anschließend den Auftrag frei. Das bereitzustellende Material erscheint automatisch als Materialkomponente auf der Registerkarte **Komponenten**. Für diese Materialien wird automatisch eine Materialreservierung erzeugt.

Für die Bedarfsmenge von fünf Stück der Materialnummer P-2001 in Bewertungsart C3 (Ist-Zustand) hat das System eine Materialreservierung im Werk 1000 erzeugt. Die vorgesehene Bewegungsart ist 261 (▲ Abbildung 7.11).

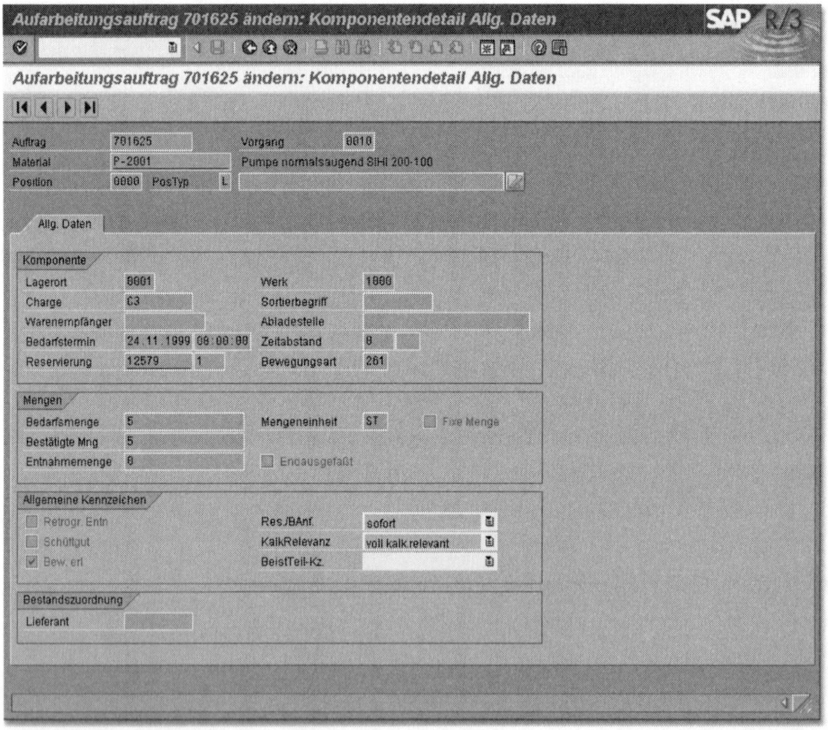

Abbildung 7.11 Materialreservierung im Aufarbeitungsauftrag

7.1.4 Wie Sie als IH-Techniker die Aufarbeitung durchführen

Als IH-Techniker entnehmen Sie zunächst das reservierte Material aus dem Lager. Im Beispiel sind das die fünf reservierten Pumpen mit der Materialnummer P-2001. Zur Materialentnahme mit der Bewegungsart 261 (Warenausgang für Auftrag) verwenden Sie die Transaktion MB1A. Der Warenausgang bezieht sich auf die Materialien mit der Bewertungsart C3 (▲Abbildung 7.12).

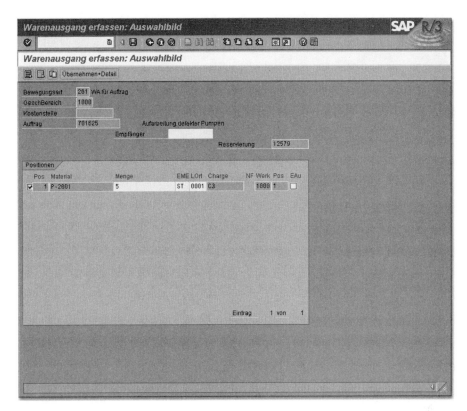

Abbildung 7.12 Warenausgang für reserviertes Material

Nachdem Sie die Materialien entnommen haben, führen Sie die Aufarbeitungsmaßnahmen durch. Danach machen Sie eine Zeitrückmeldung. Im Beispiel haben Sie für die Aufarbeitung die eingeplante Arbeitszeit von einer Stunde nicht überschritten. Ersatzteile oder Fertigungshilfsmittel haben Sie nicht benötigt. Sie erfassen einen Rückmeldetext und setzen das Kennzeichen **Endrückmeldung** (▲Abbildung 7.13).

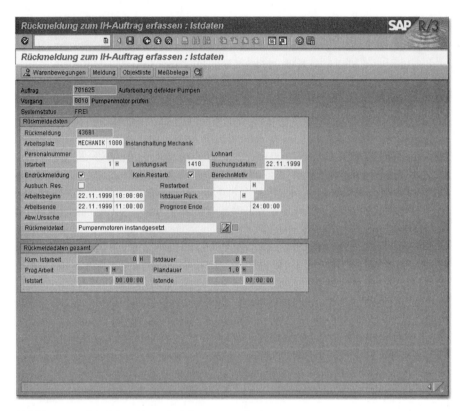

Abbildung 7.13 Zeitrückmeldung Aufarbeitungsmaßnahme

7.1.5 Wie Sie als IH-Planer den Auftrag technisch abschließen

Nach der Endrückmeldung durch den IH-Techniker können Sie als Planer den Aufarbeitungsauftrag überprüfen und technisch abschließen. In Absprache mit dem Controller müssen Sie den Auftrag mit einer Abrechnungsvorschrift versehen. Der Vorschlag für die Abrechnungsvorschrift kommt normalerweise aus dem technischen Objekt und enthält die Kostenstelle, der das technische Objekt zugeordnet ist. Da es sich bei P-2001 um einen Materialstammsatz handelt, gibt es hier auch keinen Vorschlagswert.

Um die Abrechnungsvorschrift zu pflegen, wählen Sie im Auftrag **Springen · Abrechnungsvorschrift**. Im Beispiel tragen Sie dort die Kostenstelle KST 1410 für technische Anlagen ein.

Anschließend können Sie mit der Transaktion MMBE in die Bestandsübersicht des Materials verzweigen. Vor der Aufarbeitung der fünf Teile befanden sich im Werk 1000 am Lagerort 0001 insgesamt 40 Teile (Gesamtbestand). Im Teilbestand C1 für neue Teile waren 10 Teile, in C2 für aufgearbeitete Teile waren 20 Teile, und in C3 für defekte Teile waren 10 Teile.

Nach der Aufarbeitung stellt sich der Bestand wie folgt dar (▲ Abbildung 7.14):

▶ Gesamtbestand mit 40 Teilen

▶ Teilbestand C1 mit 10 neuen Teilen

▶ Teilbestand C2 mit 25 aufgearbeiteten Teilen

▶ Teilbestand C3 mit 5 defekten Teilen

Da das Material im Teilbestand C2 mit 2 500,00 DM bewertet wird und im Teilbestand C3 mit 200,00 DM, erhöht sich somit nach der Aufarbeitung der Bestandswert des Gesamtbestandes.

Zuletzt schließen Sie den Auftrag technisch ab, indem Sie im Auftrag **Auftrag · Funktionen · Abschliessen · Technisch abschliessen** wählen.

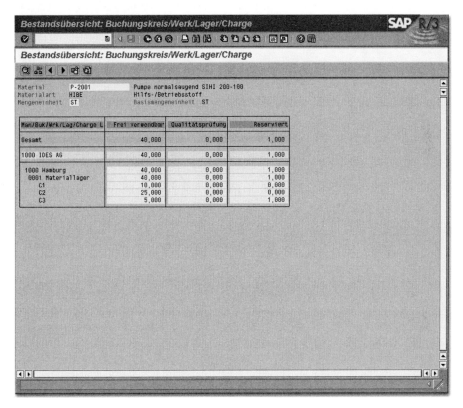

Abbildung 7.14 Bestandsübersicht nach der Aufarbeitung

7.1.6 Wie Sie als Controller den Kostenfluß einer Aufarbeitung prüfen

Nach der Auftragsfreigabe können Sie als Controller die Plankosten prüfen. Ein Aufarbeitungsauftrag wird belastet durch die Plankosten für Arbeitsleistung und Ersatzteilverbrauch sowie durch die Plankosten für die aufzuarbeitenden Teile.

Für die Aufarbeitung der fünf Pumpen P-2001 ist beispielsweise eine Arbeitsstunde geplant, daher wird der Auftrag mit 155,54 DM belastet. Dazu kommt noch die Belastung durch die fünf Teile, die im defekten Zustand mit

200,00 DM pro Stück bewertet werden. Insgesamt wird der Auftrag also mit 1 155,54 DM Plankosten belastet. Gleichzeitig wird der Aufarbeitungsauftrag auch wieder entlastet, und zwar durch die fünf Teile, die im aufgearbeiteten Zustand mit 2 500,00 DM bewertet werden. Insgesamt wird der Auftrag also mit 12 500,00 DM entlastet (▲ Abbildung 7.15).

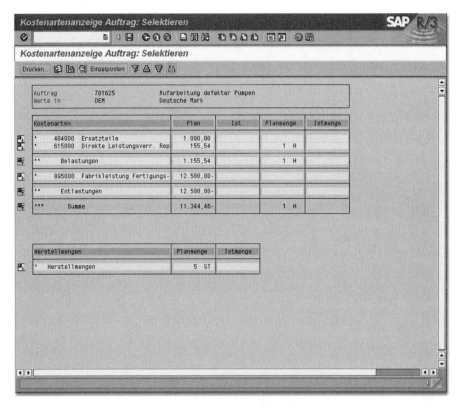

Abbildung 7.15 Plankosten im Aufarbeitungsauftrag bei der Freigabe

Im nächsten Stadium entnimmt der IH-Techniker die defekten fünf Teile aus dem Lager und bucht dies als Warenausgang. Nachdem er die Reparaturmaßnahmen durchgeführt hat, meldet er seine Arbeitszeit zurück und setzt das

Endrückmeldekennzeichen. Somit wird der Auftrag mit folgenden Istkosten belastet (▲ Abbildung 7.16):

▶ Warenausgang von fünf defekten Teilen (im Beispiel mit einer Bewertung von 200,00 DM pro Stück)

▶ Arbeitsleistung in Stunden (im Beispiel entspricht die Plan-Arbeitszeit von einer Stunde der Ist-Arbeitszeit)

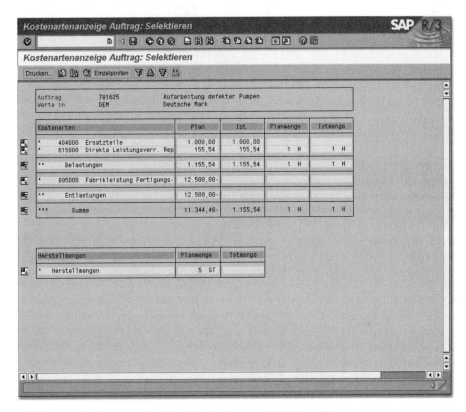

Abbildung 7.16 Istkosten nach Materialentnahme und Endrückmeldung

Nachdem die Aufarbeitung beendet ist, werden die aufgearbeiteten Teile zurück ins Lager gebucht, und der IH-Planer schließt den Auftrag technisch ab. Für Sie als Controller stellt sich die Kostensituation zu diesem Zeitpunkt wie folgt dar. Die Belastungen des Auftrags bleiben konstant. Wie in den Plankosten vorgesehen, wird der Auftrag nach dem Wareneingang mit dem Gesamtwert der aufgearbeiteten Teile entlastet (▲ Abbildung 7.17).

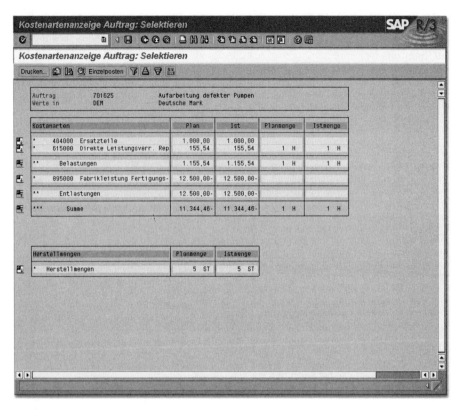

Abbildung 7.17 Istkosten nach Wareneingang

Nach dem technischen Abschluß durch den IH-Planer wird der Auftrag an Sie als Controller zur Abrechnung übergeben. Sie führen die Auftragsabrechnung mit der Transaktion KO88 durch. Nach der Abrechnung schließen Sie den Aufarbeitungsauftrag kaufmännisch ab. Im Kostenbericht erscheint der Auftrag dann wie in Abbildung 7.18 dargestellt.

Die Abrechnung eines Aufarbeitungsauftrags erfolgt direkt an den Materialbestand. Bei der Abrechnung wird die vorübergehende Belastung des Auftrags und die damit verbundene Erhöhung des Materialbestandswertes durch die Belastung mit dem tatsächlichen Aufwand ersetzt. Diese Summe wird direkt an das Material abgerechnet. Dies führt dazu, daß sich der Gesamtbestandswert und damit auch der gleitende Durchschnittspreis erhöht.

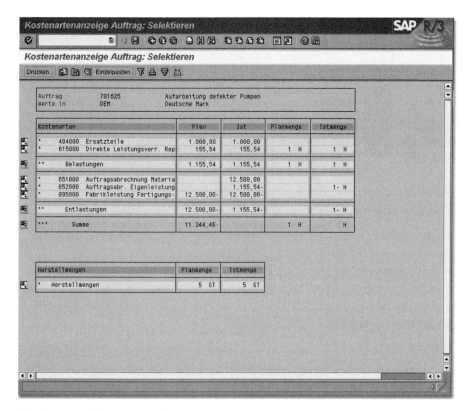

Abbildung 7.18 Istkosten nach der Auftragsabrechnung

7.2 Fremdleistungsabwicklung

7.2.1 Prozesse der Fremdleistungsabwicklung

Sie können Maßnahmen von Fremdfirmen ausführen lassen, wenn z. B. Ihre eigenen Werkstätten

▶ aufgrund der Kapazitätssituation überlastet sind, z. B. bei Revisionen, Stillständen, Jahresendarbeiten

▶ kein qualifiziertes Personal für Spezialmaßnahmen aufzuweisen haben, z. B. bei Spezialmaßnahmen zu Klimatechnik, Aufzugstechnik oder elektronischer Steuerung

▶ unter Berücksichtigung von Primärkosten (Rechnungsbetrag) und Sekundärkosten (z. B. Auftragsplanung, Bestellung, Leistungsabnahme, Rechnungsprüfung) eine Maßnahme kostenaufwendiger ausführen würden

Grundsätzlich wird bei der Fremdleistungsabwicklung im R/3-System unterschieden zwischen kurzfristigem Bedarf an wechselnden Lieferanten und langfristigen Beziehungen zu einem bestimmten Lieferanten. Es stehen Ihnen folgende Formen der Abwicklung für die Fremdbearbeitung zur Verfügung:

▶ Abwicklung mit Fremdfirma als Arbeitsplatz für langfristige Lieferantenbeziehungen

▶ Abwicklung mit Einzelbestellung für kurzfristigen Bedarf

▶ Abwicklung mit Leistungsverzeichnis

Im folgenden werden die Prozeßschritte bei der Abwicklung mit **Fremdfirmen-Arbeitsplätzen** beschrieben.

Voraussetzung ist, daß Sie für jede Fremdfirma einzeln oder für alle Fremdfirmen gemeinsam eine Kostenstelle einrichten. Danach haben Sie im Controlling (CO) für die Kostenstelle der Fremdfirma eine CO-Leistungsart und einen Tarif eingerichtet, der die Konditionen der Einzelbestellung widerspiegelt. Sie haben weiter für die Fremdfirma einen Arbeitsplatz eingerichtet, der mit der Kostenstelle und der CO-Leistungsart verknüpft ist.

1. Sie richten eine Einzelbestellung ein, die eine Laufzeit hat (z.B. Quartal, Jahr) und in der die Bestellkonditionen hinterlegt sind. Diese Einzelbestellung kontieren Sie auf die Kostenstelle des Arbeitsplatzes, den Sie für die Fremdfirma angelegt haben.

2. Sie legen den Auftrag mit den fremdzubearbeitenden Vorgängen genauso an, wie einen Auftrag mit eigenzubearbeitenden Vorgängen.

3. Sie beauftragen die Fremdfirma, indem Sie die Auftragspapiere der Fremdfirma zusenden, faxen oder Mitarbeitern der Fremdfirma aushändigen.

4. Die Maßnahmen werden von der Fremdfirma ausgeführt.

5. Sie melden die fremdbearbeiteten Vorgänge des Auftrags genauso zurück wie eigenbearbeitete Vorgänge.

6. Durch die Zeitrückmeldung der Vorgänge wird die Kostenstelle der Fremdfirma entlastet.

Die Belastung der Kostenstelle der Fremdfirma kann durch eine periodische Rechnungstellung (z.B. monatlich) erfolgen. Die Rechnung umfaßt dabei alle in dieser Periode geleisteten Aufträge. Im Zeitablauf ergibt sich der Saldo der Kostenstelle zu 0. Die Kosten werden zunächst auf dem Auftrag gesammelt und dann an den in der Abrechnungsvorschrift genannten Empfänger abgerechnet.

Im folgenden werden die Prozeßschritte bei der Abwicklung mit **Einzelbestellungen** beschrieben.

1. Sie legen den Auftrag mit den fremdzubearbeitenden Vorgängen genauso wie einen Auftrag für die Eigenbearbeitung an.

2. Das System erstellt automatisch für diejenigen Vorgänge, die Sie mit dem Steuerschlüssel für Fremdbearbeitung gekennzeichnet haben, eine Bestellanforderung (spätestens bei der Auftragsfreigabe).

3. Die zuständige Person in der Einkaufsabteilung führt gegebenenfalls eine Bezugsquellenfindung durch und legt eine Bestellung an.

4. Es stehen Ihnen folgende Verrechnungsarten zur Verfügung:

   ▶ Sie können aufwandsbezogen abrechnen (Beispiel 1 und 2).

   ▶ Sie können auf Gesamtleistungsbasis abrechnen (Beispiel 3).

   Beispiel 1 Sie haben einen Lohnstundensatz von 80,00 DM vereinbart und sind von einer Ausführungsdauer von vier Stunden ausgegangen. Tatsächlich wurden aber fünf Stunden benötigt: Sie rechnen 400,00 DM ab.

   Beispiel 2 Sie haben einen Festpreis für das Verlegen von einem Meter Kabel von 10,00 DM vereinbart und sind von einer Kabelgesamtlänge von 40 m ausgegangen. Tatsächlich wurden aber nur 35 m verlegt: Sie rechnen 350,00 DM ab.

   Beispiel 3 Sie haben einen Pauschalpreis für das Verlegen von 40 m Kabel von 400,00 DM vereinbart und sind von einer Dauer von vier Stunden ausgegangen. Tatsächlich wurden aber fünf Stunden und 50 m Kabel benötigt: Sie rechnen 400,00 DM ab.

5. Die Maßnahmen werden von der Fremdfirma ausgeführt.

6. Die Rückmeldung wird vom eigenen Personal in Form eines Wareneingangs zur Bestellung erfaßt.

7. Die daraus resultierenden Kosten werden zunächst auf dem Auftrag gesammelt und dann an den in der Abrechnungsvorschrift genannten Empfänger abgerechnet.

8. Die Gegenbuchung wird zunächst auf ein Verrechnungskonto gestellt und beim Rechnungseingang dann automatisch aufgelöst, da in der Regel die Rechnung des Lieferanten später eingeht als seine Lieferung. Eventuelle Abweichungen zwischen Bestellwert und Rechnungswert werden dem Auftrag nachbelastet oder gutgeschrieben.

9. Im fremdzubearbeitenden Vorgang wird der Status **Fremdvorgang teilgeliefert** gesetzt. Falls Sie das Endlieferkennzeichen gesetzt haben, wird der Status **Fremdvorgang endgeliefert** gesetzt.

Im folgenden werden die Prozeßschritte bei der Abwicklung mit **Leistungsverzeichnissen** beschrieben.

1. Sie legen den Auftrag mit den fremdzubearbeitenden Vorgängen genauso wie einen Auftrag für die Eigenbearbeitung an.

2. Der IH-Planer erstellt zu den fremdzubearbeitenden Vorgängen Leistungsverzeichnisse.

3. Das System erstellt automatisch für jeden Vorgang mit Leistungsverzeichnis eine Bestellanforderung (BANF). Jedes Leistungsverzeichnis ist mit der Position der zugehörigen BANF verknüpft.

4. Das System erzeugt automatisch aus der Bestellanforderung Leistungserfassungsblätter, auf die die Leistungen wie bei eigenbearbeiteten Aufträgen zurückgemeldet werden können.

5. Sie haben folgende Bestellmöglichkeiten:

   ▶ Einzelbestellung

   ▶ Rahmenbestellung

   Der Einkauf überspringt alle Phasen der Bezugsquellenfindung und Bestellung. Die Rahmenbestellung kann eine Laufzeit über eine längere Periode haben und ist damit mehrfach verwendbar, nämlich immer dann, wenn Leistungen zu dem Lieferanten, für den die Rahmenbestellung angelegt wurde, angefordert werden. Die erzeugten Bestellanforderungen sind mit der Rahmenbestellung verknüpft.

6. Die Maßnahmen werden von der Fremdfirma ausgeführt.

7. Die erbrachten Leistungen werden in den Leistungserfassungsblättern zur Bestellung festgehalten.

8. Ein Mitarbeiter, der sich von der ordnungsgemäßen Erbringung der zuvor erfaßten Leistungen überzeugt hat, nimmt die Leistungen ab. Diese Abnahme ist Basis für die Abrechnung der Leistungen. Es wird ein Abnahmebeleg gebucht.

9. In der Rechnungsprüfung werden die Angaben aus der Bestellanforderung mit denen in den Leistungserfassungsblättern verglichen. Die Rechnung sollte den Betrag ausweisen, der zuvor abgenommen wurde. Wenn es Abweichungen gibt, wird die Rechnung gesperrt, so lange, bis die Abweichungen geklärt sind.

10. Fremdbearbeitete Vorgänge erhalten den Status **Teilgeliefert** oder **Endgeliefert**.

7.2.2 Wie Sie als IH-Planer mit Steuerschlüsseln arbeiten

Die Fremdvergabe wird im R/3-System immer über den Steuerschlüssel im Auftrag ausgelöst. Für jede der drei genannten Abwicklungsformen steht Ihnen ein eigener Steuerschlüssel zur Verfügung:

▶ Steuerschlüssel PM01 für die Abwicklung mit Fremdfirmen-Arbeitsplätzen

▶ Steuerschlüssel PM02 für die Abwicklung mit Einzelbestellungen

▶ Steuerschlüssel PM03 für die Abwicklung mit Leistungsverzeichnissen

Die Steuerschlüssel pflegen Sie im Customizing der Aufträge unter **Funktionen und Einstellungen der Auftragsarten · Steuerschlüssel · Steuerschlüssel pflegen**. Die Abbildungen 7.19, 7.20 und 7.21 zeigen die Detailbilder der drei Steuerschlüssel. Mit Steuerschlüssel PM01 wurden alle bisher beschriebenen IH-Aufträge im Rahmen der störungsbedingten, der planbaren und der geplanten Instandhaltung gesteuert. Bei Steuerschlüssel PM02 ist das Feld **Fremdleistung** markiert, bei Steuerschlüssel PM03 zusätzlich zum Feld **Fremdleistung** noch das Feld **Dienstleistung**.

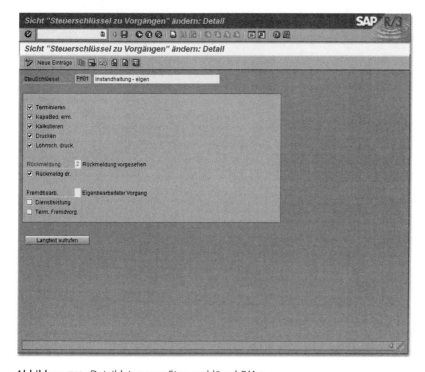

Abbildung 7.19 Detaildaten zum Steuerschlüssel PM01

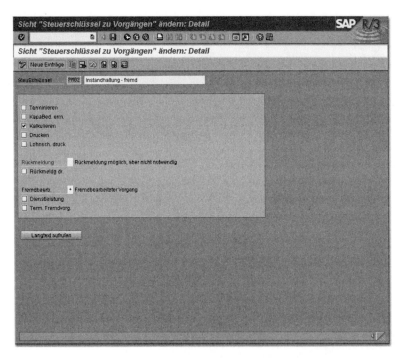

Abbildung 7.20 Detaildaten zum Steuerschlüssel PM02

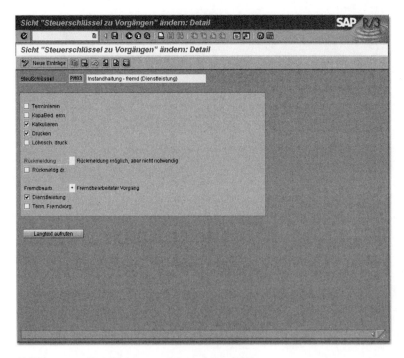

Abbildung 7.21 Detaildaten zum Steuerschlüssel PM03

Generell tragen Sie den Steuerschlüssel im IH-Auftrag je Vorgang auf den Vorgangsdetaildaten im Feld **Steuerschlüssel** ein (▲Abbildung 7.22). Sie können die Steuerschlüssel in diesem Feld auch mit F4 wählen. Dabei erhalten Sie Informationen zum Steuerschlüssel aus den Customizing-Detaildaten (▲Abbildung 7.23)

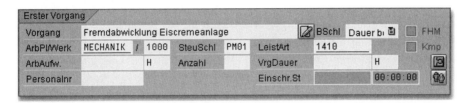

Abbildung 7.22 Steuerschlüssel im Auftragsvorgang

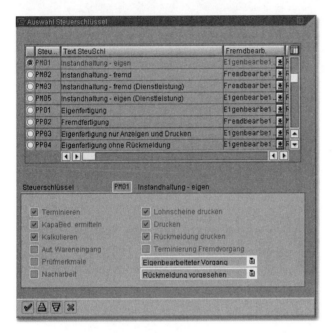

Abbildung 7.23 Auswahl der Steuerschlüssel im Auftragsvorgang

7.2.3 Wie Sie als IH-Planer Fremdfirmen-Arbeitsplätze einsetzen

Bevor Sie als IH-Planer mit Fremdfirmen-Arbeitsplätzen planen können, muß der Controller für die Fremdfirma folgende Datensätze angelegt haben:

▶ eine eigene Kostenstelle

▶ eine Leistungsart zur Kostenstelle

▶ einen Tarif für das laufende Geschäftsjahr zu Kostenstelle und Leistungsart

Eine Fremdfirma soll beispielsweise die Kühlanlagen in der Eiscreme-Produktionsanlage warten. Dazu werden die Fremdfirmen-Kostenstelle T-PM00 und die Leistungsart 1610, »Fremdstunden«, eingerichtet. Als IH-Planer bilden Sie die Fremdfirma, zu der bereits ein Lieferantenstammsatz mit der Nummer 1000 existiert, auch
als Arbeitsplatzstammsatz T-FR00 ab. Verwenden Sie dazu die Transaktion IR01.

Auf der Registerkarte **Vorschlagswerte** tragen Sie als Steuerschlüssel PM01 ein.
Auf der Registerkarte **Kostenstellen** im Arbeitsplatz tragen Sie im Feld **Kostenstelle** die Fremdfirmen-Kostenstelle T-PM00 ein und im Feld **Leistungsart Eigenbearbeitung** die Leistungsart 1610 (▲Abbildung 7.24). Mit der Transaktion KP27
können Sie sich den zugeordneten Tarif anzeigen lassen.

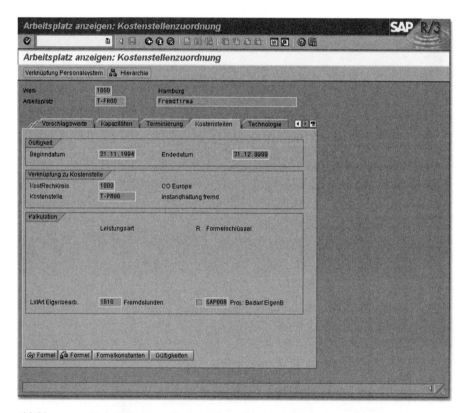

Abbildung 7.24 Verknüpfung von Kostenstelle und Leistungsart im Arbeitsplatz

Über die Klassifizierung verknüpfen Sie den Arbeitsplatz T-FR00 mit der Bestellung 4500004891. Wählen Sie dazu auf der Registerkarte **Grunddaten** die Drucktaste **Klassifizierung**. Als Klasse ordnen Sie die Arbeitsplatzklasse PM_WORK_
CENTER_EXT zu (▲Abbildung 7.25). Diese Klasse haben Sie im Klassensystem mit
einem Merkmal PUR_ORDER verbunden, das die Eingabe einer Bestellnummer
erlaubt (▲Abbildung 7.26). Direkt in den Klassifizierungsdaten des Arbeitsplatzes

T-FR00 binden Sie nun die Bestellung mit der Nummer 4500004891 als Merkmalwert ein (▲ Abbildung 7.27).

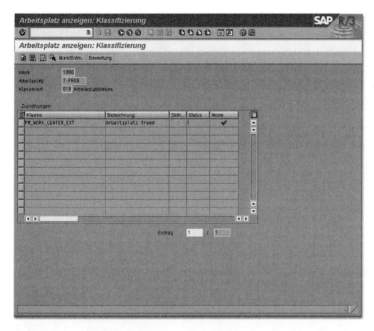

Abbildung 7.25 Klassifizierung des Arbeitsplatzes

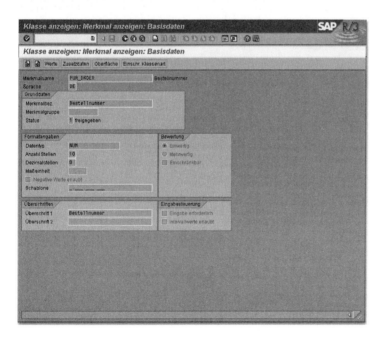

Abbildung 7.26 Merkmal zur Arbeitsplatzklasse

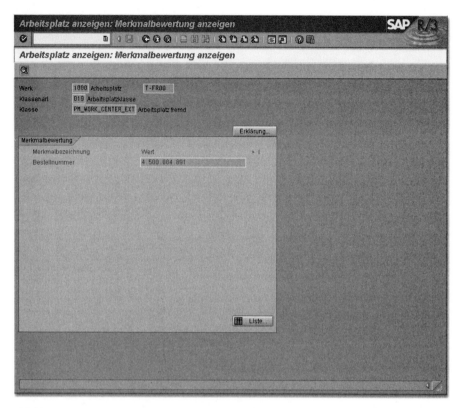

Abbildung 7.27 Zuordnung der Bestellung zum Arbeitsplatz über Merkmalbewertung

Diese Bestellung 4500004891 wurde von Ihrer Einkaufsabteilung angelegt. Sie muß auf die Fremdfirmen-Kostenstelle T-PM00 kontiert sein und eine bestimmte Laufzeit haben. Der Positionspreis der Bestellung muß den Tarif der Leistungsart enthalten. Mit der Transaktion ME23 können Sie sich die Bestellung anzeigen lassen. Die Bestellung 4500004891 umfaßt zwanzig Arbeitsstunden eines Pumpenschlossers des Lieferanten 1000 (▲Abbildung 7.28).

Die eigentliche Erfassung eines Auftrages, die Freigabe, die Durchführung und Rückmeldung des IH-Technikers sowie der technische Abschluß durch Sie als IH-Planer unterscheidet sich nicht von den bisher behandelten Prozeßschritten für Aufträge. Zu beachten ist nur, daß Sie auf Vorgangsebene den definierten Fremdfirmen-Arbeitsplatz eintragen. Dabei können Sie den kompletten Auftrag an die Fremdfirma vergeben, indem Sie einen Auftrag mit nur einem Vorgang anlegen und diesem Vorgang den Fremdfirmen-Arbeitsplatz zuordnen. Sie können den Auftrag auch nur teilweise fremdvergeben, indem Sie einen Auftrag mit mehreren Vorgängen anlegen. Dort tragen Sie dann für einige Vorgänge den Fremdfirmen-Arbeitsplatz ein und für alle anderen einen eigenen Arbeitsplatz.

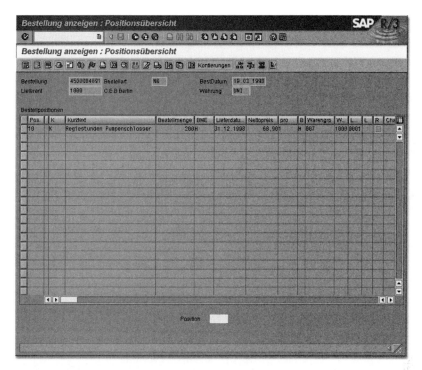

Abbildung 7.28 Bestellung für Fremdfirmen-Arbeitsplatz

Sie wollen beispielsweise einen kompletten Auftrag in Ihrer Eiscreme-Produktionsanlage fremdvergeben. Dazu tragen Sie für den ersten und einzigen Vorgang im Feld **Arbeitsplatz/Werk** den Fremdfirmen-Arbeitsplatz T-FR00 ein (▲ Abbildung 7.29). Im Bildbereich **Zuständige** sollten Sie als verantwortlichen Arbeitsplatz einen eigenen Arbeitsplatz eintragen, der die Durchführung der Maßnahmen betreut oder die Leistung abnimmt (▲ Abbildung 7.30).

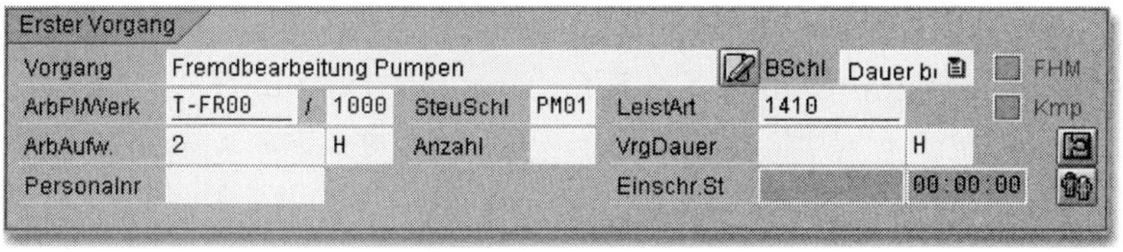

Abbildung 7.29 Fremdfirmen-Arbeitsplatz im Auftragsvorgang

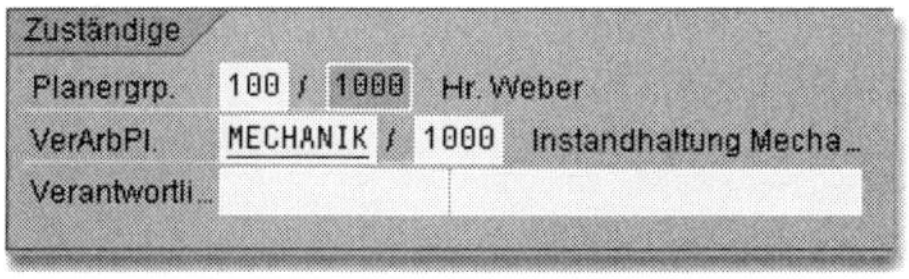

Abbildung 7.30 Verantwortlicher Arbeitsplatz im Auftragskopf

7.2.4 Wie Sie als IH-Planer Einzelbestellungen einsetzen

Wenn Sie keinen Fremdfirmen-Arbeitsplatz verwenden, sondern gezielt Dienstleistungen bei verschiedenen Fremdfirmen bestellen wollen, setzen Sie Einzelbestellungen ein. Sie eröffnen dazu einen IH-Auftrag und ändern den Steuerschlüssel in PM02. Weitere Vorgangsdaten, wie z. B. Arbeitsplatz, Arbeitsaufwand, Vorgangsdauer oder Leistungsart, müssen Sie hier nicht eingeben (▲ Abbildung 7.31). Wählen Sie im Auftrag dann die Registerkarte **Vorgänge**, markieren Sie Ihren Fremdvorgang, und wählen Sie die Drucktaste **Fremd**. Hier geben Sie die Detaildaten zur Fremdleistung ein (▲ Abbildung 7.32).

In den Feldern **Vorgangsmenge** und **Preis** haben Sie zwei Möglichkeiten:

▶ Sie geben als Vorgangsmenge z. B. 20 Stunden ein und als Preis 100,00 DM. Das würde bedeuten, daß Sie für 20 Stunden Fremdleistung insgesamt 2 000,00 DM zahlen.

▶ Sie geben als Vorgangsmenge z. B. eine Leistungseinheit (LE) ein und als Preis 300,00 DM. Das bedeutet, daß Sie einen Festpreis von 300,00 DM zahlen, unabhängig von den geleisteten Stunden.

Im Beispiel wird als Kostenart automatisch 417000 für fremdbezogene Leistungen vorgeschlagen und als Warengruppe 007 für Fremdleistungen.

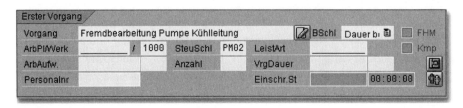

Abbildung 7.31 Steuerschlüssel PM02 im Auftrag

Sobald Sie in einem Auftrag mit dem Steuerschlüssel PM02 planen, wird im Hintergrund automatisch eine Bestellanforderung ausgelöst. Die Nummer der Bestellanforderung finden Sie auf den Detaildaten für die Fremdbearbeitung im Auftragsvorgang auf der Registerkarte **Ist-Daten** im Feld **Bestellanforderung** (▲ Abbildung 7.33). Von dort aus können Sie auch den Stammsatz der Bestellanforderung aufrufen (▲ Abbildung 7.34). Alternativ dazu finden Sie die Bestellanforderung auch im Belegfluß zum Auftrag. Wählen Sie dazu **Zusätze · Belege zum Auftrag · Belegfluss**.

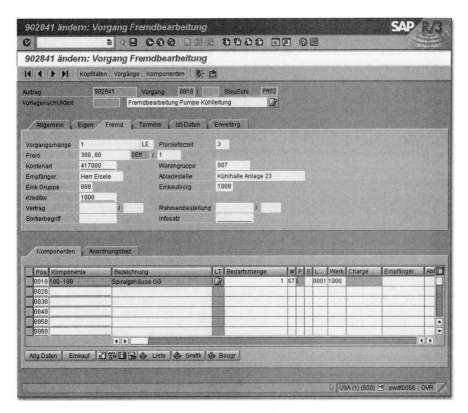

Abbildung 7.32 Detaildaten Fremdbearbeitung zum Auftragsvorgang

Die Bestellanforderung wird nun von der Einkaufsabteilung in eine Bestellung umgesetzt. Ob zu Ihrem Auftrag bereits eine Bestellung erzeugt wurde, sehen Sie auf der Registerkarte **Ist-Daten** im Feld **Bestellung vorhanden** (▲ Abbildung 7.35). Fremdleistungen werden hierbei nicht wie normale Zeitrückmeldungen zurückgemeldet, sondern als Wareneingang zur Bestellung erfaßt. Ob und in welchem Umfang der Wareneingang erfolgt ist, sehen Sie ebenfalls auf der Registerkarte **Ist-Daten** im Feld **WE-Menge** (▲ Abbildung 7.36).

Wird beim Wareneingang das Endlieferungskennzeichen gesetzt, so erhält der Auftragsvorgang den Status **FVGL, Fremdvorgang geliefert**. Ist zwar bereits eine Warenbewegung erfolgt, aber noch nicht vollständig, so erhält der Auftragsvorgang den Status **FVTG, Fremdvorgang teilgeliefert**. Als IH-Planer erhalten Sie somit ständig eine Rückmeldung über den Fortschritt der Arbeit. Sie finden den Vorgangsstaus auf der Registerkarte **Allgemein** im Feld **Status** (▲ Abbildung 7.37). Nach Prüfung und Abnahme der Fremdleistung schließen Sie den Auftrag technisch ab.

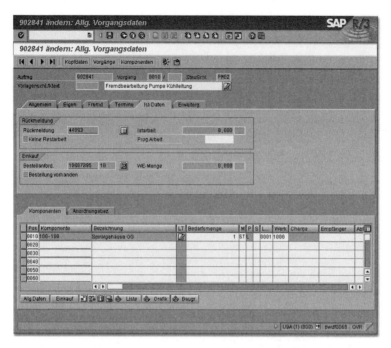

Abbildung 7.33 Bestellanforderung auf den Detaildaten Fremdbearbeitung

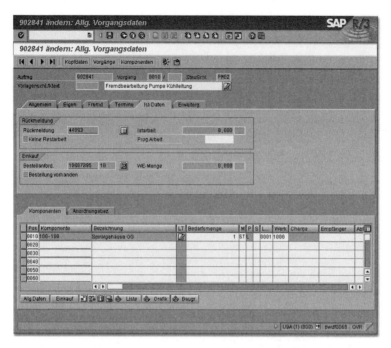

Abbildung 7.34 Stammsatz Bestellanforderung

Abbildung 7.35 Bestellung zum Auftrag vorhanden

Abbildung 7.36 Wareneingang erfolgt

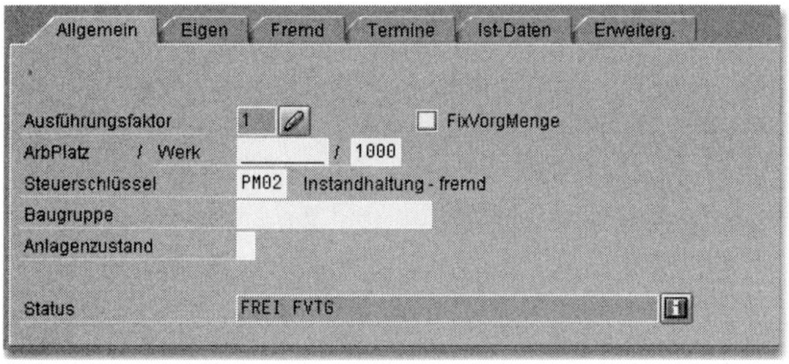

Abbildung 7.37 Fremdvorgang teilgeliefert

7.2.5 Wie Sie als IH-Planer Leistungsverzeichnisse einsetzen

Für die Arbeit mit Leistungsverzeichnissen verwenden Sie als IH-Planer die R/3-Komponente »MM-Dienstleistung« (MM-SRV). Sie ist eine Anwendungskomponente innerhalb des Moduls Materialwirtschaft (MM), die Sie als IH-Planer im gesamten Zyklus von der Ausschreibung, Vergabe und Abnahme von Dienstleistungen bis hin zur Rechnungsprüfung unterstützt. MM-Dienstleistung stellt einen Grundprozeß zur Beschaffung von Leistungen zur Verfügung. Dieser Grundprozeß bietet folgende Funktionen:

▶ Sie können **Dienstleistungsstammsätze** verwenden, in denen die Beschreibungen sämtlicher zu beschaffender Leistungen abgelegt werden können. Weiter stehen ein Standard- und eine Musterleistungsverzeichnis zur Verfügung.

▶ Für jedes konkrete Beschaffungsvorhaben können Sie ein eigenes **Leistungsverzeichnis** im gewünschten Beleg erstellen (z. B. im Wartungsplan oder im IH-Auftrag, im PS-Netzplan, in der MM-Bestellanforderung, in Anfrage, Kontrakt, Bestellung oder Leistungserfassungsblatt).

In Leistungsverzeichnissen können neben Positionen mit Dienstleistungen auch solche mit Materialien erfaßt werden.

Bei der Erstellung von Leistungsverzeichnissen mit umfangreichen Spezifikationen müssen Sie die Leistungen nicht immer wieder einzeln manuell aufführen, sondern können sie mit Referenztechnik und Selektionsfunktion schnell und einfach aus bestehenden Stammdaten und Belegen kopieren.

▶ Sie können bereits im System vorhandene Daten auswerten, um geeignete Bezugsquellen für bestimmte Dienstleistungen zu finden.

▶ Sie können aber auch eine Ausschreibung durchführen und mit einem Preisspiegel die eingegangenen Angebote auswerten, um dann eine Bestellung an den gewünschten Lieferanten zu vergeben.

▶ Während der Phase der Leistungserbringung haben Sie mit Listen und Summenanzeigen jederzeit den Überblick über Ihre Leistungsverzeichnisse, den Fortschritt bei der Erbringung und die anfallenden Kosten.

▶ Sie können erbrachte Leistungen in Leistungserfassungsblättern festhalten.

▶ Für die Leistungserfassungsblätter kann die Abnahme auf verschiedene Arten erteilt werden.

▶ Nach der Abnahme kann die Rechnung geprüft und die Zahlung angewiesen werden.

Als Alternative zu diesem Grundprozeß werden Ihnen verschiedene beschleunigte und vereinfachte Prozesse zur Verfügung gestellt, die Sie abhängig vom einzelnen Beschaffungsvorgang gemäß Ihren Wünschen einsetzen können.

MM-Dienstleistung bietet zwei grundlegende Möglichkeiten der Dienstleistungserfassung:

1. **Geplante Dienstleistungen mit Angabe von Spezifikation, Menge und Preis**
Unter geplanten Leistungen werden Leistungen verstanden, die Ihnen zu Beginn des Beschaffungsvorhabens bereits bekannt sind. Die Spezifikationen werden zum Anforderungszeitpunkt entweder mit Hilfe eines Leistungsstammsatzes erfaßt oder mittels Kurz- bzw. Langtext direkt im Leistungsverzeichnis eingegeben. In beiden Fällen werden Preis und Menge angegeben.

2. **Ungeplante Dienstleistungen nur mit Angabe eines Wertlimits**

Unter ungeplanten Leistungen werden zum einen solche verstanden, die nicht spezifiziert werden können (oder sollen), weil zum Anforderungszeitpunkt nicht bekannt ist, aus welchen konkreten Einzelleistungen sich das Vorhaben zusammensetzen wird, wie z.B. beim Bau eines Bürogebäudes. Zum anderen sind dies Leistungen, die Sie aus unterschiedlichen Gründen nicht planen möchten. Ungeplante Leistungen weisen deshalb keine Leistungsbeschreibungen auf, sondern werden in Form von Grenzwerten in DM erfaßt. Bis zu diesen sog. Wertlimits dürfen Leistungen erbracht werden. Die Kostenüberwachung ist so gewährleistet.

MM-Dienstleistung ist vollständig in die Materialwirtschaft integriert. Die Stammdaten für die Beschaffung von Dienstleistungen können z.B. in Dienstleistungsstammsätzen gespeichert werden, die später Vorschlagsdaten für die Einkaufsbelege liefern. Die Leistungsspezifikationen für ein konkretes Beschaffungsvorhaben werden nicht jedesmal gesondert erfaßt und weiterverarbeitet (z.B. als Ausschreibungs- oder Vertragsleistungsverzeichnisse), sondern direkt in den Einkaufsbelegen erstellt (z.B. in einer Anfrage, einem Angebot, einer Bestellung oder einem Kontrakt). Weiter ist MM-Dienstleistung an die Komponenten Instandhaltung (PM) und Projektsystem (PS) gekoppelt. Dadurch ist es möglich, Bestellanforderungen für Dienstleistungen im Rahmen einer Instandhaltungsmaßnahme oder eines Projekts zu erstellen und dann dem Einkauf zu übermitteln, ohne Mehrarbeit bei der Datenpflege zu haben.

Der Leistungsstamm

In einem Dienstleistungsstamm können alle Leistungen verwaltet werden, die in Ihrer Firma immer wieder beschafft werden müssen. Ein Dienstleistungsstammsatz enthält neben der eindeutigen Beschreibung der Dienstleistung Zusatzinformationen, die zur Beschaffung notwendig sind; z.B. Texte oder Mengeneinheiten. Sie können Preisinformationen auf verschiedenen Ebenen hinterlegen; z.B. für die Leistung A 100,00 DM pro Stunde als »Markt«- oder »Eigenansatzpreis« bzw. 98,00 DM bei Lieferant Müller und 105,00 DM bei Lieferant Meier. Die einzelnen Dienstleistungsstammsätze können nach unterschiedlichen Leistungsbereichen gruppiert werden, z.B. Branchen oder Gewerken.

In Ihrer Eiscreme-Produktionsanlage soll beispielsweise ein Asbestzementrohr verlegt werden. Diese Aufgabe wollen Sie einer Fremdfirma übergeben. In der Komponente MM ist dazu bereits ein Dienstleistungsstammsatz 100019 **Rohrverlegung Asbestzementrohr** vorhanden. Sie rufen ihn mit der Transaktion AC03 auf (▲ Abbildung 7.38).

Dieser Dienstleistungsstammsatz ist Bestandteil eines Muster-Leistungsverzeichnisses zur Rohrverlegung im allgemeinen. Dieses Muster-Leistungsverzeichnis können Sie sich mit der Transaktion ML12 anzeigen lassen (▲ Abbildung 7.39). Im Muster-Leistungsverzeichnis sind die einzelnen Dienstleistungsstammsätze unter folgenden Leistungsbereichen zusammengefaßt:

1. vorbereitende Arbeiten
2. Hauptrohrverlegungen
3. sonstige Arbeiten an Rohrleitungen
4. Druckproben
5. Anschlußleitungen
6. Stundenverrechnungssätze
7. Materialien und Geräte

Unter dem Bereich Hauptrohrverlegungen findet sich als Zeile 180 im Muster-Leistungsverzeichnis der Dienstleistungsstammsatz 100019 wieder. In den Detaildaten dazu sehen Sie beispielsweise auf der Registerkarte **Grunddaten**, daß die Verlegung von einem Meter Asbestzementrohr 112,00 DM kosten soll (▲ Abbildung 7.40).

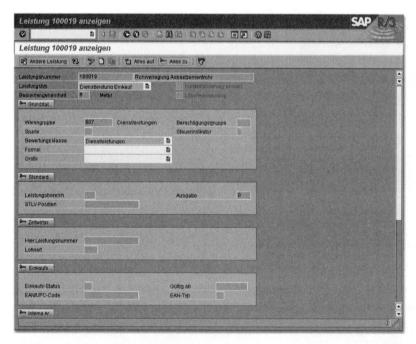

Abbildung 7.38 Dienstleistungsstamm

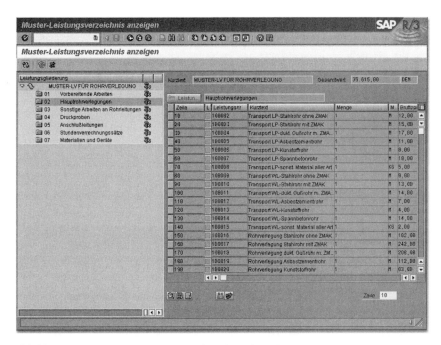

Abbildung 7.39 Muster-Leistungsverzeichnis für Rohrverlegung

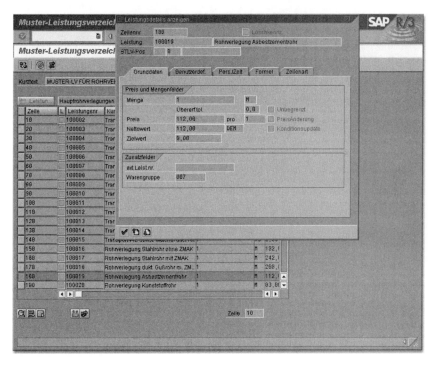

Abbildung 7.40 Dienstleistungsstamm im Muster-Leistungsverzeichnis

Sie legen einen IH-Auftrag an und vergeben für den Auftragsvorgang den Steuer-schlüssel PM03. Die Eingabe eines technischen Objekts ist hier nicht nötig, eben-sowenig die Eingabe eines ausführenden Arbeitsplatzes (▲ Abbildung 7.41). Wenn Sie die Fremdbearbeitungsdaten zum Auftragsvorgang aufrufen, sehen Sie bereits das Auftragsleistungsverzeichnis. Geben Sie auf der Registerkarte **Leistungen** die Leistungsnummer des gewünschten Dienstleistungsstammes ein. Anschließend müssen Sie noch die Menge der gewünschten Leistung eingeben. Da bei Lei-stungsstamm 100019 die Einheit ein Meter ist, müssen Sie im Feld **Menge** eine »4« eingeben, wenn Sie vier Meter Asbestze-mentrohr brauchen (▲ Abbildung 7.42). Im Feld Bruttopreis erscheint dann der Preis für einen Meter. Der Preis für vier Meter erscheint auf der Registerkarte **Fremd** im Feld **Preis**.

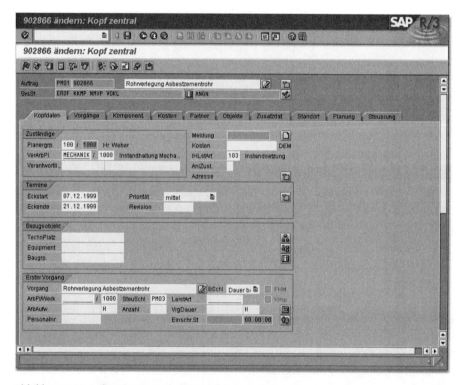

Abbildung 7.41 Auftrag mit Steuerschlüssel PM03

Das System erzeugt automatisch eine Bestellanforderung. Im Einkauf wird daraus eine Bestellung erzeugt. Zu dieser Bestellung legen Sie als IH-Planer ein Leistungs-erfassungsblatt an. Sie verwenden dazu die Transaktion ML81. Tragen Sie im Feld **Bestellung** die Nummer der Bestellung ein. Markieren Sie im Bildbereich **Plan-leistungsübernahme** das Kennzeichen **Übernahme der Planleistungen**, damit die Angaben aus der Bestellanforderung übernommen werden. Im Bereich **Ablauf-**

steuerung markieren Sie **Hinzufügen**, sonst kann kein neues Leistungserfassungs-blatt angelegt werden (▲ Abbildung 7.43).

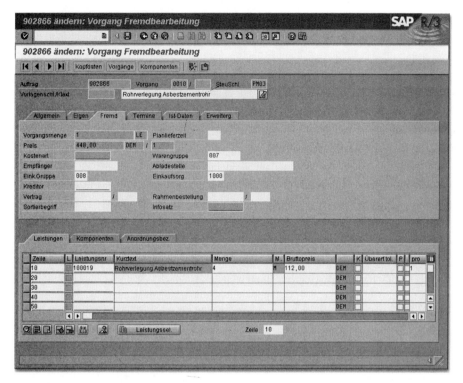

Abbildung 7.42 Auftragsleistungsverzeichnis

Das Leistungserfassungsblatt ist ein Verzeichnis, in dem zum einen alle in der Be-stellung geplanten Dienstleistungen festgehalten werden können, die erbracht wurden. Zum anderen werden im Leistungserfassungsblatt auch erbrachte unge-plante Leistungen spezifiziert, die zum Zeitpunkt der Bestellung noch nicht festge-legt wurden. Sie können sich in Absprache mit dem Lieferanten auch dazu ent-scheiden, die Leistungserfassung nicht selbst durchzuführen, sondern die Informa-tionen vom Lieferanten zu übernehmen. Das R/3-System stellt Ihnen zu diesem Zweck eine Schnittstelle zur Übernahme externer Daten zur Verfügung.

In unserem Fall enthält das Leistungserfassungsblatt nur den Leistungsstamm 100019 (▲ Abbildung 7.44). Geben Sie alle nötigen Daten ein, und nehmen Sie die Leistung ab, indem Sie die entsprechenden Ikonen wählen. Das System bucht nun den Abnahmebeleg. Im IH-Auftrag entspricht das dem Wareneingang bei Einzelbestellung, das heißt, der Auftragskopf erhält den Status **WABE, Warenbe-wegung erfolgt**. Sie können den Auftrag nun technisch abschließen.

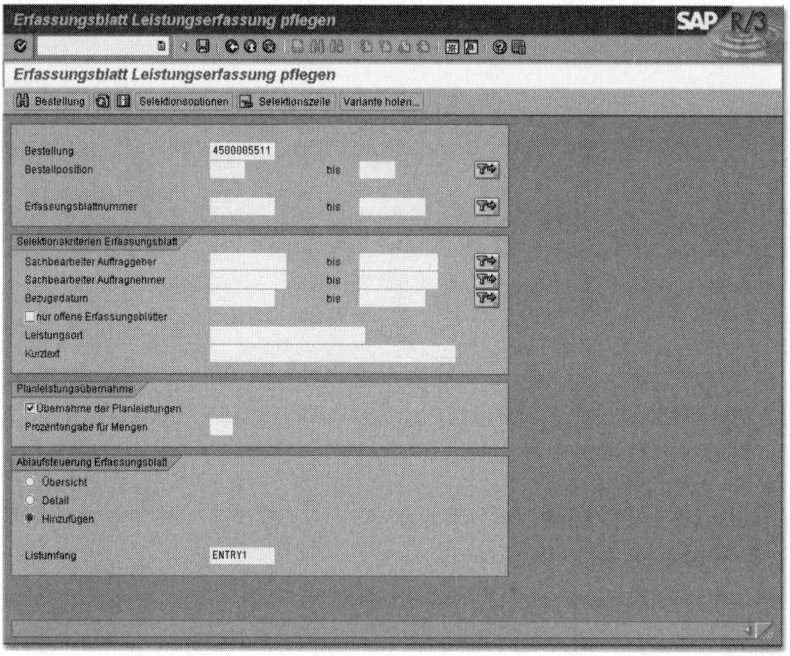

Abbildung 7.43 Leistungserfassungsblatt anlegen

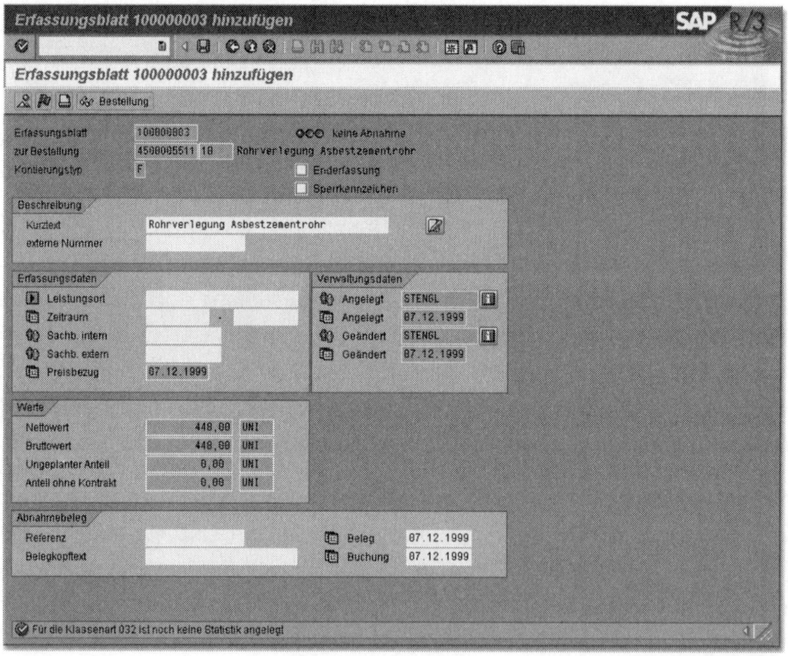

Abbildung 7.44 Leistung im Leistungserfassungsblatt abnehmen

7.2.6 Wie Sie als Controller Fremdabwicklung prüfen

Im folgenden wird der Kostenfluß bei der Abwicklung mit **Fremdfirmen-Arbeits-plätzen** beschrieben.

Sobald ein Fremdfirmen-Arbeitsplatz in Anspruch genommen wird, wird die zugehörige Fremdfirmen-Kostenstelle entlastet und der IH-Auftrag belastet. Der Rechnungseingang erfolgt nicht für jede Einzelleistung, sondern periodisch (z. B. monatlich). Die Rechnungssumme enthält den Wert aller Leistungen, die seit der letzten Rechnungsstellung durchgeführt wurden. Kontiert wird hierbei grundsätzlich auf die Fremdfirmen-Kostenstelle, nicht auf die einzelnen Aufträge. Mittelfristig muß sich die Fremdfirmen-Kostenstelle ausgleichen, das heißt, die Summe der Entlastungen aufgrund von IH-Aufträgen muß gleich der Summe der Belastungen aufgrund der Rechnungen sein.

Im folgenden wird der Kostenfluß bei der Abwicklung mit **Einzelbestellungen** beschrieben.

Sobald die bestellte Fremdleistung als Wareneingang gebucht wird, wird die Leistung mit dem Bestellpreis bewertet und auf den Konten der Finanzbuchhaltung erfaßt. Der IH-Auftrag mit dem Steuerschlüssel PM02 wird daraufhin mit diesem Wert belastet (▲ Abbildung 7.45).

Im allgemeinen geht die Rechnung der Fremdfirma später ein als die tatsächliche Leistung. Deswegen wird die Gegenbuchung auf ein Verrechnungskonto gestellt und beim Rechnungseingang automatisch aufgelöst. Eventuelle Abweichungen zwischen Bestellwert und Rechnungswert werden dem IH-Auftrag nachbelastet oder gutgeschrieben. Der IH-Auftrag wird dann wie gewohnt über den in der Abrechnungsvorschrift genannten Empfänger abgerechnet. Im Beispiel werden nach dem Wareneingang die 300,00 DM mit der Kostenart 417000, **Bezogene Leistungen**, auf das Gegenkonto 191100, **Wareneingang/Rechnungs-eingang-Verrechnung Fremdbearbeitung,** gestellt. Dort verbleiben sie bis zum Rechnungseingang.

Im folgenden wird der Kostenfluß bei der Abwicklung mit **Leistungsverzeichnissen** beschrieben.

Sobald der IH-Planer das Leistungserfassungsblatt abgenommen hat, wird der Abnahmebeleg gebucht. Dadurch werden die Istkosten auf den IH-Auftrag gebucht (▲ Abbildung 7.46). Der IH-Auftrag wird dann wie gewohnt an den in der Abrechnungsvorschrift genannten Empfänger abgerechnet.

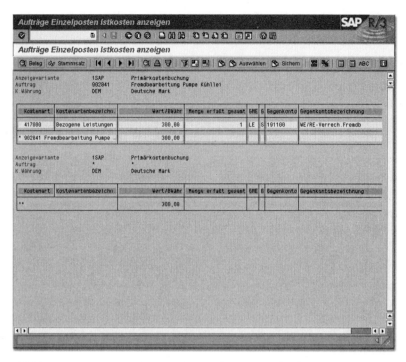

Abbildung 7.45 Kostenbericht im Auftrag nach Belastung durch Wareneingang

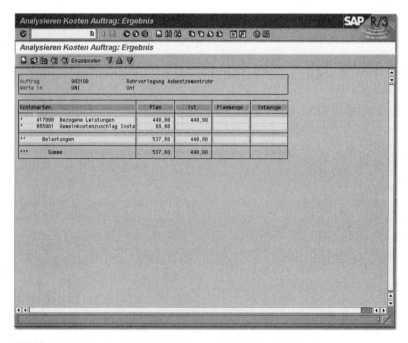

Abbildung 7.46 Kostenbericht im Auftrag nach Abnahmebelegbuchung

8 Integrative Aspekte

8.1 Allgemeines zur Integration der Komponente PM

Die besondere Leistungsfähigkeit der Komponente PM entsteht nicht zuletzt durch die Integration anderer Komponenten des Systems. So bestehen beispielsweise Verbindungen zu den Logistikkomponenten wie MM-Materialwirtschaft im Rahmen des Bestellanforderungs- und Bestellwesens oder zur Komponente PP bei der Kapazitätsplanung. Die Integration der Komponente PS-Projektsystem ermöglicht dem Anwender die Abwicklung von Instandhaltungsprojekten. Des weiteren werden die betriebswirtschaftlichen Anforderungen durch die Integration der Komponenten CO-Controlling, FI-AA-Anlagenbuchhaltung und IM-Investitionsmanagement umfassend sichergestellt. Die wichtigsten Aspekte der Integration sollen in den folgenden Punkten behandelt werden.

8.2 Integration der Komponente MM-Materialwirtschaft

Die Thematik der **Ersatzteilplanung** wurde in Abschnitt 5.2, »Aufgaben des IH-Planers«, bereits behandelt.

Auf die Abläufe der **Bestellanforderung** und **Bestellung** wurde ebenfalls in Abschnitt 5.2, »Aufgaben des IH-Planers«, eingegangen.

In Kapitel 7, »Sonderfälle«, beschreibt der Abschnitt 7.2.5, »Wie Sie als IH-Planer **Leistungsverzeichnisse** einsetzen«, den Einsatz von Leistungsverzeichnissen.

8.3 Integration der Komponente PP-Produktionsplanung

Die **Kapazitätsplanung** wurde in Abschnitt 5.2, »Aufgaben des IH-Planers«, im Absatz »Wie Sie Kapazitätsplanung betreiben« bereits behandelt.

8.4 Integration der Komponente QM-Qualitätsmanagement

Die Integration der Module PM und QM läßt sich in die Bereiche Prüfmittelverwaltung und erweiterte Meßwerterfassung gliedern. In Kapitel 4, »Objekte in R/3 PM«, wurde bereits auf für die Integration notwendige Stammdaten wie Equipments, Meßpunkte und Zähler eingegangen.

8.4.1 Ablauf der Prüfmittelverwaltung

Die Planung und Durchführung von regelmäßigen Überprüfungen erfolgt mit der Hilfe von Arbeitsplänen, in denen die Vorgänge der Qualitätsprüfung enthalten sind, und Wartungsplänen, aus denen Wartungsabrufobjekte in Form von Aufträgen erzeugt werden. Die Grundlagen der Arbeitsplanung und die Erstellung und Pflege von Arbeitsplänen wurde in Abschnitt 5.2.5, »Arbeitsplanung«, bereits besprochen.

Im ersten Schritt wird für die durchzuführenden Arbeiten ein Arbeitsplan erzeugt, in dem die Prüfvorgänge enthalten sind. Diesen Vorgängen werden Stammprüfmerkmale, das sind sprachunabhängige Prüfmerkmale, die zur häufigen Verwendung in Prüfplänen vorgesehen sind, zugeordnet. In den QM-Daten der Vorgänge werden Prüfpunktabschlüsse, beispielsweise eine automatische Bewertung, definiert. Dem Stammprüfmerkmal, das auch die Verbindung zum Meßpunkt herstellt, wird ein Fehlercode zugewiesen, der bei einem Meßwert außerhalb des Toleranzbereiches in die vom System erzeugte Meldung übergeben wird.

Voraussetzung für den reibungslosen Ablauf der Prüfmittelverwaltung ist, daß die zu prüfenden Meß- oder Prüfmittel als Fertigungshilfsmittel-Equipments angelegt werden und, wenn eine Fortschreibung der Meßwerte erfolgen soll, diesen Equipments Meßpunkte zugewiesen werden.

Zur Planung und Überwachung von Prüfterminen werden die in Abschnitt 6.2, »Aufgaben des Planers in der geplanten Instandhaltung«, behandelten Wartungspläne angelegt. Diesen Wartungsplänen wird ein Wartungszyklus oder eine Wartungsstrategie sowie die zuvor erzeugten Arbeitspläne und die zu prüfenden technischen Objekte zugeordnet. Durch die Terminierung wird, analog zum Ablauf in der Instandhaltungsplanung, ein Auftrag mit Prüflos erzeugt.

Die aus der Prüfung resultierenden Meßwerte werden in der Komponente QM als Prüfergebnis erfaßt. Abhängig von den Prüfergebnissen werden Verwendungsentscheide getroffen. Liegen beispielsweise Meßwerte für ein Equipment außerhalb vorher definierter Toleranzbereiche, kann ein Verwendungsentscheid »Nachjustierung« getroffen werden. Um eine weitere Verwendung des Equipments im Produktivbetrieb auszuschließen, kann der Status verändert werden und eine Instandhaltungsmeldung mit entsprechendem Fehlercode erzeugt werden.

8.5 Integration der Komponente PS-Projektsystem

8.5.1 Grundlegendes zur Projektplanung

Projekte sind Aufgaben mit besonderen Merkmalen:

▶ Sie sind in der Regel komplex, einmalig und mit einem höheren Risiko verbunden.

▶ Sie haben genaue Zielvorgaben, die zwischen Auftraggeber und -nehmer zu vereinbaren sind.

- Sie sind zeitlich begrenzt und kosten- und ressourcenintensiv.
- Sie haben für das durchführende Unternehmen meist strategische Bedeutung.

Projekte sind im allgemeinen in den betrieblichen Ablauf eines Unternehmens eingebunden. Um alle anfallenden Aufgaben in der Projektrealisierung steuern zu können, wird eine projektspezifische Organisationsform, die zwischen den betroffenen Fachbereichen angesiedelt sein sollte, benötigt. Um ein Projekt in seiner Gesamtheit durchführen zu können, müssen die Projektziele genau beschrieben und die zu erfüllenden Projektleistungen strukturiert werden. Ein klar und eindeutig strukturiertes Projekt ist die Grundlage für die Planung, Überwachung und Steuerung.

8.5.2 Aufbau- und Ablaufplanung

Die Aufbauplanung, in der Komponente PS-Projektsystem mit dem **Projektstrukturplan** realisiert, legt die Strukturen für die Organisation und Steuerung des Projekts fest und gliedert das Projekt in einzelne, hierarchisch angeordnete Strukturelemente. Die Kriterien, nach denen die Gliederung erfolgt, können unterschiedlich sein und hängen von der Art und Komplexität des Projekts ab, beispielsweise von der Verantwortung und Struktur der beteiligten Abteilungen oder von fertigungs- und montagebedingten Zusammenhängen.

Im Projektstrukturplan werden die einzelnen Vorhaben und Maßnahmen, die für die Erfüllung des Projekts notwendig sind, in einzelnen Strukturelementen beschrieben und zueinander in eine hierarchische Beziehung gesetzt. Die einzelnen Strukturelemente können, abhängig von der jeweiligen Realisierungsphase des Projekts, schrittweise über einzelne Ebenen immer weiter gegliedert werden, bis der gewünschte Detaillierungsgrad erreicht ist. Die Projektstrukturplanelemente beschreiben eine Maßnahme oder ein Vorhaben innerhalb des Projektstrukturplans und werden im Projektsystem als PSP-Elemente bezeichnet. Diese PSP-Elemente können Aufgaben, Teilaufgaben oder Arbeitspakete sein.

Die Ablaufplanung wird im Projektsystem mit dem **Netzplan** realisiert und stellt die Elemente aus der Aufbauplanung in eine zeitliche Reihenfolge. Sie legt beispielsweise fest, welche Ereignisse im Projekt voneinander abhängig sind und welche Aktivitäten zusätzlich benötigt werden oder detailliert werden müssen. Ein Netzplan bildet den Ablauf eines Projekts oder einer Aktivität aus dem Projekt ab, die verschiedenen Strukturelemente eines Projekts und deren Abhängigkeiten voneinander werden mit Methoden der Graphentheorie dargestellt.

In der Projektdurchführung sind Netzpläne die Ausgangsbasis für Planung, Analyse, Beschreibung, Steuerung und Überwachung von Terminen, Kosten und Ressourcen wie Personen, Maschinen oder Materialien. Netzpläne bestehen im wesentlichen aus Vorgängen und Anordnungsbeziehungen.

8.5.3 Abwicklung eines Instandhaltungsprojektes

Die Projektdefinition und -planung eines Instandhaltungsprojektes findet im Projektinformationssystem statt. Hier werden Projektstruktur und PSP-Elemente festgelegt. Aus zwei Gründen ist es sinnvoll, die Integration zwischen den Komponenten PM und PS zu nutzen:

▶ Zeitliche Koordination komplexer logistischer Abläufe: Übernahme der Termine des PSP-Elements als Ecktermine eines Auftrags.

▶ Gemeinsame Verwaltung und Überwachung finanzieller Mittel: Übernahme des Budgets des PSP-Elements als verfügbare Mittel und Gegenüberstellung der Plankosten des Auftrags.

Die Verbindung des Instandhaltungsauftrages zum PSP-Element bietet die Möglichkeit, den Ressourcenverbrauch gegen das aktuelle Budget zu prüfen. Abbildung 8.1 zeigt die Abwicklung von Instandhaltungsprojekten schematisch.

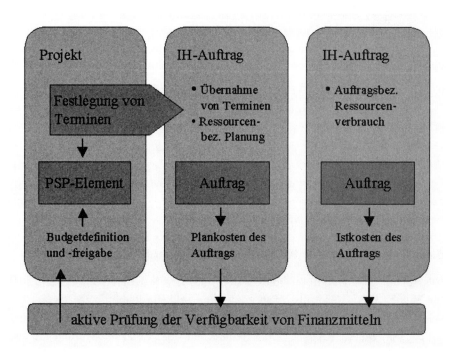

Abbildung 8.1 Schematische Darstellung der Abwicklung von IH-Projekten

Die Planung und Überwachung von Budgets und Terminen erfolgt auf der Ebene von PSP-Elementen, die Terminierung und Ressourcenplanung der einzelnen Maßnahmen hingegen wird auf Ebene des jeweiligen Instandhaltungsauftrages ausgeführt.

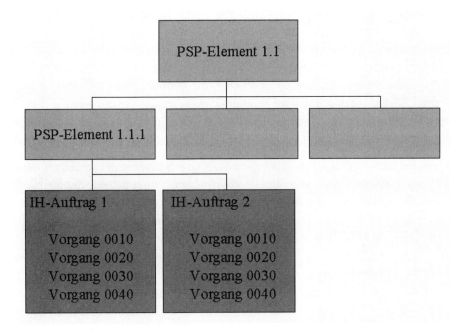

Abbildung 8.2 Schematische Darstellung der Projektsteuerung

Die durchgeführten projektbezogenen Instandhaltungsmaßnahmen werden auf die zugehörigen Teilvorhaben, die PSP-Elemente, abgerechnet. Die entstandenen Kosten des Auftrags werden an das PSP-Element »weitergereicht«. Dadurch wird der Auftrag entlastet und das PSP-Element belastet. Der Saldo des Instandhaltungsauftrags ist nach vollständiger Abrechnung Null.

8.6 Integration der Komponente IM-Investitionsmanagement

8.6.1 Grundlagen des Investitionsmanagements

Die Komponente Investitionsmanagement unterstützt mit ihren Funktionen den Planungs-, Investitions- und Finanzierungsprozeß im eigenen Unternehmen bei der Durchführung von:

▶ Investitionen im Sachanlagevermögen, wie Zugänge von Anlagen durch Produktion im Haus oder Kauf

▶ Investitionen in Forschung und Entwicklung

▶ Projekten, bei denen im wesentlichen Gemeinkosten anfallen

▶ Instandhaltungsprogrammen

Der Begriff »Investition« versteht sich hier nicht ausschließlich im Sinne einer buchhalterischen oder steuerrechtlichen Aktivierung. Eine Investition kann sich auf beliebige Maßnahmen, die zunächst Kosten verursachen und erst zeitversetzt zu Erträgen oder anderem Nutzen führen, beziehen. Das Investitionsmanagement verfügt über wenig »eigene« Datenobjekte, die meisten dieser Objekte sind anderen Komponenten entliehen. Instandhaltungsaufträge können einer Investitionsposition zugeordnet, Technische Plätze als Attribut einer Investitionsposition angegeben werden.

Ein Investitionsprogramm stellt die geplanten oder budgetierten Kosten für Investitionen eines Unternehmens oder Konzerns in Form einer beliebig definierbaren hierarchischen Struktur dar. Neben der Strukturierung entsprechend der organisatorischen Aufbauorganisation eines Unternehmen ist beispielsweise auch die Strukturierung nach Größenordnung der zugeordneten Maßnahmen möglich. In einem Investitionsprogramm können alle Maßnahmen, Aufträge oder Projekte verwaltet werden, die in einem Kostenrechnungskreis liegen und deren Währung und Geschäftsjahresvariante mit der in der Programmdefinition hinterlegten Währung und Geschäftsjahresvariante übereinstimmt. Unter diesen Voraussetzungen ist es auch möglich, buchungskreisübergreifende Programme zu definieren.

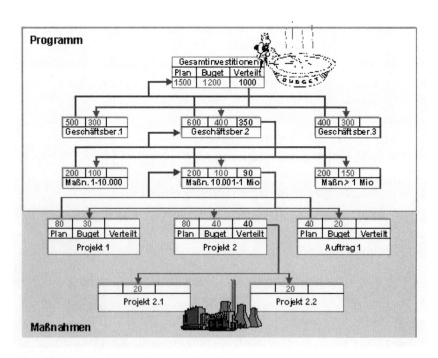

Abbildung 8.3 Struktur eines Investitionsprogramms mit Planung und Budgetierung der Programmpositionen und Maßnahmen

Innerhalb der Hierarchie eines Investitionsprogramms ist es möglich, Kosten für Investitionen zu planen und zu budgetieren. Den hierarchisch untersten Programmpositionen können einzelne Maßnahmen zugeordnet werden. Die möglichen Maßnahmen sind, wie in Abbildung 8.3 dargestellt, Innenaufträge, PSP-Elemente und Instandhaltungsaufträge.

8.6.2 Abwicklung von Instandhaltungsaufträgen als Investitionsmaßnahme

Das in Abbildung 8.4 skizzierte Szenario geht davon aus, daß die für eine Investition budgetierten Mittel im Reporting den Plan- und Istwerten der einzelnen Investitionsmaßnahmen gegenübergestellt werden sollen.

Über das IM-Informationssystem werden die Plan- und Istkosten des Auftrages nach oben verdichtet und können mit dem Budget verglichen werden.

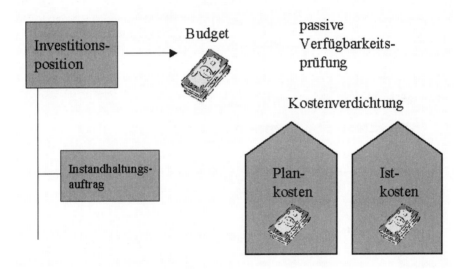

Abbildung 8.4 PM-IM-Szenario ohne Budgetverteilung

Das in Abbildung 8.5 gezeigte Szenario geht davon aus, daß die für eine Investition budgetierten Mittel im Reporting den Plan- und Istwerten der einzelnen Investitionsmaßnahmen gegenübergestellt werden sollen. Wie im mit Abbildung 8.4 skizzierten Szenario werden die Plan- und Istkosten des Auftrages mit Hilfe des IM-Informationssystems nach oben verdichtet und können mit dem Budget verglichen werden.

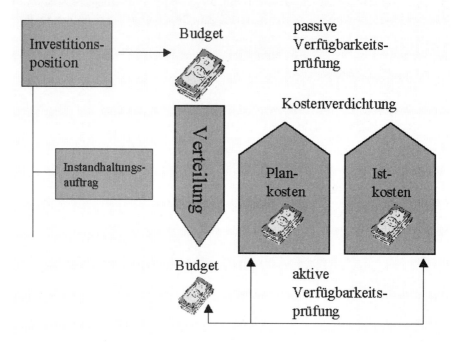

Abbildung 8.5 PM-IM-Szenario mit Budgetverteilung

8.7 Integration der Komponente CO-Controlling

Die Thematik der **Kostenkontrolle** wurde in Kapitel 5.3, »Aufgaben des Controllers«, im Abschnitt »Schätz-, Plan- und Istkosten« besprochen, die **Budgetvergabe** wurde im Abschnitt »Auftragsbudget« behandelt.

Eine detaillierte Beschreibung der **Abrechnung von Instandhaltungsaufträgen** finden Sie ebenfalls in Kapitel 5.3, »Aufgaben des Controllers«.

8.8 Integration der Komponente FI-AA-Anlagenbuchhaltung

8.8.1 Equipment als Objekt der Anlagenbuchhaltung

Durch die Integration der Komponenten PM und FI-AA ist es möglich, instandzuhaltende Equipments in einer technischen Anlage nach buchhalterischen Gesichtspunkten zu Anlageneinheiten zusammenzufassen. In diesem Fall ist die übergeordnete technische Anlage als Sachanlage im betriebswirtschaftlichen Sinn zu verstehen. Durch diese Zusammenfassung zu Sachanlagen können umfassende Auswertungen auf einer höheren Ebene als der des Einzelequipments durchgeführt werden.

Durch die in Abbildung 8.6 gezeigte Anlagennummer im Bereich »Kontierung« des Equipmentstamms sind die Komponenten PM und FI-AA miteinander verbunden.

Abbildung 8.6 Integration PM – FI-AA durch die Anlagennummer

Im Rahmen der Instandhaltungsabwicklung ist es auch möglich, bei der Abrechnung von Instandhaltungsaufträgen Anlagen als Empfänger anzugeben. Auf diese Weise lassen sich aktivierungspflichtige Instandhaltungsleistungen auf Anlagen abrechnen.

Das System schlägt als Abrechnungsempfänger die Anlage vor, die dem jeweiligen Equipment oder Technischen Platz im Stammsatz zugeordnet ist.

8.8.2 Workflow zum Datenabgleich

Die Integration der Komponenten Instandhaltung und Anlagenbuchhaltung wird durch ein synchrones Anlegen und Ändern von Equipment und Anlage mittels Workflow unterstützt. Der Workflow kann so eingerichtet werden, daß das System beim Anlegen einer Anlage automatisch einen Equipmentstammsatz erzeugt.

Der Equipmenttyp wird über die Anlagenklasse ermittelt. Die Konsistenz der Daten in Anlage und Equipment wird sichergestellt, indem eine zusätzliche Festlegung getroffen wird, daß bei Änderungen im Anlagenstammsatz auch Felder im Equipmentstammsatz aktualisiert werden. Umgekehrt ist es auch möglich, festzulegen, daß beim Anlegen und Ändern eines Equipments automatisch ein Anlagenstammsatz angelegt bzw. geändert wird.

8.9 Integration der Komponente HR-Personalwirtschaft am Beispiel Arbeitszeitblatt

8.9.1 Grundlegendes zum Arbeitszeitblatt

Das Arbeitszeitblatt (CATS – Cross Application Time Sheet) ist eine applikationsübergreifende Transaktion, mit der Istzeiten einzelner Personen in einem zentralen Arbeitszeitblatt erfaßt werden können. Durch Erfassungsprofile kann das Layout dieses Arbeitszeitblattes festgelegt werden.

Reports leiten die Daten zu den unterschiedlichen Applikationen über. Die Istzeiten können dabei zu gleicher Zeit relevant für verschiedene Applikationen sein. Die CATS-Funktionalität ermöglicht es, im Arbeitszeitblatt Zeitdaten für die folgenden Zielapplikationen zu erfassen und überzuleiten:

▶ HR-Personalwirtschaft: Anwesenheiten, Abwesenheiten, Entgeltbelege

▶ CO-Controlling: interne Leistungsverrechnung

▶ MM-SRV-Dienstleistungen: Leistungserfassung

▶ PM-Instandhaltung, CS-Serviceabwicklung: Rückmeldungen auf Aufträge

▶ PS-Projektsystem: Rückmeldungen auf Netzpläne

Achtung   Rückmeldungen in die Produktionsplanung (PP) werden von CATS nicht unterstützt, da auschließlich Zeitdaten und keine Maschinen- und Mengendaten erfaßt werden.

Die Voraussetzungen für den Einsatz von CATS sind:

▶ Ein »Ministamm« in der Personalwirtschaft mit Personalnummer und Personendaten der Mitarbeiter, für die Zeiten erfaßt werden sollen.

▶ Ein Datenerfassungsprofil für die Eingabe der personenbezogenen Zeitdaten.

▶ Die entsprechenden Berechtigungen zum Arbeiten mit dem CATS-Arbeitszeitblatt.

Der CATS-Prozeß besteht aus den folgenden Schritten:

1. Eingabe der Daten im Arbeitszeitblatt
2. Freigabe der Zeitdaten
3. Genehmigung der Zeitdaten
4. Überleitung der CATS-Zeitdaten in die Zielapplikationen

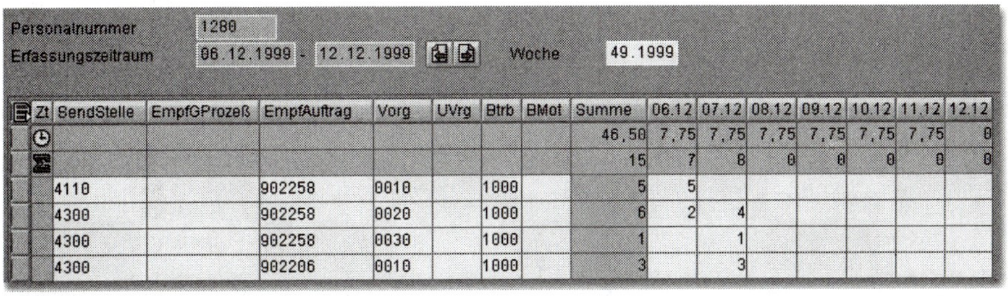

Zt	SendStelle	EmpfGProzeß	EmpfAuftrag	Vorg	UVrg	Btrb	BMot	Summe	06.12	07.12	08.12	09.12	10.12	11.12	12.12
								46,50	7,75	7,75	7,75	7,75	7,75	7,75	0
								15	7	8	0	0	0	0	0
	4110		902258	0010		1000		5	5						
	4300		902258	0020		1000		6	2	4					
	4300		902258	0030		1000		1	1						
	4300		902206	0010		1000		3	3						

Personalnummer 1200
Erfassungszeitraum 06.12.1999 - 12.12.1999 Woche 49.1999

Abbildung 8.7 Zeiterfassung im Arbeitszeitblatt

8.9.2 CATS und Instandhaltung

Über das Arbeitszeitblatt können u.a. Rückmeldungen auf Aufträge der Instandhaltung durchgeführt werden. Die folgenden Punkte stellen die ineinandergreifenden Zuordnungen und Zusammenhänge zwischen der Instandhaltung und der Personalwirtschaft in einzelnen Schritten dar. Abbildung 8.8 zeigt diese Zusammenhänge schematisch.

▶ Mit einem Instandhaltungsauftrag wird die Durchführung von Instandhaltungsmaßnahmen geplant, der Arbeitsfortschritt verfolgt, und die Kosten für die Maßnahme werden verrechnet. Die einzelnen Tätigkeiten, die ein Auftrag erfordert, werden mittels Vorgängen beschrieben. Pro Vorgang wird u.a. die Dauer und die Arbeit und die Art der Leistung geplant, die für die Durchführung des Vorgangs zu erwarten ist. Die tatsächlich geleisteten Istzeiten werden auf die Vorgänge eines Auftrages rückgemeldet.

▶ Ein Vorgang ist einem Arbeitsplatz zugeordnet. Innerhalb eines Auftrages können Vorgänge unterschiedlichen Arbeitsplätzen zugeordnet sein. Der Arbeitsplatz ist einer Kostenstelle zugeordnet. Für Kostenstellen werden Leistungsarten geplant, letztere stellen die erbrachte Leistung innerhalb der Kostenstellen dar. Leistungsarten werden Vorgängen beispielsweise in Aufträgen zugeordnet.

▶ Außerdem können die Arbeitsplätze einer Organisationseinheit aus der Personalwirtschaft zugeordnet werden. Einer Organisationseinheit sind Planstellen zugeordnet, die wiederum von Personen besetzt werden, die die Arbeit verrichten.

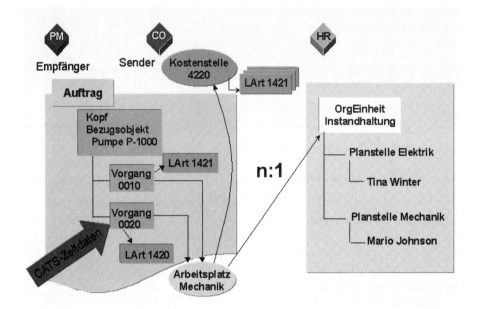

Abbildung 8.8 Darstellung der Integration PM-HR am Beispiel Instandhaltungsauftrag

8.9.3 Voraussetzungen für den Einsatz von CATS

Innerhalb des anwendungsübergreifenden Arbeitzeitblattes werden personenbezogene Zeitdaten erfaßt. Für jeden betroffenen Mitarbeiter, der über eine eindeutige Personalnummer identifiziert wird, ist ein Ministamm erforderlich. Der Ministamm wird in Erfassungsbildern aus der Personalwirtschaft, den sogenannten Infotypen, hinterlegt. Infotypen sind Erfassungsbilder für die Ablage von Mitarbeiterdaten. Sie sind logisch nach verschiedenen Inhalten klassifiziert und enthalten optionale sowie Mußeingabefelder.

Der CATS-Ministamm muß mindestens folgende Infotypen der Personalwirtschaft enthalten:

▶ **Maßnahmen (0000)**
Dieser Infotyp ist erforderlich für die Einstellung, d.h. Ersterfassung der Daten eines Mitarbeiters.

▶ **Organisatorische Zuordnung (0001)**
Dieser Infotyp enthält Informationen zur Einbettung des Mitarbeiters in die Unternehmens- und Personalstruktur eines Unternehmens.

▶ **Daten zur Person (0002)**
Dieser Infotyp enthält personenbezogene Mitarbeiterdaten wie Name, Geburtsdatum usw.

Der Einsatz des Infotyps »Vorschlagswerte Arbeitszeitblatt« (0315) wird empfohlen. Dieser Infotyp speichert Daten, die als Vorschlagswerte im Arbeitszeitblatt verwendet werden. Hier sind verschiedene Eingaben möglich:

▶ Kontierungen wie sendende Kostenstelle oder Leistungsart werden in der Logistik und im Controlling verwendet.

▶ Das Werk wird als Vorschlagswert für die Logistik verwendet.

▶ Lieferant, sendende Bestellung, sendende Bestellposition und Leistungsnummer werden als Vorschläge für die Anwendung der Dienstleistungsbestellung verwendet.

9 Schnittstellen zu Fremdsystemen

9.1 Schnittstelle zu Prozeßleitsystemen und Gebäudeleitsystemen

9.1.1 Was können Prozeßleitsysteme und Gebäudeleitsysteme für die Instandhaltung leisten?

Prozeßleitsysteme überwachen, steuern, regeln und optimieren einen technischen Prozeß, wie z. B. die Kühlung in einer Eiscreme-Produktionsanlage. Gebäudeleitsysteme überwachen, steuern, regeln und optimieren einen technischen Prozeß innerhalb eines Gebäudes, wie z. B. die Klimatisierung. Instandhaltungsrelevante Daten, die in diesen Systemen entstehen, können Sie über eine Schnittstelle (PM-PCS-Schnittstelle) in das R/3-System übernehmen. Das R/3-System erzeugt auf Grundlage dieser Daten einen Meßbeleg, den Sie als Grundlage für eine Instandhaltungsmaßnahme oder zur Dokumentation nutzen können.

> **Beispiel** Wenn in der Eiscreme-Produktion eine Kühlanlage ausfällt, erkennt dies das Prozeßleitsystem und reagiert entsprechend, indem es die Eiscreme in eine andere Kühlanlage umleitet oder die Produktion unterbricht. Über die PM-PCS-Schnittstelle kann das Prozeßleitsystem dem R/3-System mitteilen, daß die Kühlanlage ausgefallen ist. Bei entsprechender Einstellung kann das R/3-System daraufhin eine Störmeldung mit den Daten der Kühlanlage erzeugen.

Prozeßleitsysteme und Gebäudeleitsysteme liefern eine Vielzahl von Daten, die in einem Prozeß, einem Gebäude oder einer Infrastruktur anfallen. SCADA-Systeme (Supervisory Control And Data Acquisition System) erfüllen hier eine Filterfunktion. Sie filtern die instandhaltungsrelevanten Daten heraus und bewahren somit das R/3-System vor einer Überflutung mit Prozeßdaten. Außerdem stellen SCADA-Systeme die Kommunikation zwischen einem oder mehreren Prozeßleitsystemen und dem R/3-System her.

Abbildung 9.1 zeigt die R/3-Anbindung über ein SCADA-System mit direktem Feldbus-Anschluß, d. h., das Prozeßleitsystem benötigt keine SCADA-Schnittstelle. Abbildung 9.2 zeigt die R/3-Anbindung über ein Prozeßleitsystem, das eine eigene SCADA-Schnittstelle hat. Abbildung 9.3 zeigt die R/3-Anbindung an ein Prozeßleitsystem, das selbst über die benötigten Filter- und Schnittstellenfunktionen verfügt, so daß es ohne Zwischenschaltung eines SCADA-Systems direkt an das R/3-System angebunden werden kann. Abbildung 9.4 zeigt, wie verschiedene Prozeßleitsysteme ein gemeinsames SCADA-System nutzen können, um die R/3-Anbindung herzustellen. Die R/3-Anbindung erfolgt jeweils über Remote Function Call (RFC).

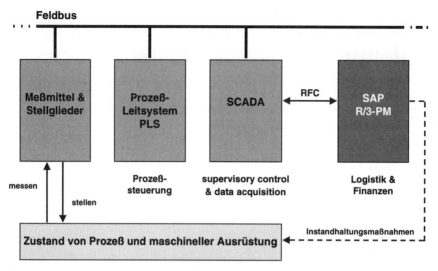

Abbildung 9.1 R/3-Anbindung bei Prozeßleitsystem ohne SCADA-Schnittstelle

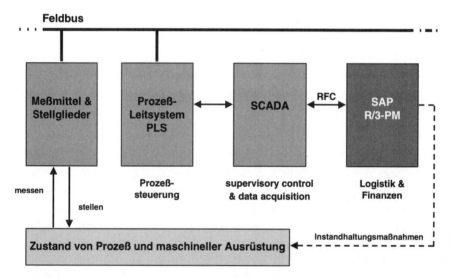

Abbildung 9.2 R/3-Anbindung bei Prozeßleitsystem mit SCADA-Schnittstelle

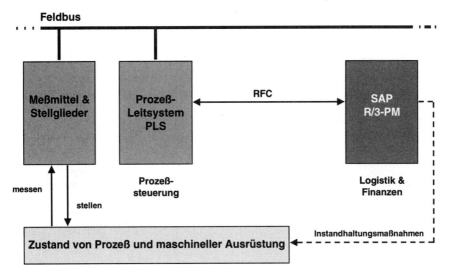

Abbildung 9.3 R/3-Anbindung bei Prozeßleitsystem ohne SCADA-System

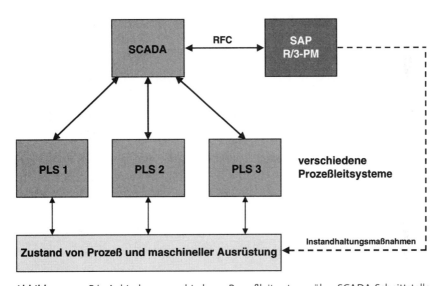

Abbildung 9.4 R/3-Anbindung verschiedener Prozeßleitsysteme über SCADA-Schnittstelle

9.1.2 Die PM-PCS-Schnittstelle

Die PM-PCS-Schnittstelle ist fester Bestandteil des R/3-Systems zur Aufnahme von Daten aus Fremdsystemen. Neben Prozeßleitsystemen gehören dazu auch Daten, die mit einem Laptop oder einem Barcode-Lesegerät erfaßt wurden. Alle Einzelfunktionen sind im R/3-System mit RFC-fähigen Funktionsbausteinen realisiert (Remote Function Call):

- ▶ Funktionsbaustein MEASUREM_DOCUM_RFC_SINGLE_001
- ▶ Funktionsbaustein MEASUREM_DOCUM_RFC_SINGLE_002
- ▶ Funktionsbaustein MEASUREM_POINT_RFC_SINGLE_002
- ▶ Funktionsbaustein FUNC_LOCATION_RFC_002

Außerdem können Sie durch Anlegen der Customizing-Includes CI_IMPTT bzw. CI_IMRG die Tabellen IMPTT (Meßpunkt) bzw. IMRG (Meßbeleg) um kundeneigene Felder erweitern. In allen drei genannten Customer-Exits erhalten Sie dann die Kontrolle über diese kundeneigenen Felder. Da alle Einzelfunktionen über RFC aufrufbar sind, können die Aufrufe auch mit OLE erfolgen (über das WDT-FUNCS.OCX von SAP). Bei allen Funktionsbausteinen handelt es sich um Online-Schnittstellen. Falls das R/3-System einmal nicht zur Verfügung steht, müssen die zu übergebenden Meßwerte im Prozeßleitsystem oder im SCADA-System gepuffert werden können.

Für Meßpunkte und Meßbelege stehen Ihnen zusätzlich noch die folgenden Customer-Exits zur Verfügung:

- ▶ IMRC0001 läuft vor der Verbuchung ab und ermöglicht es Ihnen, bestimmte Feldinhalte in Meßpunkten und Meßbelegen festzulegen, Workflow-Ereignisse zu erzeugen und kundeneigene Tabellen fortzuschreiben
- ▶ IMRC0002 und IMRC0003 stellen Ihnen Menü-Exits in der Dialogbearbeitung von Meßpunkten und Meßbelegen zur Verfügung, damit Sie kundenspezifische Funktionen auslösen oder kundeneigene Bilder aufrufen können

Der Customer-Exit IMRC0001 ist in diesem Zusammenhang besonders wichtig, denn er kann automatisch Aktionen im R/3-System auslösen, wenn bestimmte Schwellenwerte überschritten werden oder bestimmte Bewertungscodes auftreten. Sie können für jedes technische Objekt Meßbereichsgrenzen definieren, d.h. einen Wertebereich, in dem die Meßergebnisse liegen dürfen. Im Customizing der Meßpunkte, Zähler und Meßbelege können Sie einstellen, daß das System bei Meßbereichsüberschreitungen oder -unterschreitungen eine Warnung oder eine Fehlermeldung ausgibt. Darüber hinaus können Sie definieren, daß bei Überschreitung eines bestimmten Schwellenwertes automatisch eine Störmeldung ausgelöst wird. Über Customer-Exits in der Meldung können weitere Maßnahmen ausgelöst werden (z. B. Auftragseröffnung).

Der Bewertungscode ist ein standardisierter Code für die Bewertung des Meßwertes und wird zusätzlich zum Meßwert angegeben, z. B. Meßwert **100 Grad Celsius** mit Bewertungscode **0001** (d.h. »**Meßwert in Ordnung**«), Meßwert **105 Grad Celsius** mit Bewertungscode **0002** (d.h. »**Meßwert nicht in Ordnung**«). In bestimmten Fällen kann auch die alleinige Angabe eines Bewertungscodes ausreichend sein, z. B. 1000 »**Fluchtwegsicherung in Ordnung**«, 1001 »**Fluchtwegsicherung beschädigt**«, 2001 »**Fluchtwegsicherung: kein Alarm vor Ort**«, 2002 »**Fluchtwegsicherung: kein Alarm in Zentrale**«. Bei von Ihnen definierten Bewertungscodes kann das System automatisch eine Störmeldung auslösen, die dann bereits den Text zum Bewertungscode als Schadensbild enthält.

Beispiel Sie verwenden ein Gebäudeleitsystem, um unter anderem die Gebäudeklimatisierung ständig überwachen zu können. Sie setzen ein SCADA-System ein, das von Ihnen definierte Ereignisse erkennt (▲ Abbildung 9.5). Eines der Ereignisse definieren Sie so, daß der Druckverlust an einem Luftfilter nicht größer sein darf als 50 mbar. Zwar werden alle Luftfilter einmal im Jahr ausgetauscht, doch bei zu großem Druckverlust verschmutzt der Luftfilter und muß evtl. vorzeitig ausgetauscht werden. Sie nutzen das R/3-System, um zustandsabhängige Wartung zu betreiben. Der Druckverlust an einem Luftfilter wird im Gebäudeleitsystem erkannt, an das R/3-System gemeldet und erzeugt dort eine Störmeldung und einen Auftrag.

1. Immer wenn 50 mbar überschritten werden, übergibt das SCADA-System dies als Meßwert von beispielsweise 52 mbar über die PM-PCS-Schnittstelle an das R/3-System.
2. Das R/3-System erzeugt zum Meßwert von 52 mbar einen Meßbeleg.
3. Das R/3-System erkennt 52 mbar als Überschreitung des Schwellenwerts von 50 mbar oder als Bewertungscode »Meßwert nicht in Ordnung«.
4. Über den Customer-Exit IMRC0001 erzeugt das R/3-System eine Störmeldung und einen Auftrag zum Auswechseln des Luftfilters.

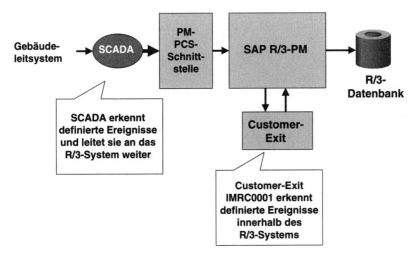

Abbildung 9.5 Erzeugen einer Störmeldung im R/3-System

Tip Sie können zu jedem Customer-Exit und zu jedem dahinterliegenden Funktionsbaustein die Systemdokumentation aufrufen. So funktioniert es bei Customer-Exits:

1. Wählen Sie **Werkzeuge · ABAP Workbench**.
2. Wählen Sie dann **Hilfsmittel · Erweiterungen · Projektverwaltung**.
3. Geben Sie »IMRC0001« oder einen anderen Customer-Exit ein, und markieren Sie **Dokumentation** als Teilobjekt.
4. Wählen Sie **Anzeigen,** und Sie gelangen zur Online-Dokumentation.

So funktioniert es bei Funktionsbausteinen:

1. Wählen Sie **Werkzeuge · ABAP Workbench**.
2. Wählen Sie dann **Entwicklung · Function Builder**.
3. Geben Sie »EXIT_SAPLIMR0_001« oder einen anderen Funktionsbaustein ein, und markieren Sie **Schnittstelle** als Teilobjekt.
4. Wählen Sie **Anzeigen**.
5. Wählen Sie **Springen · Weitere Sprungziele · Dokumentation · FBausteindoku,** und Sie gelangen zur Online-Dokumentation.

Im Folgenden wird die Implementierung der PM-PCS-Schnittstelle beschrieben. Zur Überwachung einer Schnittstelle zwischen zwei Systemen wird im allgemeinen eine Protokollierung (Logging) an folgenden Stellen benötigt:

▶ Im Quellsystem (PCS/SCADA) zum Nachreichen der Ereignisse, die während einer Phase aufgetreten sind, in der das Zielsystem nicht verfügbar war.

▶ Im Zielsystem (SAP-R/3)

  ▶ zur Speicherung aller eingehenden Ereignisse, falls die Verarbeitung nicht synchron erfolgt

  ▶ zur Überwachung der Ereignisverarbeitung, falls diese in entkoppelten Teilschritten (Transaktionen) erfolgt, wie z.B. beim Workflow

  ▶ zur Überwachung der Datenbank-Updates (asynchrone »Verbuchung« im R/3-System)

Im Fall der PM-PCS-Schnittstelle können die R/3-seitigen Protokollierungen jedoch entfallen, wenn folgende Voraussetzungen gegeben sind.

▶ Die Ereignisverarbeitung im R/3-System erfolgt synchron.

  Jedes Ereignis führt direkt zu einem Eintrag in einer R/3-Anwendungstabelle, d.h., jedes Ereignis erzeugt einen Meßbeleg im R/3-System.

▶ Die Ereignisverarbeitung im R/3-System erfolgt in einer einzigen Transaktion.

  Soll eine Störmeldung erzeugt werden, so erfolgt dies zusammen mit der Erzeugung des Meßbelegs in einer R/3-Transaktion.

▶ Die Fortschreibung der R/3-Anwendungstabellen erfolgt synchron.

Im Normalbetrieb liegt die einzige Protokollierung (Logging) im Quellsystem (Prozeßleitsystem oder SCADA). Dort wird zu jedem übergebenen Ereignis die R/3-Meßbelegnummer protokolliert. Damit kann die Vollständigkeit der Übertragung jederzeit nachgeprüft werden. Wenn das Quellsystem die Belegnummer vom R/3-System zurück erhält, ist die R/3-Datenbank bereits fortgeschrieben. Dies gilt auch dann, wenn zusätzlich zum Meßbeleg noch eine Störmeldung erzeugt wird.

Bei Nichtverfügbarkeit des R/3-Systems muß das Quellsystem folgende Formen behandeln:

▶ Der Meßpunkt, zu dem das Ereignis übergeben werden soll, ist momentan im R/3-System gesperrt.

Im Log des Quellsystems wird zum Ereignissatz die vom R/3-System zurückgegebene Ausnahme POINT_LOCKED protokolliert.

▶ Das R/3-System ist momentan nicht verfügbar.

Im Log wird als Ausnahme ZZ_SAP_NOT_AVAILABLE protokolliert.

▶ Die Ereignisverarbeitung im R/3-System dauert aus irgendeinem Grund zu lange.

Im Log wird als Ausnahme ZZ_SAP_TIME_OUT protokolliert. Auf die Rückmeldung vom R/3-System wird nicht länger gewartet, der Workprozeß im Quellsystem wird freigegeben.

Die PM-PCS-Schnittstelle ermöglicht die automatische Vervollständigung der Ereignisübertragung. Dazu muß der Log im Quellsystem permanent überwacht werden. Gegebenenfalls werden Ereignisse erneut an das R/3-System übergeben. Noch nicht übergebene Ereignisse erkennt das Quellsystem im Log an der fehlenden R/3-Belegnummer. Nach den Ausnahmen POINT_LOCKED und ZZ_SAP_ NOT_AVAILABLE ist die erneute Übergabe des Ereignisses unkritisch, weil im R/3-System noch keine Ereignisverarbeitung stattfand. Nach der Ausnahme ZZ_SAP_TIME_OUT muß sichergestellt werden, daß das Ereignis nach der erneuten Übergabe an das R/3-System dort nicht doppelt verarbeitet wird (Duplicate Records).

Duplikate sind im R/3-System nicht ohne weiteres erkennbar, denn normalerweise führt jedes eingehende Ereignis zu einem neuen Meßbeleg. Deshalb muß das Quellsystem mit jedem Ereignis eine kundeneigene Beleg-ID übergeben. Durch diese Beleg-ID kann das R/3-System den erneuten Eingang eines bereits verarbeiteten Ereignisses erkennen und eine doppelte Verarbeitung vermeiden.

▶ **Übergabe einer kundeneigenen Beleg-ID**
Hierzu können Sie im vorbereiteten Customizing-Include CI_IMRG ein Feld ZZ_CUST_ID mit beliebigem Format anlegen.

▶ **Aktivierung der Erkennung von Duplikaten**

Beim Aufruf des R/3-Funktionsbausteins MEASUREM_DOCUM_RFC_ SINGLE_001 setzen Sie den Parameter CHECK_CUSTOM_DUPREC = X.

▶ **Reaktion des R/3-Systems nach der Erkennung von Duplikaten**

Der Funktionsbaustein setzt den Indikator CUSTOM_DUPREC_OCCURED = X. Anstelle einer neuen Meßbelegnummer gibt der Funktionsbaustein die Nummer des bereits vorhandenen Meßbelegs zurück. Diese Nummer wird wie im Normalbetrieb im Log des Quellsystems zum Ereignis protokolliert.

9.2 Schnittstelle zu CAD-Systemen[1]

9.2.1 Was können CAD-Systeme für die Instandhaltung leisten?

CAD-Zeichnungen können beispielsweise im Anlagenbau und in der Anlageninstandhaltung sogenannte »Rohrleitungs- und Instrumentenfließbilder« (R&I-Zeichnungen) sein. Da sowohl der Planer als auch der Techniker ständig mit den R&I-Zeichnungen arbeiten, fällt es ihnen meist leichter, eine Störung in der gewohnten R&I-Zeichnung zu lokalisieren als im R/3-System. Daher kann eine im CAD vorhandene R&I-Zeichnung als Benutzungsoberfläche für die tägliche Arbeit dienen, von der aus gewissermaßen »im Hintergrund« Objekte im R/3-System angelegt oder angezeigt werden.

Andere Anwendungsgebiete für CAD-Systeme sind beispielsweise Gebäudepläne, Raumbücher oder Flächennachweise in der Gebäudeinstandhaltung (Facility Management) oder CAD-Darstellungen von komplexen Geräten (z.B. Flugzeuge, Industrieroboter) zur besseren Diagnose betroffener Einzelteile. Überall gilt, daß entweder die CAD-Oberfläche als gewohnte Benutzungsoberfläche für das R/3-System dienen soll oder daß aus dem R/3-System heraus die Objekte als CAD-Zeichnungen angezeigt und bearbeitet werden sollen.

Gängige CAD-Systeme, wie z.B. Microstation, PCCAD400 oder AutoCAD, kommunizieren mit dem R/3-System über dessen integrierte CAD-Schnittstelle (unidirektionale OCX-Schnittstelle). Folgende Szenarios sind abbildbar:

1. Der Benutzer befindet sich in seiner CAD-Anwendung und möchte zu einem selektierten grafischen Objekt im CAD die damit verknüpften Daten aus dem R/3-System erhalten. Dazu startet er von seinem Client aus per Mausklick eine Anfrage an den SAP-Applikationsserver und erhält das Ergebnis parallel zu seiner CAD-Anwendung in einer SAPGUI-Maske (▲Abbildung 9.6).

---

1   Die Autoren danken Herrn Jürgen-Peter Brettschneider von der Firma PIA GmbH (Internet: www.pia.de), der freundlicherweise das Material für diesen Beitrag zur Verfügung gestellt hat.

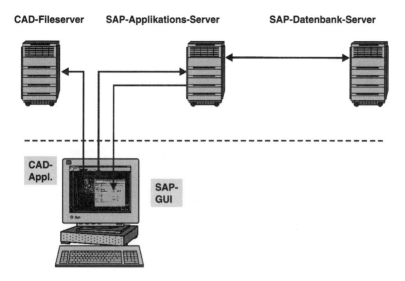

CAD-Fileserver   **SAP-Applikations-Server**   **SAP-Datenbank-Server**

Abbildung 9.6 Aufruf von SAP-Daten aus CAD mit Anzeige im SAPGUI

2. Der Benutzer befindet sich in seiner CAD-Anwendung und möchte zu einem selektierten grafischen Objekt im CAD die damit verknüpften Daten aus dem R/3-System erhalten. Dazu startet er von seinem Client aus per Mausklick eine Anfrage an den SAP-Applikationsserver und erhält das Ergebnis diesmal in seiner CAD-Anwendung (▲ Abbildung 9.7).

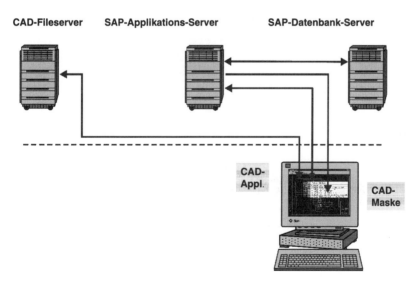

CAD-Fileserver   **SAP-Applikations-Server**   **SAP-Datenbank-Server**

Abbildung 9.7 Aufruf von SAP-Daten aus CAD mit Anzeige im CAD

3. Der Benutzer befindet sich im R/3-System in der SAPGUI-Maske und möchte zu einem aufgerufenen technischen Objekt (Technischer Platz oder Equipment) die entsprechenden CAD-Zeichnungen erhalten. Das aufgerufene technische Objekt soll in der CAD-Zeichnung grafisch hervorgehoben sein. Der Benutzer startet von seinem Client aus per Mausklick eine Anfrage an den SAP-Applikationsserver. Das CAD-System sorgt für das Laden der CAD-Zeichnung und deren Darstellung mit Zoom-In und grafischer Hervorhebung des technischen Objekts (▲ Abbildung 9.8).

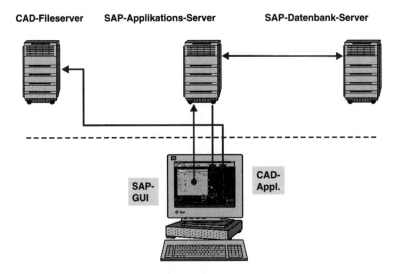

Abbildung 9.8 Aufruf von CAD-Zeichnung aus SAP mit Anzeige im SAPGUI

9.2.2 Partnerlösung: R/3-Stammdaten mit einer R&I-Zeichnung verknüpfen

Die Verknüpfung von einem CAD-System mit dem R/3-System kann auf zweierlei Arten geschehen. Die komplexere Variante setzt eine intelligente Aufbereitung der CAD-Daten voraus, öffnet dadurch aber zusätzliche Möglichkeiten. Außer den Textobjekten der CAD-Zeichnung werden hierbei auch noch die grafischen Objekte der CAD-Zeichnung in die Verknüpfung einbezogen. Zudem können noch Alias-Namen zusätzlich zu den Objektschlüsseln verwendet werden. Im folgenden wird die einfachere Variante, die der rein textuellen Verknüpfung, beschrieben.

Bei einem Anlagenbauer sollen aus einer R&I-Zeichnung heraus für die dargestellten Apparate und Behälter im R/3-System Technische Plätze angelegt werden. Die Bezeichnung von jedem dieser Apparate und Behälter ist als Textobjekt in der R&I-Zeichnung vorhanden (▲ Abbildung 9.9).

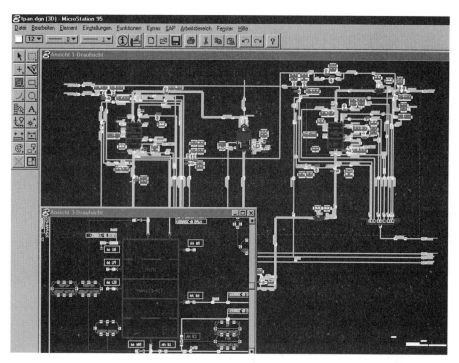

Abbildung 9.9 R&I-Zeichnung

Zunächst müssen diese Textobjekte im CAD selektiert werden. Danach wird aus dieser Selektion eine Batch-Input-Mappe erstellt. Diese Mappe enthält alle Textobjekte der R&I-Zeichnung, die als Technische Plätze interpretiert werden sollen. Dazu werden alle weiteren Pflichtfelder mitgegeben, die mit Vorgabewerten versehen sind. Diese Vorgabewerte werden einmalig vor dem Aufruf der R&I-Zeichnung gesetzt und können bei Bedarf jederzeit geändert werden. Nun erfolgt eine Anmeldung im R/3-System. Diese ist je nach gewählten Systemeinstellungen entweder explizit, d.h. mit manueller Dateneingabe, oder implizit, d.h., die Anmeldedaten stehen dem CAD-System bereits zur Verfügung, so daß sie vom Benutzer nicht mehr eingegeben werden müssen. Nach erfolgter Anmeldung bestätigt das R/3-System den Empfang der Batch-Input-Mappe (▲ Abbildung 9.10).

Damit die Daten im R/3-System zur Verfügung stehen, muß diese Mappe vom Systemadministrator noch abgespielt werden. Dieser Vorgang kann für zahlreiche R&I-Zeichnungen in einem einzigen Ablauf durchgeführt werden. So können über Nacht problemlos mehrere tausend Technische Plätze oder Equipments aus den CAD-Daten vorbereitet und im R/3-System angelegt werden. Sind die Daten erst einmal verknüpft, kann die R&I-Zeichnung als Benutzungsoberfläche für das R/3-System verwendet werden. Wenn beispielsweise ein Techniker aufgrund einer R&I-Zeichnung ein gestörtes technisches Objekt im R/3-System lokalisieren will, wäre der Ablauf wie folgt.

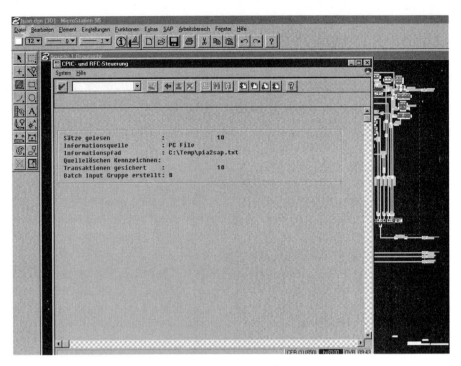

Abbildung 9.10 R/3-System bestätigt CAD-Daten im Batch Input

Der Techniker stellt aus der R&I-Zeichnung heraus die Verbindung zum R/3-System her, indem er in der Menüleiste **SAP · Login** wählt. Dann meldet er sich im R/3-System an. Der Techniker verwendet noch immer die R&I-Zeichnung als Benutzungsoberfläche, während nun das R/3-System im Hintergrund aktiv ist. Da zwei Wärmetauscher gestört sind, selektiert der Techniker die Schriftzüge dieser beiden Wärmetauscher in der R&I-Zeichnung per Mausklick (▲Abbildung 9.11).

Da die Verknüpfung mit dem R/3-System über die Textobjekte erfolgt, wird durch diesen Mausklick automatisch der entsprechende Funktionsbaustein im R/3-System aufgerufen. Der Techniker muß nicht einmal wissen, ob die Wärmetauscher im R/3-System als Technische Plätze oder als Equipments abgebildet worden sind. In diesem Fall sind es Technische Plätze, so daß das R/3-System den Funktionsbaustein zum Anzeigen Technischer Plätze aufruft. Der Techniker sieht nun in einer SAPGUI-Maske die Daten des Wärmetauschers im R/3-System (▲Abbildung 9.12).

Es stehen ihm sämtliche Funktionen zur Verfügung, die im R/3-System für diesen Funktionsbaustein vorgesehen sind, z.B. das Anzeigen eingebauter Equipments. Der Techniker erkennt nun, daß die defekte Pumpe des Wärmetauschers im R/3-System das Equipment 10000492 ist. Er kann nun aufgrund dieser Information eine Störmeldung im R/3-System absetzen oder den IH-Planer benachrichtigen.

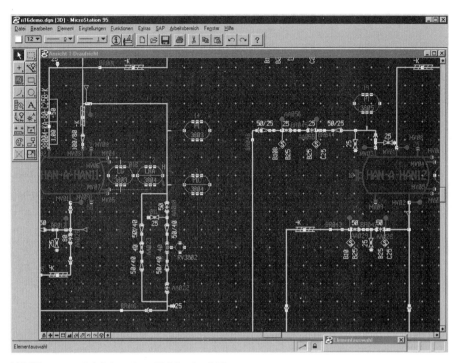

Abbildung 9.11 Selektion eines Objekts im R&I

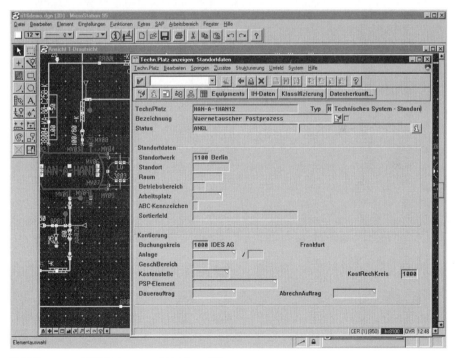

Abbildung 9.12 SAP-Daten zum Objekt im R&I

9.2.3 Partnerlösung: R/3-Stammdaten mit einem intranetbasierten Gebäudegrundriß verknüpfen

Die Online-Verknüpfung zwischen CAD-Objekten und dem R/3-System ist auch auf Basis des Intranets möglich. Dabei findet zunächst in der CAD-Umgebung eine SAP-Anmeldung statt. Anschließend werden CAD-Objekte markiert, um die referenzierten Technischen Plätze in PM anzuzeigen. Schließlich werden noch Equipments zu den gewählten Technischen Plätzen dargestellt.

Ausgangspunkt ist ein CAD-Geschoßgrundriß mit Referenzen zu einem R/3-System (▲ Abbildung 9.13), der im Intranet angezeigt wird. Ein Mitarbeiter des Facility Managements will die Stammdaten zu dem Mobiliar des Raums Nr. 149 aus dem R/3-System abrufen. Geeignete Verknüpfungsobjekte zwischen CAD- und SAP-Daten sind die Räume, da diese immer im Grundriß erfaßt sind. Da Räume grundsätzlich immobil sind, sind sie im R/3-System als Technische Plätze abgebildet. Möbel sind grundsätzlich mobil und daher als Equipments in Technischen Plätzen abgebildet.

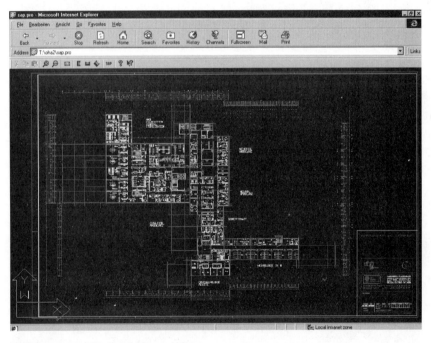

Abbildung 9.13 CAD-Geschoßgrundriß

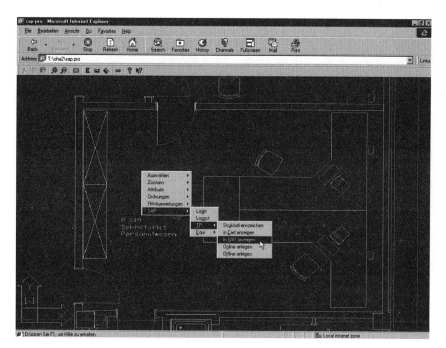

Abbildung 9.14 Aufruf der SAP-Daten zum Objekt

Der Mitarbeiter zoomt zunächst den Zeichnungsbereich mit Raum Nr.149 heran. Danach erfolgt eine implizite Anmeldung im R/3-System, indem der Mitarbeiter mit der rechten Maustaste in die CAD-Zeichnung klickt und **SAP Login** wählt. Nachdem die Anmeldung im R/3-System erfolgt ist, klickt der Mitarbeiter erneut mit der rechten Maustaste in die CAD-Zeichnung, um Raum Nr.149 anzusprechen (▲Abbildung 9.14). Im R/3-System werden nun die Daten dieses Technischen Platzes angezeigt. Mit den entsprechenden Berechtigungen kann der Mitarbeiter nun direkt im R/3-System eine Störmeldung anlegen oder die Stammdaten pflegen.

9.3 Schnittstelle zu CBR-Systemen[2]

9.3.1 Was können CBR-Systeme für die Instandhaltung leisten?

Cased-based Reasoning (CBR) ist eine Technologie, mit deren Hilfe Sie die Erfahrungen, die in Ihrem Unternehmen vorhanden sind, sammeln und nutzen können. Viele Unternehmen haben technische Probleme mit Ihren Geräten und deren Lösungen seit Jahren aufgezeichnet, beispielsweise als Frequently Asked Que-

---

2   Die Autoren danken Frau Brigitte Bartsch-Spörl von der Firma BSR Consulting GmbH (Internet: www.bsr-consulting.de), die freundlicherweise das Material für diesen Beitrag zur Verfügung gestellt hat. CBR-Works für R/3 ist ein gemeinsames Produkt von BSR Consulting und tecInno.

stions (FAQ) oder als Diagnosehandbuch. Diese Aufzeichnungen sind eine gute Ausgangsbasis für den Einsatz von CBR-Systemen. Problembeschreibungen und deren Lösungen werden im CBR als sogenannte »Fälle« bezeichnet. CBR versucht, beim Auftreten eines neuen Problems, bereits vorhandene Fälle mit einer ähnlichen Problembeschreibung zu finden und deren Lösung angepaßt wiederzuverwenden. So wie Menschen aus ihren Erfolgen und Mißerfolgen lernen, schließen CBR-Systeme aus den Erfahrungen der Vergangenheit, sobald diese in Fällen strukturiert und in einer Datenbank abgespeichert sind. Der entscheidende Unterschied zwischen einer normalen Suchmaschine oder einer normalen Datenbankabfrage und einer Suche mittels CBR-System liegt in der im CBR üblichen »Ähnlichkeitssuche« begründet. Die »Ähnlichkeitssuche« liefert zuverlässig immer die ähnlichsten unter den vorhandenen Fällen, geordnet nach abnehmender Ähnlichkeit, was die Auswertung der Treffer extrem erleichtert.

Grundsätzlich arbeiten CBR-Systeme nach folgendem Prozeßmodell. Der Techniker lokalisiert eine Störung und gibt eine Problembeschreibung als neuen Fall in das CBR-System ein. Das System durchsucht daraufhin seine vorhandene Fallbasis nach ähnlichen Problembeschreibungen (Phase 1: »Retrieve«). Als Resultat dieser Suche gibt das System aus seiner Fallbasis mindestens einen früheren Fall mit ähnlicher Problembeschreibung aus. Läßt sich die Lösung dieses vorhandenen Falles auf den neuen Fall übertragen, ist der Prozeß hiermit beendet (Phase 2: »Reuse«), und die Störung kann behoben werden. Nehmen wir nun an, daß der vorhandene Fall zwar ähnlich ist, aber die Lösung nicht direkt übernommen werden kann. Dann muß der vorhandene Fall überprüft und angepaßt werden, damit am Ende dieses Prozeßschrittes ein zuverlässiger Lösungsvorschlag vorliegt (Phase 3: »Revise«). Dieser sogenannte »getestete oder reparierte Fall« wird in der Fallbasis gespeichert, und die Störung kann behoben werden. Nehmen wir weiter an, daß eine Anpassung des vorhandenen Falles nicht genügt, sondern daß auf Grundlage des vorhandenen Falles ein eigener Lösungsvorschlag erarbeitet werden muß. Dieser neue Fall mit der neuen Lösung, ein sogenannter »gelernter Fall«, wird als Erweiterung der Fallbasis abgespeichert (Phase 4: »Retain«), und die Störung kann behoben werden. Zusammenfassend kann gesagt werden, daß der beschriebene Prozeß bei einer ausführlichen Fallbasis bereits nach dem zweiten Prozeßschritt endet. Die Prozeßschritte drei und vier dienen dem Aufbau einer ausführlichen Fallbasis.

Der betriebswirtschaftliche Nutzen von CBR-Systemen besteht darin, daß sie eine schnellere technische Diagnose ermöglichen, und daß das Wissen einzelner Experten festgehalten und systematisch genutzt werden kann. Störungen können schneller behoben werden, und die Ausfallzeiten einer Anlage werden reduziert. Der Einsatz von CBR-Systemen wird empfohlen,

- wenn die von Störungen betroffenen technischen Geräte innerhalb eines technischen Systems (wie z. B. einer Anlage) einander so ähnlich sind, daß Erfahrungen aus früheren Fällen wiederverwendet werden können;

- wenn Erfahrung oder Expertenwissen für das Stellen einer technischen Diagnose mindestens ebenso wichtig ist wie Lehrbuchwissen;

- wenn die besten Experten Ihre Erfahrung nicht in Regeln beschreiben, dafür aber Beispiele liefern können.

Fälle können nicht nur Text enthalten, sondern auch mit multimedialen Bestandteilen verknüpft werden (z. B. Bilder des betroffenen Objektteils, Lagepläne zur Lokalisierung oder Lehrfilme zur Reparatur des Objekts). Darüber hinaus können Fälle auch Referenzen auf Teile der technischen Dokumentation oder auf Arbeitspläne enthalten.

CBR-Systeme werden derzeit hauptsächlich zur technischen Diagnose und zur Sammlung von Reparaturvorschlägen für komplexe Geräte genutzt, wie z. B. Flugzeugtriebwerke, Schiffsmotoren oder Industrieroboter. Mittlerweile sind auf dem Markt unterschiedliche Entwicklungswerkzeuge für CBR-Systeme erhältlich. Die Auswahl des richtigen Entwicklungswerkzeugs wird dabei z. B. von der Komplexität der einzelnen Fälle und von der maximalen Anzahl der Fälle beeinflußt. Ein weiteres Auswahlkriterium ist dabei die Integration in die vorhandene DV-Infrastruktur.

9.3.2 Partnerlösung: CBR-Works für R/3

CBR-Works für R/3 ist ein Entwicklungswerkzeug für CBR-Systeme in Verbindung mit einem R/3-System. Die Lösung besteht aus Funktionsbausteinen im R/3-System, die einen Customer-Exit nutzen, und einem CBR-Works-Server, der über eine standardisierte Schnittstelle (CQL, Case Query Language) unter Verwendung von Remote Function Calls (RFC) aufgerufen wird. Somit ist gewährleistet, daß die Benutzungsoberfläche von CBR-Works vollständig in das R/3-System integriert ist.

Am Beispiel der Eiscreme-Produktionsanlage wird nun beschrieben, wie ein CBR-Einführungsprojekt ablaufen kann. Die Produktion läuft sieben Tage pro Woche rund um die Uhr, jede Minute Produktionsausfall kostet Geld, also müssen die Produktionsausfälle minimiert werden. Die Experten arbeiten allerdings nur fünf Tage pro Woche und sind wegen Urlaub, Krankheit oder Auslandseinsatz auch nicht immer verfügbar, daher soll das Expertenwissen so gut wie möglich in einer Datenbank festgehalten werden. Da das Unternehmen bereits R/3 PM einsetzt, soll das CBR-System aus der laufenden PM-Anwendung heraus aufrufbar sein. Um Schulungskosten zu sparen, soll der Aufruf des CBR-Systems möglich sein, ohne daß sich der Benutzer an ein neues System gewöhnen muß.

Zunächst wird ein Workshop mit den Experten veranstaltet, um diejenigen Gerätefamilien zu identifizieren, die die meisten und teuersten Störungen verursachen. Dabei können die Analysefunktionen des PM-Informationssystems wertvolle Hilfe leisten. Danach werden exemplarische Fälle gesammelt, damit ein Fallmodell und eine erste Fallbasis erstellt werden können. Dies geschieht in drei Phasen des Engineerings. Je nach konkreter Aufgabe und Rolle des CBR-Systems muß das Einführungsteam in der Phase des **Case Engineerings** festlegen, was zu einem Fall gehört, wie die erforderliche Qualität der Informationen sichergestellt wird und wie schnell die Fälle eingesammelt, gespeichert, verteilt, aktualisiert und irgendwann auch wieder vergessen werden sollen. Auch der Grad an Strukturierung und Formalisierung der Fälle ist von Bedeutung, wobei die Alternativen hier von freiem Text bis hin zu objektorientierten Fallmodellen reichen können. Text-Repräsentationen bieten im Normalfall viele Fälle an (hohe Ausbeute), die dafür aber häufig von zweifelhafter Relevanz sind (niedrige Präzision). Strukturiertere Repräsentationen erfordern beim Aufbau zwar mehr Aufwand, liefern aber dafür entsprechend weniger Fälle (geringe Ausbeute) mit deutlicherer Relevanz zurück (hohe Präzision). Die dazu notwendige Akquisition und Modellierung von Wissen wird als **Knowledge Engineering** bezeichnet. Die Entwicklung und Abbildung der Prototypen mit Hilfe des CBR-Entwicklungswerkzeugs ist die dritte Phase, das **Software Engineering**.

Die im Expertenworkshop ermittelten Problembeschreibungsmerkmale werden dann im Klassensystem des R/3-Systems als Merkmale abgebildet. Nachdem der CBR-Works-Server angeschlossen wurde, kann das CBR-System aus den Meldungsdaten im PM heraus aufgerufen werden. Dies geschieht, indem der Benutzer die Drucktaste **Massnahmenermittlung** wählt. Das CBR-System durchsucht daraufhin seine Fallbasis nach ähnlichen Fällen und schlägt passende Maßnahmen vor, die der Benutzer in die Meldung übernehmen kann.

Nach der Behebung der Störung besteht dann die Möglichkeit, diesen Fall zur Erweiterung der vorhandenen Fallbasis zu speichern. Neue Fälle sammeln sich im Testbetrieb oder im laufenden Betrieb fast von alleine. Sobald eine ausreichende Fallbasis vorhanden ist, kann ein Techniker damit arbeiten. Das folgende Szenario soll die Anwendung von CBR in der Praxis verdeutlichen.

In der Fallbasis sind Störfälle der Eiscreme-Produktionsanlage gesammelt. Die instandhaltungsrelevanten Anlagenteile sind als technische Objekte im R/3-System abgebildet. Ein IH-Techniker entdeckt bei einer Routineinspektion, daß unterhalb der Kühlanlage Flüssigkeit austritt. Nach einer kurzen Prüfung stellt er fest, daß es sich um Eiscreme-Flüssigkeit aus dem Produktionsprozeß handelt, die am Ablauf der Kühlanlage austritt. Er erfaßt dazu eine Störmeldung im R/3-System. Bezugsobjekt der Meldung ist die Kühlanlage, die im R/3-System als Technischer Platz FREEZER-013 abgebildet ist. Im Schadensbildkatalog wählt er aus der Codegruppe KUEHLANL den Schadenscode »0001 Undichtigkeit« (▲ Abbildung 9.15).

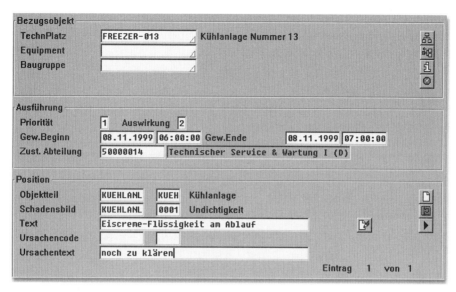

Abbildung 9.15 Bezugsobjekt und Katalogeinträge der Meldung

Der Techniker verzweigt dann in die Merkmalbewertung (über Maßnahmener-mittlung). Der Techniker muß nun seine Problembeschreibung anhand von vorde-finierten Merkmalwerten konkretisieren. Zunächst gibt er die Art der Flüssigkeit an, indem er im Feld **Wert** F4 drückt und einen Wert auswählt. Danach gibt er die Menge der Flüssigkeit, die Stelle des Austritts, die Art des Rührgeräusches und die Temperatur des Behälters an. Dabei steht ihm jedesmal im Feld **Wert** die F4-Ein-gabehilfe zur Verfügung (▲Abbildung 9.16).

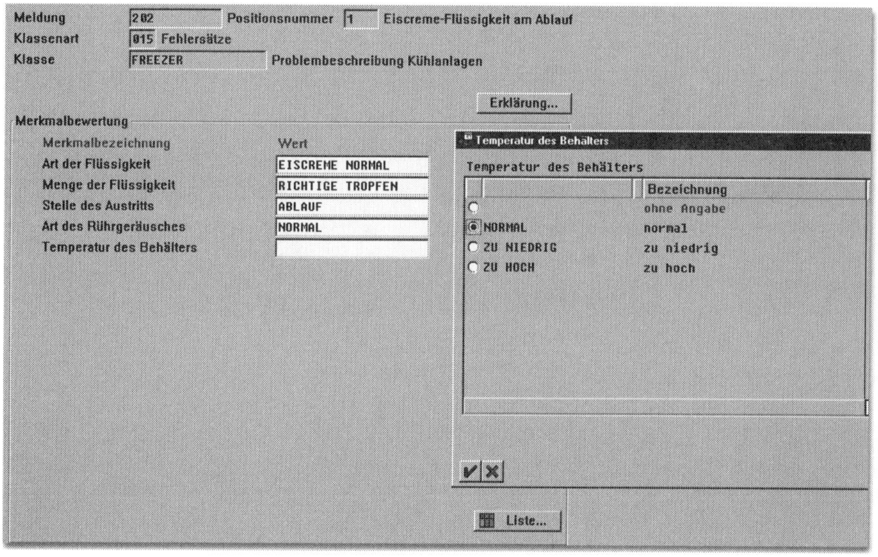

Abbildung 9.16 Merkmalbewertung für Temperatur des Behälters

Aufgrund dieser Merkmalbewertung kann das CBR-System in seiner Fallbasis ähnlich gelagerte Fälle suchen. Im Beispielszenario werden drei Maßnahmen in der Fallbasis gefunden (▲ Abbildung 9.17):

1. Dichtungen an Ablauf prüfen/erneuern

2. Ablaufpumpe nachjustieren/auswechseln

3. Behälter auf Risse prüfen/ersetzen

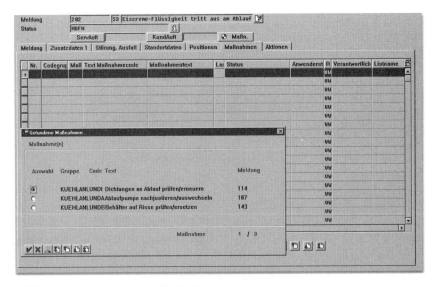

Abbildung 9.17 Vorgeschlagene Maßnahmen aus der Fallbasis

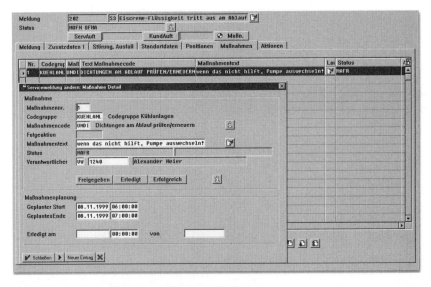

Abbildung 9.18 Detaildaten zur gefundenen Maßnahme

Der Techniker hält die erste Maßnahme für sinnvoll und übernimmt sie in die Maßnahmendaten der Störmeldung. In den Detaildaten zur Maßnahme wird deutlich, daß nach erfolgter Prüfung der Dichtungen gegebenenfalls die Pumpe ausgewechselt werden muß. Die Dichtungsprüfung soll maximal eine Stunde dauern und vom Techniker Meier durchgeführt werden. Diese Maßnahme ist automatisch freigegeben (▲Abbildung. 9.18). Danach kann der Techniker die Störmeldung mit der vorgeschlagenen Maßnahme speichern. Dem IH-Planer wird dadurch fast die gesamte Planung erspart.

A Customizing-Mindmaps

A.1 Customizing-Mindmaps lesen und erstellen

A.1.1 Mindmaps mit dem MindManager[1]

Mind Mapping hilft Ihnen durch die Darstellung Ihrer Ideen und Konzepte in einer wachsenden grafischen Struktur (Mindmaps). Mindmaps basieren auf der Mind-Mapping-Methode, die von Tony Buzan entwickelt wurde. Diese Methode ermöglicht Ihnen, einfach und schnell Informationen zu sammeln, die gewonnenen Informationen in einem wiedererkennbaren Muster darzustellen und hieraus schnell die richtigen Schlüsse zu ziehen. Mind Mapping spricht Ihre beiden Gehirnhälften an: die linke Seite, die für das rationale und logische Denken zuständig ist, und die rechte Seite, die durch optische und kreative Reize beeinflußt wird. Mind Mapping führt dazu, daß Ihre beiden Gehirnhälften gleichzeitig angesprochen werden. Hierdurch wird Ihr Erinnerungsvermögen gesteigert.

Das Werkzeug MindManager kombiniert die traditionelle Mind-Mapping-Methode (Papier und Stift) mit moderner Technologie, so daß Sie Mindmaps am PC erstellen können. Ideen ändern und entwickeln sich, wenn Sie Mindmaps erstellen. Auf Papier müssen Sie somit ständig Ihre Mindmap neu zeichnen um die Änderungen festzuhalten. Mit dem MindManager können Sie in kürzester Zeit Zweige ergänzen oder löschen. Wenn Sie neue Konzepte erarbeiten, paßt sich die Mindmap selbständig an. Sie können von Map zu Map springen und beliebige Dokumente verknüpfen. Eine komplexe Map kann zu einem Bericht oder einem HTML-Dokument werden. Sie können über Internet mit anderen gemeinsam weltweit in Echtzeit an ein und derselben Map arbeiten und somit MindManager als Kommunikations-Center benutzen.

Sie können Mindmaps grundsätzlich in verschiedenen Bereichen verwenden:

▶ **Konzepterstellung**
   Brainstorming, Grundlagen für Reden, Präsentationen, Zusammenhänge aufzeigen, Entscheidungen treffen, Verkaufsstrategien, strategische Planung

▶ **Dokumente**
   Berichte, Besprechungsnotizen, Zusammenfassungen, Beschreibungen von Zielen und Produkten, Projektstatus, technische Dokumentation, Stundenplanung, Entwicklung von Schulungsnotizen

---

1 MindMan und MindManager sind Warenzeichen von MindJET LLC. Mind Maps ist ein eingetragenes Warenzeichen von Buzan Organisation Ltd. Dieses Kapitel basiert auf der Hilfe zum MindManager Version 3.5.5 (April 1999) mit freundlicher Genehmigung von MarketSoft.

▶ **Organisation**

tägliche Planung, ToDo-Listen, Checklisten, Überblicke, Personalplanung, Vorbereitung von Besprechungen, Übersicht für die Organisation einzelner Bereiche

▶ **Informationsmanagement**

vorhandenes Material strukturieren, Berichte erstellen

▶ **Websites**

vorhandene Dokumente im Intranet oder auf der Website veröffentlichen

Es gibt zehn Regeln, die bei dem Erstellen einer Mindmap beachtet werden sollten:

1. Starten Sie in der Blattmitte, und verwenden Sie mindestens drei verschiedene Farben.
2. Wählen Sie Schlüsselworte, und schreiben Sie in Groß-/Kleinschreibung.
3. Verwenden Sie Abbildungen, Symbole, Kodes in verschiedenen Größen.
4. Jedes Wort und jede Abbildung müssen allein auf einer eigenen Linie stehen.
5. Die Linien müssen miteinander verbunden sein, beginnend beim zentralen Thema. Die Linien im Zentrum der Map sind dicker und werden zum Rand hin dünner.
6. Die Länge der Linie sollte genauso lang sein wie das Wort/die Abbildung.
7. Verwenden Sie Farben und eigene Codes.
8. Entwickeln Sie Ihren eigenen Mind-Mapping-Stil.
9. Heben Sie Punkte hervor, und arbeiten Sie mit Assoziationen.
10. Gestalten Sie Ihre Map klar, indem Sie eine radiale Hierarchie verwenden.

Die Firma MindJET LLC ist für die Entwicklung und das Marketing der Mind-Manager-Produkte verantwortlich. Auf dem deutschsprachigen Markt arbeitet MindJET LLC mit der Firma MarketSoft GmbH zusammen. MarketSoft betreut und vermarktet MindManager exklusiv auf dem deutschen Markt. Weitere Informationen finden Sie auf der Website *www.mindmanager.de*.

A.1.2 Customizing-Mindmaps

Customizing-Mindmaps sind Anwendungsformen von normalen Mindmaps, die von Britta Stengl entwickelt und in R/3-Projekten umgesetzt wurden. Sie können in R/3-Projekten zu folgenden Zwecken verwendet werden:

- Planung
- Arbeitsvorbereitung für externe Berater
- Projektdokumentation
- Kommunikation im Projekt
- Schulung

Im Rahmen eines Projektplans ist es notwendig, Arbeitspakete für Customizing-Einstellungen zu definieren. Diese Arbeitspakete können mit Mindmaps visualisiert werden. Wichtig ist dabei vor allem, daß manche Customizing-Einstellungen, wenn sie vorgenommen werden sollen, in einer bestimmten Reihenfolge vorgenommen werden müssen. Mindmaps können daher zur Planung dienen und veranschaulichen, welche Einstellungen welche Auswirkungen innerhalb und außerhalb der Komponente haben. Einzelne Arbeitspakete im Projektstrukturplan können mit Mindmaps überblicksartig dargestellt werden.

Customizing-Mindmaps dienen aber nicht nur zur Planung, sondern auch zur Dokumentation von Customizing-Einstellungen. Wenn das Projektteam die Einstellungen nicht selbst vornimmt, dienen Mindmaps zur Arbeitsvorbereitung und zur Arbeitskontrolle für einen externen Berater. Die Detaileinstellungen, die der externe Berater vornimmt, werden dann in der Mindmap schriftlich festgehalten, damit das Projektteam die Einstellungen nachvollziehen kann. Wenn das Projektteam die Einstellungen selbst vornimmt, werden die Detaileinstellungen im Rahmen der normalen Projektdokumentation ebenfalls in der Mindmap schriftlich festgehalten. Somit entsteht durch die permanente Ergänzung der Mindmaps eine Customizing-Bibliothek. Dadurch wird das Wissen um wesentliche Customizing-Einstellungen beispielsweise über Intranet dem gesamten Projektteam zur Verfügung gestellt.

Die Customizing-Mindmaps können auch nach dem Produktivstart noch genutzt werden, beispielsweise zur Schulung von Administratoren oder Power-Usern. Als Grafik können sie Bestandteil einer Applikationsschulung im Unternehmen werden.

A.1.3 Überblick mit Customizing-Mindmaps

Wenn Sie Customizing-Mindmaps erstellen, um festzuhalten, welche Einstellungen insgesamt nötig sind und wie diese untereinander zusammenhängen, sollten Sie folgende Tips beachten:

- Verwenden Sie in der Blattmitte das Wort »Überblick«.
- Beginnen Sie mit den dicken Linien rechts oben und arbeiten Sie im Uhrzeigersinn weiter.
- Wenn Customizing-Einstellungen voneinander abhängen, dann sollten Sie sie unter einer dicken Linie als untergeordnete Linien zweiter Ebene darstellen.

- Verwenden Sie andere Symbole als bei den Customizing-Mindmaps zur Planung.

- Sie müssen sich nicht an die Reihenfolge der Customizing-Tabellen im Einführungsleitfaden (IMG) halten.

- Nicht alle Customizing-Tabellen im IMG sind für Sie relevant. Halten Sie nur die in der Mindmap fest, in denen Sie Einstellungen vornehmen wollen oder bei denen es wichtig ist, daß sie die Standardeinstellungen nicht geändert haben.

- Halten Sie in einer Customizing-Mindmap zum Überblick keine Pfade oder Detaileinstellungen fest.

A.1.4 Planung mit Customizing-Mindmaps

Wenn Sie Customizing-Mindmaps zur Planung und Dokumentation von Customizing-Einstellungen erstellen, sollten Sie folgende Tips beachten:

- Verwenden Sie in der Blattmitte ein aussagekräftiges Schlagwort in Ihrer unternehmenseigenen Terminologie. Vermeiden Sie soweit wie möglich R/3-Terminologie.

- Beginnen Sie mit den dicken Linien rechts oben, und arbeiten Sie im Uhrzeigersinn weiter.

- Führen Sie links oben bei der letzten dicken Linie die Transaktion (oder eine der Transaktionen) auf, die Sie mit den Customizing-Einstellungen beeinflussen wollen.

- Verwenden Sie einheitliche Symbole, wie z.B. die Zielscheibe für die Ziel-Transaktion oder die Häkchen für Customizing-Einstellungen.

- Halten Sie in der Customizing-Mindmap die genauen Pfade fest. Tragen Sie die Detaileinstellungen in die Mindmap ein, nachdem Sie sie vorgenommen haben.

- Formulieren Sie auf den dicken Linien die konkrete Aufgabenstellung im Customizing als Frage, damit eine Checkliste entsteht, die abgearbeitet werden kann.

- Halten Sie sich bei der Darstellung an die Reihenfolge, in der die Einstellungen vorgenommen werden sollen. Wenn Customizing-Einstellungen voneinander abhängen, können Sie sie auch unter einer dicken Linie als untergeordnete Linien zweiter Ebene darstellen.

A.2 Customizing-Mindmaps zur Meldungsabwicklung im PM

Am Beispiel der Meldungsabwicklung im PM wird nun die Erstellung von Customizing-Mindmaps erläutert. Zuerst erstellen Sie eine Mindmap zum Überblick. Danach folgen Schritt für Schritt die einzelnen Arbeitspakete im Customizing, jeweils anhand einer detaillierten Mindmap.

A.2.1 Wie Sie eine Mindmap zur Meldungsabwicklung erstellen

Sehen Sie sich zunächst das Meldungscustomizing im IMG an. Legen Sie für jeden Bereich Ziele, offene Punkte und Arbeitsaufgaben fest. Beispielsweise könnte in Ihrem PM-Einführungsprojekt folgende Liste entstehen:

▶ Wie viele Meldungsarten benötigen wir? Wodurch unterscheiden sich diese Meldungsarten voneinander?

▶ Was muß für jede Meldungsart festgelegt werden? Wie soll der Nummernkreis aussehen?

▶ Unterscheidet sich die Bildschirmmaske der Meldungstypen voneinander? Welche Feldbereiche werden benötigt, welche nicht?

▶ Kann eine Meldungsart bereits fest einer Auftragsart zugeordnet werden oder ist dies nicht sinnvoll?

▶ Wie viele Prioritäten benötigen wir? Sind diese Prioritäten für alle Meldungsarten gleich?

▶ Wollen wir Kataloge verwenden? Wenn ja, welche der fünf, die in der Meldung zur Verfügung stehen? Was soll in den Katalogen stehen?

▶ Brauchen wir eine Überwachung der Reaktionszeiten, wenn wir mit Prioritäten arbeiten? Was genau soll bei welcher Priorität passieren, wenn die Reaktionszeit überschritten ist?

Nachdem die offenen Fragen geklärt sind, kann aufgrund dieser Liste eine Customizing-Mindmap entstehen. Abbildung A.1 zeigt ein Beispiel dafür.

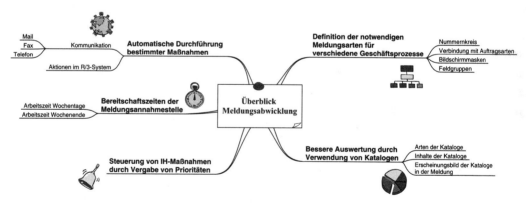

Abbildung A.1 Überblick Meldungsabwicklung

A.2.2 Wie Sie Mindmaps zu den einzelnen Arbeitspaketen im Customizing erstellen

Die folgenden Beispiele zeigen Ihnen, wie Sie aufgrund des Überblicks einzelne Mindmaps erstellen können. Diese detaillierten Customizing-Mindmaps enthalten die genauen IMG-Pfade und dienen für die Planung oder die Arbeitsvorbereitung als Checkliste.

Abbildung A.2 zeigt eine Mindmap, mit der Sie die Definition einer neuen Meldungsart planen können. Abbildung A.3 zeigt dieselbe Mindmap nach der Realisierungsphase. Nun sind neben die IMG-Pfade die vorgenommenen Customizing-Einstellungen getreten (im Beispiel für die Meldungsart M2). In dieser Version dient die Mindmap der Projektdokumentation und Schulungsvorbereitung. Für jede von Ihnen definierte Meldungsart entsteht so eine eigene ausgefüllte Mindmap.

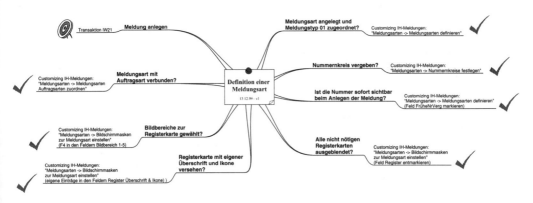

Abbildung A.2 Definition einer Meldungsart

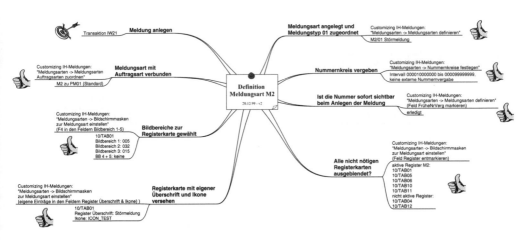

Abbildung A.3 Dokumentation einer Meldungsart

Die Abbildungen A.4 und A.5 zeigen weitere Beispiele, wie Sie Customizing-Mindmaps zur Planung Ihrer Meldungsabwicklung nutzen können.

Abbildung A.4 Meldungsart mit Aktivitätstyp

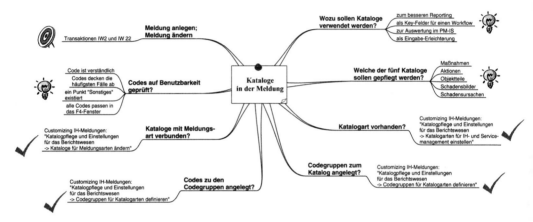

Abbildung A.5 Kataloge in der Meldung

B   Workshops

B.1   Rollenbasierter Workshop

B.1.1   Grundsätzliches zur Konzeption

Dieses Kapitel ist als Anleitung zu einem rollenbasierten Workshop für Studierende gedacht, die bereits grundlegende Kenntnisse des R/3-Systems haben und sich in zwei Tagen einen Überblick über R/3-PM verschaffen wollen. Die Anleitung wendet sich an Sie als Trainer oder studentischen Teamleiter.

Tip   Sie können diese Anleitung auch zur Schulung im Projektteam verwenden. Für Mitarbeiter in einem Projektteam lassen Sie einfach die Phase 1 weg und bauen die Phase 2 unternehmensorientiert aus. Der rollenbasierte Workshop sollte dann möglichst bald durch den Integrationsworkshop ergänzt werden.

Die Komponente PM eignet sich sehr gut als Lernmodell für Logistikfunktionen im R/3-System, da sie weniger Funktionen umfaßt als die Komponenten PP oder MM. Innerhalb von zwei Tagen können Sie die Kernprozesse in PM durchspielen. Die Studierenden haben dann die Funktionsweise und die Bedienlogik des R/3-Systems an einem konkreten Beispiel kennengelernt.

Tip   Selbst wenn die Komponenten PP und MM auf dem Lehrplan stehen, sollte PM zuerst vorgestellt werden.

Der Workshop ist in erster Linie für die folgenden Fachbereiche sinnvoll:

▶ Informatik (SAP R/3)

▶ Wirtschaftsinformatik (SAP R/3)

▶ Betriebswirtschaft, Schwerpunkt Wirtschaftsinformatik (ERP-Systeme)

▶ Betriebswirtschaft, Schwerpunkt Logistik (Logistik-Systeme)

Damit Sie ohne große Vorbereitung mit dem Workshop beginnen können, sollten die Studierenden bereits gewisse Vorkenntnisse haben. Wenn Sie mit einer Gruppe ohne Vorkenntnisse arbeiten, sollten sie vor Phase 1 noch eine halbtägige Vorbereitungphase einplanen, während der Sie die unten beschriebenen Voraussetzungen vermitteln. Nutzen Sie dazu das Kapitel 4, »Objekte in R/3-PM«.

Die folgenden Voraussetzungen sollten bei den Teilnehmern gegeben sein:

▶ grundlegende Kenntnisse über das R/3-System (Client-Server-Struktur, Komponentenstruktur)

▶ grundlegende Kenntnisse der Benutzungsoberfläche (evtl. auf Basis älterer Releasestände)

- grundlegende Kenntnisse der Organisationsstrukturen in Logistikkomponenten des R/3-Systems (Werksbegriff, Kostenrechnungskreis, Buchungskreis)
- grundlegende Kenntnisse von Logistikprozessen in Fertigungsunternehmen

Der Workshop hat folgende Ziele:

- Die Studierenden sollen sich erweiterte Kenntnisse in Bedienung und Funktionsweise des R/3-Systems aneignen.
- Die Studierenden sollen durch die kleine Komponente PM auf die größeren Komponenten PP und MM vorbereitet werden.
- Die Studierenden sollen Kernprozesse der Logistik am Beispiel der Instandhaltung durchspielen.
- Die Studierenden sollen den Nutzen von rollenbasiertem Lernen kennenlernen.
- Die Studierenden sollen die betriebswirtschaftliche Einordnung der Instandhaltung kennenlernen und über moderne Konzepte für das Instandhaltungsmanagement diskutieren.
- Die Studierenden sollen in praktischer Projektarbeit Problemlösungskompetenz aufbauen.

B.1.2 Vorgehensweise und Zeitplan

Der Workshop umfaßt die folgenden drei Phasen:

- Kurzreferate und Demos zum Thema Instandhaltung
- Gruppenarbeit zu Anforderungen und Aufgaben
- Rollenbasierte Projektarbeit am R/3-System

Aufgrund der Gruppenarbeit sollte die Gruppe maximal 18 Personen umfassen, also maximal sechs Personen pro Team. Idealerweise steht für jedes Team ein eigener Rechner zur Verfügung. Mehr als drei Rechner sind nicht notwendig, bei weniger als drei Rechnern müssen die Teams mit längeren Zeiträumen rechnen, in denen nicht gearbeitet werden kann.

Als Zeitrahmen sind zwei Tage geplant. Sollte nicht die Möglichkeit bestehen, zwei volle Tage zu arbeiten, kann der Workshop auch in zwei Schritten in zweimal vier Semesterwochenstunden (SWS) durchgeführt werden. Da für die praktische Arbeit mit dem R/3-System mindestens vier SWS am Stück benötigt werden, sollten die Zeiteinheiten zumindest in Phase 3 nicht kleiner sein.

> **Beispiel** 4 SWS Freitagnachmittag für Phase 1 (2 SWS) und Phase 2 (2 SWS)
> 4 SWS Samstagvormittag für Phase 3 (mind. 3,5 SWS) und ein kurzes Abschlußfeedback

B.1.3 Aufgaben in Phase 1 – Kurzreferate und Demos zum Thema Instandhaltung

In dieser Phase geben Sie den Studierenden einen kurzen Überblick über die betriebswirtschaftliche Einordnung der Instandhaltung. Sie können diese Phase wahlweise als Referat mit oder ohne Demos am R/3-System gestalten. Folgende Themen aus den Kapiteln 1, 2 und 4 sollten Sie aufgreifen:

▶ Instandhaltung als Managementaufgabe (Ziele und Aufgaben der Instandhaltung, klassische und moderne Organisationsformen)

▶ moderne Instandhaltungskonzepte (TPM, RBM, DAPV)

▶ Geschäftsprozesse

▶ Komponente PM und Integration in das R/3-System

▶ Abwicklung von IH-Maßnahmen in PM am Beispiel der geplanten Instandhaltung mit Wartungsplan (Demo)

B.1.4 Aufgaben in Phase 2 – Gruppenarbeit zu Anforderungen und Aufgaben

In Phase 2 teilen Sie die Studierenden in drei gleich große Gruppen ein. Jede Gruppe soll Antworten auf die unten folgenden Fragen finden. Die Phase wird abgeschlossen, indem jede Gruppe ihre Ergebnisse vorstellt und diese Ergebnisse im Plenum diskutiert werden. Für das Abschlußfeedback zu Phase 3 sollten die Ergebnisse von den Gruppe schriftlich festgehalten werden.

▶ Welche Anforderungen haben Sie an die Instandhaltungsabteilung in Ihrem Unternehmen?

▶ Welche Anforderungen haben Sie an ein Instandhaltungssystem im ERP-Umfeld?

▶ Welche Personen sind in Ihrem Unternehmen an einem Instandhaltungsprozeß beteiligt?

▶ Können Sie diese Personen zu Rollen zusammenfassen?

▶ Formulieren Sie konkrete Aufgaben für jede Ihrer definierten Rollen.

B.1.5 Aufgaben in Phase 3 – Rollenbasierte Projektarbeit am R/3-System

In dieser Phase führen Sie die drei Rollen IH-Planer, IH-Techniker und Controller ein. Leiten Sie diese Rollen aus den Rollen ab, die die Studierenden in Phase 2 definiert haben. Jedes der drei Teams repräsentiert nun eine der drei Rollen. In Phase 3 soll nun der Geschäftsprozeß der planbaren Instandhaltung durchgespielt werden. Verwenden Sie Beispiele aus Kapitel 5, und stellen Sie als Szenario eine defekte Pumpe in der Kühlung einer Eiscreme-Produktionsanlage vor. Fungieren Sie als Auftraggeber, und lassen Sie die Teams mit möglichst wenig Input den Geschäftsprozeß am System durchspielen.

Voraussetzung der Projektarbeit mit Gruppen ohne große R/3-Erfahrung ist ein IDES-System. Wenn Ihnen kein IDES-System zur Verfügung steht, sollten Sie sicherstellen, daß die Organisationsstrukturen vorhanden sind (Standortwerk, IH-Planungswerk, Kostenrechnungskreis, Buchungskreis etc.). Die Pumpe bilden Sie als Equipment ab, die Kühlanlage als Technischen Platz. Legen Sie mindestens einen IH-Arbeitsplatz an. Bei erfahrenen Gruppen können Sie es den Teilnehmern überlassen, die Organisationsstrukturen und die Stammdaten anzulegen.

Das Techniker-Team, das Planer-Team und das Controller-Team müssen zuerst untereinander abstimmen, wer welche Arbeit zu leisten hat. Idealerweise meldet das Techniker-Team eine Störung, indem es eine Meldung anlegt. Das Planer-Team übernimmt Planung und Steuerung der IH-Maßnahme in Rücksprache mit dem Techniker-Team (z. B. wegen der Kapazitäten) und dem Controller-Team (z. B. wegen des Auftragsbudgets). Das Techniker-Team führt dann die IH-Maßnahme durch und gibt Rückmeldung, die wiederum vom Planer-Team und vom Controller-Team geprüft wird. Wenn das Planer-Team den Auftrag technisch abschließt, rechnet das Controller-Team den Auftrag ab.

Die Studierenden sollen selbst herausfinden, welche Aktionen sie im R/3-System durchführen müssen, um ihre selbstdefinierten Aufgaben zu erfüllen. Wenn ein Team nicht mehr weiter weiß, können Sie Vorgehensweisen aus dem Kapitel 5 kopieren und ausgeben. Die Teams werden rasch lernen, daß eine neue Aktion von einem Team nur dann erfolgreich ausgeführt werden kann, wenn ein anderes Team zuvor die alte Aktion erfolgreich abgeschlossen hat.

Beispiel
▶ Das Techniker-Team kann nicht rückmelden, solange das Planer-Team den Auftrag nicht freigegeben hat.
▶ Das Techniker-Team kann kein Material aus dem Lager entnehmen, solange das Planer-Team das Material nicht reserviert oder über BANF bestellt hat bzw. solange keine ungeplante Materialentnahme erlaubt ist.
▶ Das Planer-Team kann den Auftrag nicht freigeben, solange das Controller-Team das Plankostenbudget für den Auftrag nicht erhöht.
▶ Das Planer-Team kann den Auftrag nicht technisch abschließen, solange das Controller-Team keine Abrechnungsvorschrift erfaßt hat.

Der Geschäftsprozeß ist erst dann erfolgreich beendet worden, wenn das Controller-Team den Auftrag abgerechnet und kaufmännisch abgeschlossen hat. Eine Erfolgskontrolle können Sie anhand der Auftragsstatus vornehmen.

B.1.6 Abschlußfeedback und Planung eines Folgeworkshops

Zum Abschluß präsentieren die einzelnen Teams ihre Zusammenarbeit innerhalb des Geschäftsprozesses, indem sie beispielsweise den Prozeß in einzelne Schritte zerlegen und jeden Schritt aus der Sicht des jeweils betroffenen Teams darstellen.

Im Abschlußfeedback werden auch die offenen Punkte genannt und notiert, zu denen Sie noch Informationsmaterial nachreichen sollten. Kopieren Sie gegebenenfalls die entsprechenden Abschnitte aus Kapitel 5, oder übernehmen Sie die offenen Punkte in einen Folgeworkshop. In einem Folgeworkshop können die Geschäftsprozesse aus den Kapiteln 6 und 7 durchgespielt werden.

B.2 Integrationsworkshop

B.2.1 Grundsätzliches zur Konzeption

Dieser Abschnitt gibt Ihnen ein grobes Gerüst für eine 2- bis 3tägige Fallstudie für Praktika an die Hand und baut auf dem in Standard- oder Inhouse-Schulungen vermitteltem Wissen über die Instandhaltung mit der Komponente PM auf. Der Workshop stellt ein Beispiel für den für die Instandhaltung relevanten Teil eines typisches Implementierungsprojektes dar. Ziel dieser Fallstudie ist es, Unternehmensstrukturen im System abzubilden und die wichtigsten Geschäftsprozesse der Instandhaltung »und in benachbarten« relevanten Unternehmensbereichen zu konfigurieren.

Bewußt sind die im Abschnitt »Hintergrundinformationen zum Musterunternehmen FreezeMe GmbH« enthaltenen Daten so gestaltet, daß genügend Freiraum für eigene Entscheidungen und Überlegungen der Teilnehmer bleibt – auch bei einem Implementierungsprojekt »im richtigen Leben« liegen notwendige Daten und Angaben manchmal gar nicht, zu spät oder redundant vor. Diesem Umstand soll und will dieses Konzept eines Workshops Rechnung tragen.

Die Betreuer des Workshops sollen Unterstützung und Hilfestellung bei Fragen anbieten und Moderationsaufgaben wahrnehmen. Sinnvoll ist, wenn sie die Rolle eines Kunden, nicht jedoch die einer Hotline oder der Projektleitung, spielen.

B.2.2 Vorgehensweise und Zeitplan

Die Teilnehmer dieses Workshops haben 2-3 Tage Zeit, um ein System zu konfigurieren und bestimmte Geschäftsprozesse auf der Grundlage der folgenden Projektbeschreibung zu implementieren. Für die Projektplanung und -steuerung sind die Teilnehmer selbst verantwortlich.

Der Workshop umfaßt die folgenden beiden Phasen:

▶ **Definition der Unternehmensstrukturen**
Wie in einem realen Projekt ist es das Ziel der ersten Phase, eine Einigung zwischen dem Projektteam und einem angenommenen Lenkungsausschuß in bezug auf die Unternehmensstruktur zu erzielen.

▶ **Erstellung der Geschäftsprozesse**
Die zweite Phase umfaßt die Abbildung und Anpassung der Geschäftsprozesse. Am letzten Tag des Projekts stellen die Teilnehmer einem »Lenkungsausschuß« bestimmte Geschäftsprozesse vor und diskutieren über die Praxistauglichkeit der gewählten Implementierung.

Der folgende Zeitplan wird für die Fallstudie vorgeschlagen:

1. Tag

▶ Zusammenstellung des Projektteams

▶ Definition der Unternehmensstrukturen und Diskussion im Lenkungsausschuß

▶ Erstellung eines Projektplans

2. (und 3.) Tag

▶ Anpassung des Systems

▶ Abbildung der Geschäftsprozesse im System

Die Teilnehmer des Workshops und die Betreuer nehmen in regelmäßigen Abständen an Treffen eines Lenkungsausschusses teil, bei denen mögliche Probleme besprochen werden. Höchste Priorität hat die Präsentation eines konfigurierten Prototypen. Schwerpunkte dieser Präsentation sind die Integration des Moduls PM und ein »sauberer« Geschäftsprozeßfluß innerhalb der Logistikkette.

B.2.3 Aufgaben in Phase 1

▶ Zusammenstellung und Strukturierung des oder der Projektteams

▶ Definition der Unternehmensstruktur mit Begründung, warum bestimmte Strukturen gewählt wurden

▶ Definition von Standards für Namenskonventionen und Stammdaten

▶ Präsentation der Unternehmensstruktur vor dem Lenkungsausschuß

Mit der Konfiguration der Unternehmensstruktur sollte erst dann begonnen werden, wenn diese diskutiert und vom Lenkungsausschuß genehmigt wurde.

B.2.4 Aufgaben in Phase 2

▶ Erstellung eines Projektplans und Festlegung von Meilensteinen

▶ Verwaltung des Projektplans mit Hilfe der ASAP-Methode und der Werkzeuge der Business Engineering Workbench

▶ Berücksichtigung integrativer Aspekte des Moduls PM

▶ Definition von Prozessen in den Geschäftstransaktionen und Beschreibung etwaiger Probleme und Schwierigkeiten bei der Erstellung des Prototypen

▶ Erstellung eines Berichtes für das Treffen mit dem Lenkungsausschuß mit Klärung folgender Fragen:

   ▶ Welche Funktionen und Prozesse sind installiert?

   ▶ Welche Probleme traten auf?

   ▶ Kann der Zeitplan eingehalten werden?

B.2.5 Hintergrundinformationen zum Musterunternehmen FreezeMe GmbH

FreezeMe GmbH ist ein mittelständisches Unternehmen, das sich ausschließlich auf die Produktion und den Vertrieb von Eismaschinen spezialisiert hat. Darüber hinaus bietet das Unternehmen auch Reparatur- und Wartungsdienstleistungen an. Der Hauptsitz des Unternehmens ist in Kleinstadt, Deutschland.

Die Geschäftsleitung beschloß, daß das Unternehmen neben der Nutzung der Module FI, CO, MM, SD und PP auch Software zur Abwicklung der internen Instandhaltung und externen Serviceleistungen benötigt. Verschiedene leitende Angestellte wurden mit der Bildung eines Lenkungsausschusses und der Durchführung einer ausführlichen Untersuchung beauftragt. Ein Vergleich verschiedener Lösungen ergab, daß das Modul PM sich am besten für die Erfüllung der Anforderungen und die Wachstumspläne des Unternehmens eignete – nicht zuletzt dank der gewährleisteten Integration der »neuen« Module in die Systemlandschaft.

Der Finanzdirektor hat dem Beratungsunternehmen DoIT AG eine Angebotsanfrage geschickt. DoIT hat beschlossen, daß das Angebot in Form mehrerer Präsentationen unterbreitet werden soll. Dazu ist/sind die Gruppe(n) aufgefordert, einen Prototypen zu erstellen und dem Lenkungsausschuß der FreezeMe GmbH vorzustellen. Anhand dieser Präsentationen wird FreezeMe GmbH sich entscheiden, ob der Auftrag an DoIT oder an einen Mitbewerber vergeben wird.

Alle von FreezeMe GmbH vertriebenen Produkte werden in den Werken 1000 und 1200 in Kleinstadt produziert. Im Werk 1000 in Kleinstadt gibt es verschiedene Lagerorte für zugekauftes Material und Halbfertigwaren aus eigener Produktion sowie für Ersatzteile der Produktionsanlagen. Das Werk 1200 verfügt über den Lagerort 0002, der als Lager für Ersatzaggregate dient.

Die folgenden Informationen über die FreezeMe GmbH wurden vom Lenkungsausschuß und einer unabhängigen Wirtschaftsprüfungsgesellschaft zusammengetragen, die sich nicht um den Auftrag bewirbt. Anhand dieser vom Kunden zur Verfügung gestellten Informationen muß das Team die Unternehmensstruktur definieren und konfigurieren sowie Stammdaten zusammenstellen.

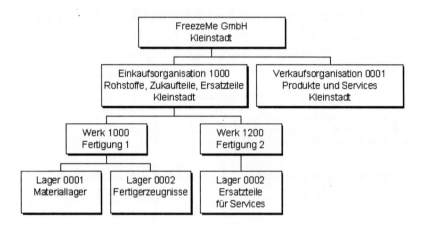

Abbildung B.1 Unternehmensstruktur der FreezeMe GmbH

Die FreezeMe GmbH hat zwei Werke in Kleinstadt in Deutschland. Im Werk 1000 sind die Fertigungsbereiche 1 und 2 angesiedelt, das Werk 1200 betreibt ausschließlich Aggregatefertigung. Die interne Instandhaltung der Produktionsanlagen wird im Werk 1000 zentral geplant.

Die Einkaufsorganisation 1000 ist zuständig für Rohstoffe, Zukaufteile und Ersatzteile, die Verkaufsorganisation 0001 vertreibt Produkte und Services. Die Unternehmenswährung ist UNI, das Geschäftsjahr umfaßt 12 Monate und endet im Dezember. Das Anlagevermögen muß gemäß den Unternehmensrichtlinien und Kostenrechnungsregeln verwaltet werden. Die Mitarbeiter der FreezeMe GmbH werden mit Ausnahme des Managements nach Tarif bezahlt.

B.2.6 Von den Workshop-Teilnehmern zu definierende Daten

Materialwirtschaft

Materialart	Material-ID	Werk	Lagerort	Bemerkungen
Komp., zugekauft	Elektromotor	1000	0001	Merkmale Anschlußwert, Gewicht
Komp., zugekauft	Klemme	1000	0001	Stücklistenposition zu Elektromotor Standardpreis 4,5 UNI
Komp., zugekauft	Schleife	1000	0001	Stücklistenposition zu Elektromotor Standardpreis 2 UNI
Komp., zugekauft	Gehäuse	1000	0001	Stücklistenposition zu Elektromotor Standardpreis 175 UNI
Komp., zugekauft	*	1000	0001	Stücklistenposition zu Elektromotor

Tabelle B.1 Material

Name Lieferant	Ort	Eink.Org.	Bemerkungen
ELEKTRO UND MEHR	60000 Großstadt Deutschland	1000	Lieferantennummer intern vergeben Rechnungsprüfung bei WE Zahlungsbedingung ZT01

Tabelle B.2 Lieferant

Instandhaltungsorganisation

Arbeitsplatz	Beschreibung	Werk	zugeordnete Einzelkapazitäten	Kostenstelle
Wartung	Verantw. Arbeitsplatz	1000	3	*
ME-EL	Arbeitsplatz	1000	4	*
Meister	Arbeitsplatz	1000	1	*

Tabelle B.3 Arbeitsplätze

Stammdaten in der Instandhaltung

Strukturelement	Bezeichnung	ID	Werk	Bemerkungen
Technischer Platz	Aggregatefertigung StraSSe 1	*	1000	Meßpunkte, Zähler; Meßwertvererbung an ELEKTROMOTOR
Technischer Platz	AggregateFertigung Strasse 2	*	1000	Meßpunkte, Zähler; Meßwertvererbung an ELEKTROMOTOR
Equipment	Elektromotor	intern	1000	aus Material ELEKTRO-MOTOR generiert
Equipment	Siebenkantschlüssel	intern	1000	Fertigungshilfsmittel

Tabelle B.4 Equipments und Technische Plätze

Equipmenttyp	Referenz	Bemerkungen
E	Maschinen	Änderungsbelege sollen generiert werden
		Sicht »Serialdaten« soll in der Anwendung angezeigt werden

Tabelle B.5 Equipmenttyp

Instandhaltungsabwicklung

Element	Objekt	Vorgaben
Arbeitsplan	ELEKTROMOTOR	Nur Arbeitsplatz MEISTER darf Anlage freischalten und wieder in Betrieb nehmen
		Arbeitsplatz ME-EL führt Arbeiten durch
		Während der Reparaturmaßnahmen ist Anlage außer Betrieb
Wartungsplan	ELEKTROMOTOR	Wartungsplanabruf alle 700 Betriebsstunden
		Leistung des Motors beträgt ca. 95 Betriebsstunden/ Woche

Tabelle B.6 Arbeits- und Wartungspläne

Das Generieren von Bewegungsdaten wie Buchungen von Warenein- und Warenausgängen ist von den Teilnehmern durchzuführen, mit * bezeichnete Daten sind ebenfalls von den Teilnehmern zu definieren.

B.2.7 Geschäftsprozeßprototypen für die Präsentation

Strukturierung Technischer Objekte

1. Zum Preis von UNI 670 werden 3 Elektromotoren für den Einsatz im Werk 1000 beschafft. Der Wareneingang soll abgebildet werden, beim Anlegen des Materials mit der Bezeichnung **Elektromotor** soll dafür gesorgt werden, daß beim Wareneingang automatisch Equipments erzeugt werden. Die Definition des Equipmenttyps E soll nach den Vorgaben im Abschnitt B.2.6 vorgenommen werden.

2. Eines dieser Equipments wird in die Technischen Plätze **Aggregatefertigung Strasse 1** und **Aggregatefertigung Strasse 2** eingebaut. Dazu soll ein Instandhaltungsauftrag angelegt, ein Warenausgang zum Auftrag durchgeführt und Technische Plätze mit einem zuvor definierten sinnvollen Strukturkennzeichen angelegt werden. Die Struktur der Technischen Plätze beginnt mit der Werksbezeichnung, der Arbeitsplatz ME-EL führt die Arbeiten aus.

3. Das verbleibende Equipment wird im Lager 0002 des Werkes 1000 eingelagert.

4. Die Equipments sollen nach den Merkmalen **Anschlusswert** und **Gewicht** klassifiziert werden, Merkmalswerte sollen zugewiesen werden. Bei Störungen ist es hilfreich, neben dem Verantwortlichen Arbeitsplatz **Wartung** auch den Lieferanten **Elektro und mehr** bei Rückfragen gezielt ansprechen zu können. Beide sollen im Equipmentstamm zu finden sein.

5. Eine Stückliste zum Equipment **Elektromotor**, die unter anderem aus den Materialien **Klemme** und **Schleife** besteht, soll definiert werden. Von diesen sind je 4 Stück in den Equipments eingebaut. Weitere sinnvolle Materialien, unter anderem ein **Gehäuse**, sollen in die Stückliste aufgenommen werden.

6. Die Equipments und technischen Plätze werden leistungsabhängig gewartet. Die Meßpunkte und Zähler befinden sich an den Fertigungsstraßen. Die erfaßten Meßwerte des Betriebsstundenzählers werden an die Elektromotoren vererbt.

Arbeitsplanung, Arbeitsplätze

1. Die Wartung der beschafften und eingebauten Equipments soll nach einem von den Teilnehmern definiertem Instandhaltungsarbeitsplan, der jedoch nur grobe Vorgaben liefert, erfolgen.

2. Nur der Arbeitsplatz **Meister** darf die Anlage freischalten und damit zur Wartung freigeben. Während der Reparaturmaßnahmen ist die Anlage außer Betrieb. Nach Abschluß der vom Arbeitsplatz ME-EL durchgeführten Tätigkeiten wird die Anlage wiederum vom **Meister** überprüft und in Betrieb genommen.

Instandhaltungsabwicklung

1. Ein Mitarbeiter meldet die Störung des Technischen Platzes **Aggregatefertigung Strasse 1**. Als Ursache wird nach näherer Untersuchung eines der von Ihnen beschafften und eingebauten Equipments identifiziert.

2. Das Equipment wird ohne Ausbau vor Ort laut Arbeitsplan repariert, dazu werden je 2 Stück der Ersatzteile **Klemme** und **Schleife** verwendet. Die Abrechnung der Eigenleistung (3,5 Stunden zum Stundensatz von 85 UNI) und der verbrauchten Materialien erfolgt nach dem Abschluß des Auftrages getreu dem Grundsatz »Who breaks, pays« auf die Kostenstelle des Technischen Platzes.

3. Stunden später wird wiederum eine Störung des zuvor reparierten Equipments gemeldet. Das Equipment wird ausgebaut, das verbleibende auf Lager liegende dritte Equipment wird eingebaut, um teure Stillstandszeiten zu vermeiden.

4. Das ausgebaute Equipment wird vom Arbeitsplatz ME-EL aufgearbeitet und mit dem Zustand »Aufgearbeitet« (C2) wieder auf Lager (0001 im Werk 1000) gelegt. Die Arbeitsgänge bestehen u.a. aus der Demontage und Reinigung des Rotors und dem Einfetten der Lager-Welle-Verbindung.

5. Die aus Eigenleistung und dem verwendeten Ersatzteil **Gehäuse** entstandenen Kosten werden auf einen internen Auftrag abgerechnet.

Wartungsplanung

1. Um in Zukunft Störungen dieser Art zu vermeiden, wird ein leistungsabhängiger Wartungsplan generiert. Die Basis für die alle 700 Betriebsstunden durchzuführenden Maßnahmen ist der zuvor von Ihnen erstellte Arbeitsplan.

2. Als Fertigungshilfsmittel wird dazu unter anderem ein **Siebenkant-Schlüssel** benötigt, der aus dem Lager 0001 entnommen und wieder retourniert wird. Daten dazu sind ebenfalls in Abschnitt B.2.6 zu finden.

C Literaturverzeichnis

[Biedermann1990] Hubert Biedermann: Erfolgspotentiale für Unternehmer und Führungskräfte – Anlagenmanagement, Managementwerkzeuge zur Rationalisierung. Köln, 1990

[Biedermann1998] Hubert Biedermann: Benchmarking. Chancen und Risiken für die Instandhaltung. In: Benchmarking. Auf dem Weg zu Best Practice in Produktion und Instandhaltung. 12. Instandhaltungs-Forum. Hrsg. Österreichische Technische Wissenschaftliche Vereinigung für Instandhaltung und Anlagenwirtschaft (ÖIVA). Köln, 1998

[Feldmann1999] Klaus Feldmann, Thomas Collisi, Jürgen Wunderlich: Simulationsgestütztes Instandhaltungsmanagement. Nutzeffekte in der Praxis. In: Industrie Management 15 (1999)

[Gamweger1998] Jürgen Gamweger, Gerhard Grill-Kiefer: Kennzahlengestütztes Controlling in der Instandhaltung. In: Benchmarking. Auf dem Weg zu Best Practice in Produktion und Instandhaltung. 12. Instandhaltungs-Forum. Hrsg. Österreichische Technische Wissenschaftliche Vereinigung für Instandhaltung und Anlagenwirtschaft (ÖIVA). Köln, 1998

[Geipel-Kern1999] Anke Geipel-Kern: Profitieren von der Betriebsstörung. In: Chemie Produktion, Oktober 1999. S. 108-109

[Grobholz1988] Harald R. Grobholz: Managementaufgabe Instandhaltung. 2. Auflage 1988

[Günther1997] Thomas Günther, Catharina Kriegbaum: Life Cycle Costing. In: Das Wirtschaftsstudium 10 (1997)

[Hartmann1995] Gernot Hartmann, Friedrich Härter, Heinrich Schmitz: Spezielle Betriebswirtschaftslehre der Industrie. 8. Auflage, Rinteln, 1995

[Matyas1999] Kurt Matyas: Von der präventiven Instandhaltung zu TPM. In: Industrie Management 15 (1999)

[Nolden1996] Rolf-Günther Nolden: Industriebetriebslehre. 7.Auflage, Köln, 1996

[Proksch1999] Siegfried Stender, Rüdiger Proksch: Innovative Instandhaltungskonzepte. In: Industrie Management 15 (1999)

[Schierenbeck1995] Henner Schierenbeck: Grundzüge der Betriebswirtschaftslehre. 12. Auflage, München, 1995

[Sokianos1998] Nicolas Sokianos, Helmut Drüke, Claudia Toutatoui: Lexikon Produktionsmanagement. Landsberg, 1998

[Steinbuch1997] Pitter A. Steinbuch: Organisation. 10. Auflage, Ludwigshafen, 1997

[Stender1999] Siegfried Stender: Von TPM bis zur DAPV. In: Instandhaltungsmanagement in neuen Organisationsformen. Hrsg. Engelbert Westkämper, Wifried Sihn, Siegfried Stender. Berlin, Heidelberg, New York, 1999

[Stoll1999] Volker Stoll: Technologische Trends für die Überwachung und Diagnose komplexer Systeme. In: Instandhaltungsmanagement in neuen Organisationsformen. Hrsg. Engelbert Westkämper, Wifried Sihn, Siegfried Stender. Berlin, Heidelberg, New York, 1999

[Warnecke1992] Hans-Jürgen Warnecke: Handbuch Instandhaltung – Instandhaltungsmanagement. Band 1. Köln, 1992

Index

Michael Hölzer, Michael Schramm

Qualitätsmanagement mit mySAP.com

Prozeßmodellierung, Customizing, Anwendung von mySAP QM 4.6

Dieses Buch führt Sie in die Strukturen und Abläufe des Prozessbereichs Qualitätsmanagement ein und macht Sie vertraut mit der Einrichtung und der produktiven Anwendung des SAP-Moduls QM (Release 4.6). Behandelt werden neben Qualitäts- planung, Qualitätsprüfung und Qualitätslenkung auch die für das Qualitätsmanagement wichtigen Funktionen Lieferantenbeurteilung und Prüfmittelüberwachung, die anderen R/3-Modulen zugeordnet sind. Viele Hinweise und Tipps aus der Praxis der Autoren helfen Ihnen, die richtigen Customizingeinstellungen zu finden und anspruchsvolle Anwendungsfälle zu beherrschen.

SAP PRESS

452 S., 2001, geb.
59,90 €
ISBN 3-89842-138-4

Galileo Press

Helmut Bartsch, Peter Bickenbach

Supply Chain Management mit SAP APO

Supply-Chain-Modelle mit dem Advanced Planner & Optimizer 3.1

Das Buch gibt Ihnen eine Antwort auf die unternehmerische Herausforderung des Supply Chain Managements auf der Basis von SAP APO. An eine kurze Einführung in SCM-Konzepte und -Strategien schließt sich die Darstellung der im Release 3.1 verfügbaren APO-Funktionen an.

Der Hauptteil präsentiert im R/3- und APO-System getestete Anwendungsbeispiele aus der Beratungspraxis. Parallel zur betriebswirtschaftlichen Zielsetzung demonstrieren Ihnen Bildschirmabgriffe die einzelnen Prozessaktivitäten. Hierbei werden der jeweilige betriebswirtschaftliche Nutzen und die Ergebnispotenziale bei der Anwendung von APO verdeutlicht und konkrete Handlungsanweisungen gegeben.

 PRESS

456 S., 2001, geb.
59,90 €
ISBN 3-89842-111-2

Galileo Press

Heinz Forsthuber

SAP-Finanzwesen für Anwender

Praktische Einführung in SAP-FI 4.6

Im Fokus dieses Buches zum SAP-Finanzwesen stehen die praktischen Anforderungen des Fachanwenders. Zunächst erhalten Sie eine grundlegende Orientierung über die Prozesse und Werteflüsse sowie über die Integration von FI mit anderen SAP-Anwendungsbereichen. Sodann werden Sie Schritt für Schritt mit den FI-Funktionen (Release 4.6) vertraut gemacht. Im Vordergrund steht immer die konkrete Aufgabe. Kein Thema Ihres Interesses wird ausgespart, seien es Belege, Kontenberichte, spezielle Buchungen, automatische Verfahren, Abschlussarbeiten oder Aufgaben der Anlagenbuchhaltung.

SAP PRESS

ca. 504 S., 2002, geb.
ca 49,90 €
ISBN 3-89842-179-1

Galileo Press

Jochen Scheibler

Vertrieb mit SAP

Prozesse, Funktionen, Szenarien

Natürlich informiert Sie dieses Buch
über Organisationsstrukturen und
Stammdaten in SAP SD (Release 4.6).
Und natürlich erhalten Sie einen
detaillierten Einblick in die gesamte
Funktionalität von SD – von der Preis-
und Partnerfindung über die Verfügbarkeitsprüfung und Routenfindung
bis hin zur Kreditlimitprüfung. Aber
es geht weiter und vermittelt Ihnen
ein Verständnis der Vertriebsprozesse
mit SAP. Dazu präsentiert das Buch
unterschiedliche Szenarien je nach
der Produktionsart eines Unternehmens. Und mit der zusätzlichen
Darstellung von internetbasierten,
unternehmensübergreifenden
Vertriebsprozessen mit mySAP.com
ist dieses Buch in jeder Hinsicht state
of the art.

SAP PRESS

ca. 456 S., 2002, geb.
49,90 €
ISBN 3-89842-169-4

Galileo Press

Dies ist nicht die letzte Seite ...